經學通論

葉國良等著

大安出版社印行

經學通論／葉國良等著 .-- 一版 .-- 臺北市
：大安，2005〔民94〕
700面；15×21公分

ISBN 986-7712-20-X（平裝）

1. 經學

090　　　　94015289

經學通論

著者：葉國良等著
發行人：蕭淑卿
發行所：大安出版社
電話：（〇二）二三六四三三二七
傳真：（〇二）二三六七二四九九
地址：台北市中正區汀州路三段一五一號二樓（100）
郵撥帳號：一〇一〇三八七七
戶名：大安出版社
電子郵件信箱：taan1@seed.net.tw
二〇〇五年八月　一版一刷 0001~1000
二〇〇六年十月　一版二刷 1001~2000
行政院新聞局登記證局版第三四五九號
定價：新台幣五五〇元

缺頁或裝訂錯誤請寄回更換
ISBN 986-7712-20-X

再版說明

民國八十三年，我等應國立空中大學人文學系之邀，同意開設「經學通論」課程。因課程需要，著手合作撰寫課本，是為本書前身。該書因屬教科書性質，每章之前均冠以「學習目標」及「摘要」，每章之後亦有「自我評量題目」之設計，以利學生自習。書稿完成後，於民國八十五年元月出版。該課程曾先後開設三次，在電視頻道上播放，而該書亦經三刷，以供應空大選修學生。側聞亦有部分學校採用為教科書。然而該書之編寫，時程稍嫌匆促，字句不無錯誤，故第二、三刷均有訂正，唯受限於版面，修改幅度不大，每引以為憾。

民國九十一年，該課程結束，書稿合約亦已期滿，空大不再發行。友朋學生間有索求，而我等因無存書，無以提供，曾商量修改後再版，以滿足需要。然而人事倥傯，擱置未加處理者兩年有餘。延至本年初，始以半年時間加以增刪潤飾，重新排印，是為本書。本書與前身不同者，一為刪除「學習目標」、「摘要」及「自我評量題目」三者，二為章節、內容及注釋稍有增補。然而全書仍一本編寫之初衷，亦即：內容要具概括性但不能太深奧，論點要有一致性而避免太主觀，敘述要簡淺明確而不要太瑣碎。我們希望它深淺適度，篇幅適中，便於閱讀。

儘管如此，限於才力，書中錯漏之處恐怕難免。仍祈博雅君子不吝賜教，俾能改進，無任企盼。

葉國良
夏長樸　民國九十四年識於臺大中文系
李隆獻

序

在我國的學術發展史上，經學曾長期擁有領導的地位。儘管時至今日，知識的發展一日千里，而經學的重要性也相對的降低萎縮；但如要真正了解我國的傳統文化，那麼對經學具備某種程度的認識，仍然是不可或缺的素養。我們相信：如要思考我國文化的前途，透過經學，對傳統文化加以審視、反省、汰擇，是最真切而直接的。

但是當前的實際情況，卻一直讓我們擔憂，一般學子以及廣大的社會人士，對經學越來越疏遠，越來越陌生，甚至在大學文史科系中，也有此一趨勢。這是否代表著社會對傳統文化的漠不關心？還是教學者努力不夠？身居教職，我們寧願相信原因出在後者，並願意獻其綿薄，爲經學的傳承盡一點心力。因此，當空中大學邀約我們開設「經學通論」課程時，我們便不揣淺陋，答應下來，並合作編寫教材，其成果便是呈現在讀者面前的這本書。

由於一書出自三人之手，頗需協調，因此在編寫之前，我們達成三點共識，即：內容要具概括性但不能太深奧，論點要有一致性而避免太主觀，敘述要簡淺明確而不要太瑣碎。我們希望它是一部深淺適度、篇幅適中的教材。

在實際編撰的過程中，我們很高興能經常切磋討論，並相互支援，最後的結果是：第一篇的三章，第二篇的第五、七、八、九章，第三篇的第二十二、二十三章和第二十四章前三節，以及第四篇的兩章，由葉國良執筆；第二篇的第四、六章以及第十章以下的各章，由李隆獻執筆；第三篇的第十八、十九、二十、二十一章及第二十四章後兩節，由夏長樸執筆。

限於學力與時間，這部教材容有不盡理想之處，這是我們要致歉的。至於其中的缺失，我們竭誠盼望各方的指教，以便有適當的機會時加以修正。

葉國良
夏長樸　識於國立臺灣大學中國文學系
李隆獻

《經學通論》目次

第一篇 緒論

第二篇　群經概說

第三篇　經學簡史

第四篇　餘論

第一篇　緒論

第一章　經與經學

第一節　經字的涵義

壹、「經」字的本義與引申義

要了解經學在中國文化上的意義，需先了解「經」字的意義。「經」字從「糸」部，本義是指布帛的直線，和指橫線的「緯」字是相對而言的。織布時，須先固定直線，然後用梭子來回穿梭配上橫線，而織成布帛。在織布過程中，經線是先設定而且固定不動的，緯線則屬後加而且可以有疏密不同的變化。因此，「經」字遂有「恆常」、「不變」的引申義。人們又以此引申義，稱恆常不變的真理或具有權威的著作為「經」。東漢許慎《說文解字》說：

> 經，織從（按：即後世「縱」字）絲也。

許慎所說的是「經」字的本義。清段玉裁《說文解字注》更從本義論及引申義：

> 織之從絲謂之經。必先有經，而後有緯，是故三綱、五常、六藝，謂之天地之常經。

段氏所言的後半段，即在說明「經」字的引申義。章炳麟《國故論衡・文字總略》說：

> 世人以「經」為「常」云云，此皆後儒訓說，非必覩其本質，按「經」者，編絲綴屬之稱云云。

章氏所言，是指出「經」字的本義。但世人用「經」字稱權威著作，則是用引申義。①晉張華《博物志》稱：「聖人制作曰經，賢者著述曰傳。」而魏何晏《論語集解・序》說：「六經之策，長二尺四寸；《孝經》謙，半之；《論語》，八寸。」經書擁有最高的地位，所以書寫時用最長的簡冊，《孝經》雖有經名，但短小淺近，僅用經書的一半長的竹簡，《論語》在漢魏時代的地位只是「傳」、「記」（參考第二編〈論語概說〉），所以書寫的竹簡僅長八寸。由此可知：古人稱書爲「經」，是以其價値與地位說的，乃是用其引申義，而不是用

---

① 古人論「經」字，多主引申義，如鄭玄《孝經注》說：「經者，不易之稱。」劉熙《釋名・釋典藝》：「經，徑也，常典也。如徑路無所不通，可常用也。」劉勰《文心雕龍・宗經篇》：「經也者，恆久之至道，不刊之鴻教也。」

其本義。

貳、以「經」字稱其學派重要典籍並非儒家所獨有

在古代，使用「經」字稱其學派的權威著作的並非只是儒家，而且首先使用的也不是儒家。《墨子》一書有〈經〉上下篇，文字簡要，又有〈經說〉上下篇，說明〈經〉義。《莊子・天下篇》說墨翟後學都讀《墨經》：「相里勤之弟子，五侯之徒，南方之墨者苦獲、己齒、鄧陵子之屬，俱誦《墨經》，而倍譎不同，相謂別墨。」可見墨家在戰國時代已用「經」字稱其著作了。《韓非子》〈內儲說〉及〈外儲說〉，分別列有「經」及「說」兩部分，「經」是提綱，簡明扼要，「說」是解釋或引證，在體裁上，可能受《墨子》的影響，可見法家也使用「經」字來標榜其要義。

首先稱儒家要籍爲「經」的，始見於《莊子・天運篇》：

孔子謂老聃曰：「丘治《詩》、《書》、《禮》、《樂》、《易》、《春秋》六經，自以為久矣，孰知其故矣；以奸者七十二君，論先王之道而明周召之跡，一君無所鉤用。甚矣夫！人之難說也，道之難明邪？」老子曰：「幸矣子之不遇治世之君也！夫

六經，先王之陳跡也，豈其所以跡哉！今子之所言，猶跡也。……」

如果此言可信，那麼在孔子時，儒家已稱《詩》、《書》等爲「經」了。但《莊子》一書，內容多屬寓言，上舉孔子與老子的對話，我們不必視爲實錄；不過，從這段話，我們可以推知：戰國時代的儒家確實已稱其重要典籍爲「經」，所以《莊子》中才會出現「六經」之說。《荀子・勸學篇》云：「學惡乎始？惡乎終？始乎誦經，終乎讀禮。」文中的「經」，當是指《詩》、《書》等而言。「經」是指書的地位，而非書名。《呂氏春秋・察微篇》載有「《孝經》云：『高而不危，所以長守貴；滿而不溢，所以長守富。』」云云，今見《孝經・諸侯章》，《呂氏春秋》作於秦代，書中既已引用以「孝經」爲書名的儒書，可見在此之前儒家已用「經」字稱呼重要典籍；不過，《孝經》是唯一的一部，其它經書都不加「經」字，今人習稱「詩經」、「易經」，但「經」字乃是後人所加，原來只稱「詩」、「易」。

總之，從戰國時代起，國人已習慣稱權威著作爲「經」，而此後風起雲湧的各學派也都紛紛以「經」稱其代表著作，且迄於近代而不止。據東漢班固《漢書・藝文志》及清代姚振宗《漢書藝文志拾補》的記載，漢時流傳的著作不乏以「經」爲名者，如道家有《黃帝四經》，記地理風土的有《山海經》、《水經》，論醫藥的有《神農本草經》，談音樂的有《元始樂經》，讖緯書有《太平經》，記棋藝的有《六博經》，載天文的有《甘氏星經》，論蔘養賞鑒的有《相鶴經》等等。這些著作，有的傳自先秦，有的則是漢人所撰，可見即使在獨尊儒術的漢代，「經」字也並非儒家獨有專用的。漢代以後，情況相同，以「經」名書，所在多有，都爲標示其權威性與重要性，如國人稱《老子》爲《道德經》、《莊子》爲《南華真經》、《列子》爲《沖虛至德真經》，記載釋迦牟尼言論的典籍爲「佛經」，譯基督教的 Bible 爲《聖經》，回教要籍譯爲《可蘭經》，稱雲南納西族的宗教典籍爲《東巴經》等等，都是此義。

第二節　經學一詞的涵義

壹、「經學」一詞成立的意義

雖然「經」字爲許多學派採爲著作之名，但從漢武帝罷黜百家、獨尊儒術以後，在我國知識份子的口中，所謂「經」，指的是《詩》、《書》等儒家要籍，所謂「經學」，指的是研究儒家重要經典的學問。

「經學」一詞，出現於西漢，《漢書・兒寬傳》記載：

〈高帝時〉，諸儒始得修其經學，講其大射鄉飲之禮。

（兒寬）見上，語經學，上說之，從問《尚書》一篇，擢為中大夫。

此處的「上」字指漢武帝，漢武帝不僅樂於接見儒生，還親自學習經書，由此可見「經學」受到帝王重視的情況。又，同書〈宣帝紀〉載本始四年夏四月有四十九個郡國地震，山崩水出，皇帝下詔臣子直言，徵求對策，詔書中說：

> 蓋災異者，天地之戒也。朕承洪業，奉宗廟，託于士民之上，未能和群生，乃者地震北海、琅邪，壞祖宗廟，朕甚懼焉。丞相、御史其與列侯、中二千石、博問經學之士，有以應變，輔朕之不逮，毋有所諱。

丞相、御史、列侯、中二千石都是朝廷高官，處理國家災變，自屬職責中事，而宣帝要「博問經學之士」②參預討論，可知當時經學已被承認是治國的重要學問。

「經學」一詞的確立，意味著政府及知識份子認定儒家學說乃是經國濟世的根本學問。漢代重用儒生，以經師爲大臣，甚至依據經義裁決法律案件，即是最佳的說明。若從學術分類的角度看，我國各種目錄書籍，總是將經部著作置於史、子、集等其他書籍的前面，這便

② 此處「經學」二字也可以當作「博問」的同義詞，作「宿學」、「博學」解，但當時已在獨尊儒術之後，學者所學的內容自以儒家經書爲主。

反映出經學做爲學術火車頭的地位。

貳、今古文學家對「經學」一詞界說的異同

經學既指研究儒家經典的學問而言，則必引發一個問題：該等經典何以重要而有研究價值？這一個問題，傳統經學家有兩種不同的看法。清皮錫瑞在《經學歷史》中說：

> 孔子為萬世師表，六經即萬世教科書。……故必以經為孔子作，始可以言經學，必知孔子作經以教萬世之旨，始可以言經學。

皮氏認爲：孔子爲了創制立教，而作六經——即所謂刪《詩》、《書》，訂《禮》、《樂》，贊《易》，作《春秋》——所以經學即是研究孔子著作及其學說的學問。至於後世也列爲經書的《爾雅》、《孝經》等，非孔子所作，皮氏認爲不夠資格列爲經，所以皮氏撰寫《經學通論》，只論五經（按：《樂》亡），不及其它。皮氏提出的書因孔子所作或曾經孔子修訂而成爲經的看法，代表著部分經今文學家的立場，這也反映出孔子在他們心目中的「先聖」地位。

清龔自珍《龔定庵全集・六經正名》則說：

仲尼未生，先有六經；仲尼既生，自明不作；仲尼曷嘗率弟子使筆其言以自制一經哉？

龔氏以爲：六經都是孔子以前的先聖先賢的著作，《論語·述而篇》記載孔子自言「述而不作」，《詩》、《書》等不僅非孔子所作，《春秋》也不像《孟子·滕文公》下所說：「世衰道微，邪說暴行有作，臣弒其君者有之，子弒其父者有之，孔子懼，作《春秋》。」孔子只是「述」者，是整理者、修訂者，而不是「作」者、創制者。換句話說，孔子是發揚儒學的「先師」，而不是創教垂法的「先聖」。龔氏後來雖然成爲著名的經今文學家，但他這一段話清楚的說出經學應自孔子上推至文王、周公，這個論點，卻代表著部分經古文學家的主張。

今文學家既以孔子手訂者爲經書，其目的在教化眾生，因此其論經書的次第先後，是以教學的觀點排列，即由淺入深：

《詩》、《書》、《禮》、《樂》、《易》、《春秋》

古文學家則認爲經書乃先王先聖所作（含孔子），因此其論經書的次第先後，是以史學的觀點排列，即先早期後晚期：

《易》、《書》、《詩》、《禮》、《樂》、《春秋》

二者次第先後的不同，反映了他們對經學起源和經學的意義認知有所差別。

經今文學家與經古文學家對於六經之所以爲六經以及孔子究竟是「先聖」或是「先師」的認定雖有不同，但對於六經乃是經國濟世的重要典籍、孔子乃是經學的重要學者這兩點，則主張並無二致。因此，經學家雖有其內部的爭議，但在學術上，卻有共同的目標。

第三節　從六經到十三經

壹、六經形成的過程

上文指出：戰國時代儒者已用「六經」一詞稱呼《詩》、《書》、《禮》、《樂》、《易》、《春秋》，亦即承認這六部書爲經典。但吾人若仔細考察，儒者接受這六部書做爲經典，實有早晚先後的分別，並且不完全依照各該書的著成時代爲先後次序。《論語·述而篇》記載：「子所雅言，《詩》、《書》、執禮，皆雅言也。」〈季氏篇〉也載孔子之言說：「學詩乎？不學詩，無以言。學禮乎？不學禮，無以立。」全面檢閱《論語》一書，似乎孔子之時，儒者研習的經典，以《詩》、《書》兩部爲主。當時所謂「執禮」、「禮」，是否即指《儀禮》或性質類似的著作，不易確定，但《禮記・雜記篇》說：「恤由之喪，哀公使孺悲之孔子，學士喪禮，〈士喪禮〉於是乎書。」〈士喪禮〉今見《儀禮》，可見《儀禮》一書至少有部分內容爲當時孔門所研習。《樂》的內容吾人並不詳悉，它可能是一部曲譜，是行禮或賦詩時的配樂，因此古書中從未發現有人引用。《易》的卦、爻辭部分，一般認爲作於西周初年，但《論語》中僅引用一二次③，孔子似乎不用它來教學，《孟子》、《荀子》二書也不見引述，因此，雖然傳說孔子作〈十翼〉，又說《易》學傳自孔門，但儒者將它視爲經典，時代顯然較晚。至於《春秋》，據傳是孔子晚年將魯國史書筆削增刪而成，所以儒者真正研究《春秋》，自在孔子卒後。如此說來，六經成爲儒家經典的先後次序大約如下：

孔子之時：《詩》、《書》、《禮》、《樂》

莊子之時：《詩》、《書》、《禮》、《樂》、《易》、《春秋》

③《論語・子路篇》：「子曰：『南人有言曰：「人而無恆，不可以巫醫。」善乎！』『不恆其德，或承之羞。』子曰：『不占而已矣。』」「不恆」兩句，見《易・恆卦》九三爻辭。又，〈憲問篇〉：「曾子曰：『君子思不出其位。』」〈艮卦〉象辭作「君子以思不出其位」，當是象辭襲用曾子語。又〈述而篇〉：「子曰：『加我數年，五十以學易，可以無大過矣。』」但《經典釋文》云：「魯讀『易』爲『亦』。」則此章不足爲孔子欲學《易》的確證。

根據以上的分析，可知經典的加入有其先後次序，儒家學說的內涵是逐步擴展的，而這過程，孔子有極大的影響力。以此觀點檢討上節所述皮、龔二氏之說，我們認爲：他們都忽略了「經」的地位必須獲得該派大多數學者的承認才能成立，著作時代的早晚與是否能成爲「經」，其間並無必然的關係。皮氏注意到六經都曾經孔子之手，即謂經作於孔子，經學創自孔子；龔氏僅著眼於六經部分內容的寫作時代早於孔子，即謂「仲尼未生，先有六經」：都不是持平之論。

貳、十三經形成的過程

戰國時代已有的六經，因秦始皇焚書阬儒、禁止挾書④，受到嚴重摧殘。到漢朝初年，《樂》亡，《書》殘缺頗多，《詩》及《春秋》則有小部分殘缺，所以漢初只有五經。

---

④據《史記·秦始皇本紀》的記載，始皇三十四年，丞相李斯上言：「臣請史官非秦記皆燒之。非博士官所職，天下敢有藏《詩》、《書》、百家語者，悉詣守尉雜燒之。有敢偶語《詩》、《書》者，棄市。以古非今者，族。吏見知不舉者，與同罪。令下三十日不燒，黥爲城旦。所不去者，醫藥、卜筮、種樹之書。若欲有學法令，以吏爲師。」制曰：「可。」

漢代提倡經學，五經之外，一些傳自先秦的典籍以及漢時編寫的儒書也廣受時人誦習，它們是：《周禮》、《大戴禮記》、《小戴禮記》、《公羊傳》、《穀梁傳》、《左傳》、《鄒氏傳》、《夾氏傳》、《論語》、《孝經》、《爾雅》、《孟子》、《荀子》等等。這些儒書，後來有一部分受到時代的淘汰而不傳，如解釋《春秋》的《鄒氏傳》及《夾氏傳》⑤；一部分保持其原有的地位，如《荀子》；一部分則升格爲「經」，如《周禮》、《孟子》等，但其升格爲「經」，也有早晚先後之別。

東漢時，出現「七經」的說法。所謂「七經」，後人說法不一，但衡量漢時的狀況，我們相信應當是指五經加上《論語》與《孝經》⑥。沈約《宋書・百官志》有「十經」之說，指《易》、《詩》、《書》、《儀禮》、《周禮》、《小戴禮記》、《公羊傳》、《穀梁傳》、《左傳》各爲一經，《論語》與《孝經》則因字數少合爲一經，因此被稱爲「經」的實際上

⑤《漢書・藝文志》稱：鄒氏「無師」，夾氏「有錄無書」。

⑥《後漢書・趙典傳》注引謝承《後漢書》云：「典學孔子七經、河圖、洛書，內外藝術，靡不貫綜，受業者百有餘人。」又《三國志・秦宓傳》云：「蜀本無學士，文翁遣相如東受七經，還教吏民，於是蜀學比於齊、魯。」二文都沒有明言「七經」何指。《後漢書・張純傳》注則說七經指《易》、《書》、《詩》、《禮》、《樂》、《春秋》、《論語》。也有人主張指五經加《周禮》、《儀禮》。但漢時《樂》已亡佚，五經中又已含《儀禮》，所以以上二說恐不正確。漢人多讀《論語》、《孝經》，七經應當是指五經加上二書。

有十一部。唐代刻《開成石經》，上述十一部之外，加入《爾雅》，遂成「十二經」。宋末，因受朱熹《四書章句集注》的影響，加入《孟子》，遂成「十三經」。宋代以來，部分學者亦頗重視《大戴禮記》，主張列爲一經，於是有「十四經」之名⑦。其間學者因討論範圍不同，亦有「五經」、「九經」、「十一經」等等經數的差別，但並非不承認不在討論範圍之內者就不是經，如唐孔穎達等所編《五經正義》，指《易》、《書》、《詩》、《左傳》、《小戴禮記》，宋魏了翁《九經要義》，指《易》、《書》、《詩》、《三禮》、《春秋》、《論語》、《孟子》，清惠棟《九經古義》，指《易》、《書》、《詩》、《三禮》、《公羊》、《穀梁》、《論語》。「五」和「九」只是他們討論所及的數目，並非指經數只此「五」、「九」。所以凡此之類，不必計入經書發展過程之中。又，《春秋》本是單行，但《公羊》等三傳都附有《春秋》本文，因而一般計算經數，不單數《春秋》。本書因屬通論性質，所以介紹經書時，採最大範圍，十三經之外，也介紹《春秋》與《大戴禮記》。

⑦ 以上參宋史繩祖《學齋佔畢》、清朱彝尊《經義考》。

第二章　經學的本質

第一節　經書的內容與思想

壹、經書的性質與大致內容

欲掌握經學的本質，應先了解經書的性質與內容。本書將在第二篇對群經作較詳細的描述，本節僅作最簡略的介紹。

古人對群經的性質已有說明，如《莊子·天下篇》說：

> 《詩》以道志，《書》以道事，《禮》以道行，《樂》以道和，《易》以道陰陽，《春秋》以道名分。

乃十三經中成書最晚，約漢宣帝時完成

其意是說：《詩》表達心意感情，《書》記載古代歷史，《禮》談論言行的儀節，《樂》講求聲音和諧之美，《易》研究陰陽變化之道，《春秋》探討君臣尊卑上下的關係。《莊子》之言，能夠掌握各經的要旨。又，《禮記·經解篇》說：

> 入其國，其教可知也。其為人也，溫柔敦厚，《詩》教也；疏通知遠，《書》教也；廣博易良，《樂》教也；絜靜精微，《易》教也；恭儉莊敬，《禮》教也；屬辭比事，《春秋》教也。

則是指出各經因其性質而能得到的教學效果。

下文用淺近的現代語言，先對十五部經書的內容作簡略但具體的介紹，本書第二篇〈群經概說〉將做進一步的敘述：

《易》一稱《周易》，本是卜筮占卦用書，有六十四卦，三百八十四爻。全書包括卦畫、卦辭、爻辭以及十篇易傳。內容爲對人事物的抽象思惟。

《書》一名《尚書》，今存二十九篇。僞《古文尚書》有五十八篇，中含前述二十九篇。內容包括古代政治運作及政治主張的記錄、政府的文告、戰爭的誓詞等。

《詩》是韻文形式的詩歌，以抒情爲主。分風、雅、頌三部分，共三百一十一篇，其中六篇有目無辭。內容包括周代各地的風土民情、饗宴、戰爭、祭祀、傳說等。

《周禮》一名《周官》，分天官、地官、春官、夏官、秋官、冬官六部分，其中冬官亡佚，以〈考工記〉替代。內容在提出大一統國家設官分職的細部組織法。

《儀禮》共十七篇。內容包括周代貴族冠、婚、喪、祭以及社交、政治活動的禮儀細節。

《小戴禮記》通稱《禮記》，共四十九篇。內容龐雜，包括先秦及漢代儒者對各種禮儀的記錄與主張。

《大戴禮記》原八十五篇，今存三十九篇。內容龐雜，包括先秦及漢代儒者對各種禮儀的記錄與主張。

《春秋》爲編年體，起魯隱公元年，止魯哀公十四年，共二百四十二年，內容爲孔子對其間人、事的評論。

《左傳》爲編年體，起魯隱公元年，止魯哀公二十七年，共二百五十五年。內容在補述《春秋》的故事背景，並解釋其微言大義。

《公羊傳》爲編年體，起魯隱公元年，止魯哀公十四年，共二百四十二年。性質、內容與《左傳》相同，但偏重微言大義的闡釋。

《穀梁傳》爲編年體，起魯隱公元年，止魯哀公十四年，共二百四十二年。性質、內容與《左傳》相同，但偏重微言大義的闡釋。

《論語》爲語錄體，共二十篇。內容記錄孔子及其弟子的言論。

《孝經》篇幅短小，內容爲儒者對孝道的發揮。

《爾雅》共十九篇。將古代詞彙分類闡釋，具有辭典性質。

《孟子》爲語錄體，共七篇，每篇又分上、下。內容記載孟子的言論。

以上各經，篇幅長短不一，最長者《左傳》，十九萬六千餘字，最短者《孝經》，約一千八百字。一經不一定完全出自一時一人之手，並且大多經過多次的編纂整理。以著成時代言，最早的完成於西周初年，最晚的已到了西漢，前後將近千載。

貳、經書的基本思想

群經內容極爲豐富，有經國濟世的宏言大論，有日常生活的瑣碎記載，有抒情的歌謠，有議論的篇章，觸及的範疇，上涉天象，中關人文，下及地理，乃至草木鳥獸，殊方異俗，無所不包，若想精通，自屬不易，但吾人若能把握其基本思想，則可以收到如枝在幹、如綱提目的效果。

綜觀群經，它的基本思想，可以歸納爲三點，分別說明如下：

一、人文思想

人文思想是和神權思想相對而言的。殷代時，國人有濃厚的鬼神觀念，認爲人的吉凶禍福，由鬼神操控，若得鬼神歡喜，則降吉降福，若觸怒鬼神，則降凶降禍，因此，信命運而重祭祀，不重視個人智慧能力的開發。到了周代，智者逐漸從鬼神的陰影下覺醒，意識到人爲努力的可能性，遂強調智慧能力的發揮可以克服自然以及人事的災禍，從而掌握自己的命運，並創造新事物、新文化。在這種觀念之下，智者強調後天學習的重要，並重視社會中的人際關係，淡化鬼神命運的問題。茲舉經書中常見且易解的此類言論爲證：

・國將興，聽於民；將亡，聽於神。（《左傳》莊公三十二年）

・薛徵於人，宋徵於鬼，宋罪大矣。（《左傳》定公元年）

・子不語怪力亂神。（《論語・述而篇》）

・子貢曰：「夫子之文章，可得而聞也；夫子之言性與天道，不可得而聞也。」（《論語・公冶長篇》）

·未能事人，焉能事鬼。未知生，焉知死。（《論語·先進篇》）

二、民本思想

所謂民本思想，即認爲國家社會的構成主體爲廣大人民，而不是統治者或少數貴族，因此，政府施政的目標，應以人民的幸福爲依歸，而不能只顧統治階層的利益。在這種思想的指導下，引申出聖賢主政、禪讓政治、革命、輕稅賦等主張。民本思想不同於近代的民主思想：民主思想主張政權爲人民所有，統治者經人民授權而有治權；民本思想則承認世襲統治的既成事實，不輕言推翻，但要求施政以人民的幸福爲重。我們可以這樣說：民本思想雖不等於民主思想，但已具民主思想的雛形。茲舉經書中常見且易解的此類言論爲證：

·安民則惠，黎民懷之。（《書·皋陶謨》）

·天視自我民視，天聽自我民聽。（《書·泰誓中》）

·民為貴，社稷次之，君為輕。（《孟子·盡心下》）

三、仁愛思想

所謂仁愛思想，即認爲仁愛爲引導社會走向和諧幸福的原動力。不僅君臣之間當講禮義，就是其它各種人際關係也都應該如此，這就是所謂夫婦有義，父慈子孝，兄友弟恭，朋友有信。在這種思想的指導下，重視人格的養成與道德的完美，並認為對制止罪惡而言，人格教育比法律制裁來得先決而有效。茲舉經書中常見且易解的此類言論為證：

·子曰：「愛親者，不敢惡於人；敬親者，不敢慢於人。愛敬盡於事親，而德教加於百姓，刑于四海，蓋天子之孝也。」（《孝經·天子章》）

·君使臣以禮，臣事君以忠。（《論語·八佾篇》）

·脩己以安百姓，堯舜其猶病諸。（《論語·憲問篇》）

·己欲立而立人，己欲達而達人。（《論語·雍也篇》）

·古之為政，愛人為大。（《禮記·哀公問》）

以上所述，僅是犖犖大者，並不能涵蓋經書的內涵，也不是說經書所言沒有與此矛盾的言論。因為經書寫作時間先後相距千年，並非一時一人所作，並且其中的內容，有的是實錄，有的則是學者的個人主張，因而言論無法完全取得一致，讀者宜分別觀之。

第二節　經學的開放性與時代性

壹、經學的開放性

經書的寫作雖然起於周初、止於西漢，但這不意味著經學封閉在古老的價值觀與思想模式之中，無法容納新的內涵。依據第一章所述，經學的發展，增加了經書的數目，這個事實，已標示了經學自始就是開放性的學術，而不是封閉性、排它性的學術。更重要的是，經書的內容決定了經學的動向。上節指出經書內容廣泛，這使得經學家研究的範疇寬闊而不狹隘，他可以從經書的本文出發，伸出極長的觸角，做各種探索與研究；換言之，經書的內容提供了思索上極大的空間。再者，由於經書具有人文、民本、仁愛的基本思想，反映了儒家的入世精神，也顯示了經學的現世性，既具有現世性，爲因應不同時空的問題，經學家重視的方向、討論的主題，因而有所不同。這些因素，使得二千餘年來的經學呈現著開放性的風貌。

儒家的大宗師孔子，即是一個對傳統文化有所取舍、又能創新的學者，《論語・衛靈公篇》記載：

顏淵問為邦，子曰：「行夏之時，乘殷之輅，服周之冕，樂則韶舞。放鄭聲，遠佞人；鄭聲淫，佞人殆。」

又〈子罕篇〉載：

子曰：「麻冕，禮也，今也純，儉，吾從眾。拜下，禮也，今拜乎上，泰也，雖違眾，吾從下。」

僅從此二章看，即知孔子不盲目維護傳統，也不隨意附和時尚，而是以善美與否做爲取捨的標準。又，《論語・陽貨篇》記載：

宰我問：「三年之喪，期已久矣。君子三年不為禮，禮必壞，三年不為樂，樂必崩。舊穀既沒，新穀既升，鑽燧改火，期可已矣。」子曰：「食夫稻，衣夫錦，於女安乎？」曰：「安。」「女安，則為之。夫君子之居喪，食旨不甘，聞樂不樂，居處不安，故不為也。今女安，則為之。」宰我出。子曰：「予之不仁也。子生三年，然後免於父母之懷，夫三年之喪，天下之通喪也。予也有三年之愛於其父母乎？」

關於三年之喪的來源與意義，古今學者不無爭議，在此不擬論定。但孔子以感情的自然流露以及報恩的心情來詮釋，合情入理，獲得後世的遵從，便是孔子創新的一個著名事例。總之，孔子對於文化、對於典籍的態度，乃是擷長捨短、鎔鑄新意的，所以《孟子·萬章下》稱讚孔子道：

> 孔子之謂集大成。集大成也者，金聲而玉振之也。金聲也者，始條理也；玉振之也者，終條理也。始條理者，智之事也；終條理者，聖之事也。

受到孔子的影響，孔門後學都具有批判及創新的精神。如《孟子·盡心下》云：「盡信書，則不如無書。」即具懷疑精神。又，某些學者指出：孟子以墨子「類」的概念，論證其性善說；依告子的不動心說及黃老之學的養氣說，提出養浩然之氣的學說。①這乃是孟子融合創新的事例。

先秦儒者開放的態度，影響後世經學家很大。如佛教有法嗣說，唐代韓愈也據古籍提出道統論，其〈原道〉說：

> 斯吾所謂道也，非向所謂老與佛之道也。堯以是傳之舜，舜以是傳之禹，禹以是傳之湯，湯以是傳之文、武、周公，文、武、周公傳之孔子，孔子傳之孟軻。軻之死，不得其傳焉。

---

① 據北京大學朱伯崑教授〈談先秦儒學的開放性〉一文所述，收入《孔孟荀之比較——中日韓越學者論儒學》。

其後李翺撰〈復性書〉上中下三篇，談論性理，頗受禪宗影響，從而開啓了宋明理學的先聲，令經學有了新的內涵。

凡此種種，都能證明經學的開放性質，至於它的生命力旺盛與否，要看學者是否抱持適當的態度而定。

貳、經學的時代性

上文指出：經學具有現世性及開放性。這便決定了經學具有時代性，同時也使得經學史的研究意義深刻。

舉例而言，漢代盛行章句之學，乃是因應當時以經學爲教育學子及選舉官吏之標準的需要。六朝禮學發達，恰與漢末以來長期動亂、社會秩序崩潰相表裡。唐初編定《五經正義》，反映的是六朝紛歧經說的結束、大一統國家尋求標準經說的需求。宋代《春秋》之研究鼎盛，則爲國勢積弱、外夷侵凌的反彈。清代《公羊》學之復興，始則來自對人民貧困、世局動亂的關心，繼則成爲抗拒外強、革新內政的媒介。

僅據上述，可以發現：經學的發展密切地關聯著時代的問題。唯其如此，所以二千餘年來，經學家雖然研究的仍是同樣的幾部經書，但各個時代的經學卻呈現著不同的風貌。由於此一主題，本書第三篇〈經學簡史〉將有進一步的論述，此處不擬詳言。

第三章　經學研究的範疇

第一節　經書研究與經學史研究

壹、經書研究與經學史研究的區別

研究經學，可以有兩個不同的角度：一是經書的研究，旨在探討經書的本義及其相關問題。一是經學史的研究，旨在探討經學內涵變遷的因素及影響。舉例言之：如探討《易》之卦、爻辭的寫作者是否爲同一人，這是經書研究；歸納宋代《易》學的內容，指出其特色，則爲經學史研究。又如考察《周禮》作於何時，這是經書研究；探索王安石撰寫《周官新義》的動機，則爲經學史研究。再如辨別《古文尚書》的真僞，這是經書研究；比較兩漢《尚書》學者經說的異同，則爲經學史研究。至於發掘《爾雅》的編輯體例，這是經書研究；探求《爾雅》被列為「經」的時代與原因，則為經學史研究。

但在某些狀況，經書研究同時也是經學史研究。舉例言之：探討今本《論語》中《古論》、《魯論》、《齊論》的成分，固是經書研究；但因牽涉到張禹、鄭玄當年編輯注解《論語》的取捨問題，即必須注意經學觀念的演變，因而這也是經學史研究。又如討論〈詩序〉的著成年代，固是經書研究；但因討論其著成年代，勢必牽涉到其與齊、魯、韓三家《詩》文字與經說的異同，因而這又是經學史研究。

由於經學研究，有上述經書研究及經學史研究兩種角度的不同，並且有時兩者相互牽連，因此研究者需先明瞭自己的研究立場，才易把握要領，觀念清晰。

貳、經書研究的要點

研究經學，自以研讀經書本文、研究經文本義為第一要務。不過古籍流傳久遠，關於作者、著成時代、流傳過程、版本異同等方面，爭議頗多；而且古籍文字頗為深奧，直接閱讀，並非易事；因此，在閱讀經書之前，應有準備工作，閱讀經書時，對前人的解說應有所借鏡；如此，才易了解文義，把握要旨。所以，研究一部經書，應從下列幾方面循序漸進：

一、考察作者及著成時代。
二、探討成書的時代背景。
三、熟悉流傳過程。
四、了解撰寫或編輯體例。
五、選擇優良版本。
六、注意不同版本之篇章字句的出入。
七、廣讀前人的注解。
八、掌握經書的要義。

除了研究個別的經書之外，經書與經書之間的關聯也應包括在經書研究的範圍之內。舉例言之：《爾雅》中所收集的詞義資料，有助於《詩經》、《尚書》的訓解；《左傳》中關於賦詩的記載，對《詩經》的研究極有啓發；《儀禮》的記載，可與《禮記》諸篇的內容相互推考。由此可知，即使目的只在研究個別的經書，也不應該採取封閉的態度，而應注意到與它經的關連。

總之，經書的研究，應以實事求是的態度，探求經書原來的面貌與本義，爲最高原則。

如此，才不會迷失在浩如煙海的前人注釋中，而能擺脫前人錯誤或別具用心的說解的牽絆。

參、經學史研究的要點

凡是有價值的學術，都有其發展過程，因爲早期的學說或著作，對問題的探討，難免不夠周延，而其後的學者便會循著線索引申發展，進而補充或修正先進的主張，使得原具雛形的理論更加細密。我們不妨稱之爲「內部理路」，以有別於「外來衝擊」。如《論語》中孔子只說「性相近也」，而未談論人性的善惡問題，其後孟子遂有性善之說，荀子有性惡之論①，揚雄執性有善有不善之言②，這就是經學內部理路之發展的例子。《孟子》在宋末升格爲經，《荀子》及揚雄《法言》則否，這標幟著宋代經學發展的取向，而其原因，既有內部理路發展的成分，也有當時佛教主張人都具佛性之說的外來衝擊的因素。所以研究經學史，除了不同學說的外來衝擊外，其內部理路的發展，也是應注意的要點。

再者，經學出自儒家，而儒家除了推崇求真的精神之外，又講究經世致用，因此，經學

---

① 《荀子·性惡篇》說：「人之性惡，其善者僞也。」僞，指人爲而言。

② 揚雄《法言·修身篇》說：「人之性也，善惡混，修其善者爲善人，修其惡者爲惡人。」

自始即具有極濃厚的經世致用的色彩。大體說來，經學著作可分爲三類：

一、是客觀研究、不挾雜個人思想的著作。如清代淩廷堪著《禮經釋例》，純以歸納法自《儀禮》中整理出儀節的慣例，以闡明經文隱微的涵義，幫助後人解讀經文，即是一例。

二、是從經書中提煉出不同於往前的新觀點，以發揮言論影響力的著作。如朱熹《四書章句集注》，結合周敦頤、二程等人的學說，重新詮釋《論語》、《孟子》以及《禮記》中〈大學〉、〈中庸〉兩篇，並將此一經、一子及兩篇所謂「傳」「記」組成一個新的哲學體系，使得經說有了新面貌，即是一例。

三、是有意扭曲經書原意、託古改制，企圖發揚其個人主張的著作。如清末康有爲的《新學僞經考》、《孔子改制考》，其寫作之目的，實是爲其準備從事政治改革鋪路，即是顯例。

第一類著作與現實問題關涉較少，而與經學內部理路之發展關係較多。第二類及第三類則強烈反映新思潮的衝擊或政治情勢的考量，而極具時代性及個人觀點。但不論那一類，它們是發展演變的，而非凝固不動的。

總之，研究經學史，除需考慮內部理路的發展及外來的衝擊外，學者的著書動機，也是探討的一大課題。

第二節 今人研究經學的意義與應有的態度

壹、今人研究經學的意義

在經學的發展史上，曾經歷過三次嚴重的考驗。

在先秦時，經書本廣爲知識份子閱讀研究，即使像墨翟、莊周等人，後來的主張雖然不同於儒家，甚至對儒家多所抨擊，但原先莫不熟讀經書，也莫不受經書影響，所以《莊子·天下篇》說：

> 《詩》以道志，《書》以道事，《禮》以道行，《樂》以道和，《易》以道陰陽，《春秋》以道名分。其數散於天下而設於中國者，百家之學時或稱而道之。

及秦始皇統一天下，採取愚民政策，焚書阬儒，除《易》本爲卜筮之書不在禁止之列外，其餘各經都受挾書律的約束，漢代雖解除禁令③，但《樂》已亡而《詩》、《書》、《春秋》都有殘缺，賴漢初學者抱殘守闕，武帝獨尊儒術，經學才又昌盛。這是經學所經歷的第一次

---

③《漢書·惠帝紀》：「四年……三月甲子，皇帝冠，赦天下。省法令妨吏民者，除挾書律。」

嚴重考驗。

佛教在漢末傳入中國，到六朝而大盛，上自天子，下至小民，崇信的人甚多，有成爲當時主要思想的態勢，在此局面下，經學相對萎縮，所以皮錫瑞《經學歷史》稱此時期爲「經學中衰時期」及「經學分立時期」。至唐代孔穎達等編撰《五經正義》，韓愈著〈原道〉，李翺撰〈復性書〉，本土文化意識逐漸抬頭，經學始得復興。這是經學所經歷的第二次嚴重考驗。

清末國勢積弱，鴉片戰爭，一敗塗地，此後又連遭列強侵凌，知識份子最初都想奮發圖強，但隨著兵敗國辱，逐漸轉而質疑傳統文化，終而唾棄四書五經，甚至有將之丟棄毛坑之說；初則揚言「打倒孔家店」、「全盤西化」，繼則「文化大革命」、「批孔揚秦」，如火如荼，一百餘年間，經學堪稱不絕如縷。自一九四九年起，五十年間，除臺灣地區外，鮮少有人使用「經學」一詞，知識份子多不讀經書，乃至某些大學中文系，經書竟不在必修之列。這是經學所經歷的第三次嚴重考驗，也是最嚴重的一次。

面臨世人對經學的否定，吾人仍談論經學，自應對研究經學的意義有一清晰的觀念，即應了解爲何而研讀經書，爲何而研究經學。

吾人爲何研讀經書？簡單回答，即：經書是了解我國傳統文化最重要的典籍，吾人若不想了解傳統文化則已，否則即須研讀經書。何況我國傳統學術大多導源於經書，如史學、文學、語言文字學等是，而法律、禮俗等現實生活層面也深受經書的影響（以上詳參本書第四篇），因而學者即使不專門研究經學，但只要研究範圍涉及傳統學術，便不能對經書太過陌生。基於以上的理由，不論是經學研究者，或是傳統學術的研究者，甚至只是想大致了解傳統文化，都應該研讀經書。

吾人爲何研究經學？簡單回答，即：經學反映我國歷代政經等社會問題，因而研究經學，即是研究我國社會固有的問題，從而可以收到鑒往知來的積極功效。固然，當代的學術分科，較以往細密，研究方法，較以往進步，探討我國社會固有的問題，專家可以在不同的範疇作專精的研究；但是經學卻是較具統合性的，較宏觀的；所以作專門研究，而具有經學基礎，至少也有避免觀點太過狹隘偏頗的消極意義。基於以上的理由，只要是傳統文化的研究者，便應了解經學，不僅是以經學爲專業的學者而已。

貳、今人研究經學應有的態度

前章曾指出：經學具有開放性及時代性。因此，經學的盛衰與此二者息息相關。經學家若是保守頑固，拒絕迎接新問題的挑戰，便會失去開放性；若不具有社會乃是在演變中的觀念，食古不化，而與社會脫節，經學便失去其時代性；兩者俱失，社會自然無求於經學，而經學的衰微便無法避免。因此，吾人研究經學，應確實掌握這兩項原則。無可諱言，當代經學，衰微已極；但吾人相信，若能抱持下述幾項態度，經學並非僅是古董之學：

一、放棄「經書為聖賢作，經義皆善，違背經旨為惡」的觀點，擇善而從

引號中的命題是前代經學的重要基礎，歷代學者雖有疑經改經之舉，如論證《十翼》非孔子作、《古文尚書》爲僞、《周禮》係六國陰謀之書，移動〈大學〉、〈中庸〉文句等，但這都只是局部的辨證，並未全面懷疑前述命題。經學史上的今古文之爭、漢宋之爭，也只是經義及研究方法的論辯，並不懷疑前述命題。自西風東漸，「六藝非經」、「作經者非聖賢」、「經學爲統治者服務，應鄙棄」等否定經書的觀念乃漸植人心，經學遂一落千丈。吾人則以爲：書爲誰人所作不必成爲決定該書是否爲「經」的先決條件，經書所言也不必然是無可懷疑改變的真理；但經書是先民智慧的結晶，經學是古文化的主流，足供吾人了解過去、策勵將來；因此，吾人閱讀經書、研究經學，應一本實事求是的精神、擷是捨非的態度，不盲從附和，亦不輕易否定，擇善而從。

二、揚棄大漢沙文主義，抱持平等宏觀的態度

我國在鴉片戰爭以前，從未真正遭受優勢文化的衝擊，也不知或不在乎其他高級文明的存在，因而數千年以來，以「上國」自居，視宇內其他地區的人民爲落後的蠻夷，所以強調「以夏變夷」，而不「以夷變夏」。此一大漢沙文主義的形成，在古漢族擁有優勢文化的情況下，自可理解；但國人驕傲的心態，使我們排斥人我長短的比較，從而坐失吸收其他民族優秀文化成分的機會，尤其缺乏反省本土文化的精神。鴉片戰爭以後，大部分國人喪失民族自信心，以致對本土文化作全盤否定者大有人在。吾人則以爲：大漢沙文主義不利於人，也不利於己，固須揚棄；但舉國自我否定，更非良策。傳統文明與當代文明，中華文化與他族文化，本非必然矛盾、無法相容，而是可以相互損益、尋求融合的。經學既發展於封閉的地域中，頗有大漢沙文主義的傾向，古人未能自覺，可以諒解，今人若再罔顧事實，則難逃井底之蛙的譏諷。因此，吾人詮釋經旨、檢討經義，不應先有我優彼劣的觀念，而應與其他文化的價值體系作客觀的比較；如此，經學才具有時代性及開放性，態度是平等而宏觀的，也才能在促進世界各民族相互了解上有所貢獻。

三、開放故步自封的研究視角，吸收當代各學科的研究方法和成果

古人研究經學的輔助學科，謂之小學，析而言之，可分文字、聲韻、訓詁。研究的角度，則有的自名物制度入手，有的重視闡揚義理。所用的資料，大多取材古代文獻，有的自矜「以

經解經」，有的強調「博參群籍」。大抵言之，古人的研究，足資借鏡，但以今日學術發展的情況衡量，傳統學者的研究仍有不足之處，如我國文法學甚不發達，田野調查幾乎沒有，比較文化學的觀點更付諸闕如，因而章句每多異說，禮制皆謂聖人所定。吾人以爲：今人研讀經書，應在前人研究的基礎上拓展視野，廣泛吸收當代各學科的研究方法和成果，如藉甲金文的研究印證《詩》、《書》，藉文化人類學的研究了解《儀禮》，從現代語言學的角度解讀經句等，如此，經學才能真正成爲當代學術研究的一環，也才不會成爲學海中的孤島。

四、批判違反人類文明發展的經說，闡揚具有時代意義的經旨

研究經學的最終目的，在尋求有價值的經說，以爲個人或民族恪遵的哲理，因此經學研究者負有批判誤謬、闡揚美善的責任，否則經學只是對一個古文明的迷戀而已，並無時代意義，對社會也無貢獻。吾人以爲：我國未來文明的走向，應當奠基在傳統思想制度的篩汰選擇上，既非全盤繼承，也不全盤否定，在此前提下，經學研究者當扮演去糟粕取精粹的角色，而國人與學術界也不應再漠視甚至無視經學的存在。

第二篇　群經概說

第四章　周易概說

第一節　周易的名義與性質

壹、《周易》的名義

古人稱引《易經》，或曰「周易」①，或單稱「易」②，而不稱「易經」。「易」而稱「周」，古人有兩種解釋，並見於孔穎達《周易正義·序》「論三代易名」：

①《左傳》凡十見：莊公二十二年、宣公六年、十二年、襄公九年、二十八年、昭公元年、五年、七年、二十九年、哀公九年，《國語·晉語四》一見，《周禮》二見。

②見《左傳》昭公三十二年，《論語·述而》，《管子·山權數》，《莊子》〈天運〉、〈天下〉，荀子〈非相〉、〈大略〉，《戰國策·秦策》，《呂氏春秋》〈務本〉、〈慎大〉、〈召類〉，《禮記》〈經解〉、〈坊記〉、〈表記〉、〈深衣〉，《大戴禮·保傅》等。

《周禮·大卜》三《易》云：「一曰《連山》，二曰《歸藏》，三曰《周易》。」杜子春云：「《連山》，伏犧；《歸藏》，黃帝。」鄭玄《易贊》及《易論》云：「夏曰《連山》，殷曰《歸藏》，周曰《周易》。」鄭玄又釋云：「《連山》者，象山之出雲，連連不絕；《歸藏》者，萬物莫不歸藏於其中；《周易》者，言易道周普，无所不備。」鄭玄雖有此釋，更无所據之文。……案：《世譜》等群書：神農一曰連山氏，亦曰列山氏；黃帝一曰歸藏氏。既「連山」、「歸藏」並是代號，則《周易》稱「周」，取岐陽地名，《毛詩》云「周原膴膴」是也。……以此文王所演，故謂之「周易」，其猶《周書》、《周禮》，題「周」以別餘代，故《易緯》云：「因代以題周」，是也。

《易緯》、鄭玄、孔穎達都以為《易》之稱「周」，乃因其成於周代，或與周有關。其說結論無誤，論證則未必可信。「三易」之名，始見於《周禮·春官·大卜》：

·大卜……掌三《易》之法：一曰《連山》，二曰《歸藏》，三曰《周易》。其《經》卦皆八，其別皆六十又四。

·筮人掌三《易》以辨九筮之名：一曰《連山》，二曰《歸藏》，三曰《周易》。

有關《連山》、《歸藏》的來歷，異說頗多：漢杜子春以《連山》歸之伏羲，將《歸藏》歸之黃帝，與《論衡·正說》合③；孔穎達依《世譜》，《歸藏》雖仍歸之黃帝，而將《連山》改歸神農；一般漢代經師則以《連山》爲夏易，《歸藏》爲殷易，與《周易》正鼎足而三，即鄭玄亦然④。但《周禮》晚出，而由《左傳》、《國語》所引考察，一般使用的乃是《周易》，只有少數不見於《周易》的文句，但不能肯定出於《連山》、《歸藏》。因二書早已亡佚，雖然《北堂書鈔》卷一百一引桓譚《新論》說：「《厲山》（即《連山》）藏於蘭臺，《歸藏》藏於太卜。」《太平御覽》卷六百〇八引也說：「《連山》八萬言，《歸藏》四千三百言。」不過劉向、劉歆父子在校理中祕藏書時，似乎未見，因爲《漢書·藝文志》既未加著錄，也未提及片言半語。晉郭璞《山海經注》、張華《博物志》雖曾引述《歸藏》之文，但是否即爲桓譚所見的本子，也無法肯定。因此有人以爲《連山》、《歸藏》乃後人仿《周易》而作，而託之前代。屈萬里先生根據清人所輯二書遺文推考，認爲二書之作絕不會早於戰國時代。

③《論衡·正說》：「古者烈山氏之王得河圖，夏后因之，曰《連山》；歸藏氏之王得河圖，殷人因之，曰《歸藏》；伏羲氏之王得河圖，周人因之，曰《周易》。」

④鄭玄之說除孔《疏》所引，見於上文者外，賈公彥《周禮疏》引《鄭志》也說：「近師皆以爲夏、殷也。」

雖然緯書之說的論據不足採信，但《周易》確爲周代之書（詳下），並且因此而得名，則不成問題；鄭玄另說由《周易》的內容立論，事涉玄妙，孔穎達已不以爲然。

卜筮之書，而名曰「易」，孔穎達《周易正義．序》「論易之三名」曾加解說：

> 夫易者，變化之總名，改換之殊稱。……謂之為「易」，取變化之義。既義總變化，而獨以「易」名者，《易緯．乾鑿度》云：「《易》一名而含三義：所謂易也、變易也、不易也。」……鄭玄……《易贊》及《易論》云：「《易》一名而含三義：易簡，一也；變易，二也；不易，三也。故〈繫辭〉云：『〈乾〉、〈坤〉其《易》之蘊邪』，又云：『《易》之門戶邪』，又云：『夫〈乾〉確然示人易矣；夫〈坤〉隤然示人簡矣』，『易則易知，簡則易從』：此言其『易簡』之法則也。又云：『為道也屢遷，變動不居，周流六虛，上下無常，剛柔相易，不可為典要，唯變所適』：此言順時變易，出入移動者也。又云：『天尊地卑，乾坤定矣；卑高以陳，貴賤位矣；動靜有常，剛柔斷矣』：此言其張設布列『不易』者也。」

鄭玄依緯書之說發揮，認爲「易」有三義：其有「簡易」之義，乃因《易》爲卜筮之書，以六十四卦，三百八十四爻包括宇宙一切變化的事物，實可稱之爲「以簡御繁」；其有「不易」之義，乃因《易》取法乎天地陰陽，通天人之際，其理萬世不易；其有「變易」之義，乃因

[illegible]易
現象會變．
原則不變

《易》的用於卜筮，全在爻的變化，而「《易》之爲道也，屢遷，變動不居」，所以《易》有「變易」之義。《易》的取義，應該只有一個，不應兼包三者。三解之中，「變易」之說合乎《易》作爲卜筮之書的變易本質（詳下）；其餘二解本爲緯書之說，鄭玄又加發揮，將《易》推崇到無所不包的極境，恐非《易》字取義初意。

《易》蓋取其變化萬端之義，〈繫辭上〉說：「生生之謂《易》。」《史記·太史公自序》說：「《易》著天地四時五行，故長於變。」都以「變易」解「易」；程頤更將此意推崇至極點，《易程傳·序》說：

> 易，變易也，隨時變易以從道也。其為書也，廣大悉備，將以順性命之理，順幽明之故，盡事物之情，而示開物成務之道也。

程子之說高則高矣，恐非使用「易」字初意；其實鄭玄在《周禮·春官·大卜·注》中所說的「《易》者，揲蓍變易之數可占者也」，可說是相當好的「易」的解釋。

「易」字何以有變易之義呢？《說文·易部》說：

> 易，蜥易、蝘蜓、守宮也，象形。祕書說曰：日月為易，象陰易也。

「易」字本象蜥蜴形。有人以爲即取義於蜥蜴的善變，作爲變易無方的筮書之名；不過難以確證。至於許慎所引「祕書」說，疑出緯書，段玉裁《注》說：

> 祕書，謂緯書也。……按《參同契》曰：「日月為易，剛柔相當。」陸氏德明引虞翻注《參同契》云：「字從日下月。」

東漢盛行緯書，故如此解說「易」字；其實許慎也並不深信，所以先說「象形」⑤，再存異說。

《禮記．祭義》：「易抱龜南面」，孔穎達《正義》：「占易之官也。」可見古代卜筮之官就稱爲「易」，用管理的官名以稱呼其所管理的書，所以叫做《易》。今人高亨則疑卜筮之書而名爲「易」，乃用假借字，其本字當爲「覡」。覡乃男巫，爲官以掌巫事，所以筮官所掌之書也名爲「覡」，「覡」字音同「易」，遂假借「易」字爲名⑥。但何以借「易」爲「覡」，則不可曉，所以高亨之說是否適當，也難以判斷。

---

⑤「易」字，金文作「[illegible]」，省作「[illegible]」，象皿注水之形。《說文》蜥蜴之說蓋以小篆字形說之。唯「易」本象注水之形並無助於「易」作爲卜筮之書的解釋。「周易」定名時蓋已非用其本義。

⑥說見《周易古經通說》第一篇〈周易瑣語〉「周易釋名」條。

貳、《周易》的性質

《朱子語類》說：

．八卦之畫，本為占筮。方伏羲畫卦時，止有奇耦之畫，何嘗有許多說話！文王重卦作繇辭，周公作〈爻辭〉，亦只是為占筮設；到孔子方始說從義理去。（卷六十六）

．《易》只是個卜筮書，藏於太史、太卜，以占吉凶，亦未有許多說話；及孔子始取而敷繹為《十翼》：〈彖〉、〈象〉、〈繫辭〉、〈文言〉、〈雜卦〉之類，方說出道理來。（卷六十七）

朱熹的話簡單明瞭的揭示了《易經》的性質。初民對自然及社會的種種現象與規律，尤其是怪異現象，比較缺乏理性的認識，因此產生不少迷信，也因敬畏鬼神而特重卜筮。後人將卜辭集合整理，便於卜筮之用。相傳此種卜筮書古代共有三種，即前文所說的《連山》、《歸藏》、《周易》。根據《周禮》的記載，三書歸「太卜」、「筮人」掌管，可見其本質乃是卜筮之書；而且本來應是臨事占筮的記錄，如〈蒙卦．卦辭〉說：

蒙：亨。匪我求童蒙，童蒙求我。初筮，告；再、三，瀆，瀆則不告。利貞。

意謂：蒙卦象徵幼稚有待啓蒙，不過得了這卦是吉祥亨通的。並不是我有求於幼稚蒙昧的人，而是幼稚蒙昧，有待啓發的人有求於我。初次占筮，神靈就施予教誨；接二連三的一再占筮，是輕慢不敬的，輕慢不敬，神靈就不會告訴他；不過還是個吉利的占筮。可知所卜之事是具體的，占卜的結果也是特指的；但在編輯成書之後，就把這些特殊、具體的材料加以抽象化、一般化、系統化，使之成爲有規律可循，甚至是以不變應萬變的道理。於是古人便用來解釋各種現象，如《國語．晉語四》記載晉公子重耳於流亡十九年之後，欲返國，而問之卜筮：

> 公子親筮之，曰：「尚有晉國？」得貞〈屯〉、悔〈豫〉⑦，皆八也。筮史占之，皆曰：「不吉。閉而不通，爻無為也。」司空季子曰：「吉。是在《周易》，皆利建侯。不有晉國，以輔王室，安能建侯？我命筮曰『尚有晉國』，筮告我曰『利建侯』，得國之務也，吉孰大焉！……」

重耳在流亡十九年之後，想返回晉國，而問於卜筮，占筮的結果得了〈屯〉和〈豫〉，筮史都說不吉利，重耳的隨臣司空季子卻認爲是大吉，因爲《周易》這兩卦的〈卦辭〉都是「利

---

⑦ 內卦、下卦稱「貞」，外卦、上卦稱「悔」。〈震〉下〈坎〉上爲〈屯〉卦；〈坤〉下〈震〉上爲〈豫〉卦。〈震〉，在〈屯〉卦爲貞，在〈豫〉卦爲悔。

建侯」⑧；既然利於「建侯」，當然是大吉大利。重耳採納司空季子的解釋，決定回國，並且順利的完成復國的使命。因此我們可以肯定的說《周易》的〈卦〉、〈爻辭〉本是周代的筮書，其性質無疑的乃用於卜筮；《易傳》則已擺脫占筮的性質而成爲義理的、哲學的探究。不過因爲《易》「經」這種占筮的性質，讓它在秦始皇焚書時僥倖逃過一劫⑨；也由於許多重要典籍都遭焚毀，遂導致漢代唯有《易》學的傳授得以不絕且能獨盛的情況。

第二節　周易的起源

《漢書・藝文志》「六藝略」說：

《易》曰：「宓戲氏仰觀象於天，俯觀法於地，觀鳥獸之文，與地之宜，近取諸身，遠取諸物，於是始作八卦，以通神明之德，以類萬物之情。」至於殷、周之際，紂在

---

⑧〈屯卦・卦辭〉：「屯：元、亨、利、貞。勿用有攸往，利建侯。」〈豫卦・卦辭〉：「豫：利建侯、行師。」

⑨《史記・秦始皇本紀》載始皇三十四年（西元前二一三），李斯建議：「非《秦記》，皆燒之；非博士官所職，天下敢有藏《詩》、《書》、百家語者，悉詣守、尉雜燒之」，「所不去者，醫藥、卜筮、種樹之書」。

上位，逆天暴物；文王以諸侯順命而行道，天人之占，可得而効，於是重《易》六爻，作上、下篇；孔子為之〈彖〉、〈象〉、〈繫辭〉、〈文言〉、〈序卦〉之屬十篇。故曰：《易》道深矣，人更三聖，世歷三古。

據此，可知班固認爲：

一、《易》之初始，唯有八卦；八卦乃伏羲所畫；

二、六十四卦爲周文王所重，並作上、下經；

三、《十翼》爲孔子所作。

本節先論一、二兩點，第三點將在第五節中討論。

壹、八卦的畫成及其意義

《周易》六十四卦由八卦相重而生⑩，但八卦的畫成，自來有種種玄奇傳說⑪：〈繫辭

⑩ 由於數字卦與帛書《周易》的發現，學術界多一反傳統觀點，提出「六畫卦」之說，如鄧球柏，說見其《帛書周易·前言》。

上〉說河出圖，洛出書，伏羲則之，作八卦；〈繫辭下〉之說已見前引〈藝文志〉文。其實此類傳說都有過度神化之病，但古人認為〈繫辭〉出自孔子之手，所以直到民國以前，始作八卦之人，並無異說。實則八卦的形成，可能出於簡單的數理，乃兩種符號排列組合的自然結果，〈繫辭上〉說：「《易》有太極，是生兩儀，兩儀生四象，四象生八卦。」姑且不論「太極」、「兩儀」、「四象」之義，這段文字正反映八卦的畫成可能即產生於簡單數理的運用，未必有深奧的道理在內。

那麼八卦究竟畫於何時呢？近人余永梁以為龜卜盛行於殷代，當時尚未使用八卦與筮法，所以八卦之畫不應早於商、周之際，自然更不會在三代以前⑫。至於八卦在上古的用途，今日尚難確說。若以八卦如結繩，則八卦當用以計數；若以八卦為文字，則八卦當用以表意；若以八卦為有意或無意畫成的符號組合，則八卦極有可能用於卜筮。由重為六十四卦而用於占卜看來，八卦在迷信的上古時代，很可能即用於求神問卜。

⑪ 其詳可參孔穎達《周易正義·序》「論重卦之人」。
⑫ 說見〈易卦爻辭的時代及其作者〉，收入《古史辨》第三冊。

貳、六十四卦的形成及其時代

《周易》六十四卦由八卦自重或相重而生，但由八卦重爲六十四卦究竟成於何人？〈繫辭下〉說：「八卦成列，象在其中矣；因而重之，爻在其中矣。」並未指明重卦之人，其他先秦古籍也未道及；直到漢代才有明文，《史記・周本紀》說文王「其囚羑里，蓋益《易》之八卦爲六十四卦」，〈日者列傳〉也有類似之說，班固、揚雄、王充也都從史遷爲說⑬。但後世有不同的說法，孔穎達《周易正義・序》「論重卦之人」說：

> 重卦之人，諸儒不同，凡有四說：王輔嗣等以為伏羲畫⑭卦；鄭玄之徒以為神農重卦；孫盛以為夏禹重卦；史遷等以為文王重卦。

其中神農、夏禹二說，因二人時代久遠，難以稽考；而文王重卦之說，又因殷代「數字卦」的發現，有些學者遂認爲此說不可信，而多採王弼之說，以爲伏羲在畫八卦之後，又自重爲六十四卦。但伏羲事跡也渺遠難稽；而且上文說過，八卦與筮法興起於殷周之際，則重卦者

⑬ 班固說見《漢書・藝文志》、揚雄說見《法言・問神》、王充說見《論衡》〈對作〉、〈正說〉。
⑭ 盧文弨以爲「畫」當作「重」，蓋是，說見盧氏《群書拾補》卷一；阮元《周易注疏・校勘記》亦引盧說。

爲文王之說，時代正相吻合，史遷屢言文王「演《周易》」，可能實有所本⑮。

屈萬里先生則以爲畫卦的目的本爲占筮，若僅有八卦，則無法占筮，所以必自重爲六十四卦；而若只有卦名，沒有〈卦辭〉、〈爻辭〉，也無法用於占卜，因此認爲八卦、六十四卦及〈卦辭〉、〈爻辭〉應是同一時代的產物。屈先生又以甲骨刻辭與《易》卦對證，發現：卦爻的順序是由下而上的，甲骨刻辭的順序也多由下往上；而且卦爻的排列，以及卦爻以九代表陽，以六代表陰，都有與卜象、卜辭相合之處，因此推定畫卦與重卦的時代，最早不會早於殷代晚年，甚至可能已遲至西周初年⑯。

第三節　周易的內容、組織與篇第

《易經》一詞有廣、狹二義：狹義只指「卦畫」與〈卦辭〉、〈爻辭〉；廣義則包括「卦」、「經」、「傳」三部分，即一般所指稱的《易經》。

---

⑮ 說參黃沛榮先生〈周易「重卦說」證辨〉，收入《易學乾坤》（臺北：大安出版社，一九九八年）。

⑯ 說見〈易卦源於龜卜考〉，收入《書傭論學集》；又見《古籍導讀》下編〈周易〉章及《先秦文史資料考辨》第二章〈周易〉。

壹、《周易》的經：爻、卦與〈卦辭〉、〈爻辭〉

一、爻

「卦」由卦畫組成，卦畫稱爲「爻」。「爻」分爲「陽爻」、「陰爻」兩種，奇者爲陽，以「⚊」表示，偶者爲陰，以「⚋」表示，兩者是《周易》最基本的符號。〈繫辭上〉說：「爻者，言乎變者也。」六十四卦都是爻變化的結果：重三爻而成卦，如三陽爲乾（☰），三陰爲坤（☷）；餘可類推。

畫卦之法，皆由下而上，最下者爲第一爻，稱「初爻」，依次爲二、三、四、五爻，最上者爲第六爻，稱「上爻」。凡陽爻稱「九」，陰爻稱「六」。如〈乾卦䷀〉，由下而上，依序讀爲初九、九二、九三、九四、九五、上九；〈坤卦䷁〉，由下而上，依序讀爲初六、六二、六三、六四、六五、上六。其中上三爻稱「上卦」或「外卦」，下三爻稱「下卦」或「內卦」⑰。

---

⑰ 古人又稱內卦爲「貞」，外卦爲「悔」，如《尚書．洪範》：「曰貞曰悔」，《僞孔傳》：「內卦曰貞，外卦曰悔。」《左傳．僖公十五年》：「〈蠱〉之貞，風也；其悔，山也」，杜《注》：「內卦曰貞，外卦曰悔。」

二、卦

孔穎達《周易正義》於〈乾卦〉下引緯書說：「卦者，掛也，言縣掛物象，以示於人，故謂之卦。」最初產生的卦，共計八個，稱「八卦」，乃以陰陽爻畫排列在三個爻位中而產生的八個不同卦形，依序為：

一曰乾☰，代表天
二曰坤☷，代表地
三曰震☳，代表雷
四曰艮☶，代表山
五曰離☲，代表火
六曰坎☵，代表水
七曰兌☱，代表澤
八曰巽☴，代表風⑱

---

⑱ 茲錄朱熹《周易本義》「八卦取象歌」以便背誦：「乾三連，坤六斷，震仰盂，艮覆盌，離中虛，坎中滿，兌上缺，巽下斷。」

六十四卦則是八卦自重或互重而產生的六十四種不同卦形，因爲是由八卦兩相重疊而成的，所以每卦都有六畫，如：

否卦䷋，係由〈乾〉、〈坤〉二卦上下重疊而成

泰卦䷊，係由〈坤〉、〈乾〉二卦上下重疊而成

卦爻與八卦、六十四卦在《易經》中屬於符號性質，即所謂的「卦象」；而〈卦辭〉、〈爻辭〉與《十翼》則是用來解釋「象」的，屬文字部分。〈繫辭上〉說：

聖人有以見天下之賾，而擬諸其形容，象其物宜，是故謂之象。聖人有以見天下之動，而觀其會通，以行其典禮，繫辭焉以斷其吉凶，是故謂之爻。言天下之至賾而不可惡也，言天下之至動而不可亂也。

《易經》的「經」，其文字部分又包括〈卦辭〉、〈爻辭〉兩部分，這兩部分是直接解釋卦象的文字。

三、卦辭

《易經》的六十四卦，卦各有象，若僅觀其象，不容易通曉其義，所以必須繫以文辭，然後其義得以明白。其中解釋全卦卦象，而定全卦意義的，稱爲〈卦辭〉。如：

乾：元、亨、利、貞。

首字「乾」爲卦名，是該卦的主題或中心思想；往下的〈卦辭〉⑲，往往指出該卦的重點，並透過占辭推斷吉凶。大致可分爲三類：

1. **吉類：如亨、利、吉**
2. **凶類：如吝、厲、悔、咎、亡、凶**
3. **凶中求吉類：如无（無）咎、无災、无眚**

四、爻辭

解釋一爻的取象而定一爻意義的，稱爲〈爻辭〉，共三百八十六條⑳。〈爻辭〉分別就各爻的「爻德」、「爻位」㉑作說明或象喻，並依占辭斷吉凶。以〈乾卦〉爲例：

初九：潛龍勿用。

---

⑲ 各卦的〈卦辭〉即所謂的「占辭」，指卦爻中用以斷吉凶的術語。

⑳ 六十四卦本來應該只有三百八十四條〈爻辭〉，加上〈乾·用九〉、〈坤·用六〉兩條〈爻辭〉，所以共有三百八十六條。

㉑ 「爻德」指爻的性質，「爻位」指爻的次序。

九二：見龍在田，利見大人。
九三：君子終日乾乾，夕惕若，厲，无咎。
九四：或躍在淵，无咎。
九五：飛龍在天，利見大人。
上九：亢龍有悔。
用九：見群龍，无首，吉。

在〈爻辭〉前面的「初九」至「用九」，稱爲「爻題」，也就是爻的標題，是結合爻德與爻位而成的，如「初九」指在初位的陽爻，「上九」指在上位的陽爻。「用九」、「用六」則爲〈乾卦〉、〈坤卦〉所特有的〈爻辭〉。

貳、《周易》的傳：《十翼》

《易傳》是解釋或闡發〈卦辭〉、〈爻辭〉，或論卦的文字，因爲是解「經」的，所以稱爲「傳」，共七種，依序爲：〈彖〉、〈象〉、〈文言〉、〈繫辭〉、〈說卦〉、〈序卦〉、〈雜卦〉，其中〈彖〉、〈象〉、〈繫辭〉各分上下，合計共十篇，後人因稱之爲「十翼」。翼者，輔翼也，意思是說它們能輔佐經義，猶如飛鳥的雙翼。

一、〈彖傳〉

亦稱〈彖辭〉，共六十四條，隨經分上、下兩篇。彖者，斷也，斷一卦之義也。〈彖傳〉大抵先簡要論卦名、卦義，再發揮〈卦辭〉的義理，如〈乾卦．彖傳〉：

大哉乾元！萬物資始，乃統天。雲行雨施，品物流行。大明終始，六位時成；時乘六龍以御天。乾道變化，各正性命；保合太和，乃利貞。首出庶物，萬國咸寧。

意謂：偉大啊，開創萬物的春天的陽氣！萬物依靠它而開始產生，並得以成長，它統領著大自然。夏天雲氣飄行，甘霖降落，各類事物流布成形。光輝燦爛的太陽反覆運轉，帶來了秋天；〈乾卦〉的六爻按照不同的時位組成，就像陽氣按時乘著六條巨龍駕馭大自然。大自然運行變化，冬天隨著自然的變化而到來，萬物各自靜定精神，保全太和元氣，以利於守持正固，迎接來年，繼續生長。陽氣周流不息，又開始萌生萬物，天下萬國都得以和順安寧。又如〈泰卦．彖傳〉：

> 「泰：小往大來，吉，亨。」則是天地交而萬物通也，上下交而其志同也；內陽而外陰，內健而外順；內君子而外小人：君子道長，小人道消也。

意謂：「通泰：柔小者往外、剛大者來內，吉祥，亨通。」這是表示天地陰陽交合、萬物生養之道暢通、君臣上下交合、人民心志諧同。此時陽者居內、陰者居外，剛健者居內，柔順者居外，君子居內，小人居外，於是君子之道增長，小人之道消亡。

二、〈象傳〉

亦稱〈象辭〉，也隨經分爲上、下兩篇。其取名爲「象」，乃因〈象傳〉多本乎「爻象」、「卦象」以立言。又分爲〈大象〉、〈小象〉兩部分：〈大象〉用以解釋全卦所從之象及其哲理；〈小象〉則解釋每爻所從之象，即解釋六爻〈爻辭〉的「象」的吉凶，並說明取「象」的道理，共三百八十六條。如：〈乾卦．象辭〉：

> 天行健，君子以自強不息。「潛龍勿用」，陽在下也。「見龍在田」，德普施也。「終日乾乾」，反復道也。「或躍在淵」，進无咎也。「飛龍在天」，大人造也。「亢龍有悔」，盈不可久也。「用九」，天德不可為首也。

其中「天行健，君子以自強不息」就是〈乾卦〉的〈大象傳〉，意謂：天的運行剛強勁健，永不止息，君子效法天的剛健，因此不停的自我憤發圖強。「潛龍勿用」以下即為〈小象傳〉，〈小象辭〉的意思分別是：「潛龍勿用，陽在下也」，是說：「巨龍潛伏在水中，暫時不施展才用」，這說明陽氣初生，居位低下。「見龍在田，德普施也」，是說：「巨龍出現在田間」，說明美德昭著，廣施無涯。「終日乾乾，反復道也」，是說：「整天剛強振作，不斷增強自己」，說明反復行道，不使有所偏差。「或躍在淵，進无咎也」，是說：「或者騰躍上進，或者退處在下」，說明審時而進，必無禍災。「飛龍在天，大人造也」，是說：「巨龍高飛上天」，說明大人奮起，大展鴻才。「亢龍有悔，盈不可久也」，是說：「巨龍高飛至極，終將有所悔恨」，說明剛進過甚，不久必衰，勸人知所謙退。「用九，天德不可為首也」，是說：「用九數」，說明「天」的美德不自居於首，因此轉剛為柔，能柔以待下，自然能無所不吉。

三、〈文言傳〉

文言者，文飾之言，敷文以申言之，取「文以足言」之義。申論〈彖傳〉、〈象傳〉之意，扣合人事以詳說〈乾〉、〈坤〉二卦經文義理。僅〈乾〉、〈坤〉二卦有〈文言傳〉，所以只有兩章，習稱〈乾文言〉、〈坤文言〉。

〈乾文言〉和〈坤文言〉都可分為七小節，第一小節都是解釋〈卦辭〉和〈彖傳〉的義旨，其他六小節則依序解釋六爻所象喻的旨意。茲舉〈乾文言〉第一小節爲例，略作說明：

元者，善之長也；亨者，嘉之會也；利者，義之和也；貞者，事之幹也。君子體仁，足以長人；嘉會，足以合禮；利物，足以和義；貞固，足以幹事。君子行此四德者，故曰「乾：元、亨、利、貞」。

意謂：元始，是眾善的尊長；亨通，是美好的會合；有利，是事義的和諧；貞固，是辦事的根本。君子以仁心作爲本體，可以當世人的尊長；尋求美好的會合，就符合了「禮」的要求；施利於物，就符合了「義」的原則；堅守貞固的節操，就足以辦好事物。因爲君子是實行這四種美德的人，所以說：「〈乾卦〉象徵天：元始、亨通、和諧有利、貞正堅固」。

〈乾文言〉的「元者，善之長也」，至「貞固，足以幹事」，與《左傳·襄公九年》穆姜之言非常類似㉒，可見〈文言傳〉某些內容的時代可能相當早。

四、〈繫辭傳〉

㉒ 襄公九年《左傳》載穆姜之言曰：「元，體之長也；亨，嘉之會也；利，義之和也；貞，事之幹也。體仁，足以長人；嘉德，足以合禮；利物，足以和義；貞固，足以幹事。」一般以爲乃〈文言傳〉襲用《左傳》語。

〈繫辭〉者，繫屬於卦、爻下之辭，漢人稱之爲〈易大傳〉，內容駁雜，近乎《周易》的通論，於《十翼》中最具哲理性。因爲篇幅較長，分爲上、下兩篇，每篇依文義又可分爲十餘章。其內容大致涵蓋三方面：

1. **推溯《易》的起源與義理**

如〈繫辭上·第二章〉：

> 聖人設卦觀象，繫辭焉而明吉凶，剛柔相推而生變化。是故吉凶者，失得之象也；悔吝者，憂虞之象也；變化者，進退之象也；剛柔者，晝夜之象也。六爻之動，三極之道也。是故君子所居而安者，《易》之序也；所樂而玩者，爻之辭也。是故君子居則觀其象而玩其辭，動則觀其變而玩其占，是以「自天祐之，吉无不利」。

本章又可分爲兩段：前段追述《周易》的創作，以及《周易》所包含的象徵特色；後段說明君子「觀象玩辭，觀變玩占」，因此足以明理，又可趨吉避凶。傳文大致是說：聖人觀察宇宙間的種種物象而創設了六十四卦，各卦、各爻底下都撰繫文辭來表明吉凶的徵兆，卦中陰陽剛柔互相推移而產生無窮的變化。所以〈卦辭〉與〈爻辭〉中的吉、凶，是處事或失、或得的象徵；悔、吝，是處事稍稍不順時憂念、愁慮的象徵；各卦反映的變化，是處事時權衡進退的象徵；剛爻、柔爻，是白晝和黑夜的象徵。六爻的變化包含著上至天文、下至地理，中至人倫的道理。君子之所以能居處而獲得安穩，正是因爲符合《周易》所體現的一定次序；君子所喜愛而探索玩味的，是卦爻陳列的精微文辭。因此君子平日居處時，就觀察《周易》的象徵，而探尋玩味其文辭的深義，有所行動時，就觀察《周易》的變化而探索玩味其占筮，如此就能「從上天降下福祐，吉祥而無所不利」。

2. **推闡《易》的作用**

如〈繫辭上·第十章〉：

《易》有聖人之道四焉：以言者尚其辭，以動者尚其變，以制器者尚其象，以卜筮者尚其占。是以君子將有為也，將有行也，問焉而以言。其受命也如響，无有遠近幽深，遂知來物。非天下之至精，其孰能與于此？參伍以變，錯綜其數：通其變，遂成天下之文；極其數，遂定天下之象。非天下之至變，其孰能與于此？《易》，无思也，无為也，寂然不動，感而遂通天下之故。非天下之至神，其孰能與于此？夫《易》，聖人之所以極深而研幾也。唯深也，故能通天下之志；唯幾也，故能成天下之務；唯神也，故不疾而速，不行而至。子曰：「《易》有聖人之道四焉」者，此之謂也。

本章說《易》的爲人所用，主要有「尙辭」、「尙變」、「尙象」、「尙占」四種。大意是說：《周易》具備了聖人四種行事的道理：用《易》來作爲言論指導原則的人，重視《易》的文辭精義；用《易》來指導行動的人，重視《易》的變化規律；用《易》來創制器物的人，重視《易》的卦、爻象徵；用《易》來卜問決疑的人，重視《易》的占筮原理。所以君子將有所作爲、有所行動時，用《易》揲著占問，並根據結果來發言行事，《易》就能如響應聲的承受占筮者的著命，不論是遙遠、切近，還是幽隱、深邃的事情，都能推知將來的事態物狀。如果不是通曉天下最精深的道理，誰能如此呢？交互錯雜的變化研究，錯綜反復的推衍蓍數：會通其變化，於是形成天地的文采；窮究著數，就能判定天下的物象。如果不是通曉天下間最爲複雜的變化，誰又能如此呢？《易》的道理不是冥思苦想得來的，而是自然無爲、寂然不動，根據陰陽交感相應的原理，就能會通天下萬事。如果不是通曉天下最爲神妙的規律，誰又能如此呢？《易》是聖人用來窮究幽深事理，探研幾微徵象的書籍。只有窮究幽深事理，才能會通天下的心志；只有探研幾微徵象，才能成就天下的事務，只有神妙的貫通《易》道，才能行事從容而萬事易成，不須行動而萬理自備。孔子說「《易》含有聖人四種行事的道理」，說的就是以上的道理。

3. 解釋〈卦辭〉、〈爻辭〉的意義

如〈繫辭上·第三章〉：

象者，言乎象者也；爻者，言乎變者也。吉凶者，言乎其失得也；悔吝者，言乎其小疵也；无咎者，善補過也。是故列貴賤者存乎位，齊小大者存乎卦，辨吉凶者存乎辭，憂悔吝者存乎介，震无咎者存乎悔。是故卦有小大，辭有險易；辭也者，各指其所之。

此章論述卦、爻辭的象徵義例。文中舉出「吉」、「凶」、「悔」、「吝」、「无咎」等幾種最常見的占辭，結合卦體的大小、爻位的高低，辨析其基本內涵；最後指出卦、爻辭的宗旨在示人趨吉避凶。

五、〈說卦傳〉

〈說卦傳〉乃解釋「卦象」、「卦德」㉓之傳，其內容與功能大致有三：

1. **說明各卦在自然界、生物界的取象**

如〈第三章〉：

㉓「卦象」指卦的取象或所象徵的事物；「卦德」指卦的性質或屬性，如〈乾〉卦的卦德是剛、健，〈坤〉卦的卦德是柔、順。

天地定位，山澤通氣，雷風相薄，水火不相射㉔：八卦相錯。數往者順，知來者逆，是故《易》逆數也。

本章解釋八卦所象徵的八種基本物象——也就是天、地、山、澤、雷、風、水、火——八種物象之間，彼此矛盾而又和諧的關係。意思是說：天地設定上下配合的位子，山澤一高一低，交流溝通氣息，雷風各自興動，交相潛入應和，水火雖然異性，卻不相厭棄而彼此資助：八卦就是這樣既對立，可是卻又統一的互相錯雜存在。掌握了這種對立與統一的規律，想要明白過去的事理，可以順著推算，想要了解將來的事理，可以逆著推知，所以《易》的大功用就是逆推來事。

2. 說明各卦在人倫的取象

如〈第十章〉：

〈乾〉，天也，故稱乎父；〈坤〉，地，故稱乎母；〈震〉一索而得男，故謂之長男；〈巽〉一索而得女，故謂之長女；〈坎〉再索而得男，故謂之中男；〈離〉再索而得女，故謂之中女；〈艮〉三索而得男，故謂之少男；〈兌〉三索而得女，故謂之少女。

㉔ 馬王堆帛書《周易．易之義》作「天地定位，山澤通氣，水火相射，雷風相薄。」

此章〈說卦傳〉以人倫的家庭成員作比喻，指出八卦含有父母，及其所生的三男、三女之象。

3. **說明卦的方位或八卦立名之義**

如〈第七章〉：

〈乾〉，健也；〈坤〉，順也；〈震〉，動也；〈巽〉，入也；〈坎〉，陷也；〈離〉，麗也；〈艮〉，止也；〈兌〉，說也。

本章指出八卦立名之義，朱熹《周易本義》謂其「言八卦之性情」，指明八卦基本的象徵意義：乾，表示剛健；坤，表示溫順；震，表示奮動；巽，表示潛入；坎，表示陷險；離，表示附麗；艮，表示靜止；兌，表示欣悅。

六、〈序卦傳〉

〈序卦傳〉解說六十四卦相承相生、先後次序的道理，並對卦名、卦義多所闡釋；唯多由卦名望文生義，牽強附會之辭不少。

〈序卦傳〉分為前後兩段，前段敘述《易》「上經」——〈乾卦〉至〈離卦〉——三十卦排序的道理；後段敘述「下經」——〈咸卦〉至〈未濟〉——三十四卦依次相承相生的道理。

〈序卦傳〉往往訓釋一卦的名義，如「屯者，盈也」、「蒙者，蒙也」之類；又常以「相生」、「相反」闡明卦序的排列，「相生」者，如：

> 有天地，然後萬物生焉。盈天地之間者唯萬物，故受之以〈屯〉；屯者，盈也，屯者，物之始生也。物生必蒙，故受之以〈蒙〉；蒙者，蒙也，物之穉也。物穉不可不養也，故受之以〈需〉。需者，飲食之道也。飲食必有訟，故受之以〈訟〉。訟必有眾起，故受之以〈師〉；師者，眾也。眾必有所比，故受之以〈比〉；比者，比也。比必有所畜，故受之以〈小畜〉。

「相反」者，如：

> 泰者，通也。物不可以終通，故受之以〈否〉。物不可以終否，故受之以〈同人〉。……有大者不可以盈，故受之以〈謙〉。……嗑者，合也。物不可以苟合而已，故受之以〈賁〉。……物不可以終過，故受之以〈坎〉。……恆者，久也。物不可以久居其所，故受之以〈遯〉；遯者，退也。物不可以終遯，故受之以〈大壯〉。物不可以終壯，故受之以〈晉〉。……蹇者，難也，物不可終難，故受之以〈解〉。

七、〈雜卦傳〉

〈雜卦傳〉不依卦序，雜言六十四卦卦義，將六十四卦重新分爲三十二組，兩兩對舉，以精要的文字概述各卦卦旨，而多由二卦相反的意義加以發揮，如：

> 〈乾〉剛〈坤〉柔，〈比〉樂〈師〉憂；〈臨〉、〈觀〉之義，或與或求。……〈歸妹〉，女之終也；〈未濟〉，男之窮也。〈夬〉，決也，剛決柔也；君子道長，小人道憂也。

意謂：〈乾〉卦陽剛，〈坤〉卦陰柔，〈比〉卦欣樂，〈師〉卦煩憂；〈臨〉、〈觀〉兩卦之義，或施與或營求。……〈歸妹〉卦是女子終得依歸之時；〈未濟〉卦是男子行事困窮之際。〈夬〉卦處事決斷，是陽剛決除陰柔；說明君子之道盛長，小人之道困憂。

《十翼》的內容、體例雖各自殊異；但其解說《易經》的觀點則大體相近，且大抵爲義理之言，爲《周易》帶來新生命，使《易》由占筮之書變爲義理之書，將《易》引入哲學之境，馬浮曾說：「不有《十翼》，《易》其終爲卜筮之書乎？」㉕戴君仁先生也稱《十翼》的作者爲「新儒家」㉖。

㉕ 見《復性書院講錄》。

㉖ 見《談易》。

參、《周易》的篇第與古今本的異同

今日通行的《周易》在卦、〈卦辭〉、〈爻辭〉之後，緊接著的是〈彖辭〉、〈象辭〉；〈乾〉、〈坤〉二卦在〈象辭〉之後又附上〈文言傳〉，這部分稱爲〈上經〉、〈下經〉；之後是〈繫辭上〉、〈繫辭下〉，再其後是〈說卦〉、〈序卦〉、〈雜卦〉。這究竟是不是《周易》本來的篇第次序呢？

《漢書．藝文志》著錄「《易經》十二篇」，顏師古《注》說：「上、下《經》及《十翼》，故十二篇。」《易》的「經」、「傳」已見前文。「經」之分爲上、下，乃因古時以竹木簡爲冊，爲其繁重，故分爲上下兩篇，上篇包括三十卦，稱〈上經〉，下篇包括三十四卦，稱〈下經〉；合《十翼》十篇，共計十二篇。可見《易》的「經」與「傳」本來是獨立成篇的，傳並未附在經後。這點由出土的長沙馬王堆三號漢墓帛書本《周易》及漢熹平石經殘石可以得到證明。那麼這個次序究竟是什麼時候被改動的呢？

《漢書．儒林傳》說古文學家費直所傳的《易》沒有章句，「徒以〈彖〉、〈象〉、〈系辭〉十篇文言解說上下經」，似乎費直並未將《十翼》雜入「經」中；可惜《費氏易》早已亡佚，無法證實。最早將《周易》的「經」、「傳」合而爲一的可能是東漢末年的鄭玄，《三國志·魏書·高貴鄉公紀》載高貴鄉公曹髦幸太學，問諸儒，有云：

帝又問曰：「孔子作〈彖〉、〈象〉，鄭玄作《注》，雖聖賢不同，其所釋經義一也。今〈彖〉、〈象〉不與經文相連，而《注》連之，何也？」〔淳于〕俊對曰：「鄭玄合〈彖〉、〈象〉于經者，欲使學者尋省易了也。」

可知鄭玄的《易注》已將〈彖〉、〈象〉兩傳雜入經文；後來晉王弼注《易》，又將〈文言傳〉分列在〈乾〉、〈坤〉二卦之後㉗。從此以後，《周易》的通行本都將〈彖傳〉、〈象傳〉分別散列在六十四卦的〈卦辭〉和〈爻辭〉之後，〈文言傳〉則分別附在〈乾〉、〈坤〉兩卦之後，只有〈繫辭〉、〈說卦〉、〈序卦〉、〈雜卦〉四傳，仍獨立成篇。孔穎達作《周易正義》，經傳篇第即依王弼注本。

直到宋代，才有學者發現通行本《周易》的篇第與古本不合，於是紛紛企圖恢復古本《周易》面貌，其中以呂祖謙本爲最佳㉘，朱熹作《周易本義》即採呂氏所分篇第，將全書分爲

㉗ 王應麟《玉海》卷三十五引朱震說：「康成始以〈彖〉、〈象〉連經文，王弼又以〈文言〉附〈乾〉、〈坤〉二卦。……至於文辭連屬，不可附卦文，則仍其舊篇。」戴君仁先生《談易》二十〈易經的古本〉考辨甚詳，可參看。

㉘ 葉國良先生《宋人疑經改經考》第一章〈易〉第二節「古易的復原」對宋人復原古易的情況，有極爲詳核

十二卷，可惜明永樂年間，官修《五經大全》時，又割裂《周易本義》卷次，改爲通行本次第㉙。

肆、簡、帛《周易》的出土及其相關問題

近幾十年，帛書、竹簡《周易》相繼出土，爲「易學」研究提供了相當珍貴的資料，茲簡要介紹。

帛書本《周易》包括《易》六十四卦經文、〈繫辭傳〉上下篇與「佚傳」數篇㉚，於一九七三年底在湖南長沙馬王堆三號漢墓出土。依隨葬品研判，馬王堆爲西漢第一代軑侯、長

㉙ 宋咸淳乙丑九江吳革所刊印《周易本義》即爲十二卷本；至於明永樂年間之改易《周易本義》次第，可參考顧炎武《日知錄》卷一「朱子周易本義」條。

㉚ 佚傳包括〈二三子問〉、〈易之義〉、〈要〉、〈繆和〉、〈昭力〉等篇。唯對於各篇之分隸與篇名，學者仍有異說，可參李學勤：《簡帛佚籍與學術史》第五篇〈長沙馬王堆帛書·二、帛書《周易》的幾點研究〉；邢文：《帛書周易研究》上篇〈帛書《周易》概說〉；廖名春：《周易》經傳與易學史新論》中編第九章〈帛書《周易》經傳述論〉；劉國忠：《古代帛書》〈三、馬王堆帛書的研究·(一) 六藝類帛書〉等。

的論述，可參看。

沙王相利蒼及其妻、兒墓地。再由第三號墓出土的木牘內容，可知該墓下葬於漢文帝初元十二年（西元前一六八），可知帛書《周易》乃漢文帝十二年以前的古遺物。

帛書《周易》的六十四卦無上、下之分，卦辭、爻辭與今本相較，異文甚多；六十四卦的排列次序更與今本完全不同；至於其抄寫年代，約在西漢文帝初年㉛。

帛書《易經》六十四卦的重要價值，在於與傳世諸本大不相同：舉凡卦名、卦序、卦辭、爻辭，皆有差異。其中卦名、卦辭與爻辭的不同，多在字句之異，蓋或因假借訛誤，或因今本奪文所致；帛書本與今傳本──如漢《熹平石經》殘字與王弼本──最基本的差別，乃在於二者之卦序，也就是六十四卦的次序：傳世諸本都始於〈乾〉，終於〈未濟〉；帛書本則始〈乾〉終〈益〉。

對於帛書本與今本卦序的差異，學者多謂帛書本較為原始㉜，黃沛榮先生則力主今本卦

㉛ 說參張政烺：〈帛書《六十四卦》跋〉，《文物》，一九八四年第三期，收入《張政烺文史論集》（北京：中華書局，二〇〇四年）。

㉜ 此說以張政烺為主，從者頗多，此不詳舉，可參考黃沛榮先生：〈周易卦序探微〉「貳、幾種異於傳本卦序之排列方式」，收入《易學乾坤》。

序必爲較原始之卦序㉝。

出土帛書《周易》有〈繫辭傳〉，於是孔子傳《易》之說重新受到學界重視，不少學者主張回歸北宋以前舊說，認定孔子贊《易》說實可信據，如郭沂便對歷來疑《易傳》者多所批駁，力主孔子有晚年《易》說，並謂孔子之前，早已有《易傳》㉞。何澤恆先生則持保留態度，並透過縝密的舉證與辨析，認爲：「鄙意以爲帛《易》出土，對研究古代《易》學自有相當大的貢獻，時賢論著發明，珠玉具在；但在證成孔子贊《易》之說上，似仍未足恃以爲定讞」㉟。

除馬王堆帛書《周易》外，另有四種與《周易》有關的出土文獻：

㉝ 說見黃沛榮先生：〈周易卦序探微〉「參、今本卦序必爲較原始之形式」，由「據卦畫與卦名之配合證之」、「據卦辭及爻辭證之」、「據〈彖傳〉證之」、「據〈大象傳〉證之」、「據〈文言傳〉證之」、「據〈繫辭傳〉證之」、「據汲冢竹書證之」、「據西漢載籍證之」、「由帛書《周易》佚傳證之」等九方面證明今本卦序確爲較原始之卦序。

㉞ 說見〈從早期《易傳》到孔子易說——重新檢討《易傳》成書問題〉，收入朱伯崑主編：《國際易學研究》第三輯（北京：華夏出版社，一九九七年）。主張孔子與《十翼》關係密切的學者不少，茲不詳列。

㉟ 說見〈孔子與易傳相關問題覆議〉，收入《先秦儒道舊義新知錄》（臺北：大安出版社，二〇〇四年）。

一九七七年安徽阜陽雙古堆一號漢墓㊱，出土大批竹簡，中有竹簡《周易》，在三百多枚破碎的竹簡中，有今本《易經》六十四卦的四十餘卦，其中有卦畫、卦辭的九片，有爻辭的六十餘片，與今本《周易》及馬王堆《周易》又有所不同。

一九九三年湖北江陵王家台十五號秦墓出土，其中竹簡大都已殘毀，計餘八百餘枚，中有「易占」，其體例均以《易》卦開頭，之後是卦名與解說之辭。可辨識的卦畫約五十餘個；卦名多同今本《周易》，少部分異於今本；解說之辭則與今本不同㊲，多採用古史中的占筮之例，有學者認爲即古《歸藏》㊳。

一九九三年湖北荊門郭店一號楚墓出土竹簡八百餘枚，中有少數有關《易》的資料㊴。

上海博物館於一九九四年自香港購得竹簡一千二百餘枚，中有《周易》簡。有學者認爲楚簡《周易》堪稱迄今爲止最古老、原始的《周易》版本，與今本《易經》有些相異之處，

㊱ 墓主爲西漢第二代汝陰侯夏侯灶。

㊲ 參荊州地區博物館：〈江陵王家台十五號秦墓〉，《文物》，一九九五年，第一期。

㊳ 說見王明欽：〈試論《歸藏》的幾個問題〉，收入古方、徐良高、唐際根編：《一劍集》（中國婦女出版社，一九九六年）；王明欽：〈王家台秦墓竹簡概述〉，收入艾蘭、邢文編：《新出簡帛研究》（北京：文物出版社，二〇〇四年）。

㊴ 荊門市博物館：《郭店楚墓竹簡》（北京：文物出版社，一九九八年）。

如其中有一些今本未見的黑色、紅色符號，這些符號可能有特定的意義。

以上四種資料，目前尚待研究，相關問題，多未明朗。其中值得注意的是：有些學者注意到帛書《易經》的卦名與《歸藏》的關係㊵。秦簡有關《周易》資料的出土，使世傳《歸藏》乃漢以後人僞作之說不攻自破。當然，這並不意味秦簡《歸藏》便是商代文獻。于豪亮認為：「《歸藏》成書，絕不晚於戰國，並不是漢人以後所能僞造的。」與前引屈萬里先生之說基本上不謀而合。

帛書《周易》的研究，隨著經、傳的陸續公布，而多所修正㊶；其餘四種出土《周易》相關文獻，相信也是如此。吾人若能不厚古薄今，抱著實事求是、審慎客觀的態度，面對這些珍貴的出土文獻，相信必有斐然可觀的研究成果。

㊵ 此說由于豪亮〈帛書《周易》〉一文於一九七六年開其端（文見《文物》，一九八四年第三期）；饒宗頤進而對帛書《周易》與世傳《歸藏》卦名逐一比較，肯定其與《歸藏》的關係，說見〈殷代易卦及其有關占卜諸問題〉，《文史》，一九八三年第二十輯，收入《饒宗頤史學論著選》（上海：上海古籍出版社，一九九三年）。相關研究，可參考邢文：《帛書周易研究》（北京：人民出版社，一九九八年）。

㊶ 說參李學勤：《簡帛佚籍與學術史》第五篇〈長沙馬王堆帛書〉。

第四節　卦辭、爻辭的作者及其著成時代

〈卦辭〉、〈爻辭〉的作者與著成時代，千古以來，聚訟紛紜。其說首見於〈繫辭下〉：

·《易》之興也，其於中古乎？作《易》者，其有憂患乎？

·《易》之興也，其當殷之末世、周之盛德邪？當文王與紂之事邪？

可見《易》的作者，晚周之人並不能確指，只懷疑可能作於殷周之際而已。司馬遷說西伯「演《周易》」㊷，可能即以〈卦辭〉、〈爻辭〉爲周文王所作。《漢書·藝文志》說文王「重《易》六爻，作上下篇」，「上下篇」指的便是《周易》的〈上經〉、〈下經〉。孔穎達《周易正義·序》「論卦辭爻辭誰作」節說：

其《周易·繫辭》凡有二說：一說所以〈卦辭〉、〈爻辭〉並是文王所作。……鄭學之徒並依此說也。二以為驗〈爻辭〉多是文王後事，……驗此諸說，以為〈卦辭〉文王，〈爻辭〉周公。馬融、陸績等並同此說。今依而用之。所以只言三聖，不數周公

㊷《史記·太史公自序》：「西伯拘羑里，演《周易》。」〈報任安書〉：「蓋西伯拘而演《周易》。」

者，以父統子業故也。

鄭玄等依〈繫辭〉文字（見上引）推論《易》的〈卦辭〉、〈爻辭〉乃處於憂患的文王所作；馬融等則依〈爻辭〉所載內容多文王以後事，而主張〈卦辭〉作於文王，〈爻辭〉則成於周公。馬融等的推論雖其時代相當接近（詳下），但並無事實根據。因此又有人以爲〈卦辭〉、〈爻辭〉都成於孔子。此說始於宋王洙、李石，而爲清末今文學家廖平、皮錫瑞、康有爲等所力倡。廖平、康有爲都以爲《十翼》既非孔子所作，則「經」必爲孔子所作㊸；皮錫瑞又以爲「蓋卦、爻分畫於羲、文，而〈卦〉、〈爻辭〉皆出於孔子」㊹，熊十力《讀經示要》從之。但廖、康二人都執著於「三聖」之說，所言不具邏輯必然性；而根據《論語》、《左傳》、《國語》記載，孔子以前，《易》已流傳，故而〈卦辭〉、〈爻辭〉成於孔子之說實不足信據。

近人又有〈卦〉、〈爻辭〉乃雜纂而成，非作於一人之說，如高亨、余永梁、嚴靈峰先

㊸ 廖平《知聖篇》卷上說：「《十翼》既非孔子作，則經之爲孔子作無疑矣。」康有爲《新學僞經考》說：「《漢書・藝文志》云：『人更三聖』，韋昭《注》曰：『伏羲、文王、孔子。』……如《正義》言，〈爻辭〉又不得爲文王作，則〈藝文志〉謂文王「作上下篇」者，謬矣。三聖無周公，然則舍孔子誰作之哉？」

㊹ 說見《經學通論・易經》「論卦辭文王作爻辭周公作皆無明據當爲孔子所作」條。

生等人都以爲〈卦〉、〈爻辭〉乃雜纂舊有材料成篇㊺。黃沛榮先生歸納〈卦〉、〈爻辭〉重要義例爲下列五項：

1. **〈爻辭〉多繫以卦名**
2. **卦爻之修辭方式往往一致**
3. **通卦諸爻每自下而上取象**
4. **〈爻辭〉用字多與爻位相應**
5. **占辭吉凶每與爻位有關**

進而認爲：根據〈卦〉、〈爻辭〉的體例與辭例觀之，當成於一人之手；並引李鏡池在〈周易筮辭考〉中所說的「卜史便把它編成一種有系統的卜筮之書」，以爲接近實際情況㊻。

但〈卦辭〉、〈爻辭〉究竟成於何時呢？余永梁以爲作於周成王時，顧頡剛、李鏡池以

㊺ 高亨說見《周易古經通說》第一篇〈周易瑣語〉四「周易古經的作者與時代」，余永梁說見〈易卦爻辭的時代及其作者〉，嚴靈峰先生說見〈周易經傳之文字的結構和錯簡〉。

㊻ 見邱燮友・周何・田博元合編《國學導讀》（二）黃沛榮先生著〈易經〉章。

爲成於西周初葉，郭沫若既以爲成於周初，又以爲成於孔子再傳弟子馯臂子弓㊼；其他異說尚多。一般大致依據王國維、顧頡剛、馮友蘭、高亨等學者的研究，將〈卦〉、〈爻辭〉的著成時代定在西周初年。屈萬里先生更就〈卦〉、〈爻辭〉中的器物與習用語加以考察，認爲〈卦〉、〈爻辭〉的著成，不得遲至東周；又就〈卦辭〉與〈爻辭〉的用語、稱呼與史事，推定〈卦〉、〈爻辭〉當作成於周武王之世㊽。至於作者，或以爲乃周公，或以爲乃當時文臣，當然也可能成於當時的卜筮之官。

㊼ 余永梁說見〈易卦爻辭的時代及其作者〉，顧頡剛說見〈周易卦爻辭中的故事〉，李鏡池說見〈周易筮辭考〉；三文並見《古史辨》第三冊。郭沫若前說見〈周易的時代背景及其精神生產〉，後說見〈周易之制作時代〉，二文並收入《青銅時代》。

㊽ 說見〈周易卦爻辭成於周武王時考〉，收入《書傭論學集》；另，高亨也有類似之說，見《周易古經通說》第一篇〈周易瑣語〉四「周易古經的作者與時代」。

第五節　十翼的作者及其著成時代

《十翼》相傳乃孔子所作㊾，此說唐以前學者無異說，所以孔穎達說「以爲孔子所作，先儒更無異論」㊿；到了宋代，疑古學風盛行，遂亦疑及《十翼》。其中最著名、影響最大的自然要推歐陽脩，其《易童子問》說：

> 童子問曰：「〈繫辭〉非聖人之作乎？」曰：「何獨〈繫辭〉焉，〈文言〉、〈雜卦〉而下，皆非聖人之作。」

歐公望重士林，其說一出，一時風從影附，其後之治《易》者，遂多傾力於《十翼》作者及其時代的考索51。

㊾ 其說始於司馬遷，《史記·孔子世家》：「孔子晚而喜《易》，序〈彖〉、〈繫〉、〈象〉、〈說卦〉、〈文言〉。」《易緯·乾鑿度》、《漢書·藝文志》、《隋書·經籍志》、陸德明《經典釋文·序錄》、孔穎達《周易正義·序》並從之。

㊿ 見《周易正義·序》「論夫子十翼」節。

51 一般以爲直到歐陽脩才懷疑十翼非孔子作。根據葉國良先生的研究，歐公之前已有王昭素、范諤昌等人懷疑十翼的作者；又，有關宋人對《十翼》作者的考辨與相關問題，並可參見其《宋人疑經改經考》第一章近代學者對《十翼》作者的看法主要可分爲三派：

一、成於戰國之世

主此說者有高亨、張立文、戴君仁先生等52。

二、成於戰國末期至漢初

主此說者有李鏡池、馮友蘭、郭沫若、屈萬里先生等53。

三、成於秦始皇焚書之後

〈易〉第一節〈辨卦辭爻辭非文王周公作、十翼非孔子作〉。

52 高亨說見〈周易大傳的哲學思想〉、〈周易大傳通說〉，張立文說見《周易思想研究》，戴君仁先生由易傳的文體、押韻與思想三方面加以考察，以爲《十翼》成於荀子稍前的南方儒者，說見《談易》三〈易傳作者問題〉。

53 李鏡池說見〈關於周易的性質和它的思想〉，馮友蘭說見〈易傳的哲學思想〉，郭沫若以爲「〈說卦傳〉以下三篇，應該是秦以前的作品，〈彖辭〉、〈繫辭〉、〈文言〉三種，是荀子的門徒在秦的統治期間所寫出來的東西，〈象辭〉是在〈彖辭〉之後，由另一派的人所寫出來的」，說見〈周易的制作時代〉。屈萬里先生以爲除〈雜卦傳〉可能作於漢宣帝時外，其餘六篇皆成於戰國中期至晚期，說見〈易損其一考〉、《漢石經周易殘字集證》。

主此說者有李鏡池、錢穆先生、嚴靈峰先生、黃沛榮先生等(54)。

以目前資料，尚難判定上述三說何者必是；不過歐陽脩的懷疑無疑是正確的，因爲：由「文體」看，〈彖〉、〈象〉兩傳在《十翼》中，時代較早，而〈泰〉、〈否〉二卦〈彖傳〉已用陰陽解說〈卦辭〉，〈乾〉、〈坤〉等卦〈象傳〉也用陰陽解說〈爻辭〉，而這是戰國以後才有的現象；再由「義理」看，《易傳》中使用的「道」、「天」、「鬼神」等觀念，都與戰國中、後期道家老、莊思想相近，反而與《論語》中的孔子思想有相當的差異；復由「用語」看，〈繫辭〉、〈文言〉都屢用「子曰」，且篇中充滿陰陽五行氣氛，又常用「仁義」字，當成於戰國中期孟子之後；另由「押韻」看，《十翼》用韻接近南方的系統而與北方系統不近，且有駢偶的趨勢，是戰國晚期文章的特色。綜上所述，目前雖然尚無法肯定《易傳》的作者與確定著成年代，但《十翼》成於孔子之說，無疑的不再是「先儒更無異論」了；而且還可以再進一步說：《十翼》很可能是戰國中晚期以後的儒者，接受道家思想衝擊，進而吸收道家思想之後陸續寫成的闡釋《周易》義理的書(55)。

(54) 李鏡池說見《周易探源》，錢穆先生說見〈論十翼非孔子作〉，收入《古史辨》第三冊，嚴靈峰先生說見〈小象與大象〉，收入《易學新論》，黃沛榮先生說見邱燮友等編的《國學導讀》(二)〈易經〉章。

(55) 以上參考屈萬里先生《先秦文史資料考辨》第二章〈易〉節之四、戴君仁先生《談易》五〈易傳與道家〉、

第六節 易學的傳承與派別

壹、易學的傳承

根據《史記．仲尼弟子列傳》記載，自先秦至漢初，易學的傳授情況是：孔子傳弟子商瞿，瞿傳馯臂子弘，弘傳矯子庸疵，疵傳周子家豎，豎傳光子乘羽，羽傳田子莊何，何傳王子中同，同傳楊何；楊何在漢武帝時以治《易》爲太中大夫。《漢書．儒林傳》也詳細記述《周易》傳授者的姓名字號[56]。《史記》、《漢書》對《周易》的傳授雖記載得清楚明確，但還是有些微的差異，如田何、楊何的輩分即是。《漢書．藝文志》說：

漢興，田何傳之。訖於宣、元，有施、孟、梁丘、京氏列於學官；而民間有費、高二

錢穆先生〈論十翼非孔子作〉。

56 《漢書．儒林傳》：「自魯商瞿子木受《易》孔子，以授魯橋庇子庸，子庸授江東馯臂子弓，子弓授燕周醜子家，子家授東武孫虞子乘，子乘授齊田何子裝。及秦禁學，《易》爲筮卜之書，獨不禁，故傳授者不絕也。漢興，田何以齊田徙杜陵，號杜田生，授東武王同子中、雒陽周王孫、丁寬、齊服生，皆著《易傳》數篇。同授淄川楊何，字叔元，元光中徵爲太中大夫。……要言《易》者本之田何。」

家之說。劉向以中古文《易經》校施、孟、梁丘經，或脫去「无咎」、「悔亡」；唯費氏經與古文同。

可知《易》在西漢時有今文四家立於學官，而古文費、高二家只在民間流傳。其中立於學官的施讎、孟喜、梁丘賀三家乃楊何再傳弟子；京房則傳自焦延壽，專以陰陽災異說《易》。古文派的費直，長於卦筮，無章句，說經僅舉大義，素樸質直，具古文學特色；高相雖同爲古文派，也同樣沒有章句，但專說陰陽災異，與今文的京氏《易》反較接近。這就是漢代易學的傳承概況(57)。

貳、易學的派別

《四庫全書總目提要》述及易學的派別時說：

《左傳》所記諸占，蓋猶太卜之遺法。漢儒言象數，去古未遠也；一變而為京、焦，入於機祥；再變而為陳、邵，務窮造化，《易》遂不切於民用。王弼盡黜象數，說以

(57) 以上參考《漢書·儒林傳》。

老、莊；一變而胡瑗、程子，始闡明儒理；再變而李光、楊萬里，又參證史事，《易》遂日啟其論端。此兩派六宗已互相攻駁。……（〈經部〉「易類」一）

大意謂：《左傳》所記載的占筮，還保存古代「太卜」所用的古法。漢代學者講象數之學，離古代也還不很遠，一變而到了漢代的京房、焦延壽，便流於專門談論吉凶；再變而到了北宋的陳摶、邵雍，把《易》說成包含一切造化的學問，於是《易》不再切合一般人的使用。西晉的王弼擺落象數之說，改用老、莊來解說《周易》，這種方向，再變而到了北宋的胡瑗、程頤，於是開始轉向闡明儒家的義理；再變而到南宋的李光、楊萬里，又參考史事，互相證發，《易》學遂引發了論戰。

四庫館臣所述極爲簡要，將易學分爲兩派，也符合歷史事實。易學確實大致可分爲「義理」、「術數」兩派：西漢初年的今文學施讎、孟喜、梁丘賀三家，均屬義理派，說《易》都切合人事，不談陰陽術數；但《易》本爲卜筮之書，與術數相近，因此以術數結合《易》理也是自然的趨勢。今文中的京房、古文中的高相便都是術數派；齊學得勢之後，陰陽災異之說大盛(58)，於是不論今古文《易》都成爲術數派。不過術數派又可分爲兩大類：一類是災異的術數，西漢易學屬此，與西漢其他經學相通，都與政治有關；一類是卦變的術數，以卦

(58) 有關「齊學」，可參考本書第二篇第十三章〈穀梁傳概說〉第四節「齊學魯學與公羊穀梁的基本差異」。

爻變化的形式附會術數，東漢易學屬於此派。

西漢中期以後、以至東漢全朝，易學都籠罩在術數派之下，直到西晉王弼注《易》，才一掃術數之說，回歸義理。王弼易學遠承費直古文《易》，其注《易》受當時玄學影響，雜有老莊思想；不過基本上仍是義理派。唐孔穎達編《五經正義》時，《易經》採用的便是王弼注本，也就是今傳的《十三經注疏》本。

另外，產生於西漢末年的《易》緯，也可說是術數派的延伸，其內容雖極盡穿鑿附會，遠離《易經》本旨；但在經學史與學術史上仍有其地位與價值。

北宋以後，易學又興起所謂的「圖書之學」。圖者，河圖；書者，洛書。源自〈繫辭上〉「河出圖，洛出書，聖人則之」，最早出於華山道士陳摶；但唐以前並沒有圖出現，直到北宋才陸續流傳出來，計有〈河圖〉、〈洛書〉、〈伏羲八卦次序〉、〈伏羲八卦方位〉、〈伏羲六十四卦次序〉、〈伏羲六十四卦方位〉、〈文王八卦次序〉、〈文王八卦方位〉等八圖，於是有所謂的「太極」、「先天」、「後天」之說；其實只是黑白點的圖而已。宋代的圖書之《易》以劉牧、邵雍爲代表，透過圖表的形式，對宇宙及《易》卦的生成、內涵、結構、演進等問題作詮釋，基本上乃源於漢代的術數派。後來劉牧之說衰微，邵雍之說風行一時；時至清代，漢學派對「圖書」之《易》多所抨擊，至胡渭作《易圖明辨》，辨明其圖出於僞作，此派遂漸衰歇(59)。

宋代另有義理派易學，起於胡瑗及其弟子倪天隱，盡掃西漢災異、東漢讖緯、魏晉玄學之說，而歸之於性命道德之論；其後程頤作《易程傳》，朱熹作《周易本義》，並爲《易》學義理派巨著(60)。

第七節　周易的價值與研讀的方向

〈繫辭上〉說：

《易》有聖人之道四焉：以言者尚其辭，以動者尚其變，以制器者尚其象，以卜筮者尚其占。

可見《周易》在古代的作用、價值都極廣、極大，漢代以後，象數、圖書、儒理、史事又都

(59) 鄭吉雄先生《易圖象與易詮釋》對《周易》的圖書之學有精詳的研析與詮釋。

(60) 本小節參考皮錫瑞《經學通論．易經》、戴君仁先生《談易》。

以《易》附之，《四庫全書總目提要》便說：

《易》道廣大，無所不包，旁及天文、地理、樂律、兵法、韻學、算術，以逮方外之爐火，皆可援《易》以為說，而好異者又援以入《易》，故《易》說愈繁。（〈經部〉「易類」一）

於是《易》在古代的作用更加擴大了；但也因此而遠離《易》的本旨，摻雜了許多渣滓。加以《易》本爲卜筮之書，容易被說解成神祕難測；在術數派流行之後，更多穿鑿附會之論，予人攻擊之機。民初疑古學風盛行，在考定《易》爲卜筮之書，〈卦辭〉、〈爻辭〉均爲占筮者斷吉凶而設，《十翼》又非聖人所作之後，便視《易》爲「頑石廢鐵」，必欲棄之而後甘(61)。

《易》的性質、作者，雖確如上文所言，但《易》並不因此而全無價值。吾人須知：任何古代文獻，不論其爲誰作，只要觀念清楚，能運用正確的方法作客觀的探討，都是寶貴而有價值的材料。晚近地下出土文物日漸豐富，甲骨卜辭、鼎彝金文、秦、楚、漢代竹簡、木牘、帛書陸續出世，相信結合這些材料，採取新的角度與觀念，對《易》作新的研究，必能

(61) 見李鏡池〈易傳探源〉，收入《古史辨》第三冊。

有助於古代文化、學術的了解，也必能有異於前人的成果。茲依此意，略述《周易》的價值與研讀方向。

《周易》的「經」本爲卜筮之書，自應還其本來面目，視其爲占筮書。雖然古人用於迷信，但我們可以利用它來探討古代的文化、風俗、歷史，乃至歷代《周易》經文的演變情況。如〈賁卦．六四．爻辭〉的「賁如，皤如，白馬翰如。匪寇，婚媾」，便透露出古代搶劫婚的訊息；〈泰卦．六五．爻辭〉的「帝乙歸妹」，可與《詩經．大明》相印證；〈既濟．九三．爻辭〉的「高宗伐鬼方」，是重要的歷史資料。前賢利用這些資料，已經有了相當可觀的研究成果，如：顧頡剛以〈卦〉、〈爻辭〉考訂殷商、周初歷史，並提出〈卦辭〉、〈爻辭〉中並無堯舜禪讓、湯武革命與封禪等故實；李鏡池則由《易》考見古代卜筮情況，並據〈卦〉、〈爻辭〉考訂史實與文學；余永梁則從〈卦〉、〈爻辭〉考見古代的風俗制度等[62]。

其次，占筮之書不見得便沒有思想、義理：《易經》六十四卦的排列，實有其整體性與次序性，顯現古人已掌握事物演變的某些基本原則，如以〈乾〉、〈坤〉二卦居首，而終於〈未濟〉，又〈卦辭〉、〈爻辭〉中往往有「物極必反」、「居中爲吉」的觀念，都是對事

[62] 參見顧頡剛〈周易卦爻辭中的故事〉、李鏡池〈周易筮辭考〉、余永梁〈易卦爻辭的時代及作者〉，三文並收入《古史辨》第三冊。

物有深刻體會而歸納出道理的；而〈卦辭〉、〈爻辭〉中又常以格言的方式，寓人事之教訓，如〈乾卦·上九·爻辭〉的「亢龍有悔」、〈坤卦·初六·爻辭〉的「履霜堅冰至」、〈恆卦·九三·爻辭〉的「不恆其德，或承之羞」等即是，而且其中有不少成爲後代儒學理念的基礎。

再次，〈卦辭〉、〈爻辭〉中有許多押韻的文句，相當類似古代的歌謠，如〈中孚·九二·爻辭〉的「鶴鳴在陰，其子和之；我有好爵，吾與爾靡之」，〈明夷·初九·爻辭〉的「明夷于飛，垂其翼；君子于行，三日不食」，便與《詩經》極爲近似，都是研究古代音韻、詩歌極爲有用的資料。

復次，《十翼》的解經雖未必合乎「經」的本義；但其所論及的義理，是結合戰國以降儒者心血而成的哲學性著作，使《易》脫離卜筮迷信之書的性質。《易傳》中談論孔子尟少言及的「天道」，反映了儒學的發展；而從象數到哲理，更深深影響魏晉玄學與宋明理學，可見《十翼》在中國思想史、學術史上的地位與價值。

第五章　尚書概說

《尚書》是記錄我國古史的重要資料，我們所了解的堯舜禪讓故事、夏商及周初史事，主要就是依據此書。但這部書的篇目、真僞、傳承、作者作時等問題卻是群經中爭議最多的一部。究竟我們現在所能讀到的《尚書》，何者爲今文？何者爲古文？何者爲真？何者爲僞？各篇的可信度又是如何呢？下文將分別說明。

第一節　尚書的名稱、真僞及存亡

《尚書》原單稱《書》，「書」就是「公文」的意思，《詩・出車》有「畏此簡書」的句子，「簡書」即指用竹簡書寫的公文，可爲佐證。①因爲《書》所記的都爲上代史事，所

① 以上本屈萬里先生《尚書集釋・概說》說。

以又稱《尚書》；「尚」即「上」，指上代、前代②。後世以《書》爲經，因而又稱《書經》。

據傳此類公文原有三千餘篇，經孔子抉取其中重要者編爲《尚書》。《尚書》緯《璿璣鈐》說：

> 孔子求書，得黃帝玄孫帝魁之書，迄於秦穆公，凡三千二百四十篇，斷遠取近，定可以為世法者百二十篇，以百二為《尚書》，十八篇為《中候》，去三千一百二十篇。

緯書之說，悠謬難信。不過漢人認爲孔子曾編《尚書》百篇的說法頗爲盛行。《史記·孔子世家》說孔子：

> 序《書》傳，上記唐虞之際，下至秦穆，編次其事。

《漢書·藝文志》也說：

> 《易》曰：「河出圖，洛出書，聖人則之。」故《書》之所起遠矣。至孔子纂焉，上斷於堯，下迄於秦，凡百篇，而為之〈序〉，言其作意。

---

② 古人有說「尚者，上也。上所爲，下所書」所以稱《尚書》的，見王充《論衡·正說篇》及〈須頌篇〉；有說「尚者，上也。尊而重之若天書然」所以稱《尚書》的，見孔穎達《尚書正義》引鄭玄〈尚書贊〉。但二說俱涉牽強，當以僞〈孔序〉所言「以其上古之書，謂之《尚書》」的說法爲正確。

但據先師屈萬里先生的考證，《尚書》的編集，既不出於一人之手，也不成於一時，而且孔子編百篇《尚書》之說起源甚晚，並不可信。③何況後世雖傳有〈百篇書序〉，卻未傳有百篇的《尚書》，因此百篇《尚書》是有是無，實可不必深究。本節僅討論漢代以降的各種真僞傳本。

《尚書》的真僞、傳承、作者作時等問題，在群經中最受爭議，因此研習經學者，必須了解其中曲折。本節先介紹《今文尚書》、《古文尚書》、僞《古文尚書》、〈書序〉四種名稱之所指及其篇名，並釐清其真僞、存亡，做爲討論的依據。

壹、《今文尚書》的篇目、真偽與存亡

《尚書》在漢代有今文、古文的分別。所謂今文，是指用當時通行的隸書書寫的寫本；所謂古文，是指用先秦古文字書寫的寫本。但二者的差別，不僅只是書寫的字體不同而已，還有篇目多寡及經說異同等等問題存在。

---

③ 同上引屈萬里先生書。

《今文尚書》傳自秦博士伏生。伏生因秦有焚書令，將家傳《尚書》藏於屋壁中，漢初取出時，竹簡已有斷爛，僅得二十九篇，以下是其篇目：

《虞夏書》：〈堯典〉、〈皋陶謨〉、〈禹貢〉、〈甘誓〉。

《商書》：〈湯誓〉、〈盤庚〉、〈高宗肜日〉、〈西伯戡黎〉、〈微子〉。

《周書》：〈牧誓〉、〈洪範〉、〈金縢〉、〈大誥〉、〈康誥〉、〈酒誥〉、〈梓材〉、〈召誥〉、〈洛誥〉、〈多士〉、〈無逸〉、〈君奭〉、〈多方〉、〈立政〉、〈顧命〉、〈康王之誥〉、〈呂刑〉、〈文侯之命〉、〈費誓〉、〈秦誓〉。

伏生收藏的本子，或許是用古文字書寫，但其後以隸書寫定，所以相對於較晚期出現的古文字本，稱爲《今文尚書》，而稱後者爲《古文尚書》。伏生以此《今文尚書》二十九篇於家鄉齊魯一帶教授弟子，經數傳後，出現歐陽生、夏侯勝及其姪夏侯建三名家，分別稱爲歐陽氏學、大夏侯氏學、小夏侯氏學。武帝之後，三家之學都列在學官，博士依師法教授弟子，但其篇目分合和伏生所傳略有小別，或在二十九篇中加入武帝時民間所獻僞〈太誓〉一篇，而爲三十篇，但爲保持原有二十九篇的數字，遂將〈康王之誥〉并入〈顧命〉中，仍爲二十九篇；而歐陽氏學分〈盤庚〉爲三篇，故爲三十一篇；其實扣除僞作〈太誓〉，仍是伏生所傳二十九篇。至東漢，賈逵、馬融、鄭玄等大儒先後作注，並將〈盤庚〉、〈太誓〉各分爲三篇，又從〈顧命〉中分出〈康王之誥〉，共三十四篇，其實扣除〈太誓〉，內容也還是伏生的二十九篇。

伏生所傳二十九篇，乃是真正傳自先秦的古書，今在唐孔穎達等撰《尚書正義》中，與僞作的《古文尚書》參差並見（詳下），學者當知區別。

貳、《古文尚書》的篇目、真偽與存亡

西漢中期以後，數次發現用先秦古文書寫的《尚書》。《史記·儒林列傳》言：

> 孔氏有古文《尚書》，而安國以今文讀之，因以起其家。《逸書》得十餘篇，蓋《尚書》滋多於是矣。

所謂《逸書》，指逸出伏生所傳之外者。又，《漢書·藝文志》說：

> 《古文尚書》者，出孔子壁中。武帝末，魯共王壞孔子宅，欲以廣其宮，而得《古文尚書》及《禮記》、《論語》、《孝經》，凡數十篇，皆古字也。……孔安國者，孔子後也，悉得其書，以考二十九篇，得多十六篇，安國獻之。遭巫蠱事，未列于學官。

劉向以中古文校歐陽、大小夏侯三家經文，〈酒誥〉脫簡一，〈召誥〉脫簡二。率簡二十五字者，脫亦二十五字；簡二十二字者，脫亦二十二字；文字異者七百有餘，脫字數十。

以上二則所載發現《古文尚書》事，亦見《漢書·楚元王傳》所附劉向子劉歆之〈移讓太常博士書〉中，但同書〈景十三王傳〉卻說河間獻王「所得書皆古文先秦舊書，《周官》、《尚書》、《禮》、《禮記》、《老子》之屬，皆經傳說記，七十子之徒所論」。魯恭王與河間獻王得書，是否爲同一件事的誤傳？其所得書篇目是否相同？書闕有間，後世不得其詳。所謂「得多十六篇」，孔穎達等撰《尚書正義》載其目錄如下：

〈舜典〉、〈汩作〉、〈九共〉、〈大禹謨〉、〈棄稷〉、〈五子之歌〉、〈允征〉、〈湯誥〉、〈咸有一德〉、〈典寶〉、〈伊訓〉、〈肆命〉、〈原命〉、〈武成〉、〈旅獒〉、〈冏命〉。

這十六篇也有人稱爲二十四篇，乃是將〈九共〉分爲九篇，所以得二十四篇，其實即是上文所列的十六篇。這十六篇的篇名雖然和僞《古文尚書》多數雷同（詳下），但卻是真《古文尚書》。此一真《古文尚書》並未立於學官，而且東漢大儒賈逵、馬融、鄭玄等注《尚書》，也僅及今文部分，未注古文，可見當時沒有受到太大的重視，所以東漢光武帝建武年間，亡失了〈武成〉，到了晉朝的永嘉之亂，其餘十五篇也全部亡佚了。

後漢時，也曾發現《古文尚書》。《後漢書·杜林傳》稱：

> 河南鄭興、東海衛宏等，皆長於古學。興嘗師事劉歆，林既遇之，欣然言曰：「林得興等固諧矣，使宏得林，且有以益之。」及宏見林，闇然而服。濟南徐巡，始師事宏，後皆更受林學。林前於西州得漆書《古文尚書》一卷，常寶愛之，雖遭難困，握持不離身。出以示宏等曰：「林流離兵亂，常恐斯經將絕。何意東海衛子、濟南徐生復能傳之，是道竟不墜於地也。古文雖不合時務，然願諸生無悔所學。」宏、巡益重之，於是古文遂行。

又同書〈儒林列傳〉說：

> 扶風杜林傳《古文尚書》，林同郡賈逵為之作訓，馬融作傳，鄭玄注解，由是《古文尚書》遂顯于世。

根據這兩段記載，似乎賈、馬、鄭三儒所注的本子出杜林所傳，但漆書僅有一卷，其內容應當不超過三兩篇，而賈逵等注的是西漢所出今文部分二十九篇，未注古文諸篇，因此《後漢書》說賈、鄭注此漆書本，且顯于世，恐怕有誤④。

以上所述，是漢時發現的《古文尚書》，今都不傳。

參、偽《古文尚書》的篇目、真偽與存亡

漢代曾發生僞造《古文尚書》的事件，《漢書・儒林傳》說：

> 世所傳「百兩篇」者，出東萊張霸，分析合二十九篇以為數十，又采《左氏傳》、《書序》為作首尾，凡百二篇。篇或數簡，文意淺陋。成帝時求其古文者，霸以能為「百兩」徵，以中書校之，非是。霸辭受父，父有弟子尉氏樊並。時太中大夫平當、侍御史周敞勸上存之。後樊並謀反，乃黜其書。

這一部僞造本，是分割二十九篇，又雜纂它書，合爲百篇之數，加上〈書序〉兩篇，共一百零二篇，所以稱爲「百兩篇」，其實其中真品僅有漢初所傳的二十九篇。這部假的《古文尚書》後世不傳。

---

④ 本屈萬里先生《尚書集釋・概說》說。

東晉時，豫章內史梅賾也獻《古文尚書》五十八篇，《隋書・經籍志》載：

> 晉世秘府所存，有《古文尚書》經文，今無有傳者。及永嘉之亂，歐陽、大小夏侯《尚書》並亡。至東晉，豫章內史梅賾始得安國之《傳》奏之。時又闕〈舜典〉一篇，齊建武中吳興姚方興於大航頭得其書奏之，比馬、鄭所注多二十八字，於是列國學。

這一部《古文尚書》真僞雜揉，又僞裝得頗爲巧妙，如馬、鄭所注本《尚書》，今文三十四篇，古文十六篇析〈九共〉爲九篇後爲二十四篇，合爲五十八篇，而此本也是五十八篇，漢人記孔安國曾獻《尚書》，而此本有孔安國《傳》，所以當時並未察覺其可疑處，並且列在學官，成爲國家法定的經典，後來唐人編撰《五經正義》，用的也是此本，信之不疑。直到宋代，吳棫、朱熹等才發覺其中部分不無可疑，明代梅鷟著《尚書考異》加以質疑，到了清代閻若璩著《尚書古文疏證》、惠棟著《古文尚書考》，詳加辯駁，才論定其中二十五篇出於僞造，乃是撮集《尚書》逸文以及古籍中語並補綴之而成，因此這部《古文尚書》半真半僞。茲將其真、僞各部分釐清如下：

一、分割伏生《今文尚書》二十九篇為三十三篇：

（一）分〈堯典〉爲〈堯典〉、〈舜典〉二篇，並僞撰二十八字冠〈舜典〉前。

（二）分〈皋陶謨〉爲〈皋陶謨〉、〈益稷〉二篇。

（三）分〈盤庚〉爲三篇。

二、編纂散見古籍之《尚書》逸句並添入僞撰字句而成以下二十五篇：

〈大禹謨〉、〈五子之歌〉、〈胤征〉、〈仲虺之誥〉、〈湯誥〉、〈伊訓〉、〈太甲上〉、〈太甲中〉、〈太甲下〉、〈咸有一德〉、〈說命上〉、〈說命中〉、〈說命下〉、〈泰誓上〉、〈泰誓中〉、〈泰誓下〉、〈武成〉、〈旅獒〉、〈微子之命〉、〈蔡仲之命〉、〈周官〉、〈君陳〉、〈畢命〉、〈君牙〉、〈冏命〉。

今傳五十八篇的《尚書》（加上〈書序〉則爲五十九篇，詳下），學者習稱爲僞《古文尚書》，其實其中一部分是真《今文尚書》，部分才是僞《古文尚書》。儘管清代以來仍有學者如毛奇齡等著書力辯二十五篇不僞，但此一公案實已塵埃落定，不容置喙了⑤。清代以前所傳《尚書》注本，都是僞《古文尚書》，近世才有將伏生所傳復原獨行的，譬如屈萬里先生《尚書集釋》僅釋今文各篇，僞古文則列在附錄不加注釋，即是一例，取讀《尚書》時當詳加分辨。

---

⑤ 毛奇齡著有《古文尚書冤詞》。有關閻、毛二氏爭論之短長，詳參戴君仁先生《閻毛古文尚書公案》。

又當年僞《古文尚書》附有孔安國《傳》，也是出於僞造，所以近代學者稱之爲僞《孔傳》。今傳孔穎達等撰《尚書正義》即僞《古文尚書》附僞《孔傳》的本子。

肆、〈書序〉的異名與寫作時代

僞《古文尚書》前冠有題名孔安國所撰的序文，也是僞造，故學者習稱僞〈孔序〉。另，僞《古文尚書》各篇前有〈序〉，學者爲與《詩經》的〈序〉有所區別，以免混淆，而稱〈書序〉。〈書序〉乃敘述各篇作旨之文，或一篇一序，或數篇共一序，或有序無文，細數之，共六十七條，而所述篇名，則恰爲百篇，所以也稱〈百篇書序〉。〈書序〉原本離經獨行，僞《古文尚書》將之拆散，附於各篇之前，據僞〈孔序〉說：

> 並〈序〉凡五十九篇，……〈書序〉序所以為作者之意，昭然義見，宜相附近，故引之各冠其篇，定為五十八篇。

因此，唐孔穎達《尚書正義》，亦將〈書序〉附於各篇之前。在僞《古文尚書》未被識破前，學者爲區別僞〈孔序〉與此被拆散的〈書序〉，又稱僞〈孔序〉爲〈大序〉或〈書大序〉，而稱被拆成六十七條之〈書序〉爲〈小序〉或〈書小序〉。加「書」字是爲了和《詩經》的

〈大序〉、〈小序〉有所區分。綜合上述，我們可知〈序〉、〈書序〉、〈百篇書序〉、〈小序〉、〈書小序〉乃是異名同指。

前引《史記》、《漢書》說〈百篇書序〉乃孔子所作，今傳〈書序〉六十七條所述雖恰爲百篇，但此一〈書序〉是否即班固當年所見？而班固當年所見是否真是孔子所作？現在已難以臆測。一般認爲：今傳〈書序〉當是先秦古書，但不是孔子作。

第二節　今文尚書的內容及其寫作時代

壹、《今文尚書》的內容與性質

《今文尚書》的篇目，上節已經列舉，從其篇名可以略知各篇內容的性質。宋代學者林之奇的《尚書全解》曾說：

> 《書》之為體，雖盡于典、謨、訓、誥、誓、命之六者，然而以篇名求之，則不皆系以此六者之名也。雖不皆系于六者之名，然其體則無以出于六者之外也。

林氏所舉六種文體，《今文尚書》只有五種。所謂「訓」，《今文尚書》無，僞《古文尚書》則有〈伊訓〉，記大臣伊尹告誡新君太甲之語。所謂「典」，例如〈堯典〉，乃是記載重要史事的文章。所謂「謨」，例如〈皐陶謨〉，乃是記錄臣下對君主的進言。所謂「誥」，例如〈大誥〉，乃是君主對臣民的告示。所謂「誓」，例如〈甘誓〉，乃是君主宣誓之辭，多爲戰爭而發。所謂「命」，例如〈顧命〉，乃是君主對臣下的詔命。以上所舉，從其篇名即可知其文章的性質與大致內容。但《尚書》篇名，並不盡然如此，也有以人名命名的，如〈盤庚〉、〈微子〉；有以事爲篇名的，如〈高宗肜日〉、〈西伯戡黎〉；有以內容爲篇名的，如〈禹貢〉、〈洪範〉、〈無逸〉。總之，《尚書》的篇名透露出它的內容與性質，如能有以上的認識，可以較迅速的掌握全書的內涵。

從篇目看，《今文尚書》內容涵蓋的時間，上起唐堯，下迄春秋時代秦穆公時所作的《秦誓》，縱貫夏、商、周三代。《僞孔傳》將其中記述虞舜時事者，稱爲《虞書》，載夏時事者，稱爲《夏書》；馬融、鄭玄則合稱《虞夏書》。記商代事者，稱爲《商書》；述周代事者，稱爲《周書》。下文分篇略述其內容大意：

《虞夏書》

〈堯典〉：敘述堯禪讓帝位予舜的經過。

〈皋陶謨〉：記載皋陶與舜、禹的謀議內容。
〈禹貢〉：記錄大禹時各州的山川物產。
〈甘誓〉：夏君與有扈氏作戰時的誓辭。

《商書》

〈湯誓〉：商湯討伐夏桀時誓師之辭。
〈盤庚〉：記載商王盤庚自奄遷殷的經過。
〈高宗肜日〉：陳述後人祭祀殷高宗武丁時發生的一段插曲。
〈西伯戡黎〉：記述西伯昌戰勝黎國後殷臣對商紂的進言。
〈微子〉：描寫微子對殷商將亡的憂慮。

《周書》

〈牧誓〉：周武王與商紂戰於牧野時的誓辭。
〈洪範〉：記武王勝紂後箕子告以治國大法的內容。
〈金縢〉：記周公願以身代武王死的故事。

〈大誥〉：周公相成王時對殷民的公告。
〈康誥〉：武王封康叔的誥辭。
〈酒誥〉：康叔改封衛時周公以成王命告以戒酒之意。
〈梓材〉：前為武王誥康叔之書，後為周、召二公進諫成王之語。
〈召誥〉：召公誥誡成王之辭。
〈洛誥〉：成王命周公留守洛邑之辭。
〈多士〉：成王誥誡遷洛邑的殷頑民之辭。
〈無逸〉：周公告誡成王勿怠墮之辭。
〈君奭〉：記周公告召公奭之言。
〈多方〉：載周公以成王命告東方各國之言。
〈立政〉：周公告成王以設官之道。
〈顧命〉：記成王臨崩時的命令與康王繼承的儀節。
〈康王之誥〉：記康王即位後的誥命，是周康王的第一篇誥辭。
〈費誓〉：魯僖公伐淮夷時的誓師之辭。

〈呂刑〉：載有關刑罰的告辭。

〈文侯之命〉：記周平王對晉文侯的錫命。

〈秦誓〉：秦穆公於殽之戰失敗後表示悔恨的誓辭。⑥

以上雖僅二十九篇，然而卻是了解我國古史的最重要的文獻。

貳、《今文尚書》的寫作時代

古人多以為《尙書》係當時所記，近代學者則以為各篇所記事的時代不必等於其真正的寫作時代，舉例言之，如〈堯典〉雖記堯舜之事，但不等於說〈堯典〉是堯舜時代所作。《尙書》各篇既非全屬當時的實錄，則就史料的觀點，有必要釐清各篇的寫作時代；如不能得其確切年代，至少亦應規範出大致的上下限，才能對其中所載的可信度有一恰當的評估。下文仍依先師屈萬里先生《尙書集釋》一書所考，分篇述其著成時代，以供讀者參酌：

〈堯典〉：孔子歿後，孟子之前。

⑥ 歷代學者對各篇的主旨看法並不一致，上文據先師屈萬里先生《尙書集釋》說。

〈皐陶謨〉：與〈堯典〉同時或稍後。
〈禹貢〉：春秋時代。
〈甘誓〉：戰國時代，鄒衍之後。
〈湯誓〉：孔子之後，孟子以前。
〈盤庚〉：殷代晚期或周代宋人。
〈高宗肜日〉：〈盤庚〉著成之後。
〈西伯戡黎〉：後人述古之作，不在當時。
〈微子〉：後人追述之作，不在當時。
〈牧誓〉：後人追述之作，不在當時。
〈洪範〉：戰國初年。
〈金縢〉：西周末葉或春秋時代魯人。
〈大誥〉：西周初年。
〈康誥〉：西周初年。
〈酒誥〉：西周初年。

〈梓材〉：西周初年。
〈召誥〉：西周初年。
〈洛誥〉：西周初年。
〈多士〉：西周初年。
〈無逸〉：西周初年。
〈君奭〉：西周初年。
〈多方〉：西周初年。
〈立政〉：西周初年。
〈顧命〉：西周初年。
〈康王之誥〉：西周初年。
〈費誓〉：春秋魯僖公時。
〈呂刑〉：周穆王時。
〈文侯之命〉：東周初年。
〈秦誓〉：春秋秦穆公時。

第三節 尚書的價值

壹、《今文尚書》的價值

先秦文獻，傳世不多，春秋以前，更爲稀少，凡屬真品，都很可貴。上節所述《今文尚書》各篇著成時代，多屬西周，少部分爲春秋及戰國時代，實爲了解我國先秦——尤其是春秋以前——古史的最重要資料。雖然春秋以前的可靠文獻，尚有《詩經》、《周易》等的其中一部分，但是詩歌及占卜形式的文獻，說明性不及散文體的《尚書》強，《今文尚書》的可貴，於此可以看出。

宋代以來，考古學者雖然發掘出甲文、金文、簡帛等可靠的非傳統圖書資料，非常有助於我們對古代歷史的了解，但是它們仍是補充性的，若想架構可信的古史，主要還須依賴傳統圖書文獻，從這一角度說，《今文尚書》佔有極重要的地位。

由於《尚書》的性質有極強的政治性，其內容又記述著古代聖賢如堯、舜、文、武、周公等人的事蹟，因此它對後代帝王的統治或是一般士人的修身，發揮了指導或糾正的功能，譬如〈堯典〉記載唐堯的品德及施政程序說：

曰若稽古帝堯，曰放勳。欽、明、文、思、安安，允恭克讓；光被四表，格于上下。克明俊德，以親九族；九族既睦，平章百姓；百姓昭明，協和萬邦。黎民於變時雍。

此一描述和〈大學〉中所說的由近及遠的修身及政治哲學是完全一致的。又如〈顧命〉，記成王臨崩命召公、畢公率諸侯輔佐康王之事。此一措施以及「顧命」一詞，在往後二千餘年中不斷重演、使用，「顧命大臣」往往成為新朝政治成敗最具關鍵性的人物，這顯然深受《尚書》的影響。其餘事例尚多，研讀經史，如能用心考察，自能發現，此不多舉。

貳、偽《古文尚書》的價值

五十八篇的偽《古文尚書》中的二十五篇既是出於偽造，從史料的觀點看，它們並無價值可言。但這不意謂經學研究者可以將它置於一旁，完全不予理會。

在清代以前，注解《尚書》的著作，幾乎全部包含偽造的二十五篇。在篇目編次上，它和真《今文尚書》參差錯見；在學者的說解上，今古文各篇已互引雜糅，甚至建構出其學說的體系。譬如理學家極在意的虞廷十六字心法「人心惟危，道心惟微；惟精惟一，允執厥中」，以及虞、舜、禹三聖授受說的架構，即出自偽〈大禹謨〉。因此，經學研究者沒有辦法不理會僞《古文尚書》中的僞篇。再者，由於它已長期成爲經學史的一部分，如果研究經學史，自須略知其各篇的大意。所以儘管我們已知二十五篇出於僞造，卻也是需加研讀的。

從另一方面說，由於二十五篇有的抄自古籍所見的真《古文尚書》的逸句，所以僞中有真，即使完全出於僞造的部份，其中也不乏有意義的格言，因此明末以來屢有學者主張不可廢棄，茲引戴君仁先生語以爲代表，以見一斑：

> 但這些格言，仍舊可以培養政治道德、公民常識，依然有它的價值，我們不應該廢棄。僞不一定與惡相連，況其中還有不偽的，如何可廢呢？……我們把這二十五篇偽《古文尚書》，不看做上古的經典、三代的信史，而只當作魏晉間子書來讀，似乎仍不失為一部很有價值的書。⑦

⑦ 見戴君仁先生《閻毛古文尚書公案》第十章〈繼毛衛古及僞古文的價值〉。

第六章　詩經概說

第一節　詩經的名稱

《詩經》是中國最早的詩歌總集，但《詩經》這個名稱卻不甚古。古人雖以之與《易》、《書》、《禮》、《春秋》並稱「五經」，但或單稱《詩》，或稱《詩三百》①，而未逕稱爲《詩經》。司馬遷《史記・儒林列傳》雖有「申公獨以詩經爲訓以教」之言，但文中「詩經」的「經」字是用來與「訓」、「詁」、「傳」等解經之書相對的，史公並未將「詩經」當成書名。根據屈萬里先生的研究，正式將「詩經」用爲書的籤題，可能起於南宋初年廖剛的《詩經講義》；到了元代，以「詩經」爲書名的風氣漸盛，明代以後，《詩經》一詞則已

①《左傳》、《國語》二書引《詩》，通稱「詩曰」、「詩云」；更具體的例子如《論語・陽貨》：「《詩》，可以興、可以觀、可以群、可以怨。」又〈爲政〉：「孔子曰：『《詩三百》，一言以蔽之，曰：思無邪。』」

幾乎成爲定名②。既然「詩經」這個名稱已沿用數百年，成爲慣稱，因此今日也不必勉強恢復其原名，只要知其演變過程即可。

有此學者或用「毛詩」來稱呼《詩經》，這是因爲在漢代解說《詩》有齊、魯、韓、毛四家，爲了標明家法，四家各自於「詩」前冠上家派名稱，稱爲《齊詩》、《魯詩》、《韓詩》、《毛詩》。後來《三家詩》陸續散亡，唯獨《毛詩》傳習不輟，因此偶爾也有人以「毛詩」代稱《詩經》。不過「毛詩」一稱因不同情況而可有兩種不同的意義：一種乃將《毛詩》等同於《詩經》，但這種稱呼有時易於引起誤解，因爲「毛詩」一詞並不能完全概括《詩經》；一種是以「毛詩」稱呼毛氏所傳的《詩經》，清代《詩經》學者有「宗毛」一派，其著作即特別標明「毛詩」，如陳啓源《毛詩稽古編》、馬瑞辰《毛詩傳箋通釋》、胡承珙《毛詩後箋》、陳奐《詩毛氏傳疏》等。

後漢書儒林傳，中興以後，鄭眾賈逵傳毛詩。後馬融作毛詩傳，鄭玄作毛詩箋

---

②說見《詩經釋義》及《詩經詮釋·敘論·二》。

第二節　詩經的內容與作法

《詩經》有所謂「六義」：《周禮・春官・大師》說：「教六詩：曰風、曰賦、曰比、曰興、曰雅、曰頌。」〈毛詩序〉說：「《詩》有六義焉：一曰風、二曰賦、三曰比、四曰興、五曰雅、六曰頌。」其實風、雅、頌指的是《詩》的性質或內容；賦、比、興則指《詩》的作法或表現技巧。

壹、《詩經》的內容

今日流傳的《詩經》，依序分為《國風》、《小雅》、《大雅》、《頌》四部分，共有三百零五篇，另有六篇僅存篇名而「亡其辭」③，總計三百十一篇，古人習慣舉其成數，稱之為「三百篇」。

③《毛詩・小雅・魚麗》後附有〈南陔〉、〈白華〉、〈華黍〉三詩篇名；《小雅・南山有臺》詩後附有〈由庚〉、〈崇丘〉、〈由儀〉三詩篇名。

《國風》共含有十五國：〈周南〉、〈召南〉、〈邶風〉、〈鄘風〉、〈衛風〉、〈王風〉、〈鄭風〉、〈齊風〉、〈魏風〉、〈唐風〉、〈秦風〉、〈陳風〉、〈檜風〉、〈曹風〉、〈豳風〉，共收錄一百六十首詩。

這些詩篇何以稱為「風」呢？〈毛詩序〉解釋道：

> 風，風也，教也。風以動之，教以化之。……上以風化下，下以風刺上，主文而譎諫，言之者無罪，聞之者足以戒，故曰風。

〈詩大序〉將「風」解釋成「諷」，作「風刺」、「風化」、「教化」講；但這恐怕是「詩教」盛行後的說法，而不是國風之「風」的本義。舊題宋鄭樵《六經奧論》說：「風土之音曰風」，又說：

> 風者，出於風土，大概小夫賤隸、婦人女子之言。其意雖遠，其言則淺近重複，故謂之風。

朱熹也有類似之說：

- 國者，諸侯所封之域；而風者，民俗歌謠之詩也。（《詩集傳》）
- 《風》則閭巷風土，男女情思之詞。（《楚辭集註》）

國風的「風」字，應當作「風土」解，因爲各地風俗民情不同，詩篇的內容措辭、聲氣腔調自然也就不同，由這些歌謠裡，可以看到不同的風土人情，所以各國的風謠稱之爲「風」。

「國風」一詞，不如「雅」、「頌」古老，《左傳》中雖有「風」字，但並未二字連用合稱爲「國風」；《禮記・表記》兩次引用「國風曰」，《荀子・大略》也有「國風之好色也」之文，可見「國風」名稱的使用大約在戰國末年④。

《雅》分爲《小雅》、《大雅》。《小雅》收錄七十四篇，《大雅》收錄三十一篇，共計一百零五篇。

這些詩何以稱爲「雅」，又何以有小、大之分呢？一般認爲：「雅」可能是相對於「風」而言的，所謂雅音、正聲。雅、夏二字，古音相近，往往通用。夏本指西方，指黃河流域一帶，西方的周常自稱爲「夏」，稱其方音爲「夏聲」，《左傳・襄公二十九年》記載吳公子季札至魯觀周樂，在「歌秦」時，說：「此之謂夏聲」、「其周之舊乎」。周在定天下後，便以其方音爲雅音、正聲，所以流行於王朝當地的詩便被稱爲「雅」，以與各國的土風樂調相對⑤。

---

④ 本段參考屈萬里先生《詩經釋義》及《詩經詮釋・敘論・三》。

⑤ 劉台拱《論語駢枝》：「王都之音最正，故以雅名；列國之音不盡正，故以風名。」

說：

至於「雅」之分為《小雅》、《大雅》，〈詩序〉是由政治觀點加以區分的，〈詩大序〉說：

雅者，正也，言王政之所由廢興也。政有大小，故有《小雅》焉，有《大雅》焉。

朱熹則由音樂、詞氣、使用場合的不同著眼，《詩集傳》卷九「小雅二」標題下說：

雅者，正也，正樂之歌也。……正小雅，宴饗之樂也；正大雅，會朝之樂，受釐陳戒之辭也。故或歡欣和說，以盡群下之情；或恭敬齊莊，以發先王之德：詞氣不同，音節亦異。

朱子之說，應該比較可靠。大小《雅》固然多半是士大夫之作，但《小雅》中也有不少類似風謠的勞人思婦之辭；不過因為樂調不同，所以被列在「雅」中；又因為演奏場合不同，音節有異，於是又有《小雅》、《大雅》的區分。

《頌》分為《周頌》、《魯頌》、《商頌》。《周頌》三十一篇，《魯頌》四篇、《商頌》五篇，共計四十篇。

「頌」與「風」、「雅」又有什麼不同呢？〈詩大序〉說：

頌者，美盛德之形容，以其成功告於神明者也。

將「頌」說成是祭祀時頌神或頌祖先的樂歌。這個說法大致不錯，只是不夠清楚。清人阮元以爲「頌」即「容」，其〈釋頌〉一文闡說極爲詳明：

「頌」之訓為美盛德者，餘義也；「頌」之訓為「形容」者，本義也。且「頌」字即「容」字。……所謂「商頌」、「周頌」、「魯頌」者，若曰「商之㨾子」（「㨾」即「樣」）、「周之㨾子」、「魯之㨾子」而已，無深義也。何以三《頌》有㨾而《風》、《雅》無㨾也？《風》、《雅》但弦歌笙間，賓主及歌者皆不必因此而為舞容；惟三《頌》各章皆是舞容，故稱為「頌」。若元以後戲曲，歌者、舞者與樂器全動作也。

（《揅經室一集·卷一》）

阮元將「頌」解釋爲歌舞並作的宗廟祭祀音樂，極能掌握「頌」的作用與精神。

三《頌》中以《周頌》爲最早，大多是祭祀祖先的樂歌；《魯頌》四篇是頌美魯僖公的詩，全都作於魯僖公時；《商頌》五篇大約是宋襄公時作品，其中也有阿諛時君的詩篇。爲何會如此呢？

就體裁而言，《魯頌》、《商頌》都類於「雅」而不似「頌」，而且魯是侯國，宋是亡國之餘，二國之詩被編在「頌」中實在不太合常理。而且《左傳》記載季札觀樂時，並未提到「頌」有「周」、「魯」、「商」之別。可能當時《魯頌》與《商頌》尚未編進《詩》裡，或雖已入《詩》，卻並不在「頌」裡。鄭玄以爲魯、商二《頌》是孔子編入《詩經》的⑥，屈萬里先生更由《論語・子罕》記載孔子自己的話：「吾自衛返魯，然後樂正，雅、頌各得其所」，與孔子編定《春秋》，而《春秋》有「新周、故宋、王魯」、「以《春秋》當新王」之義，推定《魯頌》可能由孔子編入「頌」中。《商頌》乃宋人作品，《禮記・檀弓》記載孔子自己的話說：「丘也殷人也」；孔子是殷的後代，於是將「亡國之餘」的詩歌，抬高到與王朝的「頌」平列的地位⑦。

貳、《詩經》的作法

「六義」中的賦、比、興，指的是《詩經》的作法。其中「賦」比較容易理解，「比」次之，「興」最爲難解。

賦是鋪陳直敘，歷來解釋並無異說：鄭玄《周禮・春官・大師・注》說：

> 賦之言鋪，直鋪陳今之政教善惡。

---

⑥ 說見鄭玄《詩譜》〈魯譜〉、〈商譜〉，見《毛詩正義》引。

⑦ 說見《詩經釋義》及《詩經詮釋・敘論・四》。

劉勰《文心雕龍・詮賦》說：

《詩》有六義，其二曰賦。賦者，鋪也，鋪采摛文，體物寫志也。

孔穎達《毛詩正義》也說：

《詩》文直陳其事不譬喻者，皆賦辭也。

朱熹《詩集傳》也說：

賦者，敷陳其事而直言之者也。（《周南・葛覃・集傳》）

直接鋪陳其事，就是賦的作法，今日稱爲敘述法。如《齊風・雞鳴》：

「雞既鳴矣，朝既盈矣！」「匪雞則鳴，蒼蠅之聲。」

「東方明矣，朝既昌矣！」「匪東方則明，月出之光。」

「蟲飛薨薨，甘與子同夢；會且歸矣，無庶予子憎！」

妻子說：「雞兒已經鳴叫了，上朝的人都已到齊了！」丈夫回答：「不是雞鳴，是蒼蠅飛的聲音啦。」妻子又說：「東方已經大亮了，朝廷百官已經滿堂了！」丈夫問答說：「不是東方亮，是月兒在發光。」妻子又說：「蟲子薨薨的飛著，我也希望和你同享睡夢！朝會的百官都要散去了，我是希望不至於被你憎恨哪！」全詩採用平鋪直敘的方式，借雞鳴、日出，表達出一個賢婦警戒一位耽溺的丈夫不可遲誤早朝的心情；而丈夫不願早起，故意將雞鳴說成蒼蠅之聲，將晨曦說成月光的情況，也借著風趣的敘述而躍然紙上。

比是比類，以此喻彼，以桑喻槐。鄭玄《周禮．春官．大師．注》引鄭司農說：「比者，比方於物。」鍾嶸《詩品．序》說：「因物喻志，比也。」孔穎達《毛詩正義》說《詩》中「諸言『如』者，皆比辭也。」」。朱熹《詩集傳》說：

> 比者，以彼物比此物也。（《周南．螽斯．集傳》）

劉勰《文心雕龍．比興》說：

> ·比者，附也。……附理者切類以指事。……且何謂為比？蓋寫物以附意，颺言以切事者也。
>
> ·夫比之為義，取類不常：或喻於聲，或方於貌，或擬於心，或譬於事。

「比」類似修辭學上的比喻、譬喻。但《詩經》中的「比」範圍比較大，不僅詩中明言「如」者為比，詩中不言「如」而兩相譬況，託物比喻，旨意顯明的也是比；甚至託物比擬的隱喻也是比。第一種情況如《邶風．柏舟》首章：

汎彼柏舟，亦汎其流。耿耿不寐，如有隱憂。微我無酒，以敖以遊。

詩中以漂流不定的舟船比喻憂慮不安的心情。意思是：任那柏木船隨處飄蕩，隨水漂蕩無依傍。眼睜睜的在床上躺，說不出的煩惱惆悵。不是我沒有好酒可酣暢，不是我沒有地方好遊逛。

《詩經》中的比以第二種情況爲最多，如《周南．螽斯》：

螽斯羽，詵詵兮；宜爾子孫振振兮。
螽斯羽，薨薨兮；宜爾子孫繩繩兮。
螽斯羽，揖揖兮；宜爾子孫蟄蟄兮。

全篇用善於繁殖的螽斯爲比喻，祝人子孫盛多。又如《鄘風．相鼠》：

相鼠有皮，人而無儀！人而無儀，不死何為！
相鼠有齒，人而無止！人而無止，不死何俟！
相鼠有體，人而無禮！人而無禮，胡不遄死！

通篇以老鼠比喻無禮之人，並斥喝之。第一章說：你看那耗子還有張皮，人反而沒有個儀態！做人要是沒有儀態，不死還留著幹麼！第二章說：你瞧那耗子還有牙齒，人反而沒個樣子！做人要是沒個樣子，不死還等著幹啥！第三章說：你看那耗子還有肢體，人反而不懂禮儀！做人要是不懂禮儀，為什麼還不趕快去死！

第三種情況如《魏風·碩鼠》首章：

碩鼠碩鼠，無食我黍！三歲貫女，莫我肯顧。逝將去女，適彼樂土。樂土樂土，爰得我所。

此詩表面上責罵碩鼠的貪食農作，實際上斥責的對象是魏國貪婪無饜的統治者。意思是說：大老鼠啊大老鼠，別再吃我的黃黍！小小心心伺候你好幾年，你卻一點兒也不把我顧。我發誓要離開你這兒，搬家去安樂土。安樂土啊安樂土，那兒才找得到我安身的處所！

有關「興」的說法，自古以來便異說紛紜，且常有混淆比、興而論的。大抵而言，比為託物比喻或比擬，所託之物與被託之物有相當程度的類似性或關聯性；興則不一定具有這樣的關係，二者之間可以不具任何關聯或相似性。興可以說是觸物起情、觸景生情，近乎會意，甚或聯想，有時候甚至到「無跡可尋」的地步。朱熹《詩集傳》說：

興者，先言他物，以引起所詠之詞也。（《周南・關雎・集傳》）

鄭樵《六經奧論》說：

凡興者，所見在此，所得在彼，不可以事類推，不可以義理求也。

興與比，兩者都託物，但比與所託之物有相當的關係，興則只是託物以起義，類似《文心雕龍・物色》所說的「物色之動，心亦搖焉」，「情以物遷，辭以情發」，所以《詩品・序》說興是「文有盡而意有餘」。

《詩》中用興體的例子很多，如《王風・黍離》首章：

彼黍離離，彼稷之苗。行邁靡靡，中心搖搖。知我者，謂我心憂；不知我者，謂我何求。悠悠蒼天，此何人哉！

詩人以行役時路上所見的黍與稷起興，抒發憂心時局，人莫之識的感慨。意思是說：黃黍長得好整齊，小米的苗也一片青蔥蔥。我慢慢的走著，心神恍惚不定。了解我的人，說我心中悲戚憂傷；不了解我的，說我還有什麼要求？悠悠蒼天啊，這是什麼樣的人呀！

《詩經》也有一首詩裡並用賦、比、興三種技巧的，如《小雅・蓼莪》：

蓼蓼者莪，匪莪伊蒿。哀哀父母，生我劬勞！
蓼蓼者莪，匪莪伊蔚。哀哀父母，生我勞瘁！
缾之罄矣，維罍之恥。鮮民之生，不如死之久矣！無父何怙？無母何恃？出則銜恤，入則靡至。
父兮生我，母兮鞠我。拊我畜我，長我育我；顧我腹我，出入腹我。欲報之德，昊天罔極！
南山烈烈，飄風發發。民莫不穀，我獨何害？
南山律律，飄風弗弗。民莫不穀，我獨不卒？

前三章都用「比」法，自比為蒿、蔚等賤草，說父母生我，以為我是良材，可以倚賴我來安度餘生，如今我卻無法終養父母。於是又自比為罍，用瓶來比父母，說酒甕空了酒瓶就無法滿盈，比喻子女無法終養父母。第四章則採用「賦」體，直述父母的養育之恩。五、六兩章則採用「興」體，感歎環境惡劣，使得自己無法終養父母，引為終身的遺憾。

宋王應麟《困學紀聞》引李仲蒙對賦、比、興的解釋，既能概括三者的特性，又能說明三者的差異，引為本節的結束：

敘物以言情謂之賦，情盡物也；索物以託情謂之比，情附物也；觸物以起情謂之興，物動情也。

第三節　詩經的作者與時代

《詩經》是一部古代的詩歌總集，它既不是出自單獨一人的創作，也不是經由一時一人所編集，而是長達五、六百年的集體創作，並且經由不同時代的人加以採錄、編集、加工而成，所以《詩經》的作者是難以考定的。

不過這並不意味《詩經》的作者完全無法得知，如《小雅》〈節南山〉、〈巷伯〉與《大雅》〈崧高〉、〈烝民〉四篇，詩篇中便言及作者名氏⑧，這四篇的作者應不成問題。其他先秦古書亦偶載及《詩經》作者，如《尚書．金縢》說〈鴟鴞〉乃周公勸戒成王之詩；《左

---

⑧《小雅．節南山》：「家父作誦，以究王訩。」又〈巷伯〉：「寺人孟子，作為此詩。」《大雅．崧高》：「吉甫作誦，……以贈申伯。」〈烝民〉：「吉甫作誦，……仲山甫永懷。」

傳》說〈載馳〉出自許穆夫人之手、召穆公作〈常棣〉之詩、芮良夫作〈桑柔〉以刺厲王⑨；《國語》以爲周公傷管、蔡之死而作〈常棣〉，〈時邁〉、〈思文〉都是周公爲祭祀而作的⑩；《呂氏春秋·古樂》說周公作〈文王〉之詩。不過這些說法不一定可靠，如有關〈常棣〉詩的作者，《左傳》《國語》二書便不相同。他如《史記》、《新序》、《列女傳》也載有《詩經》的作者⑪；〈毛詩序〉提到《詩經》作者的除上列各詩外，另有二十五篇，而多不可信；李辰冬先生更有《詩經》三百零五篇的作者都是尹吉甫之說⑫，不過因爲李先生並未提出令人信服的證據，相信其說的人並不多。

近人或以爲國風乃民間風謠；但依春秋以前社會狀況及當時知識尚未普及情況觀之，即令真有出於民間田夫走卒之手，也必定經過士大夫階層潤色⑬，蓋士大夫採民謠而改作，或

⑨ 分別見於《左傳》〈閔公二年〉、〈僖公二十四年〉、〈文公元年〉。

⑩ 〈時邁〉、〈思文〉作者見於〈周語上〉，〈棠棣〉作者見於〈周語中〉。

⑪ 《史記·宋微子世家》以爲《商頌》五篇都是正考父美宋襄公之作；《新序·節士》以爲〈二子乘舟〉、〈黍離〉二詩乃衛宣公之二子伋、壽所作；《列女傳》中言及〈載馳〉、〈柏舟〉、〈燕燕〉、〈式微〉、〈碩人〉、〈大車〉等六篇詩作的作者。

⑫ 說見《詩經通釋》及〈序〉。

⑬ 參考屈萬里先生〈論國風非民間歌謠的本來面目〉，收入《書傭論學集》。

有所感而發爲吟詠，並非真出自平民。

有關《詩》三百篇的寫作年代，前人雖有頗多考證，說法卻相當不一致。大抵而言，《詩經》的編次雖始於《國風》而終於《頌》，但其寫作年代的先後則依次爲《頌》、《雅》、《風》：其中《周頌》各篇大都作於西周初年，《魯頌》、《商頌》作於春秋中期；大、小《雅》各篇，大都作於西周中葉以後，少數爲西周初年作品，而《大雅》又早於《小雅》；《國風》各篇，多數作於春秋時代，少數作品已遲至春秋中葉。全部《詩經》的著成時代，大約在西元前一千一百年到西元前六百年之間。茲僅就爭議最大的《頌》略加考述。

《周頌》是三百篇中最早寫成的，其著作時代，較少爭論，大抵是西周早期作品，大部分作於周公、成王、康王時；但鄭玄《詩譜》以爲《周頌》都是「成王、周公致太平」以前的作品，則並不正確。《周頌．執競》說：

> 執競武王，無競維烈。不（丕）顯成康，上帝是皇。自彼成康，奄有四方。

詩中的「成康」顯然指周成王、周康王，則這首祭祀的詩最早也已在康王時了⑭。

---

⑭ 鄭玄《詩譜》說：「《周頌》之作，在周公攝政，成王即位之初。」朱熹《詩集傳．頌四》下說：「《周頌》三十一篇，多周公所定，而亦或有康王以後之詩。」以《詩經》本文觀之，朱說爲是。

《魯頌》四篇，〈詩小序〉說都是「頌僖公」之作，根據〈閟宮〉所說的「周公之孫，莊公之子」，顯然指的是魯僖公。這四篇文辭、風格一致，都是歌頌魯僖公之作，成篇當在春秋中期。

《商頌》的寫作年代，歷來爭議極大：〈毛詩序〉、鄭玄《商頌譜》、韋昭《國語·魯語·解》，梁啓超《要籍解題及其讀法》等都以爲《商頌》是殷人祭祀祖先之詩；《史記·宋世家》、薛漢《韓詩章句》、揚雄《法言·學行》、魏源《詩古微》、王國維《觀堂集林·說商頌上》、傅斯年先生《詩經講義·商頌述》則都以《商頌》爲宋大夫正考父頌美宋襄公之作。

《商頌·殷武》說：「撻彼殷武，奮伐荆楚」，稱荆爲楚。楚國在春秋初年，都止稱「荆」，直到魯僖公時才有「楚」的稱號；而且殷虛卜辭所記載的祭禮典制，在《商頌》中全然不見，其人名、地名及所用成語，與殷時不類，而反與周代相似；其文辭又多襲自《周頌》與《大雅》：可見《商頌》不是殷商時代、甚至也不是西周時代的作品⑮。〈殷武〉的「奮發荆楚」，指的可能是魯僖公十五年，宋襄公會諸侯於牡丘，圖謀伐楚救徐事，或指魯僖公二十二年，

---

⑮ 參考魏源《詩古微·商頌發微》、王國維《觀堂集林·說商頌上》、屈萬里先生《詩經詮釋·商頌》及《先秦文史資料考辨》第二章。

宋襄公與楚戰於泓事。無論指的是那一件史事，本篇都作於宋襄公時；其餘各篇也可能作於宋襄公時。

第四節　詩經的編集

《論語·子罕》記載孔子的話說：「吾自衛返魯，然後樂正，雅、頌各得其所。」簡略的敘述了孔子與《詩》的關係，但孔子並未明白表示他究竟對《詩》做了如何程度的編定工作。自從司馬遷在《史記·孔子世家》提出孔子刪《詩》之說⑯，「孔子有無刪詩」便成為古今聚訟的大問題，纏訟二千年，至今尚無定論。

古人將「刪詩」說的基礎建立在古書中所記載的「獻詩」、「采詩」制度上。「獻詩」之說，見於《國語》〈周語上〉與〈晉語六〉⑰，但不知是古代真有此制，還是朝臣希望透

---

⑯《史記·孔子世家》：「古者《詩》三千餘篇；及至孔子，去其重，取可施於禮義，上采契、后稷，中述殷、周之盛，至幽、厲之缺。……三百五篇，孔子皆弦歌之，以求合〈韶〉、〈武〉、〈雅〉、〈頌〉之音。」

⑰〈周語上〉載邵公之言：「天子聽政，使公卿至於列士獻詩，瞽獻曲，史獻書，師箴，瞍賦，矇誦，百工

過這樣的制度達到理想的政治制度。

「采詩」之說，首見《禮記·王制》：

> 天子五年一巡守，命太師陳詩以觀民風。

又見於《漢書》〈食貨志〉與〈藝文志〉：

- 孟春之月，群居者將散，行人振木鐸徇于路以采詩，獻之太師，比其音律，以聞於天子。（〈食貨志〉）
- 古有采詩之官，王者所以觀其風俗，知得失，自考正也。（〈藝文志〉）

但後世學者對「采詩」說也有抱存疑、甚至持否定態度的，他們以爲〈王制〉出自漢儒之手，其說不古；又說周室若真有采詩之官、采詩之制，則應當設於西周盛世，不應設在東周衰世；而今傳《國風》諸詩，卻絕少采自西周，可見古代並無「采詩」之制。不過這個說法也還未成爲定說。

諫，庶人傳語。」〈晉語六〉載范文子之言：「吾聞古之王者，政德既成，又聽於民，於是乎使工誦諫於朝，在列者獻詩使勿兜，風聽臚言於市，辨祅祥於謠，考百事於朝，問謗譽於路。」

其實即使王朝沒有「獻詩」、「采詩」之制，《詩》還是有可能被聚集在一起的。因爲春秋以降，經濟發達，列國競造聲詩，且外交頻繁，士大夫須於外交場合賦詩詠志，於是絃誦相通，彼此傳習，久而久之，自然匯聚成帙。而孔子以《詩》爲教本，不滿其內容品質而加以刪定，未嘗不是可能的事。但所謂孔子「刪」詩，究竟應該作怎樣的解釋呢？茲略作考察。

贊成《史記》之說的，有宋歐陽修、王應麟、鄭樵、清顧炎武、王崧等人；否定《史記》說法的，有唐孔穎達、宋朱熹、葉適、明王士禎、清朱彝尊、趙翼、崔述等人。日人瀧川資言在《史記會注考證》中歷引各家說法後，認爲「後說可取」，肯定孔子未嘗刪《詩》之說。近世學者也多有贊成此說的，如屈萬里先生《詩經釋義》、《詩經詮釋》二書都在〈敘論〉中論孔子刪《詩》說之不可信。不過也有就〈孔子世家〉的文字另作解釋的，如戴君仁先生〈孔子刪詩說折衷〉與程元敏先生的〈跋〉⑱，都由行人采《詩》，太師整理時去其重複解釋《史記》的「去其重」，認爲「去其重」猶如劉向校書，去其重複一般。他們主張：司馬遷說古《詩》三千餘篇，乃確實可信，不過孔子並無刪《詩》情事。王叔岷先生則採信《史記》之說，並爲之疏釋。《史記斠證．孔子世家斠證》說：

---

⑱ 並收入戴君仁先生《梅園論學續集》。

《論衡・正說篇》：「《詩經》舊時亦數千篇，孔子刪去復重，正而存三百篇。」所謂「刪去復重」即此「去其重」之意。既曰「去其重」，雖去猶未去也。此猶劉向〈荀子敘錄〉云：「臣向所校讎中《孫卿書》，凡三百二十二篇，以相校，除復重二百九十篇，定箸三十二篇。」雖存十之一，但所去乃重複者，雖去猶未去也。《詩》三千餘篇，其重複者必甚多。孔子先去其重複者；再取其可施於禮義者存之，其所去者實不多。……後儒誤解「《詩》三千餘篇」為各不相同之三千餘篇者多矣！

王先生之說，是採信史遷說法中較通達也是較能令人接受的解釋；但何以古《詩》至於三千餘篇？而這重複嚴重的三千餘篇在孔子之前何以竟無任何一人爲之整理？則仍是一個有待詮釋的問題。

不過孔子即使未曾刪《詩》，仍與《詩經》有相當程度的關聯：或以爲今傳《毛詩》次第乃由孔子編定，如屈萬里先生⑲；上文也說過《魯頌》、《商頌》可能由孔子編入《詩經》中，或由其改易次序；所以孔子雖未必「刪」詩，但與《詩經》的編集，絕對脫離不了關係。或以爲孔子雖未曾編次《詩經》，但《論語》中屢屢言及《詩》的益處，並以之做爲教材，

⑲ 說見《詩經釋義》及《詩經詮釋・敘論・三》。

《詩經》的受後世重視且被尊奉為「經」，自與孔子有關⑳。

第五節　三家詩與毛詩

壹、《三家詩》的傳承

由於流傳地域與傳授師法的不同，漢代今文《詩經》又分為《齊詩》、《魯詩》、《韓詩》三家。《齊詩》傳自齊人轅固，《魯詩》傳自魯人申培，《韓詩》傳自燕人韓嬰。

西漢初年，五經的出現與設立博士以《詩經》為最早，而四家詩中又以《魯詩》最先出，傳播也最盛。《魯詩》因最初流傳於魯國而得名，最早的傳授大師是魯人申培，後稱申公，所以又稱申培公。申培在漢高祖劉邦過魯時曾會見過，在呂后時到長安遊學，與楚元王及元王子劉郢並受學於浮丘伯，漢文帝時以治《詩》立為博士㉑。相傳孔子傳《詩》於子夏，五

⑳ 可參閱本書第三篇第十八章〈先秦的經學〉第二節「孔子與六經」。

㉑ 參考《史記‧儒林列傳》、《漢書》〈儒林傳〉、〈楚元王傳〉、王應麟《困學紀聞》卷八。

傳至荀子，荀子傳齊人浮丘伯，浮丘伯傳魯人申培。《史記・儒林列傳》說「申公獨以《詩》經爲訓以教，無傳；疑者則闕不傳」；《漢書・藝文志》「六藝略」也說「魯申公爲《詩》訓故」，並著錄有《魯故》二十五卷，王先謙《漢書補注》以爲即申公所作。又有《魯說》二十八卷，王先謙《漢書補注》說：

〈儒林傳〉：《魯詩》有韋（賢）、張（長安）、唐（長賓）、褚（少孫）之學。此《魯說》，弟子所傳。

可見《魯詩》既有申公的「訓故」，又有弟子的「說」。當時各家《詩》中，以《魯詩》最爲盛行，影響也最大。武帝時，申公已八十餘歲，武帝猶召見問政，雖因對政治的看法不同而未被重用，但仍「以爲太中大夫，舍魯邸，議明堂事」；弟子爲博士的十餘人，擔任朝廷與地方官職的更「以百數」；皇帝與諸侯王也多學《魯詩》㉒。

《齊詩》由齊人轅固所傳，以流傳地區而得名；漢代的《齊詩》都出自轅固門下。轅固在漢景帝時以治《詩》爲博士，曾在景帝面前與道家的黃生爭論湯武革命的問題，主張湯武誅桀紂乃是得民心、順天命的作法；又與好黃老之學的竇太后爭論，認爲《老子》不過「家

㉒ 參考《史記・儒林列傳》、《漢書・儒林傳》、陳喬樅《三家詩遺說考・序》、王先謙《詩三家義集疏・序》。

人言」，惹怒竇太后，命轅固入豬圈刺豬；又曾告誡同時被皇帝徵召的公孫弘「務正學以言，無曲學以阿世」：可見轅固是個敢直言的正直儒者㉓。荀悅《漢紀》說轅固著有《詩內外傳》，今已失傳。《漢書・藝文志》著錄的《齊詩》著作有：《齊后氏故》二十卷，王先謙《漢書補注》認爲「后氏」就是后蒼，是轅固的再傳弟子；《齊孫氏故》二十七卷，孫氏，其名不詳；《齊后氏傳》三十九卷；《齊孫氏傳》二十八卷；《齊雜記》十八卷。《齊詩》又有翼、匡、師、伏之學，將《詩》與陰陽五行之說結合。此派在西漢後期開始興盛，東漢前期更是盛極一時。

《韓詩》的得名與齊、魯二《詩》不同，是由傳授者韓嬰的姓氏來的。韓嬰，燕人，漢文帝時與申培並以治《詩》爲博士，景帝時任常山王太傅。《史記・儒林列傳》說他「推《詩》之意而爲內、外傳數萬言；其語頗與齊、魯閒殊，然其歸一也」。《韓詩》在當時的影響不如齊、魯兩家，其流傳地區僅限於燕、趙。《漢書・藝文志》著錄的《韓詩》著作有：《韓故》三十六卷，王先謙《漢書補注》以爲「此韓嬰自爲本經訓故，以別於內、外傳者」；《韓內傳》四卷、《韓外傳》六卷，根據上引司馬遷《史記》之說，這二本解《詩》的書應是韓嬰作的；又有《韓說》四十一卷，王先謙以爲「《韓詩》有王、食、長孫之學，此其徒眾所

㉓《史記・儒林列傳》、《漢書・儒林傳》。

傳」。

今日流傳有《韓詩外傳》十卷，但可能不是韓嬰的原著：根據《漢書·藝文志》的記載，《外傳》僅六卷；《隋書·經籍志》、《新唐書·藝文志》則爲十卷，大概是經過隋、唐時《韓詩》學者補充修改的，現今傳本可能就是隋唐間的本子㉔。《韓詩外傳》並非針對《詩經》作解釋或論述，而是先敘述一段故事，再發一番議論，然後引《詩》爲證，《四庫全書簡明目錄》說：

> 其書雜引古事古語，證以詩辭，與經義不相比附。所述多與周秦諸子相出入。班固稱三家之詩「或取春秋，采雜說，咸非其本義」，或指此類歟？

所以《韓詩外傳》雖自有其史料價值，但對《詩》義的了解與闡發，則並不直接。

貳、《三家詩》的散佚與輯佚

西漢可說是今文學的天下，所以西漢的《詩》學，盛行《三家詩》；但自東漢初年起，

㉔ 參考夏傳才《詩經研究史概要·漢學詩經研究的鬥爭和發展》「魯、齊、韓三家詩」節。

古文經學逐漸取得地位，東漢中期，古文學盛行，《三家詩》逐漸被《毛詩》所取代。陸德明《經典釋文．序錄》「注解傳述人」曾簡單敘述《三家詩》衰歇的原因說：

> 後漢鄭眾、賈逵傳《毛詩》，馬融作《毛詩注》，鄭玄作《毛詩箋》，申明毛義，難三家，於是三家遂廢矣。

根據《隋書．經籍志》的記載，《齊詩》亡於魏，《魯詩》亡於西晉。《韓詩》則隋、唐間猶存：《隋志》尚著錄《韓詩》二十二卷，後漢薛漢章句；《新唐書．藝文志》著錄《韓詩》卜商〈序〉韓嬰《注》二十二卷，又《外傳》十卷。《四庫全書總目提要》以爲《韓詩》亡於南、北宋之間；葉國良先生根據宋人劉安世《元城語錄》的記載，推定《韓詩》在北宋猶存，但在南渡以前則已亡佚㉕。

上文曾引陸德明之說說明《三家詩》衰廢的原因，實際上古文《毛詩》的興起與學者的注釋《毛詩》，闡發毛義，只是《三家詩》衰廢的外在因素；《三家詩》之衰，還有其內在

㉕ 葉國良先生〈詩三家說之輯佚與鑒別〉「註一」：「劉安世《元城語錄》卷中云：『漢四家詩各有短長，未易一概論，某嘗記少時讀《韓詩》，有〈雨無極篇〉，〈序〉云「正大夫刺幽王也。」首云：「雨無其極，傷我稼穡，浩浩昊天，不駿其德。」如此之類，不可枚舉。』是《韓詩》北宋猶存，其後則未有見者，是南渡之前已亡矣。」

因素。《漢書．藝文志》說《三家詩》「或取春秋，采雜說，咸非其本義；與不得已，《魯》最爲近之」，可見《三家詩》都採用春秋㉖及雜說，對《詩》做穿鑿附會的解說，往往未能掌握《詩》的本義；只不過《魯詩》比較平實而已。《齊詩》羼雜陰陽五行之說，不免離奇怪誕，三家之中，以齊亡得最早，可能就是這個原因。《韓詩》與《魯詩》接近，都較爲平實；但西漢今文家大抵喜好假借經書來發揮政治哲理，將經學配合政治作解說，利用經文來闡述自己的政治主張，所以免不了附會怪奇之說，這可能是《三家詩》亡佚的另一個重要原因。

《三家詩》自東漢以後逐漸衰廢，因此自魏晉南北朝至南宋，解說《詩經》都專宗毛、鄭；直到歐陽脩作《詩本義》，辨毛、鄭之失，蘇轍、鄭樵接著攻詆〈詩序〉，才逐漸懷疑《毛詩》的必然性與權威性；到朱熹作《詩集傳》，注《詩》時，在毛、鄭之外，兼採今文詩說，《三家詩》才又逐漸受到重視；王應麟繼承朱子遺志，完成輯考《三家詩》遺說的第一部著作《詩考》，爲《三家詩》的輯佚工作奠下了基礎。

不過《三家詩》的輯佚，直到清代才盛行。清代治《三家詩》的學者多至數十人㉗，其

㉖ 案：當時「春秋」乃泛稱史書，並非專指孔子的《春秋》。

㉗ 參考葉國良先生〈詩三家說之輯佚與鑑別〉。

中以陳喬樅《三家詩遺說考》爲代表作，王先謙的《詩三家義集疏》最晚出，資料也最完備。

參、《毛詩》的傳承

《漢書．藝文志》在敘述《三家詩》後，接著用短短的幾句話述及《毛詩》：

又有毛公之學，自謂子夏所傳，而河間獻王好之，未得立。

《漢志》只說《毛詩》是毛公所傳，並未指明毛公究爲何人；後世則以爲有大、小二毛公，《漢書．儒林傳》說：

毛公，趙人也，治《詩》，為河間獻王博士，授同國貫長卿；長卿授解延年，延年為阿武令，授徐敖；敖授九江陳俠，為王莽講學大夫，由是言《毛詩》者本之徐敖。

《漢書》只說毛公是趙人，不言其名；孔穎達《關雎．正義》「毛詩國風」下引鄭玄《詩譜》說：

魯人大毛公為《詁訓傳》於其家，河間獻王得而獻之，以小毛公為博士。

鄭玄說毛公有二，但仍未道出其名字，只說大毛公是魯人；三國陸璣《毛詩草木鳥獸蟲魚疏》則說：

> 荀卿授魯國毛亨，亨作《詁訓傳》，以授趙國毛萇。時人謂亨為大毛公，萇為小毛公。以其所傳，故名其詩曰「毛詩」。

根據陸璣的說法：大毛公叫毛亨，是魯國人，小毛公叫毛萇，是趙國人，清楚明白；不過《後漢書・儒林傳》卻說「趙人毛萇傳《詩》，是爲《毛詩》」，因此也有人以爲《詁訓傳》是毛萇所作。王國維在《觀堂別集》卷一〈書毛詩故訓傳後〉說：「《故訓》者，大毛公所傳；而《傳》則小毛公所增益也。」當然，「毛詩」學派，在傳承的過程中，對前代著作有所增益，是可以理解的，所以王國維之說是可以接受的；不過也有人將《後漢書》的「傳詩」解釋爲「傳布毛亨之詩」，則范曄與陸璣之說便不相悖。

以上所述，便是《毛詩》在西漢的傳承概況；不過這個傳承系統並非全無可疑：最早的班固，只說有一個毛公；到鄭玄時，則說有兩個毛公，但並沒有說出名字；到三國時的陸璣，則清楚的說出大、小毛公的名字：時代愈後，所知古事愈詳，不能令人無疑。因此《毛詩詁訓傳》的作者究竟是不是毛亨，還是個問題；不過在無其他佐證的情況下，只好暫從舊說。

《毛詩》傳至毛萇，被河間獻王任命爲博士，並將《毛詩》獻給朝廷；但並未被立於學官，只在民間傳授，直到西漢後期才立爲學官，並逐漸取代《三家詩》的地位；此後《三家詩》衰廢，獨《毛詩》盛行於世，今日所讀《詩經》，即爲《毛詩》。

《毛詩》與《三家詩》的經文並無大異，篇章次第的先後偶爾小異，字句略有不同，只是《毛詩》是古文因而古字較多而已；兩者的差別，主要在對《詩經》的說解上。《三家詩》的解《詩》方式，上文已約略提及；相對於《三家詩》，《毛詩》以解說經義爲主，將重點放在文字與名物的訓詁上，較少牽涉其他。《毛詩》在幾百年的傳承過程中，學者們集中精力，對《毛詩》詁訓不妥與不清的地方進行改善與補充，雖在今日看來，仍存在許多問題，但相對於《三家詩》而言，則完善不少，這或許也是《三家詩》迅速衰廢的一個原因。

《毛詩》另一個與《三家詩》不同的地方，在解說時較少迷信妄誕之說，《毛詩》學者遵守孔子在《論語》中主張的「不語怪力亂神」原則與《禮記·經解》所說的「溫柔敦厚，《詩》教也」的理論，避免使用陰陽災異、讖緯迷信的解釋，將《詩》轉向政治教化與道德修養方面。有關這點，便不得不討論〈詩序〉與「詩教」了。

第六節　詩序與詩教

壹、〈毛詩序〉的相關問題

《毛詩》在長期流傳過程中，每篇詩都有一簡明的序，說明詩旨，並按照周朝的歷史發展，將三百篇解釋爲依照周王朝或諸侯的世次而排列，進而依時代順序以解釋詩義；〈詩序〉所排列的世次未必可靠，且有不少牽強附會的臆說。

《毛詩》解說各詩篇的序，後世統稱〈詩序〉，又稱各篇的序爲〈小序〉，冠於最前面的一篇爲〈大序〉。根據《漢書·藝文志》著錄，《毛詩》二十九卷，多《三家詩》一卷，王引之《經義述聞》卷七「毛詩經二十九卷」條以爲：「《毛詩》經文當爲二十八卷，與《齊》、《魯》、《韓》三家同；其〈序〉別爲一卷，則二十九卷矣。」不過有人以爲《三家詩》也可能有序㉘，爲免混淆，應稱〈毛詩序〉。

㉘ 齊、魯、韓三家詩皆有「詩序」，說參《四庫全書總目提要》卷十五「詩序」條、皮錫瑞《經學通論·詩經》「論詩序與書序同有可信有不可信今文可信古文不可盡信」條。

兩千多年來，〈毛詩序〉一直是《詩經》研究中的重要課題，其中又包含許多問題；茲先討論〈詩序〉的作者問題。

在經學上，〈毛詩序〉的作者一直是個聚訟不決的大問題，最早言及〈詩序〉作者的是鄭玄，陸德明《經典釋文．毛詩音義上》「關睢．之德也」下說：

沈重云：案鄭《詩譜》意：〈大序〉是子夏作，〈小序〉是子夏、毛公合作。卜商意有不盡，毛更足成之。或云：〈小序〉是東海衛敬仲所作。

根據沈重之說，鄭康成以爲〈詩序〉乃子夏所作，〈小序〉中則有毛公增益的部分。至於《釋文》中「或云」之說，則可能指陸璣與范曄，陸璣《毛詩草木鳥獸蟲魚疏》說：

孔子刪《詩》授卜商，商為之序。……九江謝曼卿，亦善《毛詩》，乃為其訓。東海衛宏，從曼卿受學，因作〈毛詩序〉，得風雅之旨。

范曄《後漢書．儒林列傳．衛宏傳》也說：

初，九江謝曼卿善《毛詩》，乃為其訓。宏從曼卿受學，因作〈毛詩序〉，善得風雅之旨，于今傳於世。

這便是有關〈詩序〉的原始資料。但這三條資料，范曄可能沿自陸璣。鄭玄是東漢人，若〈詩序〉真出東漢初衛宏之手，康成似乎沒有不知之理；況且〈南陔〉等六篇雖「亡其辭」，而仍有〈小序〉，似乎〈詩序〉乃出自先秦。所以有關〈詩序〉作者的第一派說法即認同鄭玄說，以為：對《詩》義的探究，可能早在孔門師徒之間已有，不過未必篇篇有說，也未必著之竹帛；子夏的文學造詣在孔門群弟子中為佼佼者，可能對《詩》義用心特深，並且發而為文；其後陸續傳襲，到了漢初，毛公又加整理，遂輯為定篇㉙。

這個說法基本上建立在《毛詩》出自聖人之門子夏的基礎上；宋代以後，疑古之風日盛，對〈毛詩序〉的作者也有所懷疑，於是便有程頤的〈大序〉作於孔子、〈小序〉作於國史，王安石的詩人自作，以及鄭樵的「村野妄人所作」等說；且自此以後，異說日多，至民國初年胡樸安《詩經學》計收十三家，張西堂《詩經六論》所收更多達十六家。除上述出自毛公之說外，另有三種重要意見：一種乃根據陸璣、范曄之說，以為〈詩序〉乃東漢衛宏所作；另一種則以為〈詩序〉不是一時一人之作，而是先秦至漢代流傳的數百年間，由《毛詩》學者陸續完成的集體創作㉚；第三種認為〈詩序〉是先秦諸家說詩的匯編㉛。

㉙ 參考張蓓蓓先生說，見羅聯添先生等編《國學導讀》第四章之三「詩經」。
㉚ 參考夏傳才《詩經研究史概要・漢學詩經研究的鬥爭和發展》「《毛傳》和《詩序》中的幾個問題」節。
㉛ 林慶彰先生由：（一）從春秋時代的賦詩可確定詩篇之詩旨，並舉《左傳》為例，說明〈詩序〉是以春秋

貳、上博楚竹書《孔子詩論》及其相關問題

《孔子詩論》是上海博物館於一九九四年購自香港的諸多竹簡中之一種，經馬承源等整理後，收入《上海博物館戰國楚竹書（一）》。根據整理者之說，《孔子詩論》的時代可能在戰國中期。

《孔子詩論》是今存最早關於《詩經》的評論文獻，對了解春秋戰國經典——尤其是《詩經》的形成與流傳——有相當大的幫助。一時之間，引發研究熱潮，發表之相關論文多至數百篇㉜；但也存在不少問題。首先，篇名便多爭議：或以為當稱「詩序」或「古詩序」，如

時人對《詩經》的解說為基礎加以整理而成的；（二）先秦典籍中對某些詩篇詩旨與作者的記載，各書幾無異說，認為：〈詩序〉基本上吸收了先秦諸家詩說而成，在戰國時恐已單獨成篇流傳。後來毛公作《毛詩詁訓傳》時，才將單獨流傳的《詩序》和《毛詩詁訓傳》合為一書。說見〈《孔子詩論》與《詩序》之比較研究〉「二《孔子詩論》與《詩序》的時代」（「新出土文獻與先秦思想重構」國際學術研討會會議論文，二〇〇五年三月）。

㉜ 參考〈上博館藏戰國楚竹書研究論文目錄〉，收入《上博館藏戰國楚竹書研究》（上海書店出版社，二〇〇二年）；〈上博館藏戰國楚竹書研究論文目錄（二）〉，收入《上博館藏戰國楚竹書研究續編》（上海書店出版社，二〇〇四年）。

姜廣輝便說：

在筆者看來，應按照傳統的說法，稱此篇為「詩序」。……至于此篇《詩序》是否就是失傳已久的真本的子夏《詩序》，尚有待證明。……如果此竹書被認定為《詩序》之類，其作者只能考慮是子夏。不過，為了慎重起見，我們可以仿照漢代「齊《論語》」、「魯《論語》」和「古《論語》」的說法，稱此《詩序》為「古《詩序》」，以別于後世之《毛詩序》等。㉝

或以爲當稱「竹簡子夏詩序」㉞。葉國良先生等則歸納先秦兩漢著名「序」篇之特徵，發現《孔子詩論》與「序」的體例不符，否定宜稱「詩序」、「古詩序」之說㉟。葉先生等並進而提出「孔子詩論」之定名亦欠妥當：

篇中既有「孔子之言」，又有「非孔子之言」，那麼籠統的認定此篇為「孔子詩論」，

㉝《中國經學思想史》第一卷，第十六章〈古《詩序》的編連、解讀與定位研究〉「八、《孔子詩論》宜稱「古《詩序》」」。

㉞江林昌：〈上博竹簡《詩論》的作者及其與今傳本《毛詩》序的關係〉，收入《上博館藏戰國楚竹書研究》。

㉟葉國良等：〈上博楚竹書《孔子詩論》劄記六則〉「一、定名問題」，《臺大中文學報》第十七期，二〇〇二年十二月。

自有不當。……此篇作者既不是孔子，其中言論也明顯的不完全出自孔子，那麼篇名稱為「孔子詩論」恐將混淆視聽，我們建議改稱為「詩論」，似較為允當。㊱

其次，關於《詩論》的篇序問題：陳燮君、馬承源指出：《孔子詩論》所載，反映出古本《詩經》在《風》、《雅》、《頌》的編序上與今本有所差異，陳燮君在《戰國楚竹書㈠．序》說：

> 今本《詩經》以《國風》、《小雅》、《大雅》和《頌》為序。竹書《孔子詩論》中的序列與此恰相反，稱為《訟》（頌）、《大夏》（夏、雅通）、《小夏》和《邦風》（漢儒為避劉邦諱，「邦」改為「國」）。《詩論．序》中的論次也和今本《詩經》中的大序相反。㊲

馬承源亦認爲《詩論》乃採取《頌》、《大雅》、《小雅》、《國風》的順序編排㊳。葉國良先生等針對此說提出幾個問題，進而加以否定：

㊱ 同前註。

㊲ 馬承源主編：《上海博物館藏戰國楚竹書（一）》（上海：上海古籍出版社，二〇〇一年）。

㊳ 見同前註，馬承源〈孔子詩論．釋文考釋．說明〉。

如果這個論斷成立，顯然是《詩經》學上的大事，因為這將引出種種問題：孔子刪定時是何種順序？今本《國風》、《大雅》、《小雅》、《頌》的順序是誰改的？為什麼要改？古人何以稱「風雅頌」而不稱「頌雅風」？等種種問題，因此我們有必要對此一論點再加檢驗。我們認為所謂編排順序與今本不同的問題也許根本不存在，而只是行文的問題。……無法證知《詩經》另有一種以《頌》、《雅》、《風》為序的古本。因此馬、陳二氏之說，必須保留。㊴

復次，《詩論》的作者究竟是誰？李學勤、江林昌以爲是孔子高弟子夏㊵；廖名春以爲乃子羔所作㊶；陳立則持較慎重的態度，推測應出孔門弟子與再傳弟子㊷。

又次，由於《詩論》出土時，竹簡已散開，因此編排次序，各家不盡相同㊸。

㊴ 葉國良等：〈上博楚竹書《孔子詩論》劄記六則〉「三、《詩經》的編序問題」。

㊵ 李學勤：〈《詩論》的體裁和作者〉、江林昌：〈上博竹簡《詩論》的作者及其與今傳本《毛詩》序的關係〉，二文並收入《上博館藏戰國楚竹書研究》。

㊶ 廖名春：〈上博《詩論》簡的作者與作年〉，「簡帛研究」網站（www.bamboosilk.org），二〇〇二年一月十七日。

㊷ 陳立：〈《孔子詩論》的作者與時代〉，收入《上博館藏戰國楚竹書研究》。

㊸ 可參考《上博館藏戰國楚竹書研究》所收各家論文。

上博竹簡《詩論》的作者、成書時代、文字的個別隸定及其與〈毛詩序〉的關係等都尚待釐清；但上博竹書《詩論》的出土，依然對傳統經學造成相當大的衝擊，故雖有上述的問題與爭論，仍可釐清不少問題，如：《詩論》簡文明確出現若干《國風》篇名，至少可以部分否定宋人「漢儒竄雜淫詩」之說。《三百篇》是否存在「淫詩」，一直是《詩經》學的公案之一，自朱熹以下，說者不乏其人，而又以南宋的王柏最為激烈：

竊意夫子已刪去之詩，容有存於閭巷浮薄者之口。蓋雅奧難識，淫俚易傳，漢儒病其亡逸，妄取而攛雜，以足三百篇之數，愚不能保其無也。㊹

王柏甚至進而主張刪除「漢儒所竄」的三十二篇「淫詩」㊺。上述宋人說法固不無破綻，後人想要加以駁正，卻苦於沒有直接證據；上博竹簡《詩論》正巧出現了被宋人疑為「淫詩」的篇目，有《衛風》的〈木瓜〉、《王風》的〈采葛〉、〈大車〉、《鄭風》的〈將仲〉四篇，為此提供堅強的事證。上博簡反映的是戰國時期《詩經》的內容，足以說明宋人提出的「漢儒竄雜淫詩說」是不可靠的㊻。

㊹ 王柏：《詩疑》卷一。

㊺ 關於宋人與王柏之「漢儒竄雜淫詩說」，詳參程元敏先生：《王柏之生平與學術》，第伍編〈詩經學〉。

㊻ 以上參考葉國良等：〈上博楚竹書《孔子詩論》劄記六則〉「六、宋人『漢儒竄雜淫詩說』的問題」。

其次，《詩論》中與「德」字有關的字詞特多，是「以德說《詩》」的典型，應可為「詩教」出自孔門的旁證㊼；不過又與《毛詩》的講求「正變」、「美刺」等屬不同體系㊽。出土文獻可提供今人修正、補充傳統說法，自宜珍惜並善加利用，作更全面而深入的探討。

參、「詩教」的來源與精神

〈毛詩序〉的作者既無法肯定，〈小序〉對各首詩大義的解釋也未必即為詩人本義；不過〈詩序〉立說的基本態度與精神則是前後一貫的，即：端正情性、宏敷風教，也就是所謂的「詩教」。《詩·關雎·序》與〈大序〉說：

> 〈關雎〉，后妃之德也，《風》之始也，所以風天下而正夫婦也。故用之鄉人焉，用之邦國焉。風，風也；教也。風以動之，教以化之。……故正得失、動天地、感鬼神，

㊼ 參考林慶彰先生：〈《孔子詩論》與《詩序》之比較研究〉「五、《孔子詩論》評詩與《詩序》詩旨之比較」與「六、結論」。

㊽ 參考張寶三先生：〈《上博一、孔子詩論》對〈關雎〉之詮釋論考〉，《臺大中文學報》第二十一期，二〇〇四年十二月。

莫近於《詩》。先王以是經夫婦、成孝敬、厚人倫、美教化、移風俗。……至于王道衰、禮義廢、政教失、國異政、家殊俗，而變《風》、變《雅》作矣。國史明乎得失之跡，傷人倫之廢，哀刑政之苛，吟詠情性以風其上，達於事變而懷其舊俗者也。故變《風》發乎情，止乎禮義。

根據〈詩序〉之意，無論是正《風》、正《雅》，變《風》、變《雅》，不管是美、是刺，其目的都是要正天下人之情性，進而達到移風易俗的終極目的。

實際上〈詩序〉立說的態度與精神乃來自孔門「詩教」：孔子教人讀《詩》，即以涵養情性爲本，《論語》中記載孔子的話，如：

・《詩三百》，一言以蔽之，曰：思無邪。（〈為政〉）

・〈關雎〉樂而不淫，哀而不傷。（〈八佾〉）

・興於《詩》，立於《禮》，成於《樂》。（〈泰伯〉）

・小子何莫學夫《詩》？《詩》，可以興、可以觀、可以群、可以怨，邇之事父，遠之事君；多識鳥獸草木之名。（〈陽貨〉）

都可看出孔子以端正情性爲讀《詩》的終極目標，所以《禮記・經解》引孔子的話說：

入其國，其教可知也：其為人也，溫柔敦厚，《詩》教也。

「溫柔敦厚」既要表現在情性上，也要表現在思想行為上，更要表現在政治道德上：在政治上，當政者以仁治民，被統治的人民守禮制而不犯上，政治不清明、政令有問題時，批評而不破壞，怨刺而不作亂；在個人情感、思想的表達上要委婉含蘊，所謂「樂而不淫」、「哀而不傷」、「怨而不怒」、「犯而不校」。〈詩序〉的一貫精神都建立在這個原則之上，「四始」與「正變」也同樣由這個觀點出發。

第七節 四始與正變

壹、「四始」的各家說法

四始之名，最早出現於〈毛詩序〉，〈大序〉在說《詩》有賦、比、興、風、雅、頌等「六義」後，接著說：

上以風化下，下以風刺上，主文而譎諫，言之者無罪，聞之者足以戒，故曰「風」；

> 至于王道衰、禮義廢、政教失、國異政、家殊俗，而變《風》、變《雅》作矣。國史明乎得失之跡，傷人倫之廢，哀刑政之苛，吟詠情性以風其上，達於事變而懷其舊俗者也。故變《風》發乎情，止乎禮義。發乎情，民之性也；止乎禮義，先王之澤也。……雅者，正也，言王政之所由廢興也。政有大小，故有《小雅》焉、有《大雅》焉。頌者，美盛德之形容，以其成功告於神明者也。是謂「四始」，《詩》之至也。

這段文字包含「四始」與「正變」兩個問題，先說「四始」。由文中可知〈詩序〉的作者以《風》、《小雅》、《大雅》、《頌》爲「四始」。

其實「始」字並非始於〈詩序〉，《史記．孔子世家》已說：

> 〈關雎〉之亂，以為《風》始，〈鹿鳴〉為《小雅》始，〈文王〉為《大雅》始，〈清廟〉為《頌》始。

一般即以〈關雎〉、〈鹿鳴〉、〈文王〉、〈清廟〉爲司馬遷之「四始」說。史公雖用了四個「始」字，但並沒有用「四始」這個詞；而且史遷也只以《國風》、《小雅》、《大雅》、《頌》四部分的第一篇詩題爲「始」，並沒有賦予特別的意義，後人雖有深刻的闡說㊾；是

㊾ 如錢穆先生《中國學術思想史論叢》㈠〈讀詩經．四始〉以爲：西周新王初建，天下一統，周公以文王之

否爲史公原意，不得而知。

〈詩序〉則賦予「四始」強烈的政治意義，此由上引文字即可得知。此意爲鄭康成所深知，所以他在《毛詩箋》中說「始者，王道興衰之所由」，又在《鄭志·答張逸》中說「此四者，人君行之則爲興，廢之則爲衰」。這都是和「詩教」的精神緊密結合的。

《齊詩》也有「四始」之說，《詩緯·汎歷樞》說㊿：

〈大明〉在亥，水始也；〈四牡〉在寅，木始也；〈嘉魚〉在巳，火始也；〈鴻雁〉在申，金始也。

可知《齊詩》乃以《大雅》的〈大明〉、《小雅》的〈四牡〉、〈嘉魚〉、〈鴻雁〉四篇爲「四始」。《史記》與《毛詩》的「四始」，其說雖有不同，也未必即是詩旨本義，但至少

德號召天下，制禮作樂，諸侯之賓於周者，助祭於宗廟，親聆〈清廟〉之頌；但周公因嫌頌體之揄揚歌詠，未能竭盡其辭，於是又於諸侯朝會王廷時，歌《大雅·文王》之篇，於宴饗諸侯時，歌《小雅·鹿鳴》之詩：於是恭敬齊莊以發先王之德與歡欣和悅以盡群下之情兩目的皆圓滿達成。又因婚姻乃人生最大事，而事關貴賤上下，人倫大道，遂有〈關雎〉以爲《風》始。錢先生並總結說：「蓋〈清廟〉、〈文王〉，所以明天人之際，定君臣之分也。《小雅·鹿鳴》，所以通上下之情。而《風》之〈關雎〉，則所以正閨房之內，立人道之大倫也。周公之所以治天下，其道可謂畢具於是矣。」

㊿ 見孔穎達《毛詩正義》「四始」下引。

可與《詩經》的體制、編排扣合；至於《齊詩》之說則牽合五行，怪異離奇，絕非《詩經》本義。

貳、「正變」之說

《毛詩》又有「正變」之說，文已見上引。《詩序》認爲除《頌》詩之外，《國風》與大、小《雅》都有「正詩」有「變詩」，「變詩」的產生都是因爲「王道衰」的關係。鄭玄之說更爲詳細，《詩譜・序》說：

文武之德，光熙前緒，以集大命於厥身，遂為天下父母，使民有政有居。其時《詩》：《風》有〈周南〉、〈召南〉；《雅》有〈鹿鳴〉、〈文王〉之屬。及成王、周公致太平，制禮作樂，而有《頌》聲興焉，盛之至也。本之由此風雅而來，故皆錄之，謂之《詩》之「正經」。後王稍更陵遲，懿王始受譖，亨齊哀公；夷身失禮之後，〈邶〉不尊賢。自是而下，厲也、幽也，政教尤衰，周室大壞。〈十月之交〉、〈民勞〉、〈板〉、〈蕩〉，勃爾俱作，眾國紛然，刺怨相尋。五霸之末，上無天子，下無方伯，善者誰賞，惡者誰罰，紀剛絕矣。故孔子錄懿王、夷王時詩，訖於陳靈公淫亂之事，謂之「變風」、「變雅」。

〈詩序〉只說「王道衰」，遂有「變風」、「變雅」之作；鄭玄則進一步明說盛世之詩爲「正詩」，衰世之詩爲「變詩」，且斷「盛世」爲文、武、成三王之世，「衰世」爲懿王以下，直至東周頃王之時。茲依鄭玄說，將「正詩」與「變詩」列表於後：

	正	變
《國風》	〈周南〉、〈召南〉二十五篇	〈邶風〉至〈豳風〉等十三國
《小雅》	〈鹿鳴〉至〈菁菁者莪〉十六篇	〈六月〉至〈何草不黃〉五十八篇
《大雅》	〈文王〉至〈卷阿〉十八篇	〈民勞〉至〈召旻〉十三篇

至於何以稱爲「變」，〈詩序〉並未明說，而是出自鄭玄的解釋：盛世之時，政治清明，人民安樂，故其時之詩，皆歌功頌德之作；衰世之時，政治混亂，人民勞苦，故斯時之詩，不免「刺怨相尋」，「以風其上」。依情理而言，此種解釋可以接受；但即使承認毛、鄭之說，

其所定之「正詩」、「變詩」時代，卻與其說自相矛盾：如毛、鄭認爲「正風」的〈周南〉、〈召南〉，其中顯然有東周之世的詩，而被列爲「變風」的〈豳風〉卻都作於周成王時[51]。所以今日讀《詩》，對「正變」之說可以置之不理。

第八節　詩經的價值

《詩經》的價值可分由古代與現代兩方面來看：在古代，尤其是先秦時代，《詩》是貴族階級教學的主要科目，與《書》、《禮》、《樂》相輔而行。除了上文《論語·陽貨》所載孔子意見外，〈季氏〉又記載孔鯉轉述孔子「不學《詩》，無以言」的話；他如《左傳·僖公二十七年》記載晉文公想立中軍元帥，大臣趙衰推薦郤穀，因爲郤穀「說《禮》、《樂》而敦《詩》、《書》。《詩》、《書》，義之符也」；又如《國語·楚語上》記載楚莊王問教太子之道於申叔時，申叔的回答中有「教之《詩》，而爲之導廣顯德，以耀明其志」的話：都可看出古人認爲《詩》可以擴大眼界，增長知識，立定大志，並可進一步涵養性情，修養

---

[51] 參考屈萬里先生《詩經詮釋·敘論·五》。

道德，提昇言談的內容。

而提昇言談內容，又對春秋時代列國大夫聘問時盛行賦詩專對大有助益。《論語·子路》說：

子曰：誦《詩》三百，授之以政，不達；使於四方，不能專對；雖多，亦奚以為？

《漢書·藝文志》也說：「登高能賦，可以爲大夫。」可見在古代能誦《詩》篇，以《詩》文應對，始能順利完成外交任務。

自從孔子以《詩》爲教材，確立「詩教」，《詩》便結合古代的教育、政治作用，變成陶冶感情、涵養品性、提昇文藻、修養道德的重要媒介，其目的在使士人達到至情至性、溫柔敦厚、博雅宏通、文質彬彬的境界。

由上所述，可見《詩》在古代的價值。今日距春秋時代已有二、三千年，它的價值是否已不存在了呢？當然不是！傅斯年先生在其《詩經講義稿》〈泛論詩經學·五·我們怎樣研究詩經〉中說：

我們去研究《詩經》應當有三個態度：一、欣賞它的文辭；二、拿它當一堆極有價值的歷史材料去整理；三、拿它當一部極有價值的古代語言學材料書。

傅先生所說研讀《詩經》的三種態度，其實正可說明《詩經》在今日的價值：即《詩經》具有文學、史學、語言學三方面的價值。

「六義」中的賦、比、興是一切文學技巧的根源，其在《詩經》中的運用，前文已討論過；其對後世文學的影響則幾乎遍及任何朝代、任何作家，即令時至今日，也依然不減。這是《詩經》在文學上的價值。

《周頌》、《大雅》中的許多詩篇，出自西周初年，與《尙書．周書》中的誥誓諸篇及《易經》〈卦辭〉、〈爻辭〉同爲中國現今流存最早的真實史料。而《大雅》中的〈緜〉、〈皇矣〉、〈大明〉、〈生民〉、〈公劉〉等篇記述周朝興起的歷史；《小雅》中的〈采薇〉、〈出車〉、〈六月〉、〈采芑〉，《大雅》中的〈江漢〉、〈常武〉，則是記載周朝中興的歷史：這都是彌足珍貴的第一手資料。而《三百篇》所詠，遍及周代思想、政治、禮制、風俗、人情、農業、物產各方面，是研究周代思想史、制度史、社會史、農業史的重要憑藉。這是詩經在史料上的價值。

《詩經》又是中國最早的詩文總集，且詩中多存古代字詞、音義，可供中國古文字學、聲韻學、語言學等研究之取資。早在清代便有學者做這方面的專門研究，如顧炎武以《詩本音》開闢以《詩經》研究古韻的途徑，段玉裁以《詩經韻十七部表》奠定古韻分部的規模，江有誥的《詩經韻讀》更具備了古韻的梗概；而這方面的研究在今日更是方興未艾。這是《詩經》在語言、文字、聲韻方面的價值。

當然，《詩經》的古代價值更不應因時代的改變而失去意義：因爲無論時代如何變改，做爲一個人的條件、素質，還是有其不變的成分在的！所以在經學、政治教化及個人修養上，《詩經》在今日應更有其不可忽視的價值。

第七章 周禮概說

國人所謂「禮」，是指人際之間一種不成文的互動模式，它或者藉儀式來進行，或者只是日常生活的言談舉止，可以說是外在而具體的。因爲一切內在的涵養、抽象的理念，若不藉外在而具體的方式來體現，則免不了空談之譏。因此，人生態度極爲入世的儒家重視禮樂，乃是必然的。儒家對於禮樂的主張與規劃，匯集在《周禮》、《儀禮》、《禮記》、《大戴禮》、《樂經》等書中，雖然《樂經》已亡，《大戴禮》也已殘缺，但其中仍相當充分的反映了儒家的禮教觀，也長期影響了國人的觀念與生活，直至今日依然如此。所以不論是經學研究者，或是古史研究者，甚或只是站在一個國民的立場，對禮書有某種程度的認識，乃是必要的。

《周禮》、《儀禮》、《禮記》三書原各別行，漢末鄭玄兼注三書，盛行於世，始有《三禮》之名。漢代學官所立，乃今文《儀禮》，於禮書中獨佔「經」的地位。王莽時，曾立古文《周禮》博士，《周禮》遂亦取得經的地位，王莽敗，廢。《禮記》原爲一般的禮書，唐代列為五經之一，才正式升格為經。《大戴禮》原與《禮記》並駕齊驅，漢代以後，傳承甚微，不在十三經之列，但也有人主張加入而為十四經①，茲附論於《禮記》之下。

第一節　周禮的名義與發現年代

壹、《周禮》的名義

《周禮》屬古文經，本名《周官》，書名的意思，乃指它是周代為統治天下所設職官的記錄，古文學家認為它是周公所訂，並以這套制度創造了太平盛世，即所謂「周公致太平之跡」。後來劉歆改稱《周禮》，為後世所沿用。

西漢人徵引《周禮》，都稱《周官》②，如《史記·封禪書》引其《春官·大司樂》文

史記，周本紀：「成王歸在豐，作周官。」

史記魯周公世家：「周公官政未次序，於是周公作周官，官別其宜，作立政以便百姓。」

禮記明堂位：武王崩，成王幼弱，周公踐天子之位，以治天下，六年，朝諸侯於明堂，制禮作樂。

① 參考本書第一篇第一章第三節〈十三經形成的過程〉。

② 有學者將《漢書·藝文志》著錄「《周官》，經六篇。《周官》，傳四篇」，讀為「《周官經》六篇，《周官傳》四篇」，因謂漢時《周禮》亦稱《周官經》。這是不熟悉漢人用辭的習慣及〈藝文志〉以「經」「傳」相對

說：

《周官》曰：「冬日至，祀天于南郊，迎長日之至。夏日至，祭地祇。皆用樂舞，而神乃可得而禮也。」

根據記載，漢哀帝時，劉歆奉命校理宮中藏書，才改稱其書爲《周禮》，荀悅《漢紀・成帝紀》說：

劉歆以《周官》十六篇③為《周禮》，王莽時，歆奏以為禮經④，置博士。

從此以後，《周官》、《周禮》二名並行，也有人合稱爲《周官禮》⑤。

而言的文例。

③ 十六篇的「十」字疑是衍文，當刪。

④ 「禮經」二字，或以爲書名，誤。此處是指劉歆主張將《周禮》置於禮書中「經」的地位。

⑤ 唐顏師古注《漢書・藝文志》，於「《周官》，經六篇。王莽時，劉歆置博士」句下說：「即今唐之《周官禮》也。」一《周官禮》一稱也見於《隋書・經籍志》。

揚雄法言重黎：或問周官。曰：立事。
隋書經籍志
蓋周公所制官制之法

漢書，諸侯王表：河間獻王德 景帝子二年，三月甲寅立，二十六年薨（155 BC）（129 BC）

貳、《周禮》的發現年代

《周禮》一書的內容，不見東周諸儒引用⑥，要到西漢時才出現。《漢書・河間獻王傳》說：

河間獻王……修學好古，實事求是，從民得善書，必為好寫與之，留其真，加金帛賜以招之。……故得書多，與漢朝等。……獻王所得書，皆古文先秦舊書，《周官》、《尚書》、《禮》、《禮記》、《孟子》、《老子》之屬。

唐陸德明《經典釋文・敘錄》補述河間獻王得《周官》一書的詳細情形說：

河間獻王時，有李氏上《周官》五篇，失〈事官〉一篇，乃購千金不得，取〈考工記〉

---

⑥ 春秋戰國人著作中未見引書稱「周官曰」或「周禮曰」的例子。但清儒汪中《述學》卷二指出其中內容有和先秦文獻相同的：「《逸周書・職方篇》即〈夏官・職方〉職文，一也。〈藝文志〉『六國之君魏文侯最爲好古，孝文時得其樂人竇公獻其書』，乃《周官・大宗伯》之〈大司樂〉章也，二也。《禮記・燕義》，〈夏官・諸子〉職文，三也。《大戴禮・朝事》載〈典瑞〉、〈大行人〉、〈小行人〉、〈司儀〉四職文，四也。〈內則〉『食齊視春時』以下，〈天官・食醫〉職文；『春宜羔豚膳膏薌』以下，〈庖人〉職文；『牛夜鳴則庮』以下，〈內饔〉職文，五也。《詩・生民》傳『嘗之日，涖卜來歲之芟』以下，〈春官・肆師〉職文，六也。」

補之，獻于朝。

所謂〈事官〉，即是〈冬官〉，所以《隋書・經籍志》說：

漢時有李氏得《周官》，……獨缺〈冬官〉一篇，獻王購以千金不得，遂取〈考工記〉以補其處，合成六篇。

但《後漢書・儒林列傳》則稱：

孔安國所獻《禮》古經五十六篇及《周官》經六篇，前世傳其書，未有名家。

《太平御覽》引楊泉《物理論》則說：

魯恭王壞孔子宅得其書，缺〈冬官〉，漢武購補之。

楊泉所述漢武帝購補之說，《禮記・禮器篇》孔穎達《疏》又以爲是漢文帝購補。總計西漢時《周官》一書得自何人，計有河間獻王、魯恭王、孔安國三說；購補〈冬官〉者，也有河間獻王、漢武帝、漢文帝三說，頗有出入。但從購補不易、其後又獻於朝的情況看來，漢朝初年，其書極少流傳，甚至朝廷也未收藏。

孟子萬章下：北宮錡問曰：周室班爵祿也如之何？孟子曰：其詳不可得聞也，諸侯惡其害己也，而皆去其籍。

第二節　周禮的作者與著成時代

壹、《周禮》的作者問題與歷代變法間的糾葛

《周禮》一書，因牽涉今古文學之爭，作者及著成時代異說分歧。古文學家因欲推尊之以爲立說施政的根據，莫不力言其早；今文學家因其書與今文說出入頗大，無不力言其晚，甚至指爲劉歆僞作。

劉歆認爲《周禮》乃周公手訂，即其制禮作樂的具體記錄，他說：

> 周公屏成王而居攝，以成周道。是以殷有翼翼之化，周有刑錯之功。今太皇太后比遭家之不造，……詔安漢公（指王莽）居攝踐阼，將以成聖漢之業，與唐虞三代比隆也。攝皇帝（指王莽）遂開秘府，會群儒，制禮作樂，卒定庶官，茂成天功。聖心周悉，卓爾獨見，發得《周禮》，以明因監，則天稽古，而損益焉。⑦

劉歆這段話，將王莽比喻爲周公，並將王莽施政的新措施比喻爲周公的制禮作樂，而其根據

⑦見《漢書・王莽傳上》居攝三年九月劉歆與博士諸儒七十八人上言。

即是「周公的《周禮》」。其後王莽也確實依據《周禮》設官，《漢書・王莽傳》記載：「莽以《周官》、〈王制〉之文，置卒正、連率、大尹。」但王莽得到政權，畢竟沒有獲得全民的認同，他以古文經爲主要依據的改革也遭到嚴重的挫敗，因而反對《周禮》者，常將純粹的學術討論和政治的好惡混爲一談。賈公彥《周禮注疏》說：

> 《周禮》起于成帝、劉歆，而成于鄭玄，附雜之者大半。故林孝存⑧以為武帝知《周官》末世瀆亂不驗之書，故作〈十論〉、〈七難〉以排棄之。何休亦以為六國陰謀之書。唯有鄭玄遍覽群經，知《周禮》者，乃周公致太平之跡，故能答林碩（按：即林孝存）之論難，使《周禮》義得條通。

宋代以降，由於宋神宗及王安石欲據《周禮》從事財務、行政等改革，遭到反對，《周禮》真僞及作者的問題，再度在夾雜著政治主張及學術論辯的情況下被廣泛討論。清末，康有爲、梁啓超等人挾其今文《公羊》學說，欲行改制變法，遂對古文經加以攻擊，著有《新學僞經考》，逕指《周禮》爲劉歆僞造以利王莽，於是《周禮》的真僞問題（亦即作者與著成時代問題）第三度掀起討論的高潮，餘波至今未定。

---

⑧此人姓名，《後漢書・鄭玄傳》作「臨孝存」。

貳、《周禮》著成時代的考辨

由於許多學者不相信《周禮》為「周公致太平之跡」，因而提出懷疑或否定言論者，古今不下數十百家，本書限於體例及篇幅，無法盡述。茲歸納其結論，分以下幾類，各引一家說，以見一斑：

一、《周禮》為周公之書，但其中有後人篡入者。

言周公之所以治周者，莫詳於《周禮》；然以吾觀之，秦漢諸儒以意損益之者眾矣，非周公之完書也。何以言之？周之西都，今之關中也；其東都，今之洛陽也。二都居北山之陽，南山之陰。其地東西長，南北短，短長相補，不過千里，古今一也；而《周禮》王畿之大，四方相距千里，如畫棋局，近郊遠郊，甸地稍地，大都小都，相距皆百里，千里之方，地實無所容之，故其畿內遠近諸法，類皆空言耳。此《周禮》之不可信者一也。……（宋·蘇轍《欒城後集》卷七〈歷代論〉「周公」條）

二、戰國人作。

《周禮》為周末之書，故孔子引經及春秋諸大夫引經，以及東遷以後、混一以前，凡諸子百家引經，無一字及此書者。……但此書係周末秦初儒者所作，謂之「周人禮」則可，謂之「偽周禮」則不可。（清・毛奇齡《西河全集・經問》）

三、西漢時聚斂之臣如桑弘羊輩偽作簒入。

周公驅猛獸，謂蟲蛇惡物為民物害者。〈蟈氏〉云：「掌去蛙黽，焚牡蘜以溼洒之則死。」蛙黽不過鳴聒人，初不為民物害，乃毒死之，似非君子所以愛物者。……〈司關〉云：「凡貨不出於關者，舉其貨，罰其人。」說者謂不出於關，從私道出避稅者，則沒其財而撻其人，此決非周公法也。文王治岐，關市譏而不征，周公相成王，去文王未遠，縱不能不征，使凡貨之出於關者征之足矣，何至如叔末世設為避稅法沒其貨撻其人，劫天下之商必使從關出哉？此必漢世聚斂之臣如桑弘羊輩，欲興榷利，故附益是說於《周禮》，託周公以要說其君耳。（宋・范浚《香溪集》卷五〈讀周禮〉）

四、王莽時劉歆偽作。

《周禮》一書，世謂周公所作，而非也。昔賢以為戰國陰謀之書，考其實，蓋出於劉歆之手。《漢書・儒林傳》盡載諸經專門師授，此獨無傳。至王莽時，歆為國師，始建立《周官》經以為《周禮》，且置博士。而河南杜子春受業於歆，還家以教門徒。

好學之士鄭興及其子眾往師之，此書遂行。歆之處心積慮，用以濟莽之惡，莽據以毒痛四海，如五均六筦，市官賒貸，諸所興為皆是也。故當其時，公孫祿既已斥歆顛倒六經，毀師法矣。（宋・洪邁《容齋續筆》卷十六「周禮非周公書」條）

近代學者已不承認《周禮》爲周公作的說法，但對於該書作於何時，仍有異說。孫詒讓《周禮正義》說：「今檢校周、秦諸書，《毛詩傳》及《司馬法》與此經同者最多，其它文制契合經傳者尤眾，難以悉數。然則其爲先秦古經，周公致太平之法，自無疑義。」顧實《重考古今僞書考》認爲「作於西周之世」，洪誠《孫詒讓研究・讀周禮正義》以爲「成書最晚不在東周惠王後」，梁啓超《古書真僞及其年代》則說「必爲戰國末至漢初人」，錢穆先生〈劉向歆父子年譜〉認爲《周禮》不可能爲劉歆父子僞造。總而言之，當代學者大多認爲《周禮》並非周公施政的實錄，也非漢人的僞作，而是先秦無名氏的政治構想的作品，至於究是戰國末年？或是秦朝時？還是西漢人？則尚無絕對的定論。

〈考工記〉原不屬《周禮》，西漢初補入。孔穎達《禮記正義》說：

孝文時求得此書（按：指《周禮》），不見〈冬官〉一篇，乃使博士作〈考工記〉補之。

孔氏說不知所本。後人多以爲是先秦古書，如梁啓超《古書真僞及其年代》認爲「可知爲戰國末之書，比《周禮》前五篇略早，決非在孔子以前」。郭沫若《十批判書》則以爲「〈考工記〉是春秋年間的齊國官書」。總之，〈考工記〉當是東周古籍，但確實年代已不可考。

第三節　周禮的體例與內容

壹、六官及其職掌

《周禮》全書約四萬五千字，敘述大一統國家分官設職的詳細規劃。全書分六部分，分別爲天官、地官、春官、夏官、秋官、冬官六部門。每一部門，以一卿爲首長，共六卿。各部門依其性質而有不同的屬官，茲分述如下：

天官共有六十三種職官，首長冢宰的身分爲六卿之首，同時也是所有職官的首長，其職責，《周禮》說：「乃立天官冢宰，使帥其屬而掌邦治，以佐王均邦國。」從其配置的屬官看，天官的職務在照料帝后並協助天子總理天下事務。

惟王建國，辨方正位，體國經野，設官分職，以爲民極。

地官共有七十八種職官，首長大司徒爲六卿之一，其職責，《周禮》說：「乃立地官司徒，使帥其屬而掌邦教，以佐王安擾邦國。」從其配置的屬官看，地官的職務在負責教育及賦稅事務。

春官共有七十種職官，首長大宗伯爲六卿之一，其職責，《周禮》說：「乃立春官宗伯，使帥其屬而掌邦禮，以佐王和邦國。」從其配置的屬官看，可知春官主管禮儀。

夏官共有六十九種職官，首長大司馬爲六卿之一，其職責，《周禮》說：「乃立夏官司馬，使帥其屬而掌邦政，以佐王平邦國。」從其配置的屬官看，可知夏官主管軍事。

秋官共有六十六種職官，首長大司寇爲六卿之一，其職責，《周禮》說：「乃立秋官司冠，使帥其屬而掌邦禁，以佐王刑邦國。」從其配置的屬官看，可知秋官主管司法。

冬官以大司空爲首長，其職責當是主管工程業務，因書亡佚，其屬官配置情形不詳。漢人補入的〈考工記〉，共有職官二十八種。

貳、〈冬官〉不亡說與《古周禮》之復原

由於《周禮・天官・小宰之職》說：

> 以官府之六屬，舉邦治。一曰天官，其屬六十，掌邦治，大事則從其長，小事則專達。二曰地官，其屬六十，掌邦教，大事則從其長，小事則專達。三曰春官，其屬六十，掌邦禮，大事則從其長，小事則專達。四曰夏官，其屬六十，掌邦政，大事則從其長，小事則專達。五曰秋官，其屬六十，掌邦刑，大事則從其長，小事則專達。六曰冬官，其屬六十，掌邦事，大事則從其長，小事則專達。

總計六部門各有職官六十種，共三百六十種，而今本則前五部門職官數目都有超出，若加起來，有三百四十三種，和三百六十的數目相差無幾，因而宋代開始，即有學者懷疑《周禮》並未殘缺，胡宏《五峰集》卷四〈皇王大紀〉首發其端：

> 《周官》，司徒掌邦教、敷五典者也；司空掌邦土、居四民者也；世傳《周禮》闕〈冬官〉，愚考其書而質其事，則〈冬官〉未嘗缺也，乃劉歆顛迷，妄以冬官事屬之地官。

胡宏之意，認爲地官和冬官的職務都是和民眾教育及生活有關，性質相近，當年劉歆未詳加區別，誤將冬官納入地官中，其實〈冬官〉並未亡佚。胡宏的說詞有許多瑕疵，因爲如此認定，仍不符〈小宰之職〉中的記載；但他的言論啓發了宋人的「〈冬官〉不亡論」。

王應麟《困學紀聞》卷四引程大昌說云：

五官各有羨數，天官六十三，地官七十八，春官七十，夏官六十九，秋官六十六，蓋斷簡失次。取羨數凡百工之事歸之冬官，其數乃周。

程大昌之意，認爲官數不符乃是冬官散入其餘五官造成的，〈冬官〉並未亡失。其後又有俞庭椿撰《周禮復古編》，認爲不僅冬官散入五官，五官中也有互相訛亂的，因而將全書重新調整，計天官六十一，地官五十三，春官六十五，夏官六十，秋官五十八，冬官四十九。俞氏的安排，並沒有堅強的證據作爲支持，而且官數仍然不符〈小宰之職〉所言，但此後相信《周禮》職官有所錯亂、有可能調整復原的說法，一直持續到明末，這也是研究《周禮》必須知道的一段歷史⑨。

第四節　周禮的價值與影響

《周禮》所載的官稱及其職掌，雖然不是完全出於實錄，但比對可靠的先秦文獻及出土的周代金文的記載，可知其中部分在古代是確有其官的。換句話說，儘管《周禮》有憑空構

⑨ 參考本書第三篇第二十三章〈元明的經學〉及《四庫全書總目提要》「周禮」及「周禮存目」各卷的說明。

想的成分，卻也有反映實際狀況的成分，在傳世古文獻稀少的情況下，這些資料對我們了解先秦政治制度便顯得彌足珍貴。

再者，書中所載古代習俗，也頗具參考價值，如〈地官．媒氏之職〉說：

> 媒氏掌萬民之判，凡男女自成名以上，皆書年月日名焉。令男三十而娶，女二十而嫁，凡娶判妻入子者，皆書之。中春之月，令會男女，於是時也，奔者不禁。若無故而不用令者，罰之。司男女之無夫家者而會之，凡嫁子娶妻，入幣純帛，無過五兩。禁遷葬者與嫁殤者。凡男女之陰訟，聽之于勝國之社，其附于刑者，歸之于士。

又如〈夏官．方相氏之職〉說：

> 方相氏掌蒙熊皮，黃金四目，玄衣朱裳，執戈揚盾，帥百隸而時難，以索室毆疫，大喪，先匶，及墓，入壙，以戈擊四隅，毆方良。

其中有關古代男女關係及辟邪風俗的描述，都是難得的資料。

《周禮》對後代的現實政治確曾發生重大影響，以官制及行政地理而言，王莽即加採用，已見上引。北周時更大規模採用《周禮》中的官名及階級名，《周書．盧辯傳》說：

> 初，太祖欲行《周官》，命蘇綽專掌其事，未幾而綽卒，乃命辯成之。於是依《周禮》

> 建六官，置公、卿、大夫、士，並撰次朝儀，車服器用，多依古禮，革漢魏之法。事並施行。今錄辯所述六官著之於篇。天官府（原注：管冢宰等眾職），地官府（原注：領司徒等眾職），春官府（原注：領宗伯等眾職），夏官府（原注：領司馬等眾職），秋官府（原注：領司寇等眾職），冬官府（原注：領司空等眾職）。史雖具載，文多不錄。

上揭引文雖然不夠詳細，但我們已知北周官制幾乎搬用了《周禮》。據《舊唐書》記載，武則天篡唐，於光宅元年「改尚書省及諸司官名」，所據即是《周禮》，如六部尚書及侍郎分別改爲天官尚書、天官侍郎、……冬官尚書、冬官侍郎等。

除了官名之外，後世推行政令，也常依據《周禮》。如王莽制定度量衡，依據〈考工記．㮚氏之職〉所載：

> 㮚氏為量，改煎金錫而不耗，不耗然後權之，權之然後準之，準之然後量之。量之以為鬴，深尺，內方尺而圜其外，其實一鬴；其臀一寸，其實一豆；其耳三寸，其實一升。重一鈞。

今世所傳王莽嘉量⑩，即仿此規格製作。又如王安石推行青苗法，貸款予民，以濟農民青黃不接時的需要，同時也收取利息，充裕國庫，即本之〈地官·泉府之職〉：

泉府……凡賒者，祭祀無過旬日，喪紀無過三月。凡民之貸者，與其有司辨而授之，以國服為之息，凡國之財用取具焉。

從以上所舉諸例看，研讀《周禮》，對深入了解我國歷史乃是必要的。

第五節　周禮的重要注本與研究方向

《周禮》一書，今傳最早也是最重要的注本，自然要推鄭玄的《周禮注》。鄭玄注本，是吸收了杜子春、鄭興、鄭眾、賈逵、馬融諸儒的研究成績而完成的，因此注中可以發現鄭玄對上舉諸家說解的引用。漢代以後，唐賈公彥的《周禮注疏》針對鄭《注》作《疏》，爲漢唐之間對《周禮》及鄭《注》研究的總結，《朱子語類》曾推崇該書是唐人諸義疏中最好

⑩ 該器今藏臺北外雙溪故宮博物院。

的一部，今《十三經注疏》本所收《周禮》，即是鄭《注》賈《疏》的本子。⑪又，清末孫詒讓的《周禮正義》，更吸收漢唐宋元明清諸儒的成績，折中疏通，也是清人諸經新疏中最受推崇的一部。以上二書，為研讀《周禮》所不可或缺。

《周禮》中記載許多官職、名物、風俗，這些官職究竟是實錄還是虛構？這些名物究竟是什麼樣子？這些風俗反映什麼社會背景？以往的學者在這方面的探討，頗受限於資料與觀念，但晚近考古及文化人類學、民俗學甚為發達，學者依據甲骨文、金文、璽印文字、竹簡文字，可與其中職官相推考，用出土器物說明其中的名物，據文化人類學的觀點詮釋所載的習俗，已漸有成績，相信往後的《周禮》研究，當能在古人的成就之外，展現新的面目。⑫

---

⑪ 有關《周禮注疏》的修撰與評價，請參閱本書第三篇第二十一章〈隋唐的經學〉第三節〈經學的統一〉。

⑫ 本段所述，請參考本篇第八章第五節〈儀禮的重要參考書與研究的方向〉。

第八章　儀禮概說

《儀禮》一書，記載周代貴族的人生禮儀，包括成年禮、婚禮、喪禮、祭禮等，以及各階層貴族的社交與政治、外交活動，包括鄉射、鄉飲、朝聘、燕饗等。它以敘述不避煩瑣的方式，詳細描寫各種禮儀的進行、人員的動作、器物的擺設，讓我們清楚的看到古代貴族的生活面貌，從而了解他們的社會組織、行為觀念，實是一部極具價值、饒有趣味的著作。只是此書文字簡奧，閱讀不易，如果不明白它的意義所在，往往引不起興趣。下文將介紹研讀《儀禮》一書的必備知識。

第一節　儀禮的名義

壹、《儀禮》及其異名

今傳《儀禮》十七篇，漢代原稱《禮》，也稱《士禮》。《史記·儒林列傳》說：

《禮》固自孔子時，而其經不具。及至秦焚書，散亡益多，於今獨有《士禮》，高堂生能言之。

司馬遷所謂「獨有《士禮》」，指《儀禮》原書已有部分亡佚，所餘十七篇，記載士這一階層的禮儀較多，記載王公卿大夫的禮儀較少，所以又稱《士禮》。

《儀禮》十七篇中，有的在篇末附載小部分的「記」，以對正文作補充說明，爲了區別，衍生出「禮經」、「禮記」二詞，其實二詞並非正式書名，皮錫瑞《經學通論》曾說：

漢所謂《禮》，即今十七篇之《儀禮》，而漢不名《儀禮》。專主經言，則曰「禮經」，合記而言，則曰「禮記」。許慎、盧植所稱「禮記」，皆即《儀禮》與篇中之記，非今四十九篇之《禮記》也。其後「禮記」之名，為四十九篇之《記》所奪，乃以十七

> 篇之「禮經」別稱《儀禮》。……晉元帝時，荀崧請置鄭《儀禮》博士。是《儀禮》之名，已著於晉時。①

根據皮氏的考察，《禮》改稱《儀禮》，始於東晉，乃是爲了避免和小戴的《禮記》發生混淆而產生的。學者普遍認爲《禮》改稱《儀禮》頗爲適當，因爲該書的內容是以記載儀節爲主的。不過，由於漢人使用「禮經」一詞亦頗普遍，所以後世學者也往往稱《儀禮》爲《禮經》。

貳、《禮古經》的存逸情形

漢時又有「《禮》古經」一詞，指當時發現的以古文書寫的《禮》五十六篇而言。劉歆〈移讓太常博士書〉說：

> 魯恭王壞孔子宅，欲以為宮，而得古文於壞壁之中，逸《禮》有三十九，《書》十六

---

① 參見皮著《經學通論》「三禮」部分「論漢初無三禮之名儀禮在漢時但稱禮經今注疏本儀禮大題非鄭君自名其學」、「論段玉裁謂漢稱禮不稱儀禮甚確而回護鄭注未免強辭」二條。

篇。天漢之後，孔安國獻之，遭巫蠱倉卒之難，未及施行。……藏於秘府，伏而未發。

劉歆所謂「逸《禮》有三十九」，是說除了十七篇相同之外，還有過去遺佚的《禮》三十九篇，合計則有五十六篇。這五十六篇著錄於《漢書·藝文志》，可見漢時確有其書，但後世則不傳。

漢時學官所傳的十七篇，用今文寫作，鄭玄作《注》時，兼採古文，因此「《禮》古經」中和今文內容相同的十七篇，其字句已部分融入今傳《儀禮》中了。至於其餘三十九篇，宋王應麟《漢書藝文志考證》說「今其篇名頗見於他書」，並分別指出：

〈學禮〉見〈賈誼傳〉

〈天子巡守禮〉見《周禮·內宰》注

〈朝貢禮〉見《儀禮·聘禮》注

〈朝事儀〉見《儀禮·覲禮》注

〈烝嘗禮〉見《周禮·射人》注

〈中霤禮〉見《禮記·月令》注疏及《詩·泉水》注

〈王居明堂禮〉見《禮記·月令》及〈禮器〉注

〈古大明堂禮昭穆篇〉見〈蔡邕論〉

〈本命篇〉見《通典》

〈聘禮志〉見《荀子》

〈奔喪〉、〈投壺〉、〈曲禮〉、〈少儀〉、〈內則〉見《禮記》

〈遷廟〉、〈釁廟〉見《大戴禮》

〈弟子職〉見《管子》

王應麟舉出的篇名有十八個，顯然不是三十九篇的全部，不過也能讓我們約略了解「《禮》古經」的內容。「《禮》古經」除了上述部分篇章和今《儀禮》、《禮記》、《大戴禮》、《管子》相同外，還有部分內容是古書未提到的，它的亡佚，自是研究古禮者的損失。

第二節　儀禮的作者與著成時代

《儀禮》十七篇，司馬遷以爲「固自孔子時」（已見上引），這是一種約略推測的說法，他的根據或許是讀到《禮記・雜記》的一段話而來的：

恤由之喪，哀公使孺悲之孔子，學士喪禮，〈士喪禮〉於是乎書。

〈士喪禮〉既是孔子時寫作的，那麼行文風格與〈士喪禮〉極為接近的其他各篇也應當在孔子前後撰寫，所以司馬遷籠統的說「固自孔子時」。

唐朝時，有人主張《儀禮》是當年周公制禮作樂時所作。孔穎達《禮記正義・序》說：

《禮記・明堂位》云：「周公攝政，六年，制禮作樂，頒度量於天下。」但所制之禮，則《周官》、《儀禮》也。

賈公彥《儀禮注疏・序》也說：

《周禮》、《儀禮》發源是一，理有始終，分為二部，並是周公攝政太平之書。《周禮》為末，《儀禮》為本。

由於孔、賈的說法缺乏有力的證據，在宋初便遭到反駁：譬如〈喪服〉篇，有「經」有「傳」，不似出自一人的著述之體；又如各篇所述禮器陳列及數目也往往與《周禮》所載不合，若二書同出周公，不當有所出入等等。②宋代《儀禮》之學並不發達，宋人辯證《儀禮》非周公作的理由，其實也不充分③，但此後的學者大半不再相信唐人的說法。

清代今文學興起，出現了《儀禮》爲孔子手定的說法。邵懿辰《禮經通論》說：

夫經禮三百、曲禮三千，《儀禮》所謂「《禮》經」也。周公所制，本有三百之多，至孔子時，即禮文廢闕，必不止此十七篇，亦必不止如〈漢志〉所云五十六篇而已也。而孔子所為定禮樂者，獨取此十七篇以為教，配六藝而垂萬世，則正以冠、昏、喪、祭、射、鄉、朝、聘八者為天下之達禮耳。……《禮》十七篇，蓋孔子所定。

邵懿辰的說法有兩個要點：

一、今《儀禮》是孔子手定。

二、十七篇是完書，有其內在的完整結構，並非古《禮》殘缺後之餘篇。

其後皮錫瑞《經學通論》力主邵說，並稱譽道：「《禮》十七篇爲孔子所定，邵懿辰之說最

---

② 參宋人章如愚《群書考索》前集卷九。

③ 參考葉國良《宋人疑經改經考》第四章第二節〈辨儀禮非周公作〉。

通。」④經今文家推尊孔子，皮錫瑞甚至主張六經皆孔子手定，因而他們的說詞事實上並不客觀，而是夾雜著今古文之爭的成見的。

總之，《儀禮》是先秦古書。它各篇的寫作風格頗有一致性，但吾人無法證明它們出於同一個人之手。至於寫作時代，約當孔子前後，不過無法肯定其確實年代。

第三節 儀禮的內容與編輯體例

壹、《儀禮》各篇的內容

今傳《儀禮》十七篇，五萬餘字，是東漢末年鄭玄參取今、古文字句並作注的本子，茲簡略介紹鄭注本各篇的先後次序及其內容如下：

第一篇〈士冠禮〉：記載士之階級舉行成年禮的具體儀節。

④ 參皮氏《經學通論》「三禮」部分「論禮十七篇爲孔子所定邵懿辰之說最通訂正禮運射御之誤當作射鄉尤爲精確」條。

第二篇〈士昏禮〉：記載士之階級舉行婚禮的具體儀節。

第三篇〈士相見禮〉：主要記載士之階級正式拜見友人、鄉紳、君及友人回拜的具體儀節。

第四篇〈鄉飲酒禮〉：記載士、大夫以敬老尊賢爲宗旨的聯誼酒會的具體儀節。

第五篇〈鄉射禮〉：記載士、大夫以相互激勵爲宗旨的聯誼射箭比賽的具體儀節。

第六篇〈燕禮〉：記載國君以酒會宴請大臣的具體儀節。

第七篇〈大射禮〉：記載由國君主持而以考核激勵爲宗旨的大型射箭比賽的具體儀節。

第八篇〈聘禮〉：記載國君派遣上大夫爲使者至他國從事禮貌性外交拜會的具體儀節。

第九篇〈公食大夫禮〉：記載國君派遣下大夫爲使者至他國從事禮貌性外交拜會的具體儀節。

第十篇〈覲禮〉：記載國君朝見天子的具體儀節。

第十一篇〈喪服〉：記載對各類親屬的喪服與喪期。

第十二篇〈士喪禮〉：記載士人去世後家人種種處置及安排葬禮的具體儀節。

第十三篇〈既夕禮〉：〈士喪禮〉的下篇。記載出殯安葬當日種種措施的具體儀節。

第十四篇〈士虞禮〉：記載士人安葬尊長後在家舉行安靈祭的具體儀節。
第十五篇〈特牲饋食禮〉：記載士之階級在家廟祭祀祖先的具體儀節。
第十六篇〈少牢饋食禮〉：記載大夫階級在家廟祭祀祖先的具體儀節。
第十七篇〈有司徹〉：〈少牢饋食禮〉的下篇。

貳、《儀禮》的編輯體例

鄭玄注《儀禮》，其篇次的先後乃依據劉向《別錄》所定，但漢代學官所立《儀禮》博士戴德、戴聖、慶普三家，其傳承的本子篇次又各有不同。依據鄭玄《三禮目錄》的記載，戴德（大戴）本的篇次如下：

〈士冠禮〉第一、〈士昏禮〉第二、〈士相見禮〉第三、〈士喪禮〉第四、〈既夕禮〉第五、〈士虞禮〉第六、〈特牲饋食禮〉第七、〈少牢饋食禮〉第八、〈有司徹〉第九、〈鄉飲酒禮〉第十、〈鄉射禮〉第十一、〈燕禮〉第十二、〈大射禮〉第十三、〈聘禮〉第十四、〈公食大夫禮〉第十五、〈覲禮〉第十六、〈喪服〉第十七。

戴聖（小戴）本的篇次如下：

〈士冠禮〉第一、〈士昏禮〉第二、〈士相見禮〉第三、〈鄉飲酒禮〉第四、〈鄉射禮〉第五、〈燕禮〉第六、〈大射禮〉第七、〈士虞禮〉第八、〈喪服〉第九、〈特牲饋食禮〉第十、〈少牢饋食禮〉第十一、〈有司徹〉第十二、〈士喪禮〉第十三、〈既夕禮〉第十四、〈聘禮〉第十五、〈公食大夫禮〉第十六、〈覲禮〉第十七。

慶普本的篇次古籍未載，但一九五九年甘肅武威漢墓出土《儀禮》殘本九篇，有學者認爲乃是慶普本，並依殘本推測其篇次如下：

〈士冠禮〉第一、〈士昏禮〉第二、〈士相見禮〉第三、〈鄉飲酒禮〉第四、〈鄉射禮〉第五、〈士喪禮〉第六、〈既夕禮〉第七、〈喪服〉第八、〈士虞禮〉第九、〈特牲饋食禮〉第十、〈少牢饋食禮〉第十一、〈有司徹〉第十二、〈燕禮〉第十三、〈大射禮〉第十四、〈聘禮〉第十五、〈公食大夫禮〉第十六、〈覲禮〉第十七。

我們如果細察以上四本的篇次，可以發現他們是各依其心目中的禮的種類及輕重緩急而安排的。如大戴本略依《禮記・昏義》所言「夫禮，始於冠，本於昏，重於喪祭，尊於朝聘，和於射鄉，此禮之大體也」的次序編定的，所以頗受學者推崇。但武威本發現後，有的學者認爲該本依照士之冠、昏、相見、鄉飲、鄉射、喪、虞、祭的人生次序編次，再推而及於大夫、國君、天子的禮儀，系統在四本中最爲分明。鄭玄本和慶普本不同的是，鄭玄依人生次序爲編次先後的主要脈絡，然後以士、大夫、國君、天子等階級爲次要脈絡穿插其間，也有極清楚的系統。以上所述的體例及各篇內容大要，是研讀《儀禮》前，應先具備的宏觀了解。

第四節　儀禮的價值與影響

《儀禮》屬專家之學，一般人往往因爲其書簡奧煩瑣，棄而不讀，或讀未終卷即昏昏欲睡，其實如能超越文字的障礙，並直探儀節背後所蘊含的意思，大有助於了解古代社會及閱讀古書。

從上節所述《儀禮》內容看，它記載了古代各層貴族的政治活動（如聘禮、覲禮）、社交禮儀（如士相見禮、鄉飲酒禮）以及人生禮儀（如士冠禮、士昏禮、士喪禮）的詳細儀節，讓我們能歷歷如畫的看到古代貴族的種種活動形態，這對我們具體了解古代文化，貢獻極大。

尤其重要的是，秦代以後，儘管禮有因革損益，有些禮儀且已不行於後世，但在許多方面後世之禮儀仍是襲自先秦，因而《儀禮》一書的研讀，對了解古人的禮儀活動，也是有必要的。舉例言之：一直由中央政府支持的鄉飲酒禮，對地方上的團結與和諧，卓具貢獻，到清道光年間，才因經費困難廢止，它的儀節，即直接從《儀禮・鄉飲酒禮》而來。又，歷代婚禮雖然各具特色，但《儀禮・士昏禮》所述納采、問名、納吉、納徵、請期、親迎等「六禮」的次序卻仍沿用著，只是詞彙換成提親、下聘等不同的用語罷了。再如對三年喪的強調，使得漢代以後的官僚在丁父母憂時必須解職停官，而形成一種制度，大大的影響了官僚的宦海生活。至如臺灣民間所行喪禮，也仍具體而微的呈現著古禮的遺意，如果對古禮無所了解，那麼對今人所行喪禮便往往知其然而不知其所以然了。僅此諸例，已然可知《儀禮》的價值，也反映出古禮影響的深遠。

第五節　儀禮的重要參考書與研究方向

今傳《儀禮》最早也是最重要的注本，首推鄭玄《儀禮注》。其次則爲唐賈公彥的《儀禮注疏》⑤。今《十三經注疏》所收《儀禮》，即鄭《注》賈《疏》的本子。唐代以後，元敖繼公《儀禮集說》對鄭《注》有所批評，可以參考。清初張爾岐《儀禮鄭注句讀》，將《儀禮》本文及鄭《注》整理得條目清楚，簡明扼要，極便初學者取讀。另胡培翬《儀禮正義》是清人群經新疏之一，吸收了前人研究的成果，也屬重要注本。除了注本之外，清人凌廷堪的《禮經釋例》，將全書所述的各種儀節的通例、常例整理出來，共有通例四十、飲食例五十六、賓客例十八、射箭例二十、變例二十一、祭例三十、器服例四十、雜例二十一，共二百四十六例，乃是值得借助以通讀全書的重要參考書籍。

由於《儀禮》的內容，以敘述儀節動作爲主，而其行文，又極簡奧之能事，讀者往往迷惑於文中所述的處所與方位，因此標明方位的宮室圖及行禮圖便極需要了，此類書籍有清代張惠言的《三禮圖》可以參考。又，《儀禮》記事，多見服飾、器物、車馬等，此類亦極難解，所以自漢代以來，即繪圖以助閱讀，今傳最早禮圖，有宋人聶崇義的《三禮圖集註》，但此書以今日的學術標準看，錯誤頗多，檢閱時必須有所保留，並參考當代古器物學研究的成果，才不會受到誤導。

當代研究《儀禮》，又有新的發展。業師孔德成先生及先師臺靜農先生曾領導研究小組，

---

⑤ 有關《儀禮注疏》的修撰與評價，請參閱本書第三篇第二十一章〈隋唐的經學〉第三節〈經學的統一〉。

參考前代著作及出土古器物，完成《儀禮復原叢刊》，由臺灣中華書局出版。孔先生並依據研究成果，指導拍攝〈士昏禮〉黑白影片，將經文所述的全部過程予以具象化、活動化、連續化，觀者可以在六七十分鐘內了解〈士昏禮〉的內容，並對古人的生活起居、服飾器物有清楚深刻的認識，此一結合現代科技的研究，顯然超越了古人，並爲往後的《儀禮》研究做了很好的示範。近年筆者根據該影片，另製3D彩色動畫CD，更便觀賞。

又，《儀禮》所載，乃是古代貴族的禮儀，其中禮制所反映的社會意義爲何，前代學者極少取與其他民族的習俗做比較研究，近人楊寬《古史新探》則吸收外國文化人類學、民俗學的觀點，從古代社會性質的角度，對其中數篇如〈士冠禮〉、〈鄉飲酒禮〉等做了新穎的詮釋，頗富有啓發性，乃是往後應積極從事的一個新方向。

第九章　禮記概說

《禮記》一書，唐人列爲五經之一，它是怎麼編成的？其內容是些什麼？有何價值？爲何越到後世越受重視？它和《大戴禮》的區別又在那裡？下文將分別介紹。

第一節　禮記的名義與編輯過程

所謂「禮記」，原是「禮之記」的意思。「禮」指《儀禮》，《儀禮》在漢代居於經的地位，「記」是經的補充資料，或闡述，或發揮。

在漢代，《儀禮》原單稱《禮》，而闡釋發揮《禮》的資料則單稱《記》。《漢書·藝文志》載：「《記》百三十一篇，七十子後學所記也。」所謂「《記》百三十一篇」，並不是說這是一部編輯完整的著作，內容包括百三十一篇；而是說這種闡釋《禮》的零散文章，漢書藝文志：禮經三百，威儀三千。及周之衰，諸侯將踰法度，惡其害己，皆滅去其籍，自孔子時而不具。至秦大壞。漢興，魯高堂生傳士禮十七篇。訖孝宣世，后倉最明。戴德、戴聖、慶普皆其弟子。立於學官。

共有百三十一篇。這些《記》，漢代經師在傳授《禮》時曾選擇其中若干篇作爲補充教材。①相傳戴德所選爲八十五篇，是爲《大戴記》；戴聖所選爲四十九篇，是爲《小戴記》，又稱《禮記》。所以鄭玄《六藝論》說：

> 戴德傳《記》八十五篇，則《大戴禮》是也；戴聖傳《禮》四十九篇，則此《禮記》是也。

《隋書・經籍志》曾說：

> 漢初，河間獻王得仲尼弟子及後學者所記一百三十一篇，獻之，時亦無傳之者。至劉向考校經籍，檢得一百三十篇，向因第而敘之。而又得《明堂陰陽記》三十三篇，《孔子三朝記》七篇，《王史氏記》二十一篇，《樂記》二十三篇，凡五種合二百十四篇。戴德刪其煩重，合而記之，為八十五篇，謂之《大戴記》。而戴聖又刪大戴之書為四十六篇，謂之《小戴記》。漢末馬融遂傳小戴之學，融又足〈月令〉一篇、〈明堂位〉一篇、〈樂記〉一篇，合四十九篇。而鄭玄受業于馬融，又為之注。

〈經籍志〉的說法有若干問題，業經清人陳壽祺《左海經辨》及紀昀《四庫全書總目提要》

① 參考葉國良〈二戴禮記與儀禮的關係〉，載《錢穆先生紀念館館刊》第六期，一九九八年十二月。

指出：

一、戴德、戴聖為西漢宣帝、元帝時人，劉向考校經籍則在成帝以後，二戴只可能從早期的一百三十一篇中刪取，不可能從以後的二百十四篇中刪取。

二、根據鄭玄《三禮目錄》，劉向《別錄》中已載明〈月令〉、〈明堂位〉、〈樂記〉三篇，不必等到漢末馬融增益。

三、根據《漢書・儒林傳》，馬融未傳《小戴禮》之學，鄭玄也非傳自馬融。總之，今傳《禮記》四十九篇，乃戴聖選編。

不過，衡諸事實，今本〈樂記〉乃節取自《樂記》二十三篇，則二戴並非不可能從二百十四篇中刪除，可能《明堂陰陽記》等並非劉向校書時才開始流傳。又，近人洪業在《禮記引得・序》中認爲：如果二戴《記》真出二戴所選，那麼內容應當全屬西漢時通行的今文，但今本卻有古文篇章，如〈投壺〉、〈奔喪〉等出於《禮古經》②者，因此二戴《記》不能說是戴德、戴聖所編；恐是二戴後學各有傳本，其後最通行者有八十五篇及四十九篇兩種，所以稱篇數多的爲《大戴記》，篇數少的爲《小戴記》，並非當年二戴選本的原貌。洪氏的說詞，

② 關於《禮古經》及其部分內容見於二戴《記》的情況，請參閱本篇第八章第一節貳〈禮古經的存逸情形〉。

仍有待證實，附此以供參考。

唐初孔穎達等編撰《五經正義》，《禮記》與《易》、《詩》、《書》、《左傳》並列，於是獲得經的地位，有凌駕《儀禮》的趨勢。南宋時，朱熹取其中〈大學〉、〈中庸〉兩篇和《論語》、《孟子》合稱「四書」，此後士子人人熟讀，《禮記》的地位無形中也提高了。

第二節　禮記的作者與著成時代

如前所述，《禮記》出於編輯，各篇並非一時一人之作。籠統言之，是出自孔子弟子及後學者之手。析言之，則除少數篇章有主名外，大多數都不知作者及確切的寫作年代。筆者曾在所撰《宋人疑經改經考》第四章第三節中有一概括性的引述，茲照錄如下，以避免太過瑣碎的敘述：

《禮記》一書，宋以前學者論其作者與著成時代者不多。以全書論：以為戴聖傳古禮之作者，陳邵〈周禮論序〉等是也；以為叔孫通作者，張揖〈上廣雅表〉是也；以為孔門末流弟子或漢初諸儒約《春秋》為之者，趙匡（見《春秋集傳纂例》）是也。以各篇論：以為〈曲禮〉成於周末者，孔穎達〈曲禮疏〉是也。以為〈王制〉作於孟子之後者，鄭玄〈答臨碩書〉是也；以為漢文帝博士作者，司馬遷《史記・封禪書》等是也。以為〈月令〉周公作者，蔡邕〈明堂月令論〉等是也；以為采自《周書》〈周月〉、〈時訓〉兩篇者，李匡文《資暇集》是也；以為呂不韋作者，鄭玄《六藝論》等是也；以為淮南王作者，蔡邕〈明堂論〉引某氏之說是也；以為後人刪合《呂氏春秋・十二月紀》之首者，陸德明《經典釋文》是也。以為〈學記〉出毛生者，沈約是也。以為〈樂記〉為河間獻王與毛生等作者，班固《漢書・藝文志》是也；以為今本〈樂記〉取公孫尼子者，《隋書・音樂志》引沈約之說是也。以為〈坊記〉取子思者，《隋書・音樂志》引沈約之說是也。以〈中庸〉為子思作者，司馬遷《史記・孔子世家》等是也。以為〈表記〉取子思者，《隋書・音樂志》引沈約之說是也。以〈緇衣〉為公孫尼子作者，陸德明《經典釋文》引劉瓛之說是也；以為取自子思者，《隋書・音樂志》引沈約之說是也。以〈儒行〉為孔子自衛返魯時作者，鄭玄《禮記・儒行》注是也。

宋代以後，學者對於各篇作者作時的考定並不積極，較須注意的是朱熹《四書章句集注》謂〈大學〉爲曾子作，以及皮錫瑞《經學通論》附和《禮記》爲叔孫通作的說法。由於前人指陳作者作時的理由都極簡略，我們不易討論其是非，如有人認爲〈中庸〉不可能是子思所作，因爲他的時代不可能有文中提到的「書同文，車同軌」的思想，但反駁者則以古籍每經後人增改爲理由而堅持原說，在二者之間，我們很難作絕對的認定。大體言之，我們若能去除將作者和作品價值牽連認定的糾葛，如說〈儒行〉不是孔子作所以不重要，〈大學〉爲曾子作所以重要之類，那麼作者作時的絕對認定並不十分重要，只要知道這些作品主要是先秦漢初間儒者的著作即可。當然，能夠分辨出某些篇章出自某一派別，自然最好。至於其中每引「子曰」、「子言之」等文字，我們也不必執著的以爲這一定是出自孔子，梁啓超《要籍解題及其讀法》曾說：

> 各篇所記「子曰……」、「子言之……」等文，不必盡認為孔子之言。蓋戰國秦漢間孔子已漸帶有神話性。許多神秘的事實皆附之於孔子，立言者亦每托孔子以自重，此其一。「子」為弟子述師之通稱，七十子後學者於其本師，亦可稱「子」。例如〈中庸〉、〈緇衣〉……或言採自《子思子》，則篇中之「子」亦可認為指子思，不必定指孔子，此其二。即使果為孔子之言，而輾轉相傳，亦未必無附益或失真，此其三。要之，全兩部《禮記》所說，悉認為儒家言則可，認為孔子言則須審擇也。

梁氏的話，可以作爲我們判斷《禮記》中資料的時代性的一個很好的參考。

第三節　禮記的內容與分類

《禮記》全書約九萬九千字，分四十九篇，包含〈曲禮〉上下篇、〈檀弓〉上下篇、〈雜記〉上下篇，所以篇名僅四十六，依據鄭玄《三禮目錄》引劉向《別錄》的分類，各篇所屬的性質爲：

通論：〈檀弓〉、〈禮運〉、〈玉藻〉、〈大傳〉、〈學記〉、〈經解〉、〈哀公問〉、〈仲尼燕居〉、〈孔子閑居〉、〈坊記〉、〈中庸〉、〈表記〉、〈緇衣〉、〈儒行〉、〈大學〉。

制度：〈曲禮〉、〈王制〉、〈禮器〉、〈少儀〉、〈深衣〉。

喪服：〈曾子問〉、〈喪服小記〉、〈雜記〉、〈喪大記〉、〈奔喪〉、〈問喪〉、〈服問〉、〈問傳〉、〈三年問〉、〈喪服四制〉。

世子法：〈文王世子〉、〈內則〉。

祭祀：〈郊特牲〉、〈祭法〉、〈祭義〉、〈祭統〉。

吉禮：〈投壺〉。

吉事：〈冠義〉、〈昏義〉、〈鄉飲酒義〉、〈射義〉、〈燕義〉、〈聘義〉。

樂記：〈樂記〉。

明堂陰陽記：〈月令〉、〈明堂位〉。

今傳《禮記》，各篇並未依上述性質類別編次，因而全書顯得有點雜亂，而且各篇寫作體例的差異性也很大，如〈曲禮〉、〈檀弓〉是許多小章的集合，〈三年問〉是有頭有尾完整的一篇文章，〈樂記〉則是十一篇小文章的集合，各有不同。所以研讀《禮記》，比起研讀它書，更需了解它的內容分類以及上述的不同體例，才易掌握要領。

第四節　禮記的價值與影響

《禮記》的編纂，本為詮釋或補充《儀禮》而發。《儀禮》多述儀節而少述其儀節所代表的涵義，《禮記》則加以闡發，如上節所列「吉事」〈冠義〉、〈昏義〉、〈鄉飲酒義〉、〈射義〉、〈燕義〉、〈聘義〉等篇即分別闡釋《儀禮》〈士冠禮〉、〈士昏禮〉、〈鄉飲酒禮〉、〈鄉射禮〉及〈大射禮〉、〈燕禮〉、〈聘禮〉各篇；又如「喪服」的〈曾子問〉

等十篇，可視爲對《儀禮》〈士喪禮〉、〈既夕禮〉、〈士虞禮〉、〈喪服〉等篇的討論與發揮。再者，因爲《儀禮》只有十七篇，所載禮儀並非古禮的全部，因而《禮記》的部分篇章便能補充《儀禮》的不足，如〈檀弓〉討論特殊的喪俗，〈內則〉記述日常家居生活的細節，〈月令〉反映農業國家一年作息的安排等，都是《儀禮》所未載的。

此外，《禮記》的通論各篇也爲學者矚目，因爲其中透露孔孟以下儒家思想演化的痕跡，乃是研究戰國至漢初儒學的重要資料。如〈禮運〉的大同、小康之說，〈經解〉對《詩》、《書》等教育功能的觀點，〈學記〉提出的教學理論等，都受到後世廣泛的討論。而〈大學〉、〈中庸〉對心性的闡揚、對政治倫理的見解，在思想史上更成爲重要課題；後朱子將二篇與《論語》、《孟子》合編爲《四書》，並作《四書章句集注》，從元代起成爲國家考試的指定書籍、士子必讀的經典，影響國人，莫與比倫。

第五節　禮記的重要注本

《禮記》的重要注本，首推鄭玄《禮記注》和唐孔穎達的《禮記注疏》③，《十三經注疏》所收即此鄭《注》孔《疏》本。除此之外，宋代衛湜的《禮記集說》，蒐集前代禮家說達一百四十餘家；清代杭世駿《續衛氏禮記集說》也廣泛蒐集前代學者的注釋，可以作爲閱讀鄭《注》孔《疏》的參考。

此外，大陸曾於郭店發現戰國竹簡〈緇衣〉，上海博物館復發布所藏戰國竹簡〈緇衣〉、〈孔子閒居〉及見於《大戴禮》的〈武王踐阼〉、〈曾子立孝〉等，雖然章次文句和傳世本不無出入，但對於古人主張二戴《禮記》多出於七十子及後學之徒的說法，提供了有力的證據。同時，這些不同版本的篇章，對研究二戴《禮記》，無疑可以產生絕大的刺激，引發新的思索。

③ 有關《禮記注疏》的修纂宗旨與評價，請參閱本書第三篇第二十一章〈隋唐的經學〉第三節〈經學的統一〉。

第六節　大戴禮簡介

《大戴禮》八十五篇，漢戴德選編。今所見本，已有殘佚，存四十篇，但其中〈盛德〉與〈明堂〉本是一篇，故或謂今存三十九篇。鄭玄未注《大戴禮》，後世傳習者也不多。今傳古注，最早者出北周盧辯，頗爲簡略。清代有孔廣森《大戴禮記補注》、王聘珍《大戴禮記解詁》爲較佳注本。

在古籍傳世並不豐富的情況下，《大戴禮》可以補充《三禮》的不足，譬如《儀禮・士冠禮》僅載士之階級的冠禮，《大戴禮》則有〈公符（冠）篇〉，記載國君的冠禮，讓我們對古代成年禮有較完整的了解。又如〈夏小正〉記敘夏曆每月的節候作息，是月令一類古籍中最早的一篇，對研究古代習俗頗爲重要。〈五帝德〉、〈帝繫〉記載傳說中的古代帝王傳承，爲研究古史及神話的重要資料。〈諸侯遷廟〉、〈諸侯釁廟〉記述諸侯祭祀祖禰各廟的禮儀，可補《三禮》記載的不足。因此，《大戴禮》雖已殘缺，仍值得研究古禮者作爲參考。

茲將今存篇目依序臚列如下，以供參考：

〈主言〉、〈哀公問五義〉、〈哀公問於孔子〉、〈禮三本〉、〈禮察〉、〈夏小正〉、

〈保傅〉、〈曾子立事〉、〈曾子本孝〉、〈曾子立孝〉、〈曾子大孝〉、〈曾子事父母〉、〈曾子制言上〉、〈曾子制言中〉、〈曾子制言下〉、〈曾子疾病〉、〈曾子天圓〉、〈武王踐阼〉、〈衛將軍文子〉、〈五帝德〉、〈帝繫〉、〈勸學〉、〈子張問入官〉、〈盛德〉、〈明堂〉、〈千乘〉、〈四代〉、〈虞戴德〉、〈誥志〉、〈文王官人〉、〈諸侯遷廟〉、〈諸侯釁廟〉、〈小辨〉、〈用兵〉、〈少閒〉、〈朝事〉、〈投壺〉、〈公符〉、〈本命〉、〈易本命〉。

第十章　春秋概說

第一節　春秋的名稱

一提起「春秋」，世人心目中自然想到孔子的《春秋經》；但孔子之前已有「春秋」之名，「春秋」究爲何義？

「春秋」本爲周代各國史書的通稱，這在古書中很容易找到例子，如：《國語・晉語七》載羊舌肸以「習於春秋」而傅太子，文中的「春秋」應指晉史，甚或指各國史書；〈楚語上〉載楚莊王問「傅太子之道」於申叔時，申叔時答以「教之春秋」，文中的「春秋」當指楚史或各國史書。《墨子・明鬼下》記各國鬼怪事，說：「著在周之春秋」、「著在燕之春秋」、「著在宋之春秋」、「著在齊之春秋」：明白指出周王朝與燕、宋、齊各國都有史書，而且都稱爲「春秋」①。他如《管子．法法》：「故春秋之記，臣有殺其君，子有殺其父者。」《戰國策．燕策》記蘇代的話：「今臣逃而奔齊、趙，始可著爲春秋。」又記樂毅的話：「賢明之君，功立而不廢，故著於春秋。」由上舉諸例，可見「春秋」本爲各國史書通稱，並非魯史《春秋》，或孔子《春秋》的專名，所以莊公七年《公羊傳》：「《不脩春秋》曰：『雨星不及地尺而復』，君子脩之曰：『星霣如雨』」，何休《公羊解詁》說：「《不脩春秋》，史記也。古者謂史記爲春秋。」是則「春秋」本爲史書通稱，其義與「史記」並無差別②。

《春秋》又是魯國史書的專名：《左傳．昭公二年》記載晉韓宣子使魯，「觀書於大史氏，見《易象》與《魯春秋》」；又《韓非子．內儲說上》：「魯哀公問於仲尼曰：『春秋之記曰：「冬十二月霣霜不殺菽。」何爲記此？』」《禮記．坊記》：「《魯春秋》記晉喪曰：『殺其君之子奚齊及其君卓。』……《魯春秋》猶去夫人之姓，曰『吳』，其死，曰『孟子卒』」：可見魯史的專名叫「春秋」。大概當時有些國家就以「春秋」稱呼本國史書，有些國家則另有專名，如《孟子．離婁下》所說的：「王者之跡熄而《詩》亡；《詩》亡然後

① 《隋書．李德林傳》載李德林〈重答魏收書〉，有云：「《墨子》又云：吾見百國春秋。」同樣的話又見於劉知幾《史通．六家》。

② 徐彥《公羊傳疏》：「古者謂史記爲春秋。以此言之，則孔子未脩之時已名《春秋》。」又呂思勉有〈春秋史記皆史籍通稱〉一文，見《呂思勉讀史札記》戊帙。

《春秋》作。晉之《乘》、楚之《檮杌》、魯之《春秋》，一也。」後來因孔子據魯史以修《春秋》，沿襲舊名，後人尊崇孔子書，《春秋》遂成《春秋經》專名，原來的《魯春秋》則改稱爲《不脩春秋》。

以上是「春秋」由通名變爲專名的過程。而既爲史書，何以稱爲「春秋」？歷來對此提出解釋者不少③，似以杜預、孔穎達之說較爲通達。杜、孔以爲史書而稱「春秋」，乃因一年有四季，故錯舉四季中的「春秋」二季以爲書名④。不過，根據《詩》《書》、彝銘所載，

---

③如徐彥《公羊注疏》卷一「春秋公羊經傳解詁隱公第一」下，有云：「問曰：案《三統歷》云：『春爲陽中，萬物以生；秋爲陰中，萬物以成，故名《春秋》。』賈、服依此以解《春秋》之義。不審何氏何名『春秋』乎？答曰：《公羊》何氏與賈、服不異，亦以爲欲使人君動作不失中也。而《春秋說》云：『始於春，終於秋，故曰《春秋》』者，道：春爲生物之始，而秋爲成物之終，故云『始於春，終於秋，故曰《春秋》』也；而舊云《春秋說》云：『哀十四年春，西狩獲麟，作《春秋》，九月書成。以其書春作秋成，故云《春秋》』也者，非也。」漢劉熙《釋名·釋典藝》：「《春秋》：言春秋冬夏，終而成歲。舉『春秋』，則『冬夏』可知也。《春秋》書人事，卒歲而究，備春秋溫涼中，象政和也，故舉以爲名也。」又如宋王應麟《玉海》引鄭樵說，以爲《春秋》當一王之法，故特取「賞以春、夏，刑以秋冬」之意，名爲「春秋」，以寓刑賞之意；又以爲《春秋》之名含有褒貶之意，「若春若秋」，故名。

④杜預《春秋經傳集解·序》說：「『春秋』者，魯史記之名也。記事者，以事繫日，以日繫月，以月繫時，以時繫年，所以紀遠近，別同異也。故史之所記，必表年以首事；年有四時，故錯舉以爲所記之名也。」孔穎達《正義》解釋一年有四季，而獨取「春秋」爲名之因說：「年有四時，不可偏舉四字以爲書號，故

一年分爲四季，約始於西周晚期；考諸卜辭，則純分春、秋二季而已。「春秋」一名，也有可能反映了上古一年分春、秋二季的現象⑤。

第二節　春秋的作者

自孟子以下，無論今、古文學家，大都以爲《春秋》乃孔子所修作；但王安石曾譏之爲「斷爛朝報」，梁啓超也說它像「流水賬簿」；民國以來，否定孔子與《春秋》關係之說更屢屢出現。《春秋》與孔子究竟有無關聯呢？

首先明白指出《春秋》乃孔子親作的是孟子，《孟子．滕文公下》說：

交錯互舉，取『春秋』二字以爲所記之名也。春先於夏，秋先於冬，舉先可以及後，言春足以兼夏，言秋足以見冬，故舉二字以包四時也。……《詩．魯頌》云：『春秋匪解，享祀不忒』，鄭《箋》云：『春秋猶言四時也。』是舉春秋足包四時之義。」

⑤ 此意由林宏佳學弟提示，謹誌謝忱。又，《春秋經》記事已清楚分一年爲春、夏、秋、冬四季，蓋《魯春秋》本如此；《莊子》則多用春秋二季代指一年，如〈逍遙遊〉之「楚之南有冥靈者，以五百歲爲春，五百歲爲秋；上古有大椿者，以八千歲爲春，八千歲爲秋」。《莊子》之用法是否承自殷商舊習，有待進一步研究。

世衰道微，邪說暴行有作。臣弒其君者有之，子弒其父者有之。孔子懼，作《春秋》。《春秋》，天子之事也，是故孔子曰：「知我者其惟《春秋》乎！罪我者其惟《春秋》乎！」

其實《左傳》已指出《春秋》是經過孔子修改的，僖二十八年《左傳》載晉文公與諸侯「會于溫」，之後接著說：

是會也，晉侯召王，以諸侯見，且使王狩。仲尼曰：「以臣召君，不可以訓。」故書曰「天王狩於河陽」，言非其地也，且明德也。

《左傳》書中，更藉「君子」之口，指出《春秋》作者的微言褒貶，成十四年《傳》說：

九月，僑如以夫人婦姜氏至自齊。舍族，尊夫人也。故君子曰：「《春秋》之稱，微而顯，志而晦，婉而成章，盡而不汙，懲惡而勸善，非聖人，誰能脩之？」

文中「君子」口中的「聖人」，當即孔子。《公羊傳》雖然沒有明說孔子作《春秋》，但莊公七年《傳》說：

《不脩春秋》曰：「雨星不及地尺而復」，君子脩之曰：「星霣如雨」。

漢儒王充在論及此段文字時說：「君子者，謂孔子也。」⑥哀十四年《公羊傳》在記載「西狩獲麟」後，論及《春秋》之所以作及其終始時雖未明說《春秋》爲孔子所作，但細繹前後文意及文章關聯⑦，其認《春秋》出孔子手修之意，甚爲清楚，無可置疑。

不止儒家典籍，道家的《莊子》也認爲《春秋》出自聖人之手，〈齊物論〉說：

> 六合之外，聖人存而不論；六合之內，聖人論而不議。《春秋》經世，先王之志，聖人議而不辯。

文中的「聖人」顯指孔子無疑。下及漢代，明言孔子作《春秋》以寓其褒貶之旨，且三復斯意的，自然要推太史公司馬遷了⑧。此後，以《春秋》爲孔子所作或所修者，代不乏人，即

---

⑥ 見《論衡》〈藝增〉、〈說日〉。

⑦《公羊傳》原文爲：「孔子曰：『孰爲來哉！孰爲來哉！』反袂拭面，涕沾袍。顏淵死，子曰：『噫！天喪予！』子路死，子曰：『噫！天祝予！』西狩獲麟，孔子曰：『吾道窮矣！』《春秋》何以始乎隱？祖之所逮聞也。所見異辭，所聞異辭，所傳聞異辭。何以終乎哀十四年？曰：「備矣！」君子曷爲爲《春秋》？撥亂世，反諸正，莫近諸《春秋》。則未知其爲是與？其諸君子樂道堯、舜之道與？末不亦樂乎堯、舜之知君子也？制《春秋》之義以俟後聖，以君子之爲，亦有樂乎此也。」

⑧《史記》中言及孔子作《春秋》之處甚多，茲僅舉一例明之。〈十二諸侯年表．序〉說：「孔子明王道，干七十餘君，莫能用，故西觀周室，論史記舊聞，興於魯而次《春秋》，上記隱，下至哀之獲麟，約其辭文，

便敢於問孔、刺孟的王充也未對孔子修《春秋》一事有絲毫的懷疑，這派的意見便不再詳細論列了。

宋代疑經學風盛行，於是也有人對孔子是否曾修作《春秋》提出懷疑，如相傳王安石曾譏《春秋》爲「斷爛朝報」⑨，鄭樵、劉克莊等也曾有懷疑之論⑩。宋代以後，也偶爾有人質疑過；但對孔子作《春秋》之說大加批駁，則在民國以後。民國十二年錢玄同發表〈答顧頡剛先生書〉，民國十四年，錢氏又連續發表寫給顧頡剛的兩封信：〈論春秋性質書〉、〈論獲麟後續經及春秋例書〉⑪，都極力否定《春秋》與孔子的關係，且措辭強烈。民國二十年，顧頡剛標點劉逢祿的《左氏春秋考證》，錢氏寫了一篇「書後」，文中論及《春秋經》時雖未肯定其與孔子的關係，但卻也有「《春秋》的原本雖是魯國的真歷史，但既經『筆削』，則事實的真相一定改變了許多」的話，可見錢氏對《春秋》的態度似有相當程度的改變⑫；

去其煩重，以制義法，王道備，人事浹。」

⑨ 此事爭議仍多，此不具論。

⑩ 並見朱彝尊《經義考》卷一百六十八引。

⑪ 第一封信原載《讀書雜志》第十期，第二、第三封信原載《北京大學國學門週刊》第一期，並收入《古史辨》第一冊。

⑫ 〈左氏春秋考證書後〉，原載《北平師範大學國學叢刊》第一卷第二期，收入《古史辨》第五冊。

但在民國二十一年爲標點本《新學僞經考》作序而寫的〈重論經今古文學問題〉中卻又一仍往日，主張六經與孔子全然無關⑬。一九七九年，周予同於〈六經與孔子的關係問題〉⑭中重探孔子與《春秋》及諸經的關係時，又恢復孔子曾整理六經的看法，但以爲今傳五經文字已非孔子整理時原貌。一九八五年劉起釪將顧頡剛於一九四二年在中央大學授課的筆記出版爲《春秋三傳及國語之綜合研究》，書中列舉七項以論證《春秋》作者，即：

一、由筆削之跡尋之
二、由「《春秋》筆法」而有曲筆尋之
三、儒家言孔子作《春秋》定「六經」之可疑
四、由《春秋》「始終」之義是否確有尋之
五、由《春秋》「三世」之義之無據尋之
六、由不載春秋初年大事尋之
七、較以《竹書紀年》知《春秋》非事後追記之書

---

⑬ 原載《國立北京大學國學季刊》第三卷第三號，收入《古文辨》第五冊及《新學僞經考》中。
⑭ 原載《復旦學報（社會科學版）》，一九七九年，第一期，收入朱維錚編《周予同經學史論著選集》。

認爲孔子未修《春秋》，筆削非出孔子，並進而推定《春秋》可能成於孔、孟之間。一九八一年楊伯峻出版《春秋左傳注》，在〈前言〉的「春秋與孔丘」節中也認爲《春秋》不出孔子之手⑮。楊氏引證詳博，可爲此派代表。其意見可歸納爲六點⑯：

一、孔子不可能於兩年之內成此巨著

二、《史記》的說法自相矛盾

三、《論語》沒有提到《春秋》

四、《春秋》文風體例前後不一致

五、《春秋》稱「王」某月，並非孔子的特筆，三代及諸侯皆然，足證《公羊》所謂「大一統」之說之不可信

六、由《左傳》及其他資料的比較，知《春秋》未經孔子修改

張以仁先生以爲楊伯峻之說大有可議，遂撰〈孔子與春秋的關係〉一文⑰，分點分項，逐一

---

⑮ 說又見楊氏《經書淺談・春秋》章。

⑯ 楊伯峻書並未分項，此據業師張以仁先生〈孔子與春秋的關係〉一文所歸納引用。

⑰ 一九八五年國科會獎助論文，收入《春秋史論集》，一九九〇年。

加以檢討批判，認爲楊說的論點與舉證都無法成立，依然肯定孔子確曾修作《春秋》。

《春秋》是否曾經聖人筆削，或許還會持續爭議下去；但自《春秋》成爲「六經」之一，它在中國文化史與經學史上的地位便已奠立，則是無可置疑且無可否認的。

第三節　春秋的內容與性質

壹、《春秋》的內容

《春秋》既爲魯國史書的專名，在孔子根據它而修成《春秋》以後，又變爲《春秋經》的專名。但根據昭公二年《左傳》，韓宣子在見了《魯春秋》後說：「周禮盡在魯矣，吾乃今知周公之德與周之所以王也」，則原來的魯史《春秋》所記最晚當自周公旦起；而今傳的《春秋》起於魯隱公，並無隱公父惠公以上的記載。顧炎武以爲孔子所修的《春秋》原本不始於隱公，惠公以上至伯禽之間的史料也加以保留，後世流傳的《春秋》不見惠公以上記載，乃因原書亡佚了⑱。但司馬遷在《史記・孔子世家》中明說孔子「因史記作《春秋》。上至隱公，下訖哀公十四年，十二公」，明白指出《春秋》上起隱公。〈太史公自序〉又說：「孔子知言之不用，道之不行也，是非二百四十二年之中，以爲天下儀表」，切實指明《春秋》所記乃二百四十二年間史事。是則史公所見《春秋》確實起於魯隱公元年，並未有魯惠公以前的記載；而古來也沒有隱公以上《春秋》亡佚之說，顧炎武的推測恐怕不合實情。至於《春秋》爲何起自隱公，則是另外的問題，此不詳論⑲。

《春秋》的內容記載自魯隱公元年（西元前七二二），經桓公、莊公、閔公、僖公、文公、宣公、成公、襄公、昭公、定公，至哀公十四年止（西元前四八一），歷十二君，計二百四十二年⑳。《史記・太史公自序》說：「《春秋》文成數萬，其指數千。」似乎司馬遷

---

⑱ 原抄本《日知錄》卷四「魯之春秋」條說：「《春秋》不始于隱公：晉韓宣子聘魯，觀書于太史氏，見《易象》與《魯春秋》，曰『周禮盡在魯矣，吾乃今知周公之德與周之所以王也』。蓋必起自伯禽之封，以洎于中世。當周之盛，朝覲會同征伐之事皆在焉，故曰『周禮』。而成之者古之良史也（原註：孟子雖言詩亡然後《春秋》作；然不應伯禽至孝公三百五十年全無記載）。自隱公以下，世衰道微，史失其官，于是孔子懼而修之。自惠公以上之文無所改焉，所謂『述而不作』者也。自隱公以下則孔子以己意修之，所謂『作春秋』也。然則自惠公以上之《春秋》，固夫子所善而從之者也，惜乎其書之不存也！」

⑲ 拙撰〈春秋始於魯隱公探義〉（文載韓國《中國學報》，第三十六輯，一九九六年八月）對此略有探論。

⑳ 《左氏經》多二年，計二百四十四年。

看到的《春秋》有數萬言，但裴駰《集解》引張晏之說，謂「《春秋》萬八千字」，昭十二年《公羊傳》徐彥《疏》引《春秋說》也說「孔子作《春秋》，一萬八千字」。清翁元圻在王應麟《困學紀聞》卷六《春秋》題目下注：

李氏燾作謝疇《春秋古經·序》曰：「司馬遷言《春秋》文成數萬，張晏曰：『《春秋》才萬八千字，誤也』。今細數之，更缺一千四百二十八字。《春秋說·題解》曰：『孔子作《春秋》，一萬八千字』，是張晏所本。」

宋王觀國在《學林》中也說「今世所傳《春秋》萬六千五百餘字」。張晏乃曹魏時人，徐彥則是唐人。《春秋》究竟是本有萬八千字，至三國以後脫落一千多字；還是本有數萬字，而逐漸脫落成後世的斷簡殘篇？這個問題歷代學者也有不同意見：裴駰《史記集解》於「《春秋》文成數萬，其指數千」下引張晏之說而加以批評，並提出自己的看法：

張晏曰：「《春秋》萬八千字，當言『減』，而云『成數』，字誤也。」駰謂太史公此辭是述董生之言。董仲舒自治《公羊春秋》，公羊《經》《傳》凡有四萬四千餘字，故云「文成數萬也」，不得如張議，但論《經》萬八千字，便謂之誤。

顏師古則以爲張、裴兩說都不能成立，其《漢書·司馬遷傳·注》說：

> 師古曰：張說非也。一萬之外即以萬言之，故云「數萬」，何乃忽言「減」乎？學者又為曲解，云「公羊《經》《傳》凡四萬四千餘字」，尤疏謬矣！史遷豈謂公羊之《傳》為《春秋》乎！

被顏師古指爲疏謬的學者就是裴駰。裴駰認爲司馬遷所說的「《春秋》文成數萬」，是統括《公羊傳》的文字計算的，《春秋》本身並沒有這麼多字。實際上裴說並非全無可取，也不止裴氏一人如此主張，王先謙《漢書補注》便引何焯、沈欽韓之說肯定裴駰，批評顏師古：

> 何焯以為裴說得之；沈欽韓亦謂《公羊》為董生所習，合本《經》與師說，文有數萬，又其條例舛雜猥瑣，如三科、九旨、五始、七等、六輔、二類、七缺之目，故云「其指數千」。……先謙案：一萬之外何得即以萬言，而稱為「數萬」？顏說終不可通。所謂「文成數萬，其指數千」，蓋指《公羊》推演《春秋》之文義。裴意非謂遷以《公羊傳》為《春秋》也。時《公羊》之學特顯，故舉以見《春秋》之閎深不窮。何、沈說是。

何焯、沈欽韓、王先謙都認爲裴駰之說可取，司馬貞卻不以爲然，《史記索隱》說：

> 案：張晏曰：「《春秋》萬八千字，此云『文成數萬』，字誤也。」裴駰以遷述仲舒

所論，公羊《經》《傳》凡四萬四千，故云「數萬」，又非也。小顏云：「史遷豈以《公羊傳》為《春秋》乎？」又《春秋經》一萬八千，亦足稱「數萬」，非字之誤也。

司馬貞僅說一萬八千字也可稱爲「數萬」，並未說明原因，張文虎在《校史記札記》中提出說明：

《說文》：「數，計也。」徐音「爽主切」。蓋云文以萬計，指以千計。諸人誤讀如數目之數，遂多窒礙。

張文虎釋「數萬」爲「萬計」，「數千」爲「千計」；但「萬計」仍是「數萬」，「千計」仍是「數千」，並未解決問題㉑。筆者以爲裴駰、沈欽韓二人的解釋當較近實情；但考察今本《春秋》，確有部分語焉不詳，而以之與《竹書紀年》比勘，也多有該記而未記的。這究竟是因爲孔子於其所未知則「闕疑」的態度有以致之？還是《春秋》在傳鈔之際所生的斷殘？似乎難以遽斷。但即使是斷殘似乎也不致於相差如此之多。馬端臨曾爲孔子發出不平之鳴：

《春秋古經》，雖《漢·藝文志》有之；然夫子所修之《春秋》，其本文世所不見。而自漢以來所編古《經》，則俱自三《傳》中取出《經》文，名之曰正《經》耳。……

㉑ 參考王叔岷先生《史記斠證》卷一百三十。

然則《春秋》本文其附見於三《傳》者，不特乖異未可盡信，而三子以其意增損者有之矣。……俱非《春秋》本文也。……而以為得聖人筆削之意於千載之上，吾未之能信也。（《經義考》卷一百六十八引）

但無論如何，目前對《春秋經》的確實字數，已經無從得知；對其內容也只能以現存文字配合三《傳》來加以探究了。

貳、《春秋》的性質

春秋本來既是史書通稱，所以《春秋》的性質本來應屬史書㉒；姑且不論《春秋》是否爲孔子所作，但在孟子大力提倡孔子在《春秋》中寓其褒貶深意後，其性質便不止於「史」的意義；又儒家列《春秋》於六經中，先秦以降，也將《春秋》視爲經書。所以《春秋》作爲史書的價值與意義雖仍存在，但經的意義已陵駕其上，故其性質與其在歷史及學術史上的意義，須由經的觀點去探索，才能真確切實。這點下節將有較詳細的討論。

㉒ 馬總《意林》引《愼子》佚文：「《詩》，往志也；《書》，往誥也；《春秋》，往事也。」

第四節　春秋的微言大義

依今文家之說，《春秋》乃孔子政治哲學的寄託，含義甚深，即所謂「一字褒貶」；即便古文家也認爲孔子修《春秋》，於筆削中寓有是非標準。關於今、古文學家在《春秋》旨意意見上的差異，將在〈左傳概說〉以下三章中加以討論，本節只論列《春秋》在歷代經學上所賦予的意義。

其實作爲史書性質的春秋，原來也有褒貶勸戒之義，《國語·楚語上》說：

莊王使士亹傅太子箴。……問於申叔時，叔時曰：「教之《春秋》，而為之聳善而抑惡焉，以戒勸其心。」

楚莊王時的《春秋》已經具有「聳善抑惡」與「戒勸人心」的作用，而這當然不是孔子的《春秋》，應該也不是魯國的《春秋》。由此可見春秋本來就具有使亂臣賊子畏懼的教化作用，這在今存的《春秋》與三《傳》中仍可清楚的察見其遺跡，其中當數晉董狐的記載「趙盾弒其君夷皋」㉓及齊太史的再三記錄「崔杼弒其君光」㉔最爲有名。可惜當時王權式微，公室

㉓ 事詳《左傳·宣公二年》。

傾頹，政由大夫，各國史官想必面臨相當大的政治壓力，這可由齊太史的秉筆直書「崔杼弒其君」而兄弟接連被殺此一事件看出。當時的史官在面對強權，隨時有生命危險的情況下，像董狐、齊太史、南史氏的良史恐怕已日益減少，在此情況下，孔子毅然決然挑起史官的歷史重擔，承繼《春秋》的褒貶傳統，加上自己的某些政治理念，在相當程度內修改魯史《春秋》，完成了自己同時也是歷史性的工作。所以《孟子‧離婁下》說：

王者之跡熄而《詩》亡，《詩》亡然後《春秋》作。晉之《乘》、楚之《檮杌》、魯之《春秋》，一也。其事則齊桓、晉文，其文則史；孔子曰：「其義則丘竊取之矣！」

因爲褒貶的權責本爲史官所專有，孔子眼見「世衰道微，邪說暴行有作」，於是「竊取」其義而自爲之，以寓其是非然否，所以孔子才會說「知我者其惟《春秋》乎，罪我者其惟《春秋》乎」。有人或許會說這乃是孟子的說法；但《左傳》也藉「君子」之口以論斷《春秋》，成十四年《傳》「君子曰」說：

《春秋》之稱，微而顯，志而晦，婉而成章，盡而不汙，懲善而勸惡。

昭三十一年《傳》「君子曰」也說：

㉔ 事詳《左傳‧襄公二十五年》。

> 《春秋》之稱微而顯，婉而辨。上之人能使昭明，善人勸焉，淫人懼焉，是以君子貴之。

有人或許又會說「君子曰」乃是後人所加，不足爲據；但根據學者的研究，「君子曰」爲《左傳》原書所有，當已不成問題㉕。杜預《春秋經傳集解．序》也說：

> 周德既衰，官失其守。上之人不能使《春秋》昭明，赴告策書，諸所記注，多違舊章。仲尼因魯史策書成文，考其真偽，而志其典禮，上以遵周公之遺制，下以明將來之法。

司馬遷則在其〈太史公自序〉中藉由與壺遂的對話表達出《春秋》的旨義：

> 上大夫壺遂曰：「昔孔子何為而作《春秋》哉？」太史公曰：「余聞董生曰：『周道衰廢……〔孔子〕是非二百四十二年之中，以為天下儀表，貶天子，退諸侯，討大夫，以達王事而已矣。』……夫《春秋》，上明三王之道，下辨人事之紀，別嫌疑，明是

㉕ 朱熹在《朱子語類》卷八十三中曾懷疑「君子曰」的價值，康有爲《新學僞經考》則認爲乃劉歆所加，一時附從者不少；但也有學者由《春秋》文字的前後關聯及其中所表現的道德觀念加以探究，認爲「君子曰」不可能出於後加，如童書業《春秋左傳研究》，張師以仁更由《史記》改寫《左傳》「君子曰」的情況及「君子曰」的文法與《左傳》相合，推定《左傳》中的「君子曰」文字當出《左傳》作者，說見〈孔子與春秋的關係〉三「早期資料的檢討」。

非，定猶豫，善善、惡惡、賢賢、賤不肖，存亡國，繼絕世，補敝、起廢：王道之大者也……《春秋》辯是非，故長於治人。……《春秋》以道義。撥亂世，反之正，莫近於《春秋》。《春秋》文成數萬，其指數千。萬物之聚散，皆在《春秋》。」……壺遂曰：「孔子之時，上無明君，下不得任用，故作《春秋》，思垂空文以斷禮義，當一王之法。……」太史公曰：「……《春秋》采善貶惡，推三代之德，褒周室，非獨刺譏而已也。」

根據以上資料及相關論述，可知孔子因爲有見於世衰道微，是非不明，道義不一；史官又屈於權勢，不敢秉筆直書，伸張正義，於是毅然負起重責大任，藉由改修魯史《春秋》，以達其最終之政治目標：王權伸張，國治人和。果如此，則《春秋》中自有微言大義在。而根據上文所引據的述論，可歸納出《春秋》的四大旨義：

一、明辨是非，確立禮義

《史記·太史公自序》引董仲舒的話說：「《春秋》辯是非，故長於治人。」又說：「《春秋》以道義。」又說：「《春秋》者，禮義之大宗也。」又引上大夫壺遂的話說孔子作《春秋》「垂空文以斷禮義」。

孔子身當亂世，是非淆亂，禮義喪失，所以政治上、社會上盡是些不合理、不應當的事。

《春秋》道名分，譏僭越、惡爭奪，便是由「禮」著眼，別嫌疑、明是非、善善、惡惡，則是由「義」著眼。

二、褒善貶惡，不畏強權

《史記．太史公自序》說：「《春秋》采善貶惡，推三代之德，褒周室，非獨刺譏而已。」又引董仲舒的話說《春秋》：「貶天子，退諸侯，討大夫。」

《春秋》貶惡的例子很多，如〈隱公元年〉一開始所記載的「鄭伯克段于鄢」就是大家耳熟能詳的事；而前文提到的〈宣公二年〉所記載的「晉趙盾弒其君夷皐」及〈襄公二十五年〉所記載的「齊崔杼弒其君光」更是不畏強權，「退諸侯、討大夫」，對惡行加以嚴厲撻伐，赫赫有名的例子。

三、端正名分，尊王攘夷

《莊子．天下》說：「《春秋》以道名分。」《史記．孔子世家》說：「吳、楚之君自稱王，而《春秋》貶之曰『子』；踐土之會，實召周天子，而《春秋》諱之曰『天王狩於河陽』。」

端正名分，可分為端正物的名分與君臣上下的名分。〈僖公十六年〉的「隕石於宋五」

及「六鷁退飛過宋都」即屬前者；〈僖公二十八年〉「天王狩於河陽」是歷來最常被用爲《春秋》尊王的例子，而〈僖公四年〉的「楚屈完來盟於師，盟於召陵」，這則有關齊桓公「召陵之盟」的記載則是《春秋》攘夷的好例證。

四、撥亂反正，治人治國

《莊子．齊物論》說：「《春秋》經世，先王之志也。」哀公十四年《公羊傳》說：「撥亂世，反諸正，莫近諸《春秋》。」《史記．太史公自序》也說：「撥亂世，反之正，莫近於《春秋》。」又說：「《春秋》上明三王之道，下辨人事之紀。」《春秋繁露．玉杯》說：「《春秋》正是非，故長於治人。」

世人或以爲《春秋》止於褒善貶惡，甚或以爲《春秋》有貶無褒㉖，將《春秋》的作用侷限在消極制裁一面；實則《春秋》是要撥亂世使返於正，達到國治天下平的終極目標，是孔子理想世界的寄託，自有其積極目的。

㉖《史記．太史公自序》記載司馬遷與上大夫壺遂討論其欲遙承《春秋》作《史記》時，壺遂說：「孔子之時，上無明君，下不得任用，故作《春秋》，垂空文以斷禮義，當一王之法；今夫子上遇明天子，下得守職，萬事既具，咸各序其宜。夫子所論，欲以何明？」便將《春秋》範圍在貶惡刺譏上。宋人更多主張《春秋》「有貶無褒」者。

第五節　春秋的價值與春秋的「經」「傳」問題

壹、《春秋》的價值

《春秋》雖僅寥寥萬餘言，且所記載的史實既簡略，又多闕疑，但我們不應因此而輕忽其價值。因爲就史料與經學價值而言，《春秋》保存了二百四十多年的簡要史事，如果沒有《春秋》的記載，則《左傳》的記事析理、《公羊》的闡發微言、《穀梁》的論述大義便都要失去著落。

其次，就社會意義與思想價值及今日的時代意義而言，《春秋》端正名分、微言褒貶、明辨是非、確立禮義、治國理家的思想，在今日這名分混淆、是非不分、善惡無別、禮義淪喪、道德淪亡的社會中，其意義又豈爲小哉！

貳、《春秋》的「經」「傳」問題

《春秋》是「經」，在先秦——更精確的說，在戰國中末期——是「六經」之一；到了西漢初年，是「五經」之一。《漢書·藝文志》「六藝略·春秋家」載錄《春秋》的「經」時，說：

《春秋古經》十二篇

《經》十一卷。班固自注：「《公羊》、《穀梁》二家。」

錢大昕《漢書考異》「春秋古經十二篇」下說：

謂《左氏經》也。〈劉歆傳〉：「歆校祕書，見古文《春秋左氏傳》。」又云：「《左氏傳》多古字古言。」許慎《五經異義》言：「《今春秋》，公羊說；《古春秋》，左氏說。」

錢氏在「經十一卷」下又說：

漢儒傳《春秋》者，以《左氏》為古文，《公羊》、《穀梁》為今文。稱「古經」，則知其為《左氏》矣。

段玉裁《春秋左氏古經·題辭》說：

蓋三家各自為《經》。《漢志》言「《古經》十二篇」者，《左氏》之「經」也；又言「《經》十一卷」，自注云「《公羊》、《穀梁》二家」者，謂二家之《經》皆十一卷，與《古經》不同也。自轉寫合二行為一行，而罕知其解矣。《古經》因十二公為十二篇；《公羊》、《穀梁》合閔公於莊公同卷，則為十一卷，說見何氏《公羊解詁》。古曰「篇」，今曰卷；竹木曰「篇」，縑素曰「卷」。三家《經》卷數不同，而皆《經》《傳》各自為書。杜氏預乃取《左經》分年冠於某年《傳》首；二家則漢以後學者，析《經》文冠某事之首；而無《傳》者，依次附焉。於是三家之專《經》，皆不可得見。

《左氏春秋》是用秦代以前的古文字寫在竹簡上的，所以〈藝文志〉稱之為《春秋古經》，共有十二篇；《公羊春秋》與《穀梁春秋》原先都是靠師徒之間口耳相傳，直到漢代才用當時的文字——隸書——寫在布帛上，〈藝文志〉稱之為《經》，都有十一卷。

在《春秋經》的解說著作方面，根據《漢書・藝文志》「六藝略・春秋家」的記載，共有五家：

《左氏傳》三十卷（自注：左丘明，魯太史。）

《公羊傳》十一卷（自注：公羊子，齊人。）

《穀梁傳》十一卷（自注：穀梁子，魯人。）

《鄒氏傳》十一卷

《夾氏傳》十一卷（自注：有錄無書。）

五家之中，《鄒氏傳》本應有書，否則不能以名傳；但到東漢班固時已無老師傳授，所以失傳。《夾氏傳》在西漢末年劉向《別錄》與劉歆《七略》都有登錄，但班固已沒有看到原書。所以《春秋經》的「傳」，流傳下來，到現在還保存完整的只有：《左傳》、《公羊傳》、《穀梁傳》三種，也就是一般所習稱的「春秋三傳」。

今日經書通行的本子，經書本文與注釋解說經文的「傳」，多半合爲一書，如《左傳》書中，可以同時看到《春秋經》和《左氏傳》；古代的情形則不同，《經》與《傳》是分開的，亦即：經傳各自單行。因此，若同時有好幾家學派解說同一種經書，則不僅每家的解釋不同，甚至連其所根據的經書，在字句與章節的分析上，也會有或多或少的差異。經書文字的分歧和《經》、《傳》的各自書寫，自然造成不少困擾與不便，遂有學者將《經》《傳》合併，整理成一部書，如許多學者都認爲將《左傳》與《春秋經》分年合併的就是晉朝的《左傳》大家杜預。

由上所述，可知三十卷的《左傳》和同樣都是十一卷的《公羊》、《穀梁》，卷數相差大約三倍。這與其體裁有關：《公羊傳》和《穀梁傳》主要用問答的方式，簡要的說明《春秋經》的義例或微言大義，記事的文字很少；《左傳》則常常藉著敘述歷史事件來解說《春秋經》的內容，文字相當繁富，故篇幅長很多。實則「春秋三傳」的不同處，不僅在於所據經文的底本、書寫文字的字體以及解經方式與篇幅的大小而已，其在解說《春秋經》的旨意上，彼此的看法也不太一樣，《左傳》和《公羊》、《穀梁》兩家的差異尤其大。

公羊傳何休序：昔者孔子云：吾志在春秋，行在孝經。此二者，聖人之極致，治世之要務也。

劉知幾，史通：六家：尚書家、春秋家、左傳家、國語家、史記家、漢書家。

第十一章　左傳概說

第一節　左傳的名稱與來歷

壹、《左傳》的名稱

今日慣稱的「左傳」一名，在漢代似乎並不使用：或稱「左氏春秋」，如西漢初年司馬遷《史記・十二諸侯年表・序》、東漢初年班固《漢書・儒林傳・贊》；或稱「左氏」，如東漢末年何休〈公羊膏肓〉；或稱「春秋左氏傳」，如服虔《春秋左氏傳解》；或稱「春秋左氏」，如潁容《春秋左氏條例》①：可見漢時《左傳》可能尚無定稱。這牽涉「經」、「傳」的差異：五經之名，自古傳下，別無異稱；「傳」則依經而作，不另立書名，後人稱其書，

① 並見《後漢書・儒林列傳》。

往往將「經」與「傳」的作者結合來稱呼，如《春秋公羊傳》、《春秋穀梁傳》、《春秋左氏傳》。班固《漢書．儒林傳》說：

漢興，北平侯張蒼及梁太傅賈誼、京兆尹張敞、太中大夫劉公子皆修《春秋左氏傳》。

東漢許慎在《說文解字．敘》中也說「北平侯張蒼獻《春秋左氏傳》」：這是《左傳》的全名，如加省略，則稱之爲「春秋左氏」、「左氏傳」，或單稱「左氏」、「左傳」。晉杜預《春秋經傳集解．序》說：

或曰：《春秋》之作，《左傳》及《穀梁》無明文。

這是最早使用「左傳」一詞的文獻，因此有人認爲「左傳」這個名稱可能即創自杜預。又因司馬遷、班固都認爲左丘明既作《左傳》，又作《國語》，而《左傳》是解經的，於是又有「春秋內傳」一稱。

另外，司馬遷在《史記．十二諸侯年表．序》稱《左傳》爲《左氏春秋》，清劉逢祿認爲《左氏春秋》才是《左傳》的原名。當然，如果《左傳》是在春秋末年或戰國初期完成的，那麼它便不可能與今文學的《公羊傳》、《穀梁傳》②一樣，使用「傳」來做爲書名，因爲

---

② 《穀梁傳》屬今文，古人向無異辭，近人崔適《春秋復始》始有屬古文之說，後張西堂《穀梁真僞考》也

當時並沒有「經」「傳」這樣的觀念與名詞。

貳、《左傳》的來歷

《左傳》成書於戰國（說詳下節），用戰國文字書寫；漢代通行隸書，《公羊》、《穀梁》二傳寫成於漢代，時人將用漢隸寫定的《公》、《穀》稱爲「今文」，將用戰國文字寫成的《左傳》稱爲「古文」；《公》、《穀》二傳都立於學官，《左傳》則僅在民間流傳。今文經是漢初寫定的，因此沒有來歷／出現的問題，古文經因爲傳自先秦，因此不免有些爭議。《左傳》在漢代出現的情況，古籍的記載並不一致，約略有三種說法：

第一說以爲漢代藏於祕府，爲劉歆所發現。《漢書．楚元王傳》附〈劉歆傳〉載歆〈移讓太常博士書〉說：

> 及魯恭王壞孔子宅，欲以為宮，而得古文於壞壁之中，《逸禮》有三十九，《書》十六篇。……及《春秋左氏》，丘明所修。皆古文舊書，多者二十餘通，臧於祕府，伏

推闡崔說，但其論斷證據不夠堅實，只能說是當時疑古風氣下的產物。

> 而未發。孝成皇帝閔學殘文闕，稍離其真，乃陳發祕臧，校理舊文，得此三事，以考學官所傳，經或脫簡，傳或間編。

〈劉歆傳〉又說：

> 歆校祕書，見古文《春秋左氏傳》，歆大好之。……初《左氏傳》多古字古言，學者傳訓詁而已。及歆治《左氏》，引傳文以解經，轉相發明，由是章句義理備焉。

據此，則古文的《左傳》在漢成帝時爲劉歆於中祕書發現，並加整理；但祕府之書，必定其來有自，不可能無中生有。

第二說以爲係張蒼所獻。許慎《說文解字．敘》說「北平侯張蒼獻《春秋左氏傳》」；《隋書．經籍志》也說「《左氏》漢初出於張蒼之家，本無傳者」：所以祕府的《左氏傳》也有可能是張蒼所獻。得自孔壁的《春秋》，或以爲即《左傳》，或以爲止於古經；但許慎至少指出中祕書的《左氏傳》有一來源爲北平侯張蒼所獻。

第三說以爲出自孔壁。前引劉歆〈移讓太常博士書〉即說古文的《春秋左氏》出自孔壁；王充《論衡．案書》也說：

> 《春秋左氏傳》者，蓋出孔子壁中。孝武皇帝時，魯共王壞孔子教授堂以為宮，得佚

《春秋》三十篇，《左氏傳》也。

> 孝武皇帝封弟為魯恭王。恭王壞孔子宅以為宮，得佚《尚書》百篇、《禮》三百、《春秋》三十篇、《論語》二十一篇。……古經、《論語》，此時皆出。

〈佚文〉又說：

根據劉歆、王充之說，中祕的《左傳》也可能出自孔安國所獻、得之於孔壁中的《春秋左氏》。不過有人根據《漢書．藝文志》與《說文解字．敘》說：孔壁中只有《春秋經》，而無《左氏傳》，劉歆之言只是託古以作僞；王充則誤「經」爲「傳」。但劉歆未有僞造《左傳》事，前賢辨析甚明，無庸再論③。《戰國策．楚策》載虞卿引用見於今傳《左傳》之文而稱「臣聞之《春秋》」，可見戰國時已有將《左傳》稱爲《春秋》的習慣；漢時則多以《春秋》稱《左傳》，如《史記》即然④；而《論衡》中兩處都說「『佚』《春秋》三十篇」。當時《春秋》不佚，而王充用「佚」字，應即表示此本不同於今文本；而「三十篇」正與《漢志》著錄的《左氏傳》篇卷相合，何況〈案書〉篇且明白說「佚《春秋》三十篇，《左氏傳》也」：

---

③ 參考章太炎《春秋左傳讀敘錄》、錢穆先生〈劉向歆父子年譜〉、張心澂《僞書通考》〈經部〉「春秋類」。

④ 說見章太炎《春秋左傳讀敘錄》、金德建《司馬遷所見書考》〈司馬遷所稱春秋係指左傳考〉。

可見孔壁出《左傳》事應是確無可疑的。

可能《左傳》在歷經秦火後，散佚各地；孔壁中得書，孔安國家獻入祕府⑤；張蒼家另有藏本，也一併入府；劉歆在祕府中可能二本並見。不過這只是就情理推測，實情是否如此，也不敢確定。

---

⑤ 劉歆〈移讓太常博士書〉云：「及魯恭王壞孔子宅，欲以爲宮，而得古文于壞壁之中，逸《禮》有三十九，《書》十六篇。天漢以後，孔安國獻之，遭巫蠱倉卒之難，未及施行。」《漢書．藝文志》「六藝略」亦云：「《古文尚書》者，出孔子壁中。武帝末，魯恭王壞孔子宅，欲以廣其宮，而得《古文尚書》及《禮記》、《論語》、《孝經》，凡數十篇，皆古字也。共王往入其宅，聞鼓琴瑟鐘磬之音，於是懼，乃止不壞。孔安國者，孔子後也，悉得其書，以考二十九篇，得多十六篇。安國獻之，遭巫蠱事，未列于學官。」皆謂孔安國獻孔壁古文；但《史記．孔子世家》說：「安國爲今皇帝博士，至臨淮太守，蚤卒。」司馬遷寫《史記》時，已稱安國早死，可見孔安國不可能在漢武帝末年時還能獻上古文壁中書。清閻若璩《尚書古文疏證》卷二、朱彝尊《曝書亭集》卷五十八〈尚書古文辨〉都根據荀悅《漢紀．成帝紀》：「魯恭王壞孔子宅，得《古文尚書》，多十六篇。武帝時，孔安國家獻之，會巫蠱事，未列於學官。」認爲《漢書》誤脫「家」字。

第二節　左傳的作者與時代

壹、《左傳》的作者

《左傳》的作者，是經學史上爭議不休的課題，歷經二千餘年仍然眾說紛紜，未得定論。首先提出《左傳》作者的是司馬遷，《史記·十二諸侯年表·序》說：

> 孔子明王道，干七十餘君，莫能用，故西觀周室，論史記舊聞，興於魯而次《春秋》。……七十子之徒，口受其傳指，為有所刺譏褒諱挹損之文辭，不可以書見也。魯君子左丘明，懼弟子人人異端，各安其意，失其真，故因孔子史記，具論其語，成《左氏春秋》。

可見司馬遷認爲《左傳》的作者是魯君子左丘明。左丘明是誰？爲什麼司馬遷稱他爲「魯君子」？《論語·公冶長》記載孔子的話說：

> 巧言、令色、足恭，左丘明恥之，丘亦恥之。匿怨而友其人，左丘明恥之，丘亦恥之。

由孔子言談中敬重的語氣看來，左丘明不止不會是孔子的學生，而且應該是孔子的長輩才對。《漢志》之說大略同《史記》；但〈藝文志〉著錄「《左氏傳》三十卷」，班固自注：

「左丘明，魯太史」，則以左丘明爲太史。杜預則以丘明既爲太史，又是仲尼弟子，其《春秋經傳集解·序》說：

> 左丘明受經於仲尼，以為：經者，不刊之書也。……身為國史，躬覽載籍，必廣記而備言之。

大致說來，唐代以前對《左傳》作者並無大爭議，都歸之於左丘明，不過對左丘明的身分有不同的看法而已。唐代以後，學者開始懷疑左丘明作傳之說，唐陸淳《春秋集傳纂例·趙氏損益章》引趙匡之說云：

> 《論語》：「左丘明恥之，丘亦恥之。」夫子自比，皆引往人。……丘明者，蓋夫子以前賢人，如史佚、遲任之流，見稱於當時耳。

趙匡由《論語》中孔子對左丘明的尊敬，推測丘明輩分應當高於孔子，因而懷疑《左傳》不出左丘明之手。從此以後，《左傳》作者問題遂成爲經學上的爭議課題。宋儒如鄭樵、王安石、葉夢得、朱熹、王應麟都不同意司馬遷之說，多方考辨以證作者爲六國時人，並非與孔子同時或稍早的左丘明。

由於這種考辨與推測，於是又滋生「左丘明」姓氏的討論，如葉夢得以爲「左丘明」姓

「左丘」，而作《左氏傳》者姓「左」，故《左傳》非左丘明作。此說一出，說法益加紛歧，如清朱彝尊以爲《左傳》作者仍是左丘明，其不稱「左丘」，乃因孔子名「丘」，弟子諱其師名，故不曰《左丘傳》，而稱《左氏傳》；俞正燮則認爲《左傳》作者非《論語》中的左丘明，其人當爲「左史」，省曰「左」，故稱「左氏」，姓「丘」，名「明」：異說紛紜，令人眼花撩亂。

不止是《左傳》作者的姓氏，甚至連其國籍也發生爭議。《史記》、《漢書》都說左丘明與孔子並爲魯人。但唐、宋以下，卻懷疑起作者的國籍。因爲《左傳》記晉、楚二國史事最詳，於是有人認爲《左傳》當是這兩國的人所作，如鄭樵、朱熹都以爲《左傳》作者是楚人，項安世、郝敬則認爲是晉人。實則這種說法未必可靠，因爲春秋時代晉、楚兩國最強，《左傳》記這兩國的史事特詳，不過是事實的反映而已，不能根據這個事實推斷作者的國籍。

民初學者衛聚賢主張《左傳》乃子夏作；錢穆先生則以爲出吳起之手：兩人又將作傳者歸爲衛人⑥。業師張以仁先生則詳爲舉證，以爲根據司馬遷之說，《左傳》出於左丘明的可能性甚大⑦。

⑥ 衛聚賢說，見〈左傳的研究〉；錢穆先生說，見《先秦諸子繫年》卷二〈吳起傳左氏春秋考〉。

⑦ 見〈從司馬遷的意見看左丘明與國語的關係〉，收入《春秋史論集》。

學者反對司馬遷左丘明作《左傳》之說，主要的理由是：《左傳》所記載的內容已經晚到孔子死後五十三年，亦即左丘明若與孔子同時，不太可能在孔子死後五十三年還能寫書。不過，有些學者認爲古人之說不宜輕棄，司馬遷等人說《左傳》出於左丘明，必有所據，遂以爲《左傳》乃左丘明家族累世撰作而成書，最後再由一人加以統一，如呂大奎、黃澤、姚鼐等都主此說。所以有關《左傳》的作者，截至目前，尚無明確可信的證據可以作一公認的推定。

貳、左傳的成書年代

《左傳》的作者難以確定，考察其著作年代，或稍有助於問題的釐清。

首先，考察《左傳》的著作年代，應由《左傳》本身的記事著手。《左傳》記事止於魯哀公二十七年智伯之滅，並且稱趙無恤爲趙襄子。襄子是無恤的謚號，可見《左傳》完成於趙無恤卒後。襄子死於孔子卒後五十四年，即周威烈王元年（西元前四二五）：這應是《左傳》成書的上限。

其次，由《左傳》的流傳，可以推知其著成時代的下限。根據《史記·十二諸侯年表·

序》，戰國時楚威王太傅鐸椒曾抄撮《左傳》爲四十章，成《鐸氏微》；趙孝成王宰相虞卿也採《左傳》，編成八篇，名《虞氏春秋》⑧。楚威王於西元前三三九—三三〇年間在位，趙孝成王於西元前二六五—二四五年間在位。

晉武帝太康二年（西元二八一）汲郡人不準盜發魏襄王墓，得《師春》一篇，內容抄錄《左傳》有關卜筮的文字，且次第相同；杜預、束晳都曾見過《師春》。魏襄王卒於周赧王十九年（西元前二九六），可見《左傳》的通行應在魏襄王生前，即《左傳》的成書下限應在西元前二九六年以前。

復次，《左傳》好用預言，而且往往靈驗不誤，只有少數誤失。因而有學者認爲：其驗證不爽的，必是《左氏》作者親見；而誤失不驗的，必是作者生前未見；根據這種現象可以推測《左傳》的成書時代。日人狩野直喜〈左氏辨〉一文採用此法加以考證，發現兩個現象：

·**《左氏》預斷秦孝公以前事皆有驗，孝公後概無徵，則《左氏》時代從可斷定。**

---

⑧《史記·十二諸侯年表·序》：「鐸椒爲楚威王傅，爲王不能盡觀《春秋》，采取成敗，卒四十章，爲《鐸氏微》。趙孝成王時，其相虞卿，上采《春秋》，下觀近世，亦著八篇，爲《虞氏春秋》。」文中所稱的《春秋》，當指二十萬字左右的《左傳》，而不是指一萬六千餘字的《春秋》，否則很難說「不能盡讀」，也不必再編選刪汰。

·自成王定鼎後七百餘年，當在威烈王、安王時。

狩野氏認爲：一、以秦孝公元年（西元前三六一）做分界，孝公以前的預言都靈驗；孝公以後則都失靈了；二、在《左傳》宣公三年，提到一個有關周朝國運長短的占卜預言，說周王朝會傳世三十代，享國七百年⑨；也就是說：周朝在周威烈王或周安王時就要亡國。周威烈王於西元前四二五至四〇二年間在位，周安王於西元前四〇一至三七六年間在位。但周朝其實又拖了一百多年才壽終正寢。如果《左傳》作者於周安王時仍在世，應該不會有這種寓言。狩野直喜因此推斷，《左傳》成書當在西元前四百年左右，不晚於西元前三百六十年左右⑩。

近世學者也多類此之說，如劉汝霖以爲《左傳》成書約在西元前三七五—三四〇年之間⑪；楊伯峻以爲在西元前四〇三年、魏斯爲侯之後，周安王十三年（西元前三八六）田氏篡齊之前⑫。各家之說，大致都定位在戰國初年，距魯哀公之世百年左右。

---

⑨《宣三年．左傳》載王孫滿之言曰：「成王定鼎于郟鄏，卜世三十，卜年七百，天所命也。」

⑩見〈左氏辨〉，高瀨博士還曆紀念——《支那學論叢》。

⑪說見《漢晉學術編年．中國學術編年方法》。

⑫說見《春秋左傳注．序言》、《經書淺談．左傳章》。

第三節　左傳的性質與解經方式

壹、《左傳》的性質

「春秋三傳」中，以《左傳》的性質最受爭議。它究竟是爲了解經而寫的「傳」，還是根本與《春秋》不相干的歷史性著作呢？學者們並沒有一致的意見。這個爭論的起源與劉歆推動的，爲《左傳》設立博士的行動有密切的關係。劉歆在秘府發現《左傳》，對它產生了很大的興趣，於是費了一番功夫整理章句、發揮義理。由於《左傳》有許多古代的文字與詞彙，研究《左傳》的學者只做了些基本的注解訓詁；劉歆則引用《左傳》解說《春秋》，建立完整而系統的經說理論；並積極爭取「立於學官」，希望成爲太學裡講授的科目。一則因爲學術觀點的不同，再者也與既得利益受到威脅有關，今文學者自然群起反對，與劉歆等古文學者對《左氏》的性質展開激烈的論辯，此即經學史上有名的「第一次今古文之爭」。今文學者在當時得到了一時的勝利，劉歆以自請外放結束了這場論爭；可是這個問題，後代還是不停的有學者在繼續討論。

《左傳》是古文，而西漢是今文學的天下，所以古文的《左傳》無法立於學官。劉歆想將《左傳》立於學官，今文家群起反對，遂有「《左氏》不傳《春秋》」、「《左氏》非《春秋》之傳」的論調，觸發了今古文學論爭的戰端⑬。清劉逢祿繼承《春秋》、《左傳》各自成書的觀點，認爲《左傳》在劉歆僞作以前稱《左氏春秋》，其性質就像《晏子春秋》、《呂氏春秋》；其冒用《春秋傳》以行世，是東漢以後的事。其說詳見於《左氏春秋考證》。清末康有爲更認定《左傳》是劉歆割裂《國語》而成，其說詳見於《新學僞經考》。

今文學家說劉歆僞作《左傳》的說法，經過章炳麟、劉師培的考證及今人的陸續討論⑭，大概已沒有人相信。但《左傳》的性質卻並未因爲這個問題的終止而得到釐清。

早於劉歆百餘年的司馬遷在《史記．十二諸侯年表．序》說：孔子作《春秋》之後，「魯君子左丘明，懼弟子人人異端，各安其意，失其真，故因孔子史記，具論其語，成《左氏春秋》」。所謂「異端」，即各自解說。依司馬遷之意，左丘明的《左氏春秋》無疑具有闡釋《春秋》經旨以傳授後人之意，所以它的性質乃是解「經」的「傳」。《文心雕龍．史傳》也說：

---

⑬ 參考本書第三篇第十九章〈兩漢的經學〉第三節「今古文之爭」。

⑭ 關於這個問題，可以參考章炳麟、劉師培、顧頡剛、錢玄同、高本漢、楊向奎、錢穆、徐仁甫、胡念貽等人的意見。有關的書籍，則有顧頡剛等編的《古史辨》，張心澂的《僞書通考》，陳新雄、于大成合編的《左傳論文集》，沈玉成、劉寧合著的《春秋左傳學史稿》、趙伯雄《春秋學史》等。

昔者夫子閔王道之缺，傷斯文之墜，……因魯史以修《春秋》，舉得失以表黜陟，徵存亡以標勸戒。褒見一字，貴踰軒冕；貶在片言，誅深斧鉞。然睿旨幽隱，經文婉約；丘明同時，實得微言，乃原始要終，創為傳體。傳者，轉也；轉受經旨，以授於後，實聖文之羽翮，記籍之冠冕也。

劉勰之言，明白的闡釋《左氏》作爲闡發《春秋》微言幽旨的「傳」的性質。

平心而論，《左傳》並不像《公》、《穀》二傳一一扣緊《春秋》經文解釋；此外，《公羊》、《穀梁》的《春秋》經文都只到魯哀公十四年，因爲根據《公羊傳》與《史記》之說，孔子修《春秋》，至此年就停筆了，且在一年後去世。《左傳》的經，卻寫到哀公十六年，多了兩年的經文；傳文更寫到魯哀公二十七年，多出十三年的「續傳」⑮，而且記載到魯悼公四年的事；另外還有《春秋》經文沒有提到，《左傳》卻詳細記載的事件，也就是一般所稱的「無經之傳」。

依經學史的發展考察，經書之名起於《莊子．天運》，「經」、「傳」觀念也應產生在此以後，而這已在戰國末期。所以《左傳》的原名也可能就叫《左氏春秋》；而在作者創作

---

⑮《左傳》的《經》止於魯哀公十六年，《左傳》敘事則止於魯哀公二十七年。

此書時，經傳觀念不像後世嚴謹／嚴苛，所以解經並未一一隨步經書，既可有解釋，又可有補正，但其初意則未嘗不爲解經。近代學者洪業先生《春秋經傳引得·序》認爲《左傳》在寫作時，可能有解說《春秋》之意；未料寫成之後，竟然發展成可以獨立存在的史書，而不像《公羊》《穀梁》必須依附在經書之下。也就是說，《左傳》既是解經的「傳」——雖然它可能本稱《左氏春秋》，因那時可能根本沒有「傳」這種名稱——但完成之後，就有了獨立的生命，可以獨立存在，也就是說，《左傳》在創始之初可能是既含有解經性質的「傳」體，也可能是具有獨立性質的史書。

貳、《左傳》的解經方式

《春秋》是部意在言外的經書，書中常寓微言褒貶，具有端正名分等方面的大義；但因採用幽隱婉微的方式表達，所以其微旨深義須經闡發始得顯明。而《春秋》的各「傳」便是闡發《經》旨的，也就是劉勰《文心雕龍·史傳》所說的「原始要終，創發傳體」。

那麼《左傳》究竟以何種方式闡發《春秋》的旨意呢？杜預《春秋經傳集解·序》說《左傳》：

或先經以始事，或後經以終義，或依經以辯理，或錯經以合異。

杜預認爲：《左傳》有時先將經文記事的前因敘述出來；有時則補充一段經文記事的後續發展來表明經文的意旨；有時則依循著經文，詳細交待事件的具體內容，以此說明經文的意旨；有時傳文與經文有些出入，意義卻相通相合。杜預歸納的解經方式，雖未能盡《左傳》之術，而大體切當。洪業先生《春秋經傳引得．序》則說：

《左氏》所釋之《春秋》，其所謂《魯春秋》也，其所用全本今不可見，可見者僅其所殘存於傳中者耳。著《左氏》者之意，若謂此《魯春秋》即孔門歷代教授《春秋經》之課本；於是，述史事以詳之；引孔子及諸君子釋經、評史之言論以實之；羅較群籍，以知其所不書；參比其所書與所不書，以發其凡例；雖依附其年月，亦錯雜其經文；引詩而徵禮，載事而記言；俾讀者知隱、哀二百五十餘年間，列國人物、政事之得失；且以見魯史書法、懲勸之意義，與孔門師弟評論之大略也。在其著作之始，或擬為與《魯春秋》相表裡之傳；暨竣事輟筆，竟裒然自成一家書。

洪煨蓮先生將《左傳》的解經方式歸納成六點：一、用歷史事實詳細的交待經文所記事件的經過；二、引用孔子等賢者對經文、史事的評論，既有敘事，又有記言；三、詳細記錄歷史事實，透過記事，闡發《春秋經》不記載某件事的深義；四、透過對經文寫什麼與不寫什麼的比較分析，闡發經文的書法義例；五、《左傳》的記事，雖然大體依照經文的年月次序，有時候也會或前或後，不和經文完全對應；六、常常引用《詩經》和禮儀制度，或是賢者的評論來讓讀者知道春秋時代的人物和政事的得失所在。透過洪先生的歸納，可以對《左傳》解經的方式有更具體的了解。茲舉其大略，並各舉一例作說明。

《左傳》解經的第一種方式是依經立傳。如隱公五年《春秋經》說：「九月，考仲子之宮，初獻六羽」，《左傳》說：

> 九月，考仲子之宮，將〈萬〉焉。公問羽數於眾仲，對曰：「天子用八，諸侯用六，大夫四，士二。夫舞所以節八音而行八風也，故自八以下。」公從之。於是初獻六羽，始用六佾也。

仲子是魯惠公的夫人，魯桓公的生母。古時稱宮室、宗廟、器物初成時所舉行的祭祀爲「考」。仲子的廟完成後，隱公要舉行祭祀典禮，而且要在廟裡獻演〈萬〉舞，於是向眾仲詢問跳〈萬〉舞時執羽的人數。魯國本來是諸侯，應該使用次於天子一等的諸侯禮制〈六佾〉；但是因爲魯國的始祖周公對周王朝的貢獻實在太大了，所以周成王和周康王特命魯公世世代代祭祀周公時，要特別使用天子的禮樂，因而魯國一直使用天子才能使用的〈八佾〉。《左傳》解說了《春秋經》經文「初獻六羽」的由來，而且特別用「始用六佾」解釋「初獻六羽」，這就是所謂的依「經」而「立傳」。

第二種方式是說明、闡釋《春秋》的書法。如隱公元年《春秋經》說：「元年春，王正月」，《左傳》說：

元年，王周正月。不書即位，攝也。

《左傳》對《經》作了兩個解釋：一、《左傳》在《經》的「王正月」下加一「周」字，說明「王」是周王，既表明《春秋》尊王之旨，也指明「春正月」是依據周王朝的曆法而定的月份，與夏曆、商曆不同。二、依《春秋》慣例，在魯國的十二君即位當年，應該如此記載：「元年春，王正月，公即位」⑯；〈隱公元年〉未書「公即位」，《左傳》解釋說因爲隱公只是暫代桓公攝政，並未真的即君位。姑且不論《左傳》解說是否正確，這即是對《春秋》「書法」的一種說明、闡釋。

第三種方式是以史實闡發經旨。如襄公二十五年《春秋經》說：「夏五月乙亥，齊崔杼弒其君光」。如果沒有史實印證，我們很可能以爲這是一件單純的弒君事件，即使想多了解

⑯《春秋》實際上並未全然如此，如莊公、閔公、僖公都只有「元年春，王正月」，並沒有「公即位」；不過《左傳》對這種現象都有所解釋，如〈莊公元年〉說：「不稱即位，文姜出故也」；〈閔公元年〉說：「不書即位，亂故也」；〈僖公元年〉說：「不稱即位，公出故也。公出復入，不書，諱之也。諱國惡，禮也」。

事情的真相也無由得知。《左傳》則將事情的原委清楚的交待：

齊棠公之妻，東郭偃之姊也。東郭偃臣崔武子。棠公死，偃御武子以弔焉。見棠姜而美之，使偃取之。……莊公通焉，驟如崔氏；以崔子之冠賜人。侍者曰：「不可。」公曰：「不為崔子，其無冠乎！」崔子因是；又以其間伐晉也，曰：「晉必將報。」欲弒公以說於晉，而不獲間。公鞭侍人賈舉，而又近之，乃為崔子間公。夏五月，莒為且于之役故，莒子朝于齊。甲戌，饗諸北郊。崔子稱疾不視事。乙亥，公問崔子，遂從姜氏。姜入于室，與崔子自側戶出；公拊楹而歌。侍人賈舉止眾從者而入，閉門。甲興，公登臺而請，弗許；請盟，弗許；請自刃於廟，弗許。皆曰：「君之臣杼疾病，不能聽命。近於公宮，陪臣干掫有淫者，不知二命。」公踰牆。又射之，中股，反隊，遂弒之。……大史書曰「崔杼弒其君」。崔子殺之；其弟嗣書而死者二人；其弟又書，乃舍之。南史氏聞大史盡死，執簡以往；聞既書矣，乃還。

齊國的權臣崔杼，不顧反對，娶了齊國邊疆守吏的寡婦棠姜。齊莊公和棠姜私通，常常到崔杼家去，並且把崔杼的帽子拿來賞賜人。侍從們勸阻齊莊公，莊公回答說：「不用崔杼的帽子，難道沒有別人的帽子嗎！」崔杼因此懷恨在心，想找機會報復。恰巧莊公鞭打近臣賈舉，後來又親近他，賈舉於是替崔杼找機會來殺死莊公。這時恰好莒國國君來朝，莊公宴請莒君。

依照禮節，崔杼應該出席，但崔杼故意裝病不參加宴會，引誘莊公到家裡來。莊公果然在第二天就到崔杼家探病，當然又趁機找棠姜。棠姜進入內室，和崔杼從側門出屋。莊公於是輕輕拍打著柱子，唱起情歌來，企圖勾引棠姜。莊公近臣賈舉進入崔杼家以後，就禁止莊公的侍衛進入，並且關上大門。崔杼的甲士們於是包圍了莊公。莊公請求做決戰，又請求訂立盟約，再請求讓他在宗廟裡自殺謝罪，都不被接受。莊公在危急之下，狗急跳牆，被兵士射中大腿，從牆上掉了下來，士兵們於是把莊公殺了。崔杼按照自己的意思立了新國君，專擅國政。太史於是記載說：「崔杼弒其君」。崔杼就把太史殺掉，企圖掩蓋事實。太史的弟弟照樣加以記載，因此而被殺的又有兩位；另外一個弟弟還是照樣記載，崔杼才不再追究。齊國的地方史官南史氏聽說太史被殺光了，於是帶著竹簡前往，準備照樣記錄，直到聽說太史已經記載了，這才回去。

《左傳》費了數百字的筆墨，清楚的交待了事情的原委，鮮明的刻劃出齊莊公好色怕死的醜態，崔杼弒君雪恥的陰狠；同時還表彰了史官以生命捍衛歷史真相的大無畏精神，嚴厲的抨擊了君不君、臣不臣的惡行，闡發了《春秋經》看重大是大非，「退諸侯、討大夫」的深沈經旨。如果沒有《左傳》所記載的史實，我們將不知崔杼何以要弒齊莊公，更不知齊國太史不懼權勢、秉筆直書的史官精神。難怪桓譚會說：

《左氏傳》於《經》，猶衣之表裡，相持而成。《經》而無《傳》，使聖人閉門思之，十年不能知也。（《太平御覽》卷六百一十引《新論》）

第四種方式是以事實說明，甚至補充《春秋》。如隱公十一年《春秋經》說：「冬十有一月壬辰，公薨」，《春秋經》說魯隱公死了，若不知真相，會以爲隱公壽終正寢；實際上隱公是被他的異母弟桓公所殺的，《左傳》記載事情的始末說：

羽父請殺桓公，將以求大宰。公曰：「為其少故也，吾將授之矣。使營菟裘，吾將老焉。」羽父懼，反譖公于桓公而請弒之。公之為公子也，與鄭人戰于狐壤，止焉。鄭人囚諸尹氏，賂尹氏而禱于其主鍾巫，遂與尹氏歸而立其主。十一月，公祭鍾巫，齊于社圃，館于寫氏。壬辰，羽父使賊弒公于寫氏，立桓公而討寫氏，有死者。不書葬，不成喪也。

《左傳》記載了事情的來龍去脈，揭示出權臣羽父爲了升官，並進一步攬權，於是建議隱公殺害弟弟桓公，除掉後患，隱公則不但不同意，而且表明自己只是攝位，將要還位給桓公；可是隱公卻不知有所警惕，也未防患未然，因此羽父在擔心日後東窗事發的情況下，反而挑撥桓公將隱公暗殺。《左傳》將整個事件詳細的加以記載，既說明了真相，也補充了《經》文。

第五種方式是《春秋經》未記載的，《左傳》卻加以記錄，即所謂的「無經之傳」。如《左傳》在隱公元年的開頭有一段記載說：

惠公元妃孟子。孟子卒，繼室以聲子，生隱公。宋武公生仲子。仲子生而有文在其手，曰「為魯夫人」，故仲子歸于我。生桓公而惠公薨，是以隱公立而奉之。

魯惠公的元配夫人孟子。孟子死後，魯惠公以聲子做繼室，聲子生隱公。宋武公生仲子，仲子誕生時，就有字在手上，說將成爲「魯夫人」，所以仲子下嫁魯惠公，且生了桓公。桓公生下不久，惠公就死了，這時桓公年紀尚小，所以由繼室聲子所生的隱公暫代國君之位，準備等桓公長大後再還位給他。有了這段記載，後人才能了解隱公攝位的原委。且就隱公元年而論，《經》七條，《傳》十四條，「無經之傳」即多達一半。而其最有名的當數哀公十七年至二十七年的「無經之傳」了。

以上五種方式當然未能盡將《左傳》的解經方式包羅在內，但由此大致可以看出《左傳》採取了以史實印證、闡發、補充，甚至訂正《春秋經》的方式，這與《公羊》、《穀梁》偏向義例的解說，自有其基本的差異，雖然《左傳》也並未忽略春秋的「書法」。

第四節　左傳的價值

《左傳》全書凡十九萬六千餘字，在十三經中篇幅最大，唐代稱之爲「大經」，內容弘富，文辭典雅，是《史記》以前中國最偉大的歷史鉅著，其價值可以從經學、史學、文化史以及文學等方面來考察。

宋人常說《左傳》「傳事不傳義」，所以詳於史，而略於經，甚至說《左傳》只是史書⑰。上文曾說《左傳》雖不似《公羊》、《穀梁》以解釋經義爲主，但並非不解釋經義；何況《公》、《穀》之解經，常因執著於義例，而不無牽強附會之病，反而不如《左傳》將史實一一陳述，而能平實的讓《春秋》的義理自然顯現。上節所引桓譚《新論》之說，正可看出古人對《左傳》在經學貢獻上的推崇。唐代史學家劉知幾在《史通．六家》也說：

> 觀《左傳》之釋《經》也，言見經文而事詳傳內，或傳無而經有，或經闕而傳存。其言簡而要，其事詳而博，信聖人之羽翮，而述者之冠冕也。

---

⑰ 如葉夢得《石林春秋傳》說：「《左氏傳》傳事不傳義，是以詳於史。」朱熹《朱子語類》卷八十三說：「以三傳言之，《左氏》是史學，《公》、《穀》是經學。」

劉知幾說《左傳》文字簡潔扼要，記事詳細而廣博，確爲《春秋》的輔佐；即使以《左傳》爲史學的朱熹，也曾說：

> 看《春秋》，且須看得一部《左傳》首尾意思通貫，方能略見聖人筆削與當時事之大意。（《朱子語類》卷八十三）

《四庫全書簡明目錄》有一段頗爲持平中肯的話：

> 《左氏》褒貶或不確，而所述事跡則皆徵國史。不明事跡之始末而臆斷是非，雖聖人不能也。故說《春秋》者必以是書為根柢。

可見《左傳》的經學價值。

春秋時代爲中華民族文化的成熟期，後世的文化思想、禮儀制度大體根源於此一時期。但春秋時代距今已在二千五百年以上，當時史事，雖有史官記載，時至今日已亡失殆盡；孔子的《春秋》，又僅一萬六千餘字，未能悉論史事。《左傳》乃此時期唯一有系統、有別裁的史籍，稱得上是春秋史的瑰寶。劉知幾《史通·申左》說：

> 向使孔《經》獨用，《左傳》不作，則當代行事，安得而詳哉？……設使世人習《春秋》而唯取兩傳也，則當其時二百四十年行事茫然闕如，俾後來學者兀成聾瞽者矣。

《左傳》取材賅博，內容豐富，大有別於其他春秋時代書籍之或簡略、或殘損，所以錢穆先生以爲《左傳》可作爲研究中國古史的基礎：根據《左傳》所載春秋史事，上可推溯西周、商、夏三代文明發展的情況，下可知戰國、秦、漢文明的起源與進步⑱。可見《左傳》在史學上的價值。

《左傳》除對政治史實詳爲記述外，並對當時文化、制度與社會情況多所載錄，《四庫全書總目提要》說：

> 蓋《左氏》之書詳於典制，三代之文章禮樂，猶可考見其大凡，其遠勝《公》、《穀》實在於此。

四庫館臣特別指出《左傳》注重典章制度，後人可以根據它來考察古代的文化，這是《左傳》遠勝《公羊》《穀梁》的地方；而且《左傳》與後代純以王朝、京師爲重心的文化偏狹主義大有不同：《左傳》對於南方的楚國，以及散佈四方被視爲蠻夷戎狄的事跡、文化，都有相當篇幅的記載，所以錢穆先生說《左傳》有助於了解中國古代天文、地理、氏族、社會、禮

---

⑱ 說見《中國史學名著》（一）〈左傳〉章。

俗、信仰、經濟、工商業，以及四裔、軍事、外交等各方面的情形⑲，這是《左傳》在文化史方面的價值。

《左傳》行文簡潔，流暢活潑，寫人則千姿百態，栩栩如生；記言則如聞其聲，如見其人；敘事則條分縷析，首尾皆具；述戰事，則結構謹嚴，層次分明：既能將戰爭的起因娓娓析述，又能將戰事的情節加以動人心弦的描繪，更能將戰後的影響與後續事件作完整的交待，而且每次戰役都能顯現不同的特徵、面目，毫無雷同之病。試將晉國都參與的三大戰役——僖公十五年的「秦晉韓之戰」、二十八年的「晉楚城濮之戰」、三十三年的「秦晉殽之戰」——加以比較，即可了解《左傳》作者的苦心孤詣與文學技巧的高超。也因此歷代文學名家都以《左傳》爲學習的對象，《左傳》更屢屢出現在歷代的選文中。可見《左傳》在文學上自有其不可磨滅的價值。

⑲ 見同前注。

第五節　左傳的傳授、重要注解書與研究方向

壹、《左傳》的傳授

《左傳》在先秦的傳授不是十分明晰，根據記載⑳：左丘明作傳後，授曾申，申為曾參次子㉑；曾申傳衛人吳起，吳起曾任魏文侯相；吳起傳其子吳期；吳期傳楚人鐸椒，椒曾任楚太傅，作《抄撮》八卷；鐸椒傳趙人虞卿，卿曾任楚相，作《抄撮》九卷㉒；虞卿傳同郡荀況；荀況傳張蒼，張蒼秦時曾為御史，入漢位至丞相，封北平侯；張蒼傳賈誼，賈誼作《左氏傳訓故》；賈誼傳其子賈嘉；賈嘉傳貫公，貫公曾為河間獻王博士；貫公傳其少子貫長卿，長卿曾任蕩陰令；長卿傳張敞及張禹，張敞曾任京兆尹，張禹曾任侍御史；張禹曾多次向御

⑳ 詳見孔穎達《春秋經傳集解・序・疏》引劉向《別錄》、陸德明《經典釋文・序錄》「注解傳述人・左氏」節及班固《漢書・儒林傳》之說。

㉑ 見《禮記・檀弓上》。

㉒ 此依孔穎達《春秋經傳集解・序・疏》引劉向《別錄》說；《史記・十二諸侯年表・序》則說鐸椒作《抄撮》四十章，虞卿撰《虞氏春秋》八卷；《漢書・藝文志》則著錄《鐸氏微》三卷、《虞氏春秋》十五篇。

史大夫蕭望之推薦《左氏》，望之以爲善，遂向漢宣帝推薦，宣帝徵詔張禹，未及見，禹病死；張禹傳尹更始；更始傳其子尹咸及翟方進、胡常；胡常傳賈護，賈護宣帝時待詔爲郎；賈護傳陳欽，陳欽以《左氏》授王莽，位至將軍；至於西漢末年的劉向、劉歆父子，在中祕校理古籍時發現古文《左氏》，於是從尹咸與翟方進習《左傳》，由此談《左氏傳》者多本於賈護、劉歆。這是自先秦至西漢末，《左傳》在民間流傳的過程。

西漢一代對《左傳》的流傳最有貢獻的當推張蒼、劉歆二人：張蒼上承荀卿，既獻書朝廷，又傳其學於賈誼，使《左傳》能由先秦流傳入漢；劉歆則「引傳文以解經」，發明《左氏》義例，又爲立《左傳》於學官，以至於與太學眾博士反目成仇，雖因今文博士的堅持，《左氏》未得立，但從此《左傳》聲名大噪，得以流傳。

劉歆傳賈徽，徽曾任潁陰令，作《春秋條例》二十一卷，傳其子賈逵，逵作《左傳長義》，上疏章帝，列舉《公羊》、《穀梁》不如《左氏》者四十事㉓，又作《左氏訓詁》，對《左傳》頗有宣揚之功；其後陳元作《左氏同異》，大司農鄭眾作《左氏條例章句》，南郡太守馬融曾討論三家同異；繼之者有許淑、服虔、孔嘉、潁容等人，其中服虔撰有《春秋左氏傳

㉓ 此依《經典釋文·序錄》「注解傳述人·左氏」節說，《後漢書·賈逵列傳》則說逵揭舉《左傳》大義長於《公》、《穀》二傳者三十條以奏。

解》；東漢末，《公羊》學大家何休作《公羊墨守》、《左氏膏肓》、《穀梁廢疾》，鄭玄遂作《發墨守》、《鍼膏肓》、《起廢疾》與何休對抗，《左傳》於是大興。這是《左傳》在東漢一代的傳布情形㉔。

西漢是《公》、《穀》二傳的天下，直到西漢末平帝時（西元一—五年在位），《左傳》才立於學官，而西漢旋即滅國。王莽篡漢，劉歆為國師，《左氏》遂得以立，新莽亦旋亡。東漢光武帝曾立魏郡李封為《左氏》博士，不久亦廢㉕；但《左傳》在盛行古文經學的東漢則大為流行，並逐漸取代《公羊》、《穀梁》的地位，於三傳中為最顯。

㉔ 參考《後漢書》〈鄭〔興〕范〔升〕陳〔元〕賈〔逵〕張〔霸〕列傳〉、〈鄭玄列傳〉。

㉕ 《後漢書．儒林列傳》說：「〔光武帝〕建武中，鄭興、陳元傳《春秋左氏傳》，時尚書令韓歆上疏，欲為《左氏》立博士，范升與歆爭之未決，陳元上書訟《左氏》，遂以魏郡李封為《左氏》博士。後群儒蔽固者數廷爭之；及封卒，光武重違眾議，而因不復補。」此即第二次今古文之爭。詳情見同書〈鄭范陳賈張傳〉，又同書〈賈逵列傳〉載逵上奏漢章帝說：「至光武皇帝，奮獨見之明，興立《左氏》、《穀梁》；會二家先師不曉圖讖，故令中道而廢。」另孔穎達《春秋經傳集解．序．疏》說：「和帝元興十一年，鄭興父子及歆創通大義奏上，《左氏》始得立學，遂行於世。」阮元《校勘記》說：「案宋王應麟《困學紀聞》云：『和帝元興止一年，安得有十一年？一誤也。鄭興子眾，終於章帝建初八年，不及和帝時，二誤也。章帝之子為和帝，先後失序，三誤也。』」

貳、《左傳》的重要注解書

《左傳》的注解書，首推西漢賈誼的《春秋左氏傳訓故》，唯今已佚；至西晉杜預「分經之年與傳之年相附」，並為之注，名《春秋經傳集解》。杜預所見《左傳》注本已多達十餘家，杜預採錄了劉歆、賈徽、賈逵、許淑、穎容等人之說㉖。唐孔穎達等奉敕撰《五經正義》，《春秋》部分採杜預注本，即今傳十三經注疏中之《左傳注疏》。從此《左傳》注本定於杜氏一尊，劉歆、賈逵、服虔等東漢魏晉人的注本遂漸湮滅，並在宋朝南渡後亡佚，杜《注》於是成爲今存最早的《左傳》注本。

清代經學復興，乾嘉學者多崇尚東漢古文經學，於三傳中特別推重古文的《左傳》；並對杜《注》多所不滿，乃著意蒐討漢魏遺說以匡杜《注》，力求恢復《左傳》的漢學面目，其中又以洪亮吉的《春秋左傳詁》最有成就。洪書雖不免今古文門戶之見，但頗有匡謬補闕之功。另清人有專宗賈逵、服虔一派，此派以李貽德《春秋左傳賈服注輯述》最爲完備；而合劉文淇祖孫三代之力，積四十年之功而猶未竟全功的《春秋左氏傳舊注疏證》更是集大成

㉖ 參杜預《春秋經傳集解．序》。

之作。此書收集經疏、史注及《太平御覽》等類書所引《左傳》注，採取顧炎武《春秋杜解補正》、惠棟《春秋左傳補注》、洪亮吉《春秋左傳詁》、焦循《春秋左傳補疏》、沈彤《春秋左傳小疏》等書，以及錢大昕、戴震、段玉裁、王念孫、王引之等人的解說，「末始下以己意，定其從違。上稽先秦諸子，下考唐以前史書，旁及雜家筆記文集，皆取爲證佐」㉗，可見其博採廣引。可惜原稿已散亡，今存止於襄公，不過仍頗具參考價值。

通行《左傳》注本，除杜《注》孔《疏》外，另有日人竹添光鴻《左氏會箋》與楊伯峻《春秋左傳注》。竹添氏之書，先列杜《注》，再加箋疏，而多引清人之說，唯或未註明出處；然資料繁富，頗爲便利。楊書的特色與成就，據楊氏在《經書淺談·左傳》章的說法是：「廣泛採取古今中外有關春秋一代歷史的研究成果，加以己意，務求探索本意，不主一家之言。尤其重視更可靠的資料，如引用有關甲文、金文、地下發掘文物等加以印證，是一部較好的《春秋左氏傳》注本」；但楊書常逕引杜《注》、竹添氏《會箋》之說，而未加說明，有關天文方面的注解亦偶有舛誤。

㉗ 劉毓崧《通義堂集》卷六〈先考行略〉。

參、《左傳》研讀方向舉隅

《左傳》自東漢以降，地位日升；清末民初雖曾短暫遭到質疑，並未影響其受重視的程度。時至今日，左傳已成爲專業學者，乃至關心中國文化的人研讀的重要經典。研讀左傳可採下列幾種方向：

經學的：結合《春秋》與《公羊》、《穀梁》，以及古今研究《春秋》與「三傳」的著作，採取新的觀點重新審視《左傳》的各種有關經學，包括禮制、文化史等問題的探討。

史學的：結合《國語》、《史記》、《公羊》、《穀梁》、《竹書紀年》、《吳越春秋》等書，並以出土文物爲佐證，如金文鼎彝、《侯馬盟書》等，應可有異於前賢的成就。

文學的：既可與《國語》、《史記》等作有關文學方面的比較研究，也可援引近年興起的「敘事學」理論作探討。這方面的研究可謂方興未艾，學者雖已有不錯的成果㉘，但尚有

㉘ 如王靖宇先生《中國早期敘事文論集》、張素卿先生〈從《左傳》敘事論中國史傳研究的一個發展方向〉（文載香港中文大學《全球化下中華文化的發展研討會論文集》，二〇〇三年五月）。筆者亦曾撰有〈中國敘事文學的不遷之祧——淺析左傳的敘事技巧〉（文載《錢穆先生紀念館刊》，第五期，一九九七年）。

相當大的發揮空間。

經學史的：《左傳》的作者、撰作年代、傳授系統都曾引發爭議，尤其自劉歆引發第一次今古文之爭以降，幾乎無代無之。因此研究《左傳》，除研究《左傳》的內容與義旨及歷代的《左傳》專著外，也涉及今古文的興衰、演變及當朝的立國精神與學術思潮等。「左傳學」的研究除研究《左傳》的專門著作外，也須兼及經學、歷史、政治、文化與經學家個人的立場與主張等。

第十二章　公羊傳概說

第一節　公羊傳的傳授、撰作者與寫定年代

《公羊傳》的傳授、撰作者與寫定年代，根據東漢戴宏〈春秋序〉的說法是：

子夏傳與公羊高，高傳與其子平，平傳與其子地，地傳與其子敢，敢傳與其子壽。至漢景帝時，壽乃共弟子齊人胡毋子都著於竹帛。

這段文字見引於唐徐彥①爲東漢何休《春秋公羊傳・序》「傳春秋者非一」下所作的《疏》中，其要點有二：

---

① 徐彥，《四庫全書總目提要》以爲唐中期以後人，王鳴盛、姚范則認爲是唐以前人，迄今尚無定說；茲姑定爲唐人。

一、《公羊傳》傳自孔子弟子子夏。

二、《公羊傳》傳至漢景帝時始由公羊壽與胡毋子都共同寫定。

茲先論第二點。《公羊傳·隱公二年》「紀子伯者何?無聞焉爾」，何休《解詁》說：

> 言「無聞」者，《春秋》有改周受命之制。孔子畏時遠害，又知秦將燔《詩》《書》，其說口授相傳；至漢，公羊氏及弟子胡毋生等乃始記於竹帛，故有所失也。

胡毋生即胡毋子都。何休之說與戴宏類似；《四庫全書總目提要》說：「傳確爲壽撰，而胡毋子都助成之；舊本首署高名，蓋未審也」；《四庫全書簡明目錄》也說：「實高所傳述，而其玄孫壽及胡毋子都錄爲書」。《宣十五年·傳》「上變古易常，應是而有天災」，何休《解詁》說：「上謂宣公」，章太炎《春秋左傳讀敘錄·後序》說：

> 六國時，尚無直稱人君為上者，以上之名斥人君，始于秦并天下以後，《公羊》遂用之稱宣公。然則《穀梁》在六國，《公羊》起于秦末，為得其情。

一般而言，關於《公羊傳》的撰作者與寫定年代，學者較無異說，也沒有大問題。

至於《公羊傳》源自子夏之說，則可能出於僞託。根據漢人的記載，各經都各有其傳授源流，且都上溯至孔子弟子，甚至孔子本身；而這些傳授源流卻都未必可信。《漢書·藝文志》著錄《公羊傳》十一卷，自注：「公羊子，齊人。」班固並未指明公羊子的名字；唐顏師古《漢書注》才說「名高」，唐楊士勛《穀梁傳·序·疏》說同：可見公羊學的祖師名字是否爲「高」，並非絕無問題。

前賢對公羊壽是否公羊高五傳的玄孫，以及《公羊傳》是否傳自子夏的問題，也多所懷疑。崔適《春秋復始》說：

> 戴宏乃有公羊氏之世系及人名，何以前人不知而後人知之也？且合〈仲尼弟子列傳〉、〈孔子世家〉與〈十二諸侯年表〉、〈六國表〉、〈秦本紀〉、漢諸帝紀觀之，子夏少孔子四十四歲，孔子生於襄公二十二年，則子夏生於定公二年，下迄景帝之初三百四十餘年。自子夏至公羊壽甫及五傳，則公羊氏世世相去六十餘年，又必父享耄年，子皆夙慧，乃能及之，其可信乎？

這是就人壽及常情推論公羊氏五世傳經的不合常理②；《四庫全書總目提要》則進一步由內容與書中的稱呼作推論，說：

> 今觀傳中有「子沈子曰」、「子司馬子曰」、「子女子曰」、「子北宮子曰」，又有

② 屈萬里先生有類似之說，見《先秦文史資料考辨》第二章〈公羊傳〉。

> 「高子曰」、「魯子曰」：蓋皆傳授之經師，不盡出於公羊子。《定公元年·傳》「正棺於兩楹之間」二句，《穀梁傳》引之，直稱「沈子」，不稱「公羊」：是併其不著姓字者，亦不盡出公羊子；且併有「子公羊子曰」，尤不出於高之明證。

可見《公羊傳》的經說來源複雜，不是公羊氏一家之言而已。但《莊七年·傳》引有「不脩春秋」之言，可見口傳的經師可能見過《魯春秋》，是則這位經師必爲秦始皇統一天下以前的人，所以《公羊傳》可能是戰國至漢初，儒家某一派別的經師，長期的口耳相傳，不斷的發展修改，到漢景帝時才由其中的公羊氏家族領導寫定。

第二節　公羊傳的解經方式

前代經學家常有《左傳》傳事不傳義，《公》、《穀》傳義不傳事之說，其說雖不免偏頗之譏，但也不無道理。大致而言，《左傳》以敘事爲主，《公》、《穀》卻以解釋《春秋》經文爲主，敘述史事的文句極少，可說是純粹解經的「傳」；至於其闡發的所謂「微言大義」是否合乎《春秋》本旨，則向有仁智之爭。基本上，今文家認爲《春秋》無處不寄託微言大義，而《公羊傳》的經說在三傳中最能抉幽闡微；古文家則認爲《春秋》並沒有那麼多深微的大義，《公羊傳》的解釋更非《春秋》原有之「義」。其中是非糾纏二千餘年，無法用簡短篇幅盡述。本節既論《公羊傳》的解經方式，即依今文家之說，舉一、二例略作說明。

討論《公羊傳》的解經方式，可用古人論《春秋》的三段文字爲基點：其一爲《莊子·天下》所說的「《春秋》以道名分」。本書〈春秋概說〉中曾說《春秋》的旨意之一即在「端正名分」。「名分不正」是春秋的亂源，當時「臣弒其君者有之，子弒其父者有之」，孔子作《春秋》，目的即在誅亂臣，討賊子。《春秋》重「名分」，《公羊傳》解經也重「名分」。

其二爲《史記·太史公自序》所說的「《春秋》以道義」。〈春秋概說〉中也曾指明「明辨是非，確立禮義」是《春秋》四大要旨之一。司馬遷認爲孔子見王道不行，禮義廢闕，故依魯史而作《春秋》，「以制義法」、「是非二百四十二年之中，以爲天下儀表」。《公羊傳》解經的方式，即在闡述《春秋》的「義法」與「義」的內涵。

其三是劉歆〈移讓太常博士書〉所說的「夫子沒而微言絕，七十子終而大義乖」。劉歆認爲孔子卒後，《春秋》的微言幽旨即已失傳，欲求孔子的微言大義須憑藉《左傳》；但今文家則認爲「《左傳》不傳《春秋》」，須通過今文的《公》、《穀》才能探得孔子言論的精微、旨意的正大。

基本上，《公羊傳》解經，即依上述三大原則進行，而採取問答的方式，就經文逐字析論，層層逼進，以期闡釋孔子撰作的本旨與蘊涵的深義。如隱公元年《春秋經》「夏五月，鄭伯克段于鄢」，《公羊傳》說：

「克之者何？」「殺之也。」「殺之，則曷為謂之『克』？」「大鄭伯之惡也。」「曷為大鄭伯之惡？」「母欲立之，已殺之，如毋與而已矣。」「段者何？」「鄭伯之弟也。」「何以不稱弟？」「當國也。」「其地何？」「當國也。」「齊人殺無知，何以不地？」「在內也。在內，雖當國不地也；不當國，雖在外，亦不地也。」

依《公羊傳》的解說，經用「克」字而不用「殺」字，「段」實爲弟而不稱「弟」，且又特著克之的地名，都蘊含深義且有固定的義例。如鄭莊公違背母意以殺弟③，共叔段是國君的弟弟而當國以叛，都違背了君臣、母子、兄弟相待之「道」，所以孔子對雙方都加以批判。

褒貶是非是《公羊傳》最注重的，所以傳中常見「褒」、「貶」、「譏」、「絕」等字。聖人作經，必有是非標準，並透過褒貶來表達，這點應無可疑；但書中是否處處都寓褒貶，而且是否用一字、一詞的方式來表達，恐就不盡然了。故後世不能認同《公羊傳》的執著於

③ 根據《左傳》的記載，共叔段並未被殺，乃由所封之京地逃亡至鄢地，莊公伐之，遂出奔至共地。

褒貶、義例的解經方式者大有人在，如朱熹雖認爲《公羊傳》是「經學」，但《朱子語類》卷八十三「春秋．綱領」也說：

・問《春秋》。曰：「此是聖人據魯史以書其事，使人自觀之以為鑒戒爾。其事則齊威、晉文有足稱，其義則誅亂臣賊子。若欲推求一字之間，以為聖人褒善貶惡專在於是，竊恐不是聖人之意。如書即位者，是魯君行即位之禮；繼故不書即位者，是不行即位之禮。若威公之書即位，則是威公自正其即位之禮耳。其他崩、薨、卒、葬，亦無意義。」

・《春秋》只是直載當時之事，要見當時治亂興衰，非是於一字上定褒貶。……聖人之意只是如此，不解恁地細碎。

舊題鄭樵《六經奧論》也說：

泥一字褒貶之說，則是「春秋」二字皆挾劍戟風霜；聖人之意不如是之勞頓也。

司馬遷曾說「《春秋》文成數萬，其指數千」，指的便是《公羊傳》，這是《公羊傳》的特色；但也因此常有求之過深、陳義過高、責人太過的偏蔽，因此宋人崔子方說「《公羊》失之險」。讀《公羊傳》當知其長，亦當知其短。

《公羊傳》雖以解經爲主，記事成分不多，但並不是全然沒有載事的文字，如宣公十五年《春秋經》說「夏五月，宋人及楚人平」，《公羊傳》如此記載：

「外平不書，此何以書？」「大其平乎己也。」「何大其平乎己？」「莊王圍宋，軍有七日之糧爾，盡此不勝，將去而歸爾。於是使司馬子反乘堙而闚宋城，宋華元亦乘堙而出見之。司馬子反曰：『子之國何如？』華元曰：『憊矣。』曰：『何如？』曰：『易子而食之，析骸而炊之。』司馬子反曰：『嘻！甚矣憊！雖然，吾聞之也，圍者柑馬而秣之，使肥者應客，是何子之情也？』華元曰：『吾聞之，君子見人之厄則矜之，小人見人之危則幸之。吾見子之君子也，是以告情于子也。』司馬子反曰：『諾，勉之矣！吾軍亦有七日之糧爾，盡此不勝，將去而歸爾。』揖而去之，反于莊王。莊王曰：『何如？』司馬子反曰：『憊矣。』曰：『何如？』曰：『易子而食之，析骸而炊之。』莊王曰：『嘻！甚矣憊！雖然，吾今取此，然後而歸爾。』司馬子反曰：『不可！臣已告之矣，軍有七日之糧爾。』莊王怒曰：『吾使子往視之，子曷為告之？』司馬子反曰：『以區區之宋，猶有不欺人之臣，可以楚而無乎？是以告之也。』莊王曰：『諾，舍而止。雖然，吾猶取此，然後歸爾。』司馬子反曰：『然則君請處于此，臣請歸爾。』莊王曰：『子去我而歸，吾孰與處于此？吾亦從子而歸爾。』引師而去之。故君子大其平乎己也。「此皆大夫也，其稱人何？」「貶。」「曷為貶？」「平者在下也。」

《公羊傳》以爲楚莊王圍宋，節節進逼，宋國情勢危急，華元與司馬子反兩人以誠信相見，據實以告，消弭一樁戰事，因此孔子獎其平而特書之。此事，《穀梁傳》只以三十餘字交待，《左傳》所記與此事直接相關者亦僅六十餘字；《公羊傳》卻一反常態，除了逐字解析經文外，又詳細記載了華元與司馬子反、子反與莊王之間的對話，是篇記事兼記言的佳作，雖則所載之事未必可信④，卻也可見「《公羊》傳義不傳事」之說並不盡然。

④ 根據《左傳》的記載，華元乃夜闖楚營，劫持子反，逼楚退兵，其文曰：「宋人懼，使華元夜入楚師，登子反之床，起之，曰：『寡君使元以病告，曰：「敝邑易子而食，析骸以爨；雖然，城下之盟，有以國斃，不能從也。去我三十里，唯命是聽。」』子反懼，與之盟而告王；退三十里。宋及楚平，華元爲質，盟曰：『我無爾詐，爾無我虞』。」

第三節　兩漢的公羊學家

漢武帝立五經博士時，《春秋》一經，《公羊》獨尊；而公羊學的見重於朝廷及當時，主要功臣是胡毋子都、董仲舒與公孫弘三人。《史記．儒林列傳》述此三人說：

> 董仲舒，廣川人也。以治《春秋》，孝景時為博士。……公孫弘治《春秋》不如董仲舒，而弘希世用事，位至公卿。……漢興至于五世之閒，唯董仲舒名為明於《春秋》，其傳公羊氏也。胡毋生，齊人也。孝景時為博士，以老歸教授。齊之言《春秋》者，多受胡毋生；公孫弘亦頗受焉。瑕丘江生為《穀梁春秋》，自公孫弘得用，嘗集比其義，卒用董仲舒。

《漢書．儒林傳》除述及三人傳公羊學的情況外，亦述及公羊學獨尊的原因：

> ．漢興……言《春秋》，於齊則胡毋生，於趙則董仲舒。……而公孫弘以治《春秋》為丞相，封侯，天下學士靡然鄉風矣。
>
> ．胡毋生字子都，齊人也。治《公羊春秋》，為景帝博士。與董仲舒同業，仲舒著書稱其德。年老，歸教於齊，齊之言《春秋》者宗事之；公孫弘亦頗受焉。而董生為

江都相，自有傳。

·瑕丘江公受《穀梁春秋》……武帝時，江公與董仲舒並。仲舒通五經，能持論，善屬文；江公吶於口，上使與仲舒議，不如仲舒。而丞相公孫弘本為《公羊》學，比輯其議，卒用董生。於是上因尊《公羊》家，詔太子受《公羊春秋》，由是《公羊》大興。

可見漢初時，《公羊》學之所以能壓倒《穀梁》學，立於學官，並得以發揚光大，主要是靠董仲舒通五經、能持論、善屬文，與公孫弘的身居相位、利用職權，抬高《公羊傳》的地位；而胡毋子都對公羊學的貢獻則在將《公羊傳》由口耳相傳的階段正式寫定，這在本章第一節已討論過了。

西漢一代，《公羊》盛行，東漢則逐漸衰微，較著名的學者只有何休一人而已。何休作《公羊墨守》、《左氏膏肓》、《穀梁廢疾》⑤，力主《公羊》，難《左氏》、《穀梁》；又以爲「傳《春秋》者非一」，而「多非常異義可怪之論，說者疑惑，至有倍經任意，反傳

⑤見《後漢書·儒林列傳·何休傳》。

違戾者」，於是「依胡毋生條例」，閉門覃思，十七年而完成《春秋公羊解詁》⑥；希望《公羊》學能傳承不墮；可惜已成強弩之末，不足以扭轉《公羊》學的頹勢了。

第四節　兩漢公羊學的重要理論

公羊家有所謂「三統」、「三世」、「黜周王魯」、「三科九旨」等重要命題；另外董仲舒又有「十指」、「六科」、「五始」之說；到了東漢，何休又添「七等」、「六輔」、「二類」」等名目；唐徐彥又加「七缺」⑦。名目繁多，而各逞私臆，不無強解經傳、固蔽偏執之弊。不過，站在經學的立場，不能不稍作解說。茲擇其要者數事，略作介紹。

公羊學有所謂「三科九旨」，徐彥「春秋公羊解詁隱公第一」標題下《疏》曰：

·問曰：「《春秋說》云：『《春秋》設三科九旨』，其義如何？」答曰：「何氏之

⑥ 參考何休《春秋公羊解詁·序》及《後漢書·儒林列傳·何休傳》。括弧內文字見《春秋公羊解詁·序》。又何休蓋傳胡毋子都之學，故自稱「依胡毋生條例」著書，並參江藩〈公羊先師考〉。

⑦ 見《春秋繁露》及《春秋公羊解詁》「隱公第一」標題下徐彥《疏》。

意，以為三科九旨正是一物。若總言之，謂之三科，科者，段也；若析而言之，謂之九旨，旨者，意也。言三個科段之內有此九種之意。故何氏作《文謚例》⑧云：『三科九旨者，新周、故宋、以春秋當新王』，此一科三旨也；又云：『所見異辭、所聞異辭、所傳聞異辭』，二科六旨也；又『內其國而外諸夏、內諸夏而外夷狄』，是三科九旨也。」

・問曰：「案宋氏之注《春秋說》：『三科者，一曰「張三世」，二曰「存三統」，三曰「異外內」，是三科也；九旨者，一曰「時」、二曰「月」、三曰「日」、四曰「王」、五曰「天王」、六曰「天子」、七曰「譏」、八曰「貶」、九曰「絕」。時與日、月，詳略之旨也；王與天王、天子，是錄遠近親疏之旨也；譏與貶、絕，則輕重之旨也。』如是，三科九旨，聊不相干，何故然乎？」答曰：「《春秋》之內，具斯二種理，故宋氏又有此說，賢者擇之。」

上引文字是有關「三科九旨」的唯一資料，文中有三個問題：

一、「三科九旨」之說究爲何休所發明，抑止爲闡述？

---

⑧《文謚例》乃《公羊文謚例》的簡稱，《隋書・經籍志》著錄作《春秋公羊謚例》一卷。

二、宋氏究爲何人？

三、何、宋對「九旨」的解釋不同：何休以九旨爲三科之具體內容，宋氏以九旨爲具體書例。究竟何人之說正確？

關於第一點，目前無法作明確的判斷；第二點無法回答；第三點則後代公羊學家大抵依何休之說。茲依序簡述所謂「存三統」、「以《春秋》當新王」、「新周」、「故宋」、「王魯」、「張三世」、「異外內」的含意。

「三統說」的創始者爲公羊大家董仲舒，《春秋繁露·三代改制質文》說：

湯受命而王，應天變夏作殷號，時正白統。親夏、故虞，絀唐，謂之帝堯，以神農為赤帝。……文王受命而王，應天變殷作周號，時正赤統。親殷、故夏，絀虞，謂之帝舜，以軒轅為黃帝，推神農以為九皇。……《春秋》應天作新王之事，時正黑統。王魯，尚黑，絀夏、親周、故宋。

董仲舒說：商湯接受天命稱王，順應天意，替代夏朝，建立了殷的王號；這時是正白統，時代接近夏代，和虞舜稍遠，依時代的遠近，把唐堯的時代排除在「三統」以外，稱之爲「帝堯」。周文王接受天命稱王，順應天意，替代殷商，建立了周的王號；這時是正赤統，接近殷代、離夏代稍遠，將虞舜的時代排除在「三統」以外。《春秋》順應天意，建立新王朝，這時宗的是正黑統；以魯國爲天王，崇尚黑色，排除了夏代，接近周統，以宋統爲遠。董仲舒認爲黑、白、赤三統循環遞變，永無終止，而每個新王朝都是應天命而建立的，新王朝都代表三統之一。所謂「存三統」，指夏、商、周三代，即所謂「三王」⑨。三王之中，周爲當今的王朝；而依禮當並存夏、商二朝的傳統與制度，因此周朝曾復立杞國以奉夏祀，立宋國以奉商祀⑩，此之謂「存三統」。

當時人又以爲，春秋時代周天子已名存實亡，代周而王者爲孔子；但孔子有德無位，是有其實而無其名的「素王」。孔子作《春秋》，即是以素王之位立王者之法，已不再尊用周朝的傳統與制度，而有「代周而興」之意，此即所謂「以《春秋》當新王」。基於此，孔子代表魯國而成爲周統以後的新統，此即所謂「王魯」。既然如此，則周自當退居前王之列，與商統及新王並存爲「三統」，夏統則遭黜退。因商、周二統，商爲故有，所以稱爲「故宋」；周爲新入之統，所以稱爲「新周」。

不過，孔子畢竟只是「素王」，雖制定王者之法，卻未及施行，魯也並未繼承周統；真

⑨ 當時人以爲三王之前有五帝，五帝之前有九皇，九皇之前有六十四氏。
⑩ 杞爲夏之後，宋爲商之後。

正繼承周統的是漢朝。於是「三統說」的重點便成了孔子制《春秋》以授漢，公羊家將《春秋》推尊至最爲崇高的地位，當由此了解。

「三世說」凡三見於《公羊傳》：其一在隱公元年《經》「十二月，公子益師卒」下；其二在桓公二年《經》「三月，公會齊侯、陳侯、鄭伯于稷以成宋亂」下；其三在哀公十四年《經》「西狩獲麟」下。其文字都是：

所見異辭，所聞異辭，所傳聞異辭。

傳文明白易曉，也合乎實際，意謂：孔子作《春秋》，因時代遠近的不同，所據史實有親眼目見、親耳聽聞以及得之於傳聞三種不同的情況。何休則根據《春秋繁露．楚莊王》之說，在隱公元年《傳》下進一步發揮爲「張三世」、「異外內」之說：

所見者，謂昭、定、哀，已與父時事也；所聞者，謂文、宣、成、襄，王父時事也；所傳聞者，謂隱、桓、莊、閔、僖，高祖、曾祖時事也。異辭者，見恩有厚薄，義有淺深，時恩衰義缺，將以理人倫、序人類，因制治亂之法，故於所見之世，恩己與父之臣尤深，大夫卒，有罪、無罪皆日錄之，「丙申，季孫隱如卒」是也。於所聞之世，王父之臣恩少殺，大夫卒，無罪者日錄，有罪者不日，略之，「叔孫得臣卒」是也。

於所傳聞之世，高祖、曾祖之臣恩淺，大夫卒，有罪、無罪皆不日，略之也，「公子益師〔卒〕」、「無駭卒」是也。於所傳聞之世，見治起於衰亂之中，用心尚麤觕，故內其國而外諸夏，先詳內而後治外，錄大略小，內小惡書，外小惡不書，大國有大夫，小國略稱人，內離會書、外離會不書是也。於所聞之世，見治升平，內諸夏而外夷狄，書外離會，小國有大夫，〈宣十一年〉「秋，晉侯會狄於攢函」、〈襄二十三年〉「邾婁鼻我來奔」是也。至所見之世，著治太平，夷狄進至於爵，天下遠近大小若一，用心尤深而詳，故崇仁義，譏二名，「晉魏曼多」、「仲孫何忌」是也。

何休認為：《春秋》所記魯國十二公、二百四十二年間事，可分為三個階段，其中最後三公昭、定、哀之世為孔子「所見世」，中間四公文、宣、成、襄之世為孔子「所聞世」，前面五公隱、桓、莊、閔、僖之世為孔子「所傳聞世」；因世次的遠近，於是親疏恩等也隨著改變，而《春秋》的屬辭用字也因之而有所不同。何休又認為：這三個階段乃由亂而治，不斷進化，後世依序稱之為「據亂世」、「升平世」、「太平世」；但因不符《春秋》所記二百四十二年之間歷史的實際發展，於是又有孔子乃於《春秋》中寄託撥亂返治的大法，因而「世愈亂而文愈治」之說，也就是愈到末年，因實際歷史愈趨混亂，所以《春秋》愈多理想性而少真實性，因此一部《春秋》正是自據亂進至升平，再進而至於太平的過程。這就是所謂的

「張三世」。

依上述理論，所謂「異外內」，即是：《春秋》多記四夷之事，公羊家認爲孔子想表現王化自近及遠的效果，所以在「所傳聞世」「內其國而外諸夏」——親己國而疏他國；在「所聞世」「內諸夏而外夷狄」——親他國而疏夷狄；到了「所見世」，則天下既已進至太平，遠近、大小各國便都沒有內外之分了。

姑且不論《公羊》學家各種說法是否合乎孔子本意，他們將《春秋》看成是孔子自立爲新王，並改制立法以求致太平的政教之書，則是可以確定的。

第五節　公羊學對西漢政教的影響

皮錫瑞在《經學歷史》中，將漢武帝、宣帝兩朝稱爲「經學昌明時代」，並且概括出此時今文經學的兩大特色爲「專明大義微言」與「純而不雜」。皮氏的結論，就今文經學及「專明大義微言」而言，確實合乎實情；但說此時的經學「純而不雜」，則是純就今文學立論的門戶之見。兩漢儒生重視「通經致用」，利用五經，上察世變，下求利祿，爲現實政治服務。

《春秋》本身的性質比其他經典更適合援引於政教上，而把《春秋》拿來做「古爲今用」的代表即是《公羊》學派。

《公羊》家深信孔子在《春秋》中寓有撥亂返治的綱目，並且是「爲漢立法」。西漢《公羊》學者將這種認識積極的運用在實際政治中，因此西漢的《公羊》學已不止是學術上的流派，在現實政治上是有極大影響的；而且其影響及於後世。茲僅就西漢一代述論之。

《公羊》家既然認爲《春秋》乃爲漢立法，又以爲《春秋》爲致太平之書，於是援引《春秋》經義以創制立法、論政、決獄便極自然。

在創制立法方面，漢朝各代皇后之父都封國、加官晉爵，即是根據《春秋》天子娶於紀，先封之百里，以示王者不娶小國之義；又如漢平帝元始五年諸王公、列侯朝會始爲禘祭，即是取《春秋》「三年一祫，五年一禘」之義。

在論政方面，如漢宣帝時匈奴大亂，議者多主張乘匈奴壞亂之際舉兵消滅之，御史大夫蕭望之獨持異議，說：

> 《春秋》晉士匄帥師侵齊，聞齊侯卒，引師而還，君子大其不伐喪⑪，以為恩足以服

⑪ 襄公十九年《春秋經》：「秋七月，齊侯瑗卒。晉士匄帥師侵齊，至穀，聞齊侯卒，乃還。」《公羊傳》：「還

孝子，誼足以動諸侯。前單于慕化鄉善稱弟，遣使請求和親，……今而伐之，是乘亂而幸災也。……如遂蒙恩，得復其位，必稱臣服從，此德之盛也。

蕭望之認爲：《春秋》記載晉國的大夫士匄帶兵攻打齊國，聽說齊國國君死了，於是班師回國，君子讚揚他能不攻打有喪事的國家，認爲恩德足以感服孝子，道義足以感動諸侯。現在匈奴的情況類似《春秋》的記載，我們不如幫助匈奴平定內亂，這是一種德政啊。宣帝從其議，遣兵護輔呼韓邪單于定其國⑫。又如漢武帝與衛太后所生的衛太子，因被江充陷害，發兵拒捕，兵敗自殺；漢昭帝始元五年（西元前八二），有男子自稱衛太子，到朝廷自訴，《漢書》記載說：

長安中吏民聚者數萬人，右將軍勒兵闕下，以備非常。丞相、御史、中二千石至者並莫敢發言，京兆尹〔雋〕不疑後到，叱從吏收縛。或曰：「是非未可知，且安之。」不疑曰：「諸君何患於衛太子！昔蒯聵違命出奔，輒距而不納，《春秋》是之。衛太子得罪先帝，亡不即死，今來自詣，此罪人也。」遂送詔獄。

者何？善辭也。何善爾？大其不伐喪也。……」

⑫ 事見《漢書．蕭望之傳》。

《漢書》說：長安的官吏和平民聚集了好幾萬人，右將軍駐兵在宮城下防備發生意外。丞相、御史等大官都不敢表示意見；京兆尹雋不疑到了以後，便大聲的叫隨從們將這名男子逮捕。有人說：「事實真相還不明朗，不如稍安勿躁。」雋不疑說：「各位何必怕什麼衛太子！春秋時代衛靈公的兒子蒯聵因爲想殺衛靈公的夫人南子，失敗而逃亡；衛靈公死了以後，蒯聵的兒子輒繼任爲國君。這時蒯聵想回國當國君，他的兒子拒絕接受，《公羊春秋》認爲輒的做法是正確的。衛太子得罪武帝，要是沒死的話，現在他正是自投羅網，這是罪人啊！」於是就把這名冒充的男子逮捕送審。雋不疑援引《春秋公羊傳》收押冒充者，既化解了一場紛擾，又成功的保住了宣帝及當朝大臣之位，所以「天子與大將軍霍光聞而嘉之曰：『公卿大臣當用經術，明於大誼。』」⑬

在決獄方面，張湯、兒寬、張敞都好引《春秋》以決大獄；即公羊大家董仲舒也多用《公羊春秋》來治獄，《漢書．藝文志》「六藝略．春秋家」著錄有《公羊董仲舒治獄》十六篇，《後漢書．應劭列傳》也說：「故膠西董仲舒老病致仕，朝廷每有政議，數遣廷尉張湯親至

---

⑬ 事見《漢書．雋不疑傳》。又蒯聵乃衛靈公子，因欲殺靈公夫人南子，未成而逃亡；衛靈公死，蒯聵子輒立，哀公二年《公羊傳》說：「『然則曷爲不立蒯聵而立輒？』『蒯聵爲無道，靈公逐蒯聵而立輒。』『然則輒之義可以立乎？』曰：『可。』『其可奈何？』『不以父命辭王父命；以王父命辭父命，是父之行乎子也。不以家事辭王事；以王事辭家事，是上之行乎下也。』」

陋巷，問其得失。於是作《春秋決獄》二百三十二事，動以經對，言之詳矣。」

西漢公羊家多有災異觀念，《漢書．董仲舒傳》說：

仲舒治國，以《春秋》災異之變推陰陽所以錯行，故求雨，閉諸陽，縱諸陰，其止雨反是；行之一國，未嘗不得所欲。

影響所及，西漢政治措施遂瀰漫陰陽災異的觀念，試一翻閱《漢書．五行志》即可知其盛況；吾師劉德漢先生曾撰《從兩漢書五行志看春秋對漢代政教的影響》，討論甚詳，此不贅論。

公羊學家又特別強調大一統觀念，隱公元年《公羊傳》開宗明義說：

「何言乎王正月？」「大一統也。」

《公羊傳》的作者認為《春秋》一開始就記載「王正月」，是因為崇尚「大一統」觀念的緣故。這種觀念受到統一天下的漢王朝帝王所喜愛自屬必然，或許《公羊傳》得以在各經中獨領風騷、《公羊》學者得以位居高官，與這種主張都不無關係。董仲舒更在著名的〈天人三策〉第三策說：

《春秋》大一統者，天地之常經，古今之通誼也。今師異道，人異論，百家殊方，指意不同，是以上亡以持一統；法制數變，下不知所守。臣愚以為：諸不在六藝之科、孔子之術者，皆絕其道，勿使並進；邪辟之說息，然後統紀可一，而法度可明，民知所從矣。

董仲舒認爲：《春秋》有「大一統」的理論，大一統是天地間恆常不變的道理，從古到今通行無阻的大義。但是現在朝廷的教師卻各有不同的主張，來自不同的派別，各人的議論見解又迥然不同。各種學派有各種學派的治國理念，以致於在位的君主無法堅持「一統」的主張來行事。法令制度一再變改，使得在下的臣子們苦於不知如何遵循。我董仲舒認爲：凡是不在《易》《詩》《書》《禮》《樂》《春秋》這六種經書以內的各派學術，不是儒家孔子學說的，都應一律加以根絕，不准他們和儒家並列。邪僻不正的學說消滅以後，政令和綱紀才可能統一，法令制度也才可以明確，人民才知道行動的準則。漢武帝從其說，遂罷黜百家，獨尊儒術。這個措施，不僅對西漢的學術發展造成方向性的變革，更對中國的政治、教育、學術思想等產生深遠而鉅大的影響。

第六節　公羊傳的注解書與相關典籍

《公羊傳》謹守「傳」例，敘事枯燥無文，史學、文學價值都不太高；卻是研究中國經學史、政治思想史、學術史所不可忽視的書籍。

《漢書·藝文志》「六藝略·春秋家」載有《公羊董仲舒治獄》十六篇，今佚。董仲舒為西漢《公羊》大師，與寫定《公羊傳》的胡毋子都並稱，欲知仲舒學術思想，可由《春秋繁露》窺見一斑。

今存《公羊傳》最早注本為東漢何休的《公羊解詁》，此乃何休殫精竭思十七年始成的著作，頗有助於《公羊傳》的傳播。鄭玄曾說「《公羊》善於讖」⑭，何休的注解即多引讖緯之說。其後唐徐彥為《解詁》作《疏》，即今傳《十三經注疏》的《公羊注疏》。徐《疏》集存何說，再加闡釋，頗有功於何《注》，宋陳振孫《直齋書錄解題》卷三說：

> 〔《解詁》〕多引讖緯，其所謂黜周、王魯、變周文從殷質之類，《公羊》皆無明文，蓋為其學者，相承有此說也；三科九旨，具詳《疏》中。

---

⑭ 見楊士勛《春秋穀梁傳·序·疏》引鄭玄〈六藝論〉。

所言頗能掌握何休《解詁》與徐彥《疏》的特色。

東漢以降，《公羊》之學寖衰；清中葉以後，《公羊》學復盛，一時研究者不少，其著作如孔廣森《春秋公羊通義》、陳立《春秋公羊義疏》、劉逢祿《春秋公羊經何氏釋例》、《公羊春秋何氏解詁箋》、凌曙《公羊禮說》，都見於《清經解》正、續編中⑮。

⑮ 關於清代《公羊》學，請參考本書第三篇第二十四章〈清代的經學〉第三節「清中葉以後的今文學」。

第十三章　穀梁傳概說

第一節　穀梁傳的撰作者與寫定時代

壹、《穀梁傳》的撰作者

《穀梁傳》究竟何時寫定，不僅牽涉成書者名氏，也涉及成書時代。一說認爲《穀梁傳》成書於漢初，徐彥在《春秋公羊經傳解詁》「隱公第一」標題下《疏》曰：

> 問曰：「《左氏》出自丘明，便題云『左氏』；《公羊》、《穀梁》出自卜商，何故不題曰『卜氏傳』乎？」答曰：「《左氏傳》者，丘明親自執筆為之，以說經義，其後學題曰『左氏』矣；且《公羊》者，子夏口授公羊高，高五世相授，至漢景帝時公羊壽共弟子胡毋生乃著竹帛，胡毋生題親師，故曰『公羊』，不說『卜氏』矣；《穀

梁》者亦是著竹帛者題其親師，故曰『穀梁』也。」

徐彥認爲：《公羊》、《穀梁》都因寫定者題其親師而得名。不過他並未提及《穀梁傳》寫定者的姓名與寫定時代。

或以爲《穀梁傳》成於戰國，唐楊士勛在《春秋穀梁傳·序·疏》說：

> 穀梁子名淑，字元始，魯人；一名赤，受經于子夏，為經作傳，故曰《穀梁傳》。〔傳〕孫卿，孫卿傳魯人申公；申公傳博士江翁；其後魯人榮廣大善《穀梁》，又傳蔡千秋；漢宣帝好《穀梁》，擢千秋為郎，由是《穀梁》之傳大行於世。

這段文字透露了三點訊息：

一、《穀梁傳》的作者名淑，一名赤。

二、《穀梁傳》的來源與傳授，與《公羊》同出子夏，而且傳自孫卿一系。

三、《穀梁傳》在漢代傳授與流行的情形。

案：穀梁子的名字，早期傳說已有不同：班固《漢書·藝文志》著錄《穀梁傳》十一篇，自注：「穀梁子，魯人。」唯未言明名字；東漢王充《論衡·案書》以爲名「寘」；桓譚《新論》、應劭《風俗通義》都以爲名「赤」，蔡邕〈正交論〉同；梁阮孝緒《七錄》則以爲名「俶，字元始」；唐顏師古《漢書・藝文志・注》以爲名「喜」；王先謙《漢書補注》引葉德輝說，以爲《元和姓纂》在「穀梁」一姓下引《尸子》作「穀梁俶」，且以尸子爲六國時人，所說應較可靠；另錢大昭《漢書辨疑》則以爲名「嘉」。總計穀梁子有淑、俶、赤、寘、喜、嘉六名。其中「嘉」蓋因與「喜」形近而誤；「淑」蓋因與「俶」形近而誤。阮元《穀梁傳校勘記・卷首》引齊召南之說云：「《爾雅》『俶』訓『始』，故字元始。」以爲當作「俶」。古人名與字，義多相關，齊說頗爲可取。俶、赤、寘三字古韻相同，蓋音近而變。

宋人或以爲公羊、穀梁都是少見的怪姓，二家說經又多相似，且都曾徵引相同的師說，二書可能出自一人，而託名爲二。《四庫全書總目提要》引有此類說法，而不以爲然：

> 羅璧《識遺》稱公羊、穀梁自高、赤作傳外，更不見此姓；萬見春謂皆「姜」字切韻脚，疑為姜姓假託。案：……弟子記其先師，子孫述其祖父，必不至竟迷本字，別用合聲。璧之所言，殊為好異。

實則在羅璧、萬見春之前，已有人提出類似說法，《朱子語類》卷八十三引林栗之說，而不以爲然：

林黃中說公羊、穀梁只是一人。只看他文字，疑若非出一手者。

屈萬里先生則以爲：公、穀雙聲，羊、梁疊韻；兩部內容類似的書，著者姓氏竟有如此不平凡的關係，令人懷疑。可能在秦以前有位專說《春秋》經義，姓公羊的經師，由於口授相傳，聲音易變，於是在齊國仍爲公羊，傳至魯國則變成了穀梁①。

總之，有關《穀梁傳》撰作者的姓名，今日只能提出問題，而無法明確解答；一般因爲「穀梁赤」一名較早被提出，說者也較多，因此多說《穀梁傳》是穀梁赤所作。

貳、《穀梁傳》的寫定年代

《穀梁傳》的寫定，或以爲出自受經於子夏的穀梁子，是則時代在戰國初期，此說出於鄭玄〈起廢疾〉，楊士勛說同。或以爲成於秦孝公時，其說出自三國麋信，因《穀梁傳》中有「尸子曰」，尸子即商鞅之師尸佼，故如此推定。桓譚《新論》則認爲在《左傳》後百餘年，意指在孔子、左丘明之後百餘年，約當戰國中期，與麋信說相近。《四庫全書總目提要》

---

① 說見《先秦文史資料考辨》第二章〈穀梁傳〉。

則以爲：

> 《公羊傳》「定公即位」一條，「子沈子曰」，何休《解詁》以為後師②；此傳（案：指《穀梁》）「定公即位」一條亦稱「子沈子曰」。《公羊》、《穀梁》，既同師子夏，不應及見後師。又：「初獻六羽」一條稱「穀梁子曰」；傳既穀梁自作，不應自引己說；且此條又引「尸子曰」，尸佼為商鞅之師，鞅既誅，佼逃於蜀，其人亦在穀梁後，不應預為引據。疑徐彥之說，為得其實③；但誰著於竹帛，則不可考耳。

《提要》並未指明寫定的確實年代，大概以爲與《公羊傳》相去不遠。關於這個問題，前人或以爲《公羊》寫定在前，或以爲《穀梁》寫定在前。茲略加述論。

宋劉敞在《春秋權衡》中曾舉出〈隱公二年〉「無駭帥師」條、〈隱公八年〉「無駭卒」條、〈莊公二年〉「公子慶父帥師」條，《穀梁傳》都自出一說，又兼存《公羊》說，因而推論說：「此似晚見《公羊》之說而附益之也」。陳澧所論更爲完備，《東塾讀書記・十・春秋三傳》說：

---

② 見隱公十一年《公羊傳》，何休在「子沈子曰」下注：「子沈子，後師。」

③ 即上節所引徐彥「《穀梁》者亦是著竹帛者題其親師，故曰『穀梁』」之說。

鄭君云：「穀梁近孔子，公羊正當六國之亡。」《釋文．序錄》則云：「公羊高受之於子夏，穀梁赤乃後代傳聞。」澧案：宣十五年《公羊傳》云：「多乎什一，大桀小桀；寡乎什一，大貉小貉」，此用《孟子》語；《公羊》當六國之亡，此其證也。僖二十二年《穀梁傳》云：「故曰：禮人而不答，則反其敬；愛人而不親，則反其仁；治人而不治，則反其知」，此亦用《孟子》語，則不得先於《公羊》也。且《穀梁》不但不在《公羊》之先，實在《公羊》之後。《釋文．序錄》之言是也。〈莊二年〉「公子慶父帥師伐於餘丘」，《公羊》云：「『邾婁之邑也，曷為不繫乎邾婁？』『國之也。』『曷為國之？』『君存焉爾。』」《穀梁》云：「公子貴矣，師重矣，而敵人之邑。公子病矣……其一曰：君在而重之也。」劉原父《權衡》云：「此似晚見《公羊》之說，而附益之。」澧案：更有可證者：〈文十二年〉「子叔姬卒」，《公羊》云：「『此未適人，何以卒？』『許嫁矣。』」《穀梁》云：「其曰子叔姬，貴也，公之母姊妹也。其一傳曰：許嫁以卒之也。」此所謂「其一傳」，明是《公羊傳》矣。〈宣十五年〉「初稅畝；冬，蝝生」，《穀梁》云：「蝝，非災也。其曰蝝，非稅畝之災也。」此《穀梁》駁《公羊》之說也。《公羊》以為宣公稅畝，應是而有天災。《穀梁》以為不然，故曰「非災也」，駁其以為天災也；又云「其曰蝝，非稅畝之災也」，駁其以為應稅畝而有此災也。其在《公羊》之後，更無疑矣。

陳澧引證歷歷，似可無疑者；但《穀梁》早於《公羊》之說，也不能輕忽。

《穀梁》早於《公羊》之說，起於鄭玄，《禮記正義》引鄭玄〈起廢疾〉說：「《穀梁》近孔子，《公羊》正當六國之亡。」阮元《春秋穀梁傳校勘記·序》、劉師培〈春秋三傳先後考〉均從鄭說。此說的另一重要證據爲舊傳漢初陸賈所作的《新語》凡兩引《穀梁傳》，其一見於〈道基〉：「《穀梁傳》曰：『仁者以治親，義者以利尊，萬世不亂，仁義之所治也。』」而今本《穀梁傳》無此文；其二見於〈至德〉末句，文爲「故春秋穀」，一般以爲當是「春秋穀梁傳」的殘損。不過今本《新語》，根據《四庫全書總目提要》的考訂乃出後人依託④，學者也多同意。唐晏《新語·跋》、嚴可均《鐵橋漫稿·新語敘》則認爲陸賈所見的是《穀梁》舊傳（未焚的《穀梁傳》）；但《穀梁》是否有舊傳，則不可知。茲結合各家說法，引證以論《穀梁》的寫定當在《公羊》之後，並略推其成書的可能年代。

論證《穀梁傳》的寫定晚於《公羊傳》，主要在書中的內證。前人曾指出《公》、《穀》相同者十之二、三，證諸書中，確然如此。此一事實，有人用以證明二傳同出子夏，有人用

---

④見《四庫提要》卷九十一「新語」條，其主要證據有三：一、《漢書·司馬遷傳》稱遷取《戰國策》、《楚漢春秋》、陸賈《新語》以作《史記》，今《史記》中多《戰國策》文字，而今本《新語》文字皆則不見於《史記》；二、《論衡·本性》引陸賈曰「天地生人也，以禮義之性」云云，亦不見於今本《新語》；三、《穀梁傳》至漢武帝時始出，而〈道基〉乃引「《穀梁傳》曰」。

以證明《穀梁》晚於《公羊》。案：經師說經，若學派相同，思想一致，則對經義的解釋不謀而合，是可以理解的，也是正常的情況；但若有文字全同，甚至是針對某一家的說法提出反駁的情況，則可由其中抽繹出某些訊息。如〈僖公十七年〉「夏，滅項」，《公》、《穀》的經解文字幾乎全同：

- 「孰滅之？」「齊滅之。」「曷為不言齊滅之？」「為桓公諱也。《春秋》為賢者諱。」「此滅人之國，何賢爾？」「君子之惡惡也，疾始；善善也，樂終。桓公有繼絕存亡之功，故君子為之諱也。」（《公羊傳》）
- 「孰滅之？」「桓公也。」「何以不言桓公也？」「為賢者諱也。」「項，國也，不可滅而滅之乎？」「桓公知項之可滅也，而不知己之不可以滅也。」「既滅人之國矣，何賢乎？」「君子惡惡疾其始，善善樂其終。桓公嘗有存亡繼絕之功，故君子為之諱也。」（《穀梁傳》）

孔子肯定齊桓公行爲「正而不譎」，又有「九合諸侯，不以兵車」的功績，見於《論語·衛靈公》。二傳所釋便是依此而發揮的「微言大義」；而二傳爲「尊者」、「賢者」、「親者」

諱的基本原則也相同⑤。依此原則，二傳解釋經文爲「爲桓公諱」，可以理解；但何以如此相似？一般以爲是《穀梁》抄襲《公羊》。如何可以肯定不是《公羊》承襲《穀梁》呢？因爲另有其他例證可資證明：〈莊公三年〉「五月，葬桓王」，三傳的解釋如下：

·夏五月，葬桓王，緩也。（《左傳》）

·「此未有言崩者，何以書葬？」「蓋改葬也。」（《公羊傳》）

·傳曰：「改葬也。」……（《穀梁傳》）

周桓王卒於魯桓公十五年，至此已過七年，所以《左傳》解爲「緩葬」，《公羊》則解爲「改葬」。姑且不論何說合乎事實，《穀梁傳》所說的「傳曰」，顯然指《公羊傳》。根據張西堂《穀梁真僞考》的統計，《穀梁傳》中用「或曰」、「傳曰」而取自《公羊傳》的共計七處；而且還有反駁《公羊傳》的文字，其中最明顯的一條是〈宣公十五年〉「冬，蝝生」，二傳的解釋如下：

·「未有言蝝生者，此其言蝝生何？」「蝝生不書。」「此何以書？」「幸之也。」

---

⑤ 見閔元年《公羊傳》、成九年《穀梁傳》。

「幸之者何？」「猶曰受之云爾。」「受之云爾者何？」「上變古易常，應是而有天災；其諸則宜於此焉變矣。」（《公羊傳》）

．蝝，非災也；其曰蝝，非稅畝之災也。（《穀梁傳》）

二傳解釋乃沿續上一條經文「初稅畝」而來，初稅畝是春秋時代賦稅制度的大變革。《公羊傳》的意思是：蝝（蝗蟲幼蟲）生本不必加以記載，之所以特加載錄，是因爲聖人對於「初稅畝」一事「變古易常」，上天僅僅示以儆戒，而未加懲罰，表示幸運，希望宣公能即時醒悟，改變這一錯誤的制度。而《穀梁傳》「蝝非災也」云云，顯然是針對《公羊傳》的解釋而生的辯駁⑥。

上章曾推論《公羊傳》寫定於漢景帝時，《穀梁傳》既有襲用《公羊傳》的痕跡，成書自然在《公羊》之後，至於確切年代，則無法肯定。有人以爲《穀梁傳》是瑕丘江公寫定的。根據《漢書．儒林傳》記載，穀梁經師瑕丘江公與公羊大師董仲舒辯論，不勝，公羊學於是大盛。一時之間，《公羊》成爲在朝的官學，《穀梁》則淪爲在野的私學。江公在敗退之後，

⑥本小節參考劉敞《春秋權衡》，陳澧《東塾讀書記．十．春秋三傳》，皮錫瑞《經學通論．四．春秋》，屈萬里先生《先秦文史資料考辨》第二章〈穀梁傳〉，羅聯添、張蓓蓓先生等合撰《國學導讀》第四章〈穀梁傳〉，沈玉成、劉寧合撰《春秋左傳學史稿》第三章第三節。

於是作傳以求爭勝於文字之間，並寄望能夠立於學官，傳中遂有辯駁《公羊傳》的文字。這個說法既合乎情理，時代也頗爲接近。

第二節　穀梁傳的傳授

依上引楊士勛說，《穀梁傳》的傳授系統清楚明確，爲：子夏傳穀梁俶，俶傳孫卿，孫卿傳申公，申公傳江翁。其說或有所本，如應劭《風俗通》、鄭玄〈六藝論〉都有穀梁子受經於子夏，與公羊高同之說。上章曾討論過公羊高傳自子夏說的可疑；穀梁子傳自子夏之說，前人也都採取不相信的態度。何況中間又多出荀子一系，尤難令人置信：子夏約卒於西元前四四〇年左右，荀子約生於西元前三三五年左右，二人相距百餘年⑦。若真有穀梁子而爲子夏門人，假設子夏卒時穀梁子年約三十，而穀梁子得享百齡高壽，則穀梁子卒時距荀子之生仍有三十餘年，將如何傳授？而荀子的傳申公，年歲、輩分都不相及。所以《穀梁傳》在漢代以前的傳授難以明確考定。

---

⑦ 據錢穆先生《先秦諸子繫年》說。

入漢以後，《穀梁傳》的傳授系統則似可推考：《史記·儒林列傳》說：「瑕丘江生爲《穀梁春秋》」，《漢書·儒林傳》說：

> 申公，魯人也。少與楚元王交俱事齊人浮丘伯，受《詩》。……申公卒以《詩》、《春秋》授，而瑕丘江公盡能傳之，徒眾最盛。

申公受《詩》與《春秋》於浮丘伯，浮丘伯是荀子弟子，《漢書·楚元王傳》說：

> 楚元王交字游……少時嘗與魯穆生、白生、申公俱受《詩》於浮丘伯。伯者，孫卿門人也。

據此，《穀梁傳》或許真傳自荀卿，只是先秦的傳授在記錄上可能脫去數代；入漢後則由浮丘伯傳申公，申公傳瑕丘江公——即楊士勛所稱的「博士江翁」⑧；此後的傳授與興衰則《漢書·儒林傳》記載頗爲詳細：

> 瑕丘江公受《穀梁春秋》及《詩》於魯申公，傳子至孫為博士。武帝時，江公與董仲

---

⑧此說唯一的疑點，在荀卿及浮丘伯傳授《穀梁傳》的資料，唐以前付諸闕如。清人則多有荀卿傳《穀梁》之說，如朱彝尊《經義考》、惠棟《穀梁古義》、汪中〈荀卿子通論〉，劉師培〈穀梁荀子相通考〉說：「今觀卿所著書，有引《穀梁》之文者，有用《穀梁》之說者，皆荀卿傳《穀梁》之證。」

舒並。仲舒通五經，能持論，善屬文；江公吶於口，上使與仲舒議，不如仲舒。而丞相公孫弘本為《公羊》學，比輯其議，卒用董生。於是上因尊《公羊》家，詔太子受《公羊春秋》，由是《公羊》大興。太子既通，復私問《穀梁》而善之。其後浸微，唯魯榮廣王孫、皓星公二人受焉。廣盡能傳其《詩》、《春秋》，高材捷敏，與《公羊》大師眭孟等論，數困之，故好學者頗復受《穀梁》。沛蔡千秋少君、梁周慶幼君、丁姓子孫，皆從廣受。千秋又事皓星公，為學最篤。宣帝即位，聞衛太子好《穀梁春秋》，以問丞相韋賢、長信少府夏侯勝及侍中樂陵侯史高，皆魯人也，言穀梁子本魯學，公羊氏乃齊學也，宜興《穀梁》。時千秋為郎，召見，與《公羊》家並說，上善《穀梁》說，擢千秋為諫大夫給事中；後有過，左遷平陵令。復求能為《穀梁》者，莫及千秋。上愍其學且絕，乃以千秋為郎中戶將，選郎十人從受。汝南尹更始翁君本自事千秋，能說矣；會千秋病死，徵江公孫為博士。劉向以故諫大夫通達待詔，受《穀梁》，欲令助之。江博士復死，乃徵周慶、丁姓待詔保宮，使卒授十人。自元康中始講，至甘露元年，積十餘歲，皆明習；乃召五經名儒太子太傅蕭望之等大議殿中，平《公羊》、《穀梁》同異，各以經處是非。時《公羊》博士嚴彭祖、侍郎申輓、伊推、宋顯，《穀梁》議郎尹更始、待詔劉向、周慶、丁姓並論。《公羊》家多不見從，願請內侍郎許廣，使者亦並內《穀梁》家中郎王亥，各五人，議三十餘事。望之等十一人各以經誼對，多從《穀梁》。由是《穀梁》之學大盛，慶、姓皆為博士。姓至中山太傅，授楚申章昌曼君，為博士，至長沙太傅，徒眾尤盛。尹更始為諫大夫、長樂戶將，又受《左氏傳》，取其變理合者以為章句，傳子咸及翟方進、琅邪房鳳。

據此，漢武帝時《公羊》獨盛，而衛太子卻心向《穀梁》。衛太子立於元狩元年（西元前一二二），於征和二年（西元前九一）爲江充所陷害，捲入巫蠱事件，兵敗自殺⑨。在這三十年間，《穀梁傳》或許曾進入宮廷，但並未立於學官；《穀梁》之立，在衛太子之孫劉詢立爲漢宣帝以後，又過三十年左右。宣帝朝是西漢一代《穀梁春秋》最盛的時期。

東漢以後，今文衰歇，《穀梁》亦微，熹平石經只刻《公羊》而無《穀梁》，《後漢書·儒林列傳》竟無《穀梁傳》傳授的任何記載，可見習者之少。東晉渡江之初，朝廷僅設《左傳》博士，太常荀崧曾上表請立《公羊》、《穀梁》博士，足見《公》、《穀》衰微的景況。難怪《北史·儒林傳》說：「其《公羊》、《穀梁》二傳，儒者多不措懷。」《隋書·藝文志》也說：「晉時《公羊》、《穀梁》但試讀文，而不能達其義。」皮錫瑞在《經學通論·四·春秋》「論穀梁廢興及三傳分別」條中於引述《史記》及《漢書·儒林傳》有關《公羊》、《穀梁》二傳文字後，析述其狀況與原因說：

---

⑨ 事見《漢書·武五子傳》。

故范甯論之曰：「廢興由於好惡，盛衰繼於辯訥。」是漢時不獨《左氏》與《公羊》爭勝，《穀梁》亦嘗與《公羊》爭勝。武帝好《公羊》，而《公羊》之學大興；宣帝好《穀梁》，而《穀梁》之學大盛：非奉朝廷之意旨乎？公孫宏（當作弘），齊人，而袒齊學之《公羊》；韋賢，魯人，而袒魯學之《穀梁》：非出鄉曲之私見乎？據《漢書》……〔〈儒林傳〉〕贊曰：「孝宣世復立《穀梁春秋》」，則《穀梁》在前漢嘗立學官，有博士；而後漢十四博士，止有《公羊》嚴、顏二家，而無《穀梁》，則《穀梁》雖暫立於宣帝時，至後漢仍不立，猶《左氏》雖暫立於平帝與光武時，至其後仍不立也。《後漢·賈逵傳》云：「建初八年，乃詔諸儒各選高才生，受《左氏》、《穀梁春秋》、古文《尚書》、《毛詩》，由是四經遂行於世。」此四經雖行於世，而不立學。觀《左氏》、《毛詩》、古文《尚書》，終漢世不立學，《穀梁春秋》可知（原注：熹平《石經》止有《公羊》，無《穀梁》）。然則《穀梁》雖暫盛於宣帝之時，而漢以前盛行《公羊》，漢以後盛行《左氏》。蓋《穀梁》之義，不及《公羊》之大，事不及《左氏》之詳，故雖監省《左氏》、《公羊》立說，較二家為平正，卒不能與二家鼎立。

皮錫瑞認爲：漢代學術的興衰，關鍵在於統治者的好惡和學者的是否善於談辯，以及大臣之間的偏袒。這是事實，也是學術界的悲哀。皮錫瑞又說：西漢時代盛行《公羊傳》，東漢以後則盛行《左傳》。《穀梁傳》夾在《公羊傳》和《左傳》之間，雖然《穀梁傳》的立論比兩傳來得平正，但是因爲《穀梁傳》的闡說微言大義，比不上《公羊傳》，而在記載史實方面，又不及《左傳》詳細，所以沒有辦法和《公羊》、《左傳》並立，成爲鼎足三分的地位。皮錫瑞之說既公允又合乎事實。

第三節　穀梁傳的解經方式

前人常《公羊》、《穀梁》並稱，由二傳的內容看來，二書確實可能出自同一來源：它們同屬今文學派，同講微言大義，同樣採用問答體的方式表達，同樣以解釋經義爲主，敘事成分不多；只不過同源異流，本同末異而已。所以《穀梁傳》的解經方式有一大部分與《公羊傳》相同，如〈隱公元年〉「夏五月，鄭伯克段于鄢」，《穀梁傳》說：

「克者何？」「能也。」「何能也？」「能殺也。」「何以不言殺？」「見段之有徒眾也。段，鄭伯弟也。」「何以知其為弟也？」「殺世子、母弟目君。以其目君，知其為弟也。段，弟也，而弗謂弟；公子也，而弗謂公子：貶之也。段失子弟之道矣。賤段而甚鄭伯也。」「何甚乎鄭伯？」「甚鄭伯之處心積慮成于殺也。于鄢，遠也，猶曰取之其母之懷中而殺之云爾：甚之也。」「然則為鄭伯者宜奈何？」「緩追逸賊，親親之道也。」

試與上章所錄《公羊傳》相比，即可知《穀梁》亦就經文逐字析論，層層逼進，以期闡釋孔子撰作的本旨與蘊涵的深義。在這點上，二傳並無不同。但因二傳師承不同，解經自不免小異，如「克」字，《公羊》訓「殺」，《穀梁》則訓「能」，解爲「能殺」。「段」實爲鄭伯弟，而不稱弟，「鄢」而書地名：《公羊》以爲是段「當國」的緣故；《穀梁》則以爲前者是貶段的有失弟道，後者則甚鄭伯的必遠追而殺弟。在細部解釋上，二傳確實稍有不同，但認爲《春秋》對兩人都批判的結論，則殊途而同歸。若再細究，則《穀梁》的釋義，似乎較《公羊》更爲細密周全，除上例外，再如〈隱公元年〉「元年春，王正月」，二傳的解釋如下：

．「元年者何？」「君之始年也。」「春者何？」「歲之始也。」「王者孰謂？」「謂文王也。」「曷為先言王而後言正月？」「王正月也。」「何言乎王正月？」「大一統也。」「公何以不言即位？」「成公意也。」「何成乎公之意？」「公將平國而反之桓。」「曷為反之桓？」「桓幼而貴，隱長而卑。其為尊卑也微，國人莫知。隱長又賢，諸大夫扳隱而立之，隱於是焉而辭立，則未知桓之將必得立也。且如桓立，則恐諸大夫之不能相幼君也。故凡隱之立，為桓立也。」「隱長又賢，何以不宜立？」「立適以長不以賢，立子以貴不以長。」「桓何以貴？」「母貴也。」「母貴，則子何以貴？」「子以母貴，母以子貴。」（《公羊傳》）

「雖無事，必舉正月，謹始也。」「公何以不言即位？」「成公志也。」「焉成之？」「言君之不取為公也。」「君之不取為公，何也？」「將以讓桓也。」「讓桓正乎？」「曰：不正。」「《春秋》成人之美，不成人之惡。隱不正而成之，何也？」「將以惡桓也。」「其惡桓何也？」「隱將讓而桓弒之，則桓惡矣。桓弒而隱讓，則隱善矣。」「善則其不正焉，何也？」「《春秋》貴義而不貴惠，信道而不信邪。孝子揚父之美，不揚父之惡。先君之欲與桓，非正也，邪也。雖然，既勝其邪心與隱矣，已探先君之邪志而遂與桓，則是成父之惡也。兄弟，天倫也。為子，受之父；為諸侯，受之君。已廢天倫，而忘君父以行小惠，曰：小道也。若隱者，可謂輕千乘之國，蹈道則未也。」（《穀梁傳》）

《公羊傳》認爲魯隱公「賢而能讓」，所以《春秋》加以褒揚。《穀梁傳》則認爲魯隱公雖有讓位的賢行，但這樣做反而彰顯了父親的惡行；至於魯桓公的殺兄，更是罪大惡極，所以隱公和桓公都應該加以貶抑。二傳都重在闡釋聖人作「經」的「大義」，《穀梁》尤爲細密；只不過其大義未必得當，如《穀梁》的責備隱公實有失公道，何況其說未必合乎史實。《左傳》解釋此段經文說：

惠公元妃孟子。孟子卒，繼室以聲子，生隱公。宋武公生仲子。仲子生而有文在其手，曰「為魯夫人」，故仲子歸於我；生桓公，而惠公薨，是以隱公立而奉之。元年春，不書即位，攝也。

《左傳》說明隱公是惠公繼室所生，非嫡夫人之子，因此不得繼承君位；桓公則是繼配夫人所生，隱公雖立而奉桓公爲君的事實，如此而得出「不書即位，攝也」的結語，簡明清楚，不煩贅言。難怪葉夢得說：「《公羊》、《穀梁》傳義不傳事，是以詳於經而義未必當」⑩。

《穀梁》解經也好言褒貶，而且更甚於《公羊》，書中常見「賢」、「善」、「美」、「惡」、「譏」、「刺」、「甚」、「非」、「責」、「抑」、「卑」、「微」等字詞。范寧在《春秋穀梁傳·序》中認爲《春秋》「一字之褒，寵踰華衮之贈；片言之貶，辱過市朝

⑩ 說見《石林春秋傳·自序》。

之捷」。這種以《春秋》寓褒貶於片言隻字的觀點，爲《公》、《穀》所共有，而《穀梁》尤爲細密。近人柯劭忞以爲《公羊》重「三科」，而《穀梁》重「九旨」⑪，便是因爲《穀梁》的褒貶較《公羊》多而且密的緣故。

以上是《穀梁》與《公羊》解經方式大致相同之處；但二傳仍有某些差異：如《公羊》講「微言」，就「素王改制」之義多所發揮；而《穀梁》則僅止於闡述「大義」。皮錫瑞說：

> 綜而論之，《春秋》有大義，有微言。大義在誅亂臣賊子，微言在為後王立法。惟《公羊》兼傳大義、微言；《穀梁》不傳微言，但傳大義；《左氏》並不傳義，特以記事詳贍，有可以證《春秋》之義者。⑫

皮錫瑞認爲《春秋》有「大義」和「微言」，「大義講的是誅責亂臣賊子的義理，「微言」則重在爲後代建立制度。只有《公羊》兼講「大義」和「微言」，《穀梁》則只傳述「大義」，不講「微言」；至於《左傳》，則「大義」和「微言」都不講述。我們可以不必如皮氏以此作爲三傳優劣的評準，但可由此看出三傳的某些差異。綜合言之，《公》、《穀》二傳在大

---

⑪ 說見《春秋穀梁傳注·序》。有關「三科」、「九旨」，參見本書第二篇第十二章第四節「兩漢公羊學的重要理論」。

⑫ 見《經學通論·四·春秋》「論穀梁廢興及三傳分別」條。

同之中仍有小異，雖然其特色並不像它們和《左傳》之間的差異那麼大。

第四節　齊學魯學與公羊穀梁的基本差異

《穀梁》與《公羊》的另一差異是：《公羊》爲齊學，《穀梁》屬魯學。此由上節所引《史》《漢》二書〈儒林傳〉的敘述即可得知。茲略論二派學風的差異。

漢代學術有齊、魯之分：齊學，如《詩》之《齊詩》、《書》之伏生一派、《易》之田何一派、《春秋》之《公羊》一派；魯學，如《詩》之《魯詩》、《禮》之高堂生一派、《春秋》之《穀梁》一派。二派學風不同：齊學尚恢奇，魯學尚純謹。齊學好言洪範五行之論，陰陽災異之說，並以此解經；魯學則極少涉及此道。舉《公》、《穀》二傳代表人物而論：董仲舒爲齊學《公羊》大家，班固在《漢書・五行志・序》中說他「治《公羊春秋》，始推陰陽，爲儒者宗」，章炳麟在《檢論》中更以「神人大巫」稱呼董仲舒，而由今傳《春秋繁露》中也可窺見其學風的恢誕詭奇；治《穀梁》的申公與瑕丘江公都屬魯學，《漢書・儒林傳》說漢武帝曾召見申公，「問治亂之事」，申公對曰：「爲治者不在多言，顧力行何如耳」；

而依〈儒林傳〉所載瑕丘江公「吶於口」，武帝「使與仲舒議，不如仲舒」：其學風由此可知。

《公》、《穀》二傳的差異，可由齊學、魯學二派學風的基本差異得知，鄭玄曾說：「《公羊》善於讖，《穀梁》善於經。」⑬相當簡要的概括了二傳的基本差異。范寧《春秋穀梁傳・序》說：

> 《穀梁》清而婉，其失也短；《公羊》辯而裁，其失也俗。

宋崔子方則說：

> 《公羊》失之險，《穀梁》失之迂。

《公羊》家因好逞陰陽五行等讖緯之說以穿鑿附會經義，故其失也險；《穀梁》家因謹守自認之義例，以穿鑿附會經義，而又不能馳論，故貌似純謹、縝密，實則迂而固。如〈僖公十六年〉「戊申朔，隕石于宋五；是月，六鶂退飛過宋都」，《穀梁傳》說：

> 「先隕而後石，何也？」「隕而後石也。于宋四竟之內曰宋。後數，散辭也，耳治也。」

---

⑬見楊士勛《春秋穀梁傳・序・疏》引鄭玄〈六藝論〉。

「是月也，決不日而月也。六鶂退飛過宋都，先數，聚辭也，目治也。子曰：『石，無知之物；鶂，微有知之物。石有知，故日之；鶂微有知之物，故月之。君子之於物，無所苟而已。』石、鶂，且猶盡其辭，而況於人乎？故五石、六鶂之辭不設，則王道不亢矣。」

《穀梁傳》說：「爲什麼要先說『隕』，然後才說『石』呢？」「因爲掉落以後才知道是石。在宋國的四境之內，所以說『宋』。先說『宋』，然後說『五』，是因爲石頭掉落是先用耳朵聽到了，察看了以後，才知道是五顆石頭的緣故。」「爲什麼要說『是月』，而且不像記載『隕石』的時候說出日子而卻要說是『是月』呢？這是因爲『六鶂退飛過宋都』是用眼睛看的，先看到了六個東西，仔細察看，才知道是鶂鳥，再仔細察看，才知道是倒退著飛的。孔子說：『石頭是無知的東西；鶂是稍微有知的東西。石頭無知而隕落，一定是上天的意志讓它掉落的，所以要詳細的記下它掉落的日子；鶂鳥是稍微有知的東西，牠們的退飛可能是出自於牠們自身的關係，所以只要記下是那個月有這種現象就可以了。君子對於任何事物都不能隨便。』對於石頭和鶂鳥，都還要這麼講究，更何況是對於人呢！所以『五石』、『六鶂』這種詞語如果不確立，那麼就沒有辦法標舉王道了。」這段傳文的穿鑿附會、迂固不通，自不待言辯。

第五節　穀梁傳的價值與注解書

壹、《穀梁傳》的價值

前人因《公羊》無論勢力、影響都大於《穀梁》，遂喜以《公羊》的標準衡量《穀梁》，而對其價值有所貶損。陳澧則較能持平的由其特色著眼，《東塾讀書記．十．春秋三傳》說：

> 《穀梁》述事尤少。近時有鍾氏文烝《補注》，於隱公十一年《傳》下舉全傳述事者祇二十七條，謂「穀梁子好從簡略」。澧案：僖二年《傳》述晉獻公伐虢事，十年《傳》述殺申生事，並詳述其語，則非盡好簡略者；實因所知之事少，故從簡略，而專尋究經文經義耳。

陳澧以爲《穀梁》的簡略，是因爲它專以探尋經義爲主，持論較爲公允。晉荀崧曾論及《公》、《穀》二傳，並以爲《穀梁》自有其價值：

> 公羊高親受子夏，立於漢朝，辭義清雋，斷決明審，董仲舒之所善也。穀梁赤師徒相傳，立於漢世；向、歆，漢之碩儒，猶父子各執一家，莫肯相從。其書文清義約，諸

所發明，或是《左氏》、《公羊》所不載，亦足有所訂正。

荀崧說《公羊》的特色是「辭義清雋，斷決明審」，《穀梁傳》則是「文清義約」，也有它的優點，因此漢代的大學者劉向研治《穀梁春秋》，而他的兒子劉歆研究《左氏春秋》，父子兩人，各自認爲自己研治的比較好，而無法說服對方。

就解經而言，《穀梁傳》確實不免迂固之病；但有時也有提供另一思考空間的貢獻；而在史料價值方面，則誠如荀崧所說，對《左傳》、《公羊》或有所補充，或有所訂正。如陳澧所舉〈僖公〉二年與十年的記事，以十年所記晉太子申生爲驪姬所譖，而終自殺，引發春秋時代大變局的驪姬之亂而言，此事分別見於《左傳》、《國語》、《穀梁傳》、《呂氏春秋》《禮記》、《史記》、《說苑》、《列女傳》諸書，而細節各有不同，其中《穀梁傳》所記雖稱不上最詳盡，卻極爲傳神、生動，其事見於〈僖公十年〉「晉殺其大夫里克」下：

「稱國以殺，罪累上也。」「里克殺二君與一大夫，其以累上之辭言之，何也？」「其殺之不以其罪也。」「其殺之不以其罪奈何？」「里克所為殺者，為重耳也。夷吾曰：『是又將殺我乎？』故殺之，不以其罪也。」「其為重耳弑奈何？」「晉獻公伐虢，得麗姬。獻公私之，有二子，長曰奚齊，稚曰卓子。麗姬欲為亂，故謂君曰：『吾夜者夢夫人趨而來，曰：「吾苦畏。」胡不使大夫將衛士而往衛冢乎？』公曰：『孰可使？』曰：『臣莫尊於世子，則世子可。』故君謂世子曰：『麗姬夢夫人趨而來曰：「吾苦畏。」女其將衛士而衛冢乎？』世子曰：『敬諾。』築宮，宮成。麗姬又曰：『吾夜者夢夫人趨而來，曰：「吾苦飢。」世子之宮已成，則何為不使祠也？』故獻公謂世子曰：『其祠。』世子祠；已祠，致福於君。君田而不在，麗姬以酖為酒，藥脯以毒。獻公田來，麗姬曰：『世子已祠，故致福於君。』君將食，麗姬跪曰：『食自外來者，不可不試也。』覆酒於地而地賁；以脯與犬，犬死。麗姬下堂而啼，呼曰：『天乎！天乎！國，子之國也；子何遲於為君！』君喟然歎曰：『吾與女未有過切，是何與我之深也！』使人謂世子曰：『爾其圖之！』世子之傅里克謂世子曰：『入自明！入自明則可以生，不入自明則不可以生。』世子曰：『吾君已老矣，已昏矣。吾若此而入自明，則麗姬必死；麗姬死，則吾君不安。所以使吾君不安者，吾不若自死。吾寧自殺以安吾君，以重耳為寄矣。」刎脰而死。故里克所為弒者，為重耳也，夷吾曰：「是又將殺我也。」』

前後各有解經文字，而中間一段在解經之外，另有敘述，而且所記爲《左傳》、《國語》所無，與《史記》也有所不同，當出自其他載籍或傳聞。可見《穀梁傳》也自有其歷史與文學價值。

又如〈文公十一年〉「冬十月甲午，叔孫得臣敗長狄于鹹」，《穀梁傳》說：

> 「不言帥師而言敗，何也？」「直敗一人之辭也。」「一人而曰敗，何也？」「以眾焉言之也。《傳》曰：長狄也，兄弟三人。佚宕中國，瓦石不能害。叔孫得臣，最善射者也。射其目，身橫九畝；斷其首而載之，眉見於軾。」「然則何為不言獲也？」曰：「古者不重創，不禽二毛，故不言獲，為內諱也。」

所說雖未免夾雜魯學迂固之病，如所謂「不重創，不禽二毛」；但這段記載卻超出「子不語怪力亂神」的原則，保留了某些神話的遺跡，這是《穀梁傳》在文學、神話學方面的價值。

貳、穀梁傳的注解書

皮錫瑞曾感歎《穀梁》學的淪亡說：

> 鄭樵曰：「〈儒林傳〉學《公羊》者凡九家，而以《穀梁》名家，獨無其人。」此所謂「師說久微」也。無論瑕邱江公，即尹、胡、申、章、房氏之學，今亦無有存者。僅存者唯范氏《集解》，而《集解》所引，亦惟同時江徐及兄弟子姪諸人。古義淪亡，

> 無可探索。求如公羊大師董子猶傳《繁露》一書，胡毋生「條例」猶存於《解詁》者，渺不可得；今其條理略可尋者，時、月、日例而已。⑭

《穀梁傳》的風光期僅短短漢宣帝一朝，無論在漢代或後代，其地位與影響都遠不如《公羊傳》，難怪皮氏會有如此的感歎。這是因爲《穀梁傳》既欠缺發明開創之功，又未能後出轉精；而且也沒有大學者如董仲舒、大官僚如公孫弘之流加以宣揚、推銷，使其學說能得到統治者的青睞，而取得官學的地位，所以一直籠罩在《公羊傳》的陰影之下。如果說《公羊》是嫡長子，則《穀梁》便有點像庶出的孽子。也因爲如此，歷代研究《穀梁》的學者明顯比《公羊》少。雖然漢代有《穀梁外傳》、《穀梁章句》，但早已亡佚。至東晉有范寧作《穀梁傳集解》，范氏《春秋穀梁傳·序》敘述其著作始末說：

> 升平之末，歲次大梁，先君北蕃迴軫，頓駕于吳，乃帥門生、故吏、我兄弟、子姪，研講六籍，次及三傳。《左氏》則有服、杜之注，《公羊》則有何、嚴之訓釋。釋《穀梁傳》者雖近十家，皆膚淺末學，不經師匠，辭理典據，既無可觀，又引《左氏》、《公羊》以解此傳，文義違反，斯害也已。於是乃商略名例，敷陳疑滯，博示諸儒同

---

⑭ 見《經學通論·四·春秋》「論穀梁廢興及三傳分別」條。

> 異之說。……

可見范書乃承父志而作，一時參與者甚多，所以書中常標記他人之說，宋晁公武《郡齋讀書志》卷三說：

> 自漢、魏以來，為之注解者，有尹更始、唐固、糜信、孔演、江熙等十數家，而范甯以為膚淺，於是帥其長子參⑮、中子雍、小子凱、從弟邵，及門生故吏，商略名例，博采諸儒同異之說，成其父汪之志。

至唐有楊士勛爲之作疏，即今傳《十三經注疏》的《穀梁注疏》。

清代今文經學復興，治《穀梁》者也有數家，而以鍾文烝《穀梁補注》較善。近人柯劭忞作《春秋穀梁傳注》，認爲《公羊》重「三科」，《穀梁》則重「九旨」，所以用「九旨」爲綱領，貫通全書，並著力於三方面：正文字之訛、正說解之訛、通傳文之義例。是近世治《穀梁》用力最深的專著。

---

⑮ 楊士勛《疏》作「泰」，依史傳，范寧子名泰，此蓋晁公武誤記。

第十四章　論語概說

第一節　論語的名稱

壹、《論語》名稱的由來

《論語》一書的名稱，究竟是成書時已有，還是後人所題，是一個有爭議的問題。「論語」一稱始見於《禮記·坊記》與《孔子家語》。《孔子家語》一般認爲出王肅僞作，所以難以徵信。〈坊記〉的原文是這樣的：

子云：貧而好樂，富而好禮。……子云：君子弛其親之過，而敬其美。《論語》曰：三年無改於父之道，可謂孝矣。……子云：從命不忿，微諫不倦，勞而不怨，可謂孝矣。

根據《隋書・音樂志》載沈約之說，〈坊記〉出於子思；若然，「論語」之稱似當始於弟子編輯之時；但〈坊記〉的作者，一般並未認定是子思，其成書時代，當在漢初至武帝間。況且即令〈坊記〉出於子思，而〈坊記〉原文計引四段孔子語，三處都稱「子云」，僅一處稱「論語曰」，此處的「論語」極有可能是後人的夾注，在抄寫時誤入正文的①。而且《孟子》全書引用孔子的言論二十九次，其中出自《論語》的計十四次，大多直接用「孔子曰」、「子曰」，而不曾提到「論語」；《荀子》也多次引用孔子的話，也從未直接用「論語」之名；且直到漢初，如陸賈《新語》、賈誼《新書》，雖常引用《論語》文句，也都不曾使用「論語」這個名稱。

直到兩漢之際，《論語》一書的稱呼仍不一致：或單稱「論」，或單稱「語」，或別稱爲「傳」、「記」，或詳稱爲「論語說」，甚至逕稱「孔子曰」。單稱「論」的，如：

- 《急就章》：宦學諷誦《孝經》、《論》。
- 《漢書・張禹傳》：諸儒為之語曰：「欲為《論》，念張文。」
- 《論衡・正說》：說《論》者，皆知說文解語而已。

---

① 參考武內義雄〈論語原始〉，《支那學》五卷一號。實則〈坊記〉以「子曰」方式呈現者以十數，非僅數處。

《論語》傳本又有所謂《齊論》、《魯論》、《古論》、《張侯論》之分，四種都只用「論」字。

單稱「語」的，如：

《鹽鐵論·通有》：《語》曰：百工居肆以成其事。

原文見《論語·子張》。又如《後漢書》：

·《語》曰：一言可以興邦。（〈邳彤傳〉）

·《語》曰：三軍可奪帥，匹夫不可奪志。（〈橋玄傳〉）

·《語》曰：不患無位，患所以立。（〈崔駰傳〉）

三段文字都見於《論語》，而非古語、諺語之意。

別稱爲「傳」的，如：

·《傳》曰：三年不為禮，禮必廢；三年不為樂，樂必崩。（《史記·封禪書》）

·《傳》不云乎？「以約失之者鮮」。（《漢書·成帝紀》）

·吾聞諸《傳》：老則戒之在得。(《法言·至孝》)

三段文字分別見於《論語》〈陽貨〉、〈里仁〉、〈季氏〉。又如《漢書·揚雄傳·贊》說：「《傳》，莫大於《論語》」。

別稱為「記」的，如：《後漢書·趙咨傳》載其遺書說：

《記》曰：「喪雖有禮，哀為主矣」；又曰：「喪，與其易也，寧戚」。

原文見《論語·八佾》。

詳稱為「論語說」的，如：《漢書·郊祀志》：

《論語說》曰：子不語：怪、力、亂、神。

直接用「孔子曰」的，如：

·孔子曰：過而不改，是謂過矣。(《漢書·宣元六王傳·東平思王宇》)

·孔子曰：殷因於夏禮，所損益可知也；周因於殷禮，所損益可知也。(《論衡·正說》)

原文分別見於〈衛靈公〉與〈為政〉。

由以上引述可見：漢人將《論語》等同於《墨子》、《孟子》等諸子書，並未視之爲「經」；又視《論語》爲闡說或輔翼經書的「傳」、「記」。漢代的書冊，以竹木簡編綴而成，經書用二尺四寸的策；而《論衡．正說》說《論語》用八寸爲一尺的簡，也將之視爲傳記。

「論語」一稱究竟始於何時呢？《論衡．正說》曾論及此事：

> 夫《論語》者，弟子共紀孔子之言行。……漢興失亡，至武帝發取孔子壁中古文，得二十一篇。……宣帝下太常博士，時尚稱書難曉，名之曰「傳」；後更隸寫以傳誦。初，孔子孫孔安國以教魯人扶卿，官至荊州刺史，始曰「論語」。

王充以爲至孔安國教扶卿時才有「論語」的名稱，時在漢武帝時；但孔壁出書事，當在漢景帝時，此事《漢書》明載，閻若璩《尚書古文疏證》又考辨甚詳。孔安國在朝的時間，約當景帝中年至武帝初年②；而在此之前，漢文帝已立傳記博士，講《論語》、《孟子》等書③。

《韓詩外傳》說：

② 參考王鳴盛《尚書後案》。

③ 趙岐〈孟子題辭〉：「漢興，除秦虐禁，開延道德。孝文皇帝欲廣遊學之路，《論語》、《孝經》、《孟子》、《爾雅》皆置博士；後罷傳記博士，獨立五經而已。」

·《論語》曰：色斯舉矣，翔而後集。（卷二）

·《論語》曰：必也正名乎？（卷五）

·《論語》曰：君子於其言，無所苟而已矣。（卷六）

《漢書·董仲舒傳》載董仲舒〈對策〉也說：

臣聞《論語》曰：有始有卒者，其惟聖人乎？

《韓詩外傳》，據《漢志》，乃韓嬰所撰。嬰，文帝時博士，景帝時為常山王太傅，武帝時曾與董仲舒議論；董仲舒，景帝時已為《春秋》博士，武帝時應詔對策：可見「論語」之作為書名，大概在文帝、景帝、武帝之際。

貳、《論語》書名的取義

《論語》一書何以稱為「論語」？其意義何在？「論」當讀為平聲，還是仄聲呢？關於這個問題，歷代學者也有異說，大致可分為四類：

班固《漢書・藝文志》說：

> 《論語》者，孔子應答弟子、時人，及弟子相與言而接聞於夫子之語也。當時弟子各有所記，夫子既卒，門人相與輯而論纂，故謂之「論語」。

班固以「孔子應答弟子、時人及弟子相與言而接聞於夫子之語」解「語」字，「論」作動詞用，將「論語」解爲記載、論纂、論列孔子及其弟子言論的書。

劉熙則以音訓解釋《論語》，《釋名》說：

- 《論語》：記孔子與諸弟子所語之言也。（〈釋典藝〉）
- 論，倫也，有倫理也。（〈釋典藝〉）
- 語，敘也，敘己所欲說也。（〈釋言語〉）

劉熙以「有倫理」釋「論」字，當形容詞用，意謂「論語」就是有次序、條理的言語。有人認爲「倫理」乃指《論語》的內涵爲討論「倫理」之書，這是誤解詞性及劉熙本意的說法。

皇侃《論語集解義疏》則採取折衷綜合之說，以爲「論」可有倫次、倫理、經綸等義；邢昺《論語注疏》又加疏解，其《論語集解・序・疏》「序解」下說：

論者，綸也、輪也、理也、次也、撰也。以此書可以經綸世務，故曰綸也；圓轉無窮，故曰輪也；蘊含萬理，故曰理也；篇章有序，故曰次也；群賢集定，故曰撰也。鄭玄《周禮注》云：「答述曰語」，以此書所載皆仲尼應答弟子及時人之辭，故曰「語」。而在「論」下者，必經論撰，然後載之，以示非妄謬也。

皇、邢之說，看來似乎頗具深意；但其非「論語」書名的原始用意，應可肯定：因爲《論語》中所載不止於孔子應答之辭，也多孔子自言與弟子自道之語。「論語」的「語」應是告知、談論之意，不僅止於答述而已。

元何異孫之說近乎班固而略異，其《十一經問對》說：

問《論語》者何？對曰：此孔門師弟子討論文義之言語也。有弟子記夫子之言者，有夫子答弟子之問者，有弟子自相答問者，又有時人相與言者，有臣對君之問者，有師弟子對大夫之問者：皆所以討論文義，故謂之「論語」。

何氏以討論釋「論」，以孔門師生及時人、君臣、大夫問答之語解「語」，解「論語」爲「討論之語」。但《論語》中並不全然是討論的問答之語，也多自動告知之語。

陳大齊先生則以爲：「論」是「與人問答討論」的論對之語，「語」則是「未經人問而自動告人」之語；「論語」就是孔子的「論」與「語」④。「論語」的取義或許即因含有論析談辯與談說告知而來，今日已難確知其最初的取義了。

第二節　論語的撰輯與成書時代

《論語》的編撰者，歷來說法不一，主要有下列幾種意見：

班固《漢書·藝文志》以爲孔子門人在孔子生前各記所聞，仲尼歿後，門人共同纂集而成，文已見前。趙岐〈孟子題辭〉以爲「七十子之疇，會集夫子所言，以爲《論語》」，說近班固。

班、趙二人都未指明參與編纂的弟子名氏；鄭玄則明說《論語》是仲弓、子游、子夏所撰⑤。宋人永亨則由《論語》對閔子獨稱「子騫」，不斥言其名，以爲閔子騫侍於孔子，遂

---

④ 說見《孔子學說》第一章。

⑤ 說見陸德明《經典釋文·序錄》「注解傳述人·論語」及《論語音義·論語序》「名曰論語」下引。

論纂《論語》⑥。另日本學者太宰春台與物茂卿則以爲成於子張、子思之手⑦。

以上各家說法都認爲《論語》成於孔門弟子之手，只有弟子名氏的差異而已。皇侃則以爲成於孔子再傳弟子之手，《論語義疏·敘》說：

《論語》者，是孔子沒後，七十弟子之門徒共所撰錄也。

皇說近似班說，而編者相差一輩，因此編撰年代也因之而相差數十年。

柳宗元則以爲成於有子、曾子門人，其〈論語辯·上篇〉說：

或問曰：「儒者稱《論語》孔子弟子所記，信乎？」曰：「未然也。孔子弟子，曾子最少，少孔子四十六歲。曾子老而死；是書記曾子之死，則去孔子也遠矣。曾子之死，孔子弟子略無存者矣。吾意曾子弟子之為之也。何哉？且是書載弟子必以字，獨曾子、有子不然。由是言之，弟子之號之也。」「然則有子何以稱子？」曰：「孔子之歿也，諸弟子以有子為似夫子，立而師之；其後不能對諸子之問，乃叱避而退；則固嘗有師之號矣。今所記獨曾子最後死，余是以知之。蓋樂正子春、子思之徒與為之爾。」或

⑥ 見《搜采異聞錄》。
⑦ 太宰春台說，見《論語古訓外傳》；物茂卿說，見《論語徵·甲》。

曰：「孔子弟子嘗雜記其言，然而卒成其書者，曾子之徒也。」

程頤承柳說而略加變異，朱熹《論語章句集注．序說》引程子之說云：

《論語》之書，成於有子、曾子之門人，故此書獨二子以「子」稱。

陳大齊先生則以爲《論語》可以〈鄉黨〉爲斷限，分爲「上論」與「下論」兩部分，「上論」作於孔子卒後，主其事者爲孔門七十子之徒，即仲弓、子游、子夏等人；「下論」則作於曾子卒後，主其事者爲孔門再傳弟子，即曾子、有子、閔子等人門徒。

《論語》的撰者，應有部分出自孔子弟子當時親手筆錄，如：

．牢曰：「子云：『吾不試，故藝。』」（〈子罕〉）

．憲問恥，子曰：「邦有道，穀；邦無道，穀：恥也。」（〈憲問〉）

牢是琴牢，即子張，而稱「牢曰」；憲是原憲，即子思，而說「憲問」。這兩段話可能即出自子張、子思手記，後來爲《論語》編纂者所採錄。至於全書的編纂則應出於七十子門人，因爲《論語》記載曾參之死。根據《史記．仲尼弟子列傳》，曾參小孔子四十六歲，是孔子最年輕的學生；曾子死時，距孔子之死至少已三十餘年，甚至近四十年⑧；則《論語》之編成當在孔子歿後四、五十年，甚至更遲，其時已入戰國初年。章學誠《文史通義．詩教上》說：

《論語》記曾子之沒；吳起嘗師曾子，則曾子沒於戰國初年，而《論語》成於戰國之時明矣。

章氏之說大致正確，只不過《論語》的纂集，可能不止一次，更非止於一人。若然，則編者與年代皆難以確說。而《論語》的記載常常內容相同，唯文字稍異，甚至有內容、文字全同的現象，所以劉寶楠說：

竊以先聖存時，諸賢親承指授，當已屬稿，或經先聖筆削，故言特精善。迨後追錄言行，勒為此篇，作之者非一人，成之者非一時。先儒謂孔子沒後，弟子始共撰述，未盡然也。（《論語正義．後敘》）

要之，《論語》之作，不出一人，故語多重見，而編輯成書，則由仲弓、子游、子夏首為商定，故傳《論語》者能知三子之名。（《論語正義》附錄〈鄭玄論語序逸文〉）

---

⑧《闕里文獻考》說「曾子年七十而卒」；並參考屈萬里先生《先秦文史資料考辨》第二章〈論語〉。

「仲弓、子游、子夏等撰」下《正義》）

清儒崔述〈論語餘說〉也說：

余竊疑：前十篇皆有子、曾子門人所記，去聖未遠，體制方明；……。蓋後十篇皆後人所追記，原不出於一人之手，而傳經者輯而合之者，是以文體參差互異。

綜合〈洙泗考信錄〉、〈論語餘說〉，崔東壁提出的證據主要可概括爲兩項：

一、前十篇記孔子答國君問，用「孔子曰」，其他皆用「子曰」；後十篇則答大夫問，多用「孔子對曰」：體例已稍異。

二、前十篇記國君、大夫之問，皆用「問」字，不說「問於孔子」；後十篇則往往用「問於孔子」，弟子之問，也用「問於孔子」：體例已變。

日本學者徂徠春台〈論語先後篇說〉又舉證加以論析，其要點也可歸納爲二：

一、前十篇文句簡短，只有二章在百字以上；後十篇文皆加長，一、二百字者多達十章，且有長達三百餘字的篇章。

二、前十篇只錄孔子及門弟子言行，文體單純；後十篇則多記古人之言，且多冒頭突起之文。

伊藤仁齋〈論語古義敘由〉更由體例著眼，以爲〈鄉黨〉應在全書之末，而今在第十，則前十篇原本應是自成一書的。上述中、日學者，或由文體、或由內容、或由稱呼、或由篇名，論定《論語》的編纂，實分爲前後兩部分成書。

《論語》主要記載孔子的言行事蹟，由若干篇章組成，但這些篇章之間的排列卻沒有什麼絕對的關聯、條理，所以歷來學者多認定《論語》並非出自一人手筆；至於究竟是由何人加以編纂成書，又經過幾次續編，則難以明確考定。

郭店楚墓出土後，對《論語》的編撰時代略有釐清作用，如郭沂便認爲：郭店楚墓竹簡中有〈緇衣〉，而《隋書·音樂志》載沈約之說，謂《禮記》中的〈緇衣〉、〈坊記〉出自子思；既然〈緇衣〉可信，則沈約之說當亦可信。是則〈坊記〉引《論語》之言亦當可信，所以至少在子思時，《論語》應已成書。子思約卒於西元前四〇二年，《論語》的成書下限應在西元前四〇二以前⑨；不過也有學者認爲：郭店竹簡有〈緇衣〉，並不足以證明沈約〈緇衣〉、〈坊記〉爲子思所作之說，因爲郭店竹簡〈緇衣〉與今本〈緇衣〉有所不同，也有可

⑨ 郭沂：《郭店竹簡與先秦學術思想》。

能是後人據《齊論語》加入的⑩。

第三節　論語的傳本

《論語》傳本，漢初有《齊論》二十二篇，《魯論》二十篇，《古論》二十篇。漢成帝時，張禹據《魯論》加以改編，稱《張侯論》，是《論語》的第一次改編本。至東漢，鄭玄又據《張侯論》，考之《齊》、《古》，並爲之作注，是爲《論語》的第二次改編本。又，一九七三年定州漢墓出土竹簡《論語》。茲略加介紹。

《魯論》

《魯論》共二十篇，屬今文，傳於魯地。《漢書．藝文志》著錄：「《魯》，二十篇。」何晏《論語集解．敘》說：

⑩ 說見李慶〈關於定州漢墓竹簡《論語》的幾個問題——《論語》的文獻學探討〉之二「定州本《論語》和《論語》的成書諸問題」，收入《中國典籍與文化論叢》（北京：北京大學出版社，二〇〇五年）

漢中壘校尉劉向言：《魯論語》二十篇，皆孔子弟子記諸善言也。大子大傅夏侯勝、前將軍蕭望之、丞相韋賢及子玄成等傳之。

皇侃《論語義疏》、陸德明《經典釋文·序錄》說大致相同。夏侯勝、蕭望之與韋賢父子，以《論語》教授侯王，身世顯赫，《漢書》都有傳。

《魯論》章句較《齊論》少二篇，文字偶與《古論》不同，而所言較平實。至於皇侃《論語集解義疏·敘》說「《魯論》有二十篇，即今日所講者是也」，則是錯誤之說，說見下文。

《齊論》

《齊論》共二十二篇，屬今文，出於齊人，行於齊地。《漢書·藝文志》說：「《齊》，二十二篇」，自注：「多〈問王〉、〈知道〉。」顏師古《注》引如淳說：「〈問王〉、〈知道〉，皆篇名也。」何晏《論語集解·敘》說：

《齊論語》二十二篇，其二十篇中，章句頗多於《魯論》。琅邪王卿及膠東庸生、昌邑中尉王吉皆以教授。……《齊論》有〈問王〉、〈知道〉，多於《魯論》二篇。

陸德明《經典釋文·序錄》「注解傳述人·論語」也說：

《齊論語》者，齊人所傳，別有〈問王〉、〈知道〉二篇，凡二十二篇；其二十篇中，

> 章句頗多於《魯論》。

可知《齊論》不止多《魯論》二篇，章句也多於《魯論》。至於所多出的〈問王〉、〈知道〉二篇，歷來有兩種不同的推測：

一派以爲〈問王〉、〈知道〉乃論內聖、外王之道，晁公武《郡齋讀書志》卷四說：

> 《齊論》有〈問王〉、〈知道〉兩篇。詳其名，當是必（獻案：「必」字蓋衍文）論內聖之道，外王之業；未必非夫子之最致意者，不知何說而張禹獨遺之？

一派以爲「問王」乃「問玉」之誤，王應麟《漢書藝文志考證》說：「愚謂問王疑即問玉也，篆文相似」；朱彝尊《經義考》卷二百十一〈論語一〉「齊論語」條下按語更進一步說：

> 竊疑《齊論》所逸二篇，其一乃「問玉」，非「問王」也。考之篆法，三畫正均者為王，中畫近上者為玉，初無大異，因訛「玉」為「王」耳。

「玉」篆文作「王」，「王」篆文作「王」⑪，形狀確實相似。又因《說文》及《初學記》曾引逸《論語》言玉事，而《禮記．聘義》有「子貢問玉」一段，《荀子．法行》也有一段

---

⑪ 朱氏說「王」、「玉」篆字與字書形體不同。《說文》各本多以三畫正均者爲「玉」，中畫近上者爲「王」。

「論玉」，《孔子家語》又有〈問玉解〉。所以有些學者推定「問王」當作「問玉」。

但依今本《論語》篇名，可知《論語》篇題都取首章開頭二、三字以名篇，並無特殊意義；何以《齊論》多出的兩篇，突然成爲有意義的篇題呢？除非這兩篇篇首即爲「問王」（或問玉）、「知道」；即令真是如此，何以出自孔壁的《古論》也缺這兩篇？而「考之《齊論》」的張禹，又何以敢加刪削？所以也有學者認爲此說不足採信，馬端臨《文獻通考》說：

> 《齊論》多於《魯論》二篇，曰〈問王〉、〈知道〉，史稱張禹所刪，以此遂無傳。且夫子之言，禹何人，而敢刪之？然《古論語》與《古文尚書》同自孔壁出者，章句與《魯論》不異，唯分〈堯曰〉「子張問」以下為一篇，共二十一篇。則〈問王〉、〈知道〉二篇亦孔壁中所無；度必後儒依倣而作，非聖經之本真，此所以不傳，非禹所能刪也。

《古論》

《古論》二十一篇，出孔宅壁中，屬古文。無〈問王〉、〈知道〉兩篇；至於多《魯論》一篇，則有不同說法。班固以爲《古論》有兩〈子張〉，所以多一篇，《漢書·藝文志》著錄：「《論語》：《古》二十一篇」，自注：「出孔子壁中，兩〈子張〉。」顏師古《漢書注》引如淳卻說：

分〈堯曰篇〉後「子張問何如可以從政」已下為篇，名曰〈從政〉。

何晏《論語集解．敘》也說：

> 魯恭王時，嘗欲以孔子宅為宮，壞，得《古文論語》。《齊論》有〈問王〉、〈知道〉，多於《魯論》二篇；《古論》亦無此二篇，分〈堯曰〉下章「子張問」以為一篇，有兩〈子張〉，凡二十一篇，篇次不與《齊》、《魯論》同。《古論》唯博士孔安國為之訓解，而世不傳。至順帝時，南郡太守馬融亦為之訓說。

如淳與何晏二說雖有〈子張〉、〈從政〉篇名的差異；但由所述看來，可能只是篇名的差異而已，內容章節應無大異。

不過在篇次、章句方面，《古論》與《齊》、《魯》則有所不同，皇侃《論語集解義疏．敘》說：

> 《古論》分〈堯曰〉下章「子張問」更為一篇，合二十一篇；篇次以〈鄉黨〉為第二篇，〈雍也〉為第三篇，內倒錯不可具說。

桓譚《新論·正經》謂：「《古論語》二十一卷，文異者四百餘字。」⑫《古論》篇章的錯亂，今文家以爲乃古文家故意與今文本立異所致。其說恐非；疑因出於古屋，簡編散亂有以致之。至於文字差異四百餘字，崔適《論語足徵記·敘》以爲「《魯》用假字，《古》用本字」，是相當可取的推測。

《古論》在西漢今文經學獨盛的背景下，並未廣爲流傳，只有孔安國撰有訓解；直到東漢順帝時才有馬融爲之訓說。但這兩家注釋，在《張侯論》盛行後，即逐漸散佚，如今只有少部分存於何晏《論語集解》中。

《張侯論》

漢代，《論語》《魯》、《齊》、《古》三家各自流傳；到了東漢末年，張禹據《魯論》，兼採《齊》說，編爲《張侯論》，流傳於世，西漢所傳三本《論語》遂漸漸寖廢。班固《漢書·藝文志》說：

---

⑫ 嚴可均《全上古三代漢三國六朝文·全後漢文》卷十四〈正經第九〉云：「《古論語》二十一卷，與《齊》、《魯》文異六百四十餘字。」嚴可均注云：「『與齊』下一十字，依《經典釋文·序錄》加。唯陸德明《經典釋文·序錄》「注解傳述人·論語」與朱彝尊《經義考·論語一》「古論語」引，並作「《古論語》二十一卷，文異者四百餘字」。嚴氏所據未詳。

傳《魯論語》者，常山都尉龔奮、長信少府夏侯勝、丞相韋賢、魯扶卿、前將軍蕭望之、安昌侯張禹，皆名家。張氏最後，而行於世。

《漢書．張禹傳》敘述張禹傳《論語》的情況說：

初，禹為師，以上難數對己問經，為《論語章句》獻之。始，魯扶卿及夏侯勝、王陽、蕭望之、韋玄成皆說《論語》，篇第或異。禹先事王陽，後從庸生，采獲所安，最後出而尊貴。諸儒為之語曰：「欲為《論》，念張文。」由是學者多從張氏，餘家寖微。

何晏《論語集解．敘》述《張侯論》說：

安昌侯張禹本受《魯論》，兼講《齊》說，善者從之，號曰「張侯論」，為世所貴；包氏、周氏章句出焉。

陸德明《經典釋文．序錄》「注解傳述人．論語」述《張侯論》的產生與傳授說：

安昌侯張禹受《魯論》于夏侯建，又從庸生、王吉受《齊論》，擇善而從，號曰「張侯論」，最後而行於漢世。禹以《論》授成帝；後漢包咸、周氏並為章句，列于學官。

《隋書．經籍志一》也說：

> 張禹本受《魯論》，晚講《齊論》。後遂合而考之，刪其煩惑；除去《齊論》〈問王〉、〈知道〉二篇，從《魯論》二十篇為定，號「張侯論」，當世重之。周氏、包氏為之章句，馬融又為之訓。

據上可知：張禹先習《魯論》，其後又學《齊論》，且以《論語》教漢成帝；張禹並以《魯論》爲主，融合《齊論》，加以整理，刪汰《齊論》〈問王〉、〈知道〉兩篇，依《魯論》定爲二十篇，號「張侯論」。因張禹位至丞相，尊寵顯貴，所以《張侯論》受到當時尊奉，盛行於世。東漢靈帝時刻熹平石經，即用《張侯論》；其後鄭玄作《論語注》，何晏作《論語集解》，大抵依《張侯論》，所以今日所傳的《論語》，基本上是《張侯論》的系統。

鄭玄注本

今日所傳的《論語》，雖大抵爲《張侯論》系統，但其中又有東漢鄭玄依《古論》改定的部分，何晏《論語集解·敘》說：

> 漢末，大司農鄭玄就《魯論》篇章，考之《齊》、《古》，為之註。

陸德明《經典釋文·序錄》「注解傳述人·論語」也說：

> 鄭玄就《魯論》張、包、周之篇章，考之《齊》、《古》，為之注焉。

《張侯論》是以《魯論》，融合《齊論》；其後包咸、周氏又依《張侯論》撰作章句。鄭玄所用的《魯論》，應該就是這個經過張禹改編，包、周章句的本子。鄭玄再以《張侯論》爲本，考校《齊》、《古》二《論》而作注。不過鄭玄融合今古文《論語》，主要是以《古論》的文字校正《張侯論》（即《魯論》）的假借字，並未全面加以改編。

《經典釋文・序錄》、《隋書・經籍志》、《新唐書・藝文志》都著錄鄭玄《論語注》十卷；至宋代，各家書目已多不載，可能五代即已亡佚。清末民初敦煌出土唐寫本《論語注》殘卷，計存〈述而〉、〈泰伯〉、〈子罕〉、〈鄉黨〉四篇，另〈子張〉存殘卷⑬。

---

⑬ 收入羅振玉《鳴沙石室佚書》、《鳴沙石室古籍殘叢》。

定州漢墓竹簡《論語》

定州漢墓竹簡《論語》，一九七三年在西漢中山懷王劉脩墓中出土，該墓位於定州城關西南八角廊村，故又稱「八角廊論語」，是今存最早的《論語》寫本。

中山王墓曾遭盜掘，引起大火，以致竹簡散亂殘斷。其中竹簡《論語》部分，經中國大陸國家文物古文獻研究室依今本《論語》篇、章、節、句次序加以整理，改變了原本竹簡的次序⑭。

竹簡《論語》爲殘本，所存內容不及今本一半，但因墓主中山懷王劉脩卒於漢宣帝五鳳三年（西元前五五），可知其最晚即爲此年抄本，是目前唯一可見，張禹整理《論語》之前的版本，提供了研究《論語》的新材料。

竹簡本《論語》分章既與今本——主要指邢昺《論語注疏》與朱熹《論語章句集注》——不同，文字也頗有差異⑮。當時有《魯論》、《齊論》、《古論》三種《論語》；《竹簡論

⑭ 見《定州漢墓竹簡論語·前言》（北京：文物出版社，一九九七年），並參考李慶：〈關於定州漢墓竹簡《論語》的幾個問題——《論語》的文獻學探討〉「五、關於定州本的整理和《論語》研究的方法問題」（《中國典籍與文化論叢》第八輯，二〇〇五年，北京大學出版社）。

⑮ 見《定州漢墓竹簡論語·介紹》。

語》與之又不盡相同⑯。經學者考定，竹簡本《論語》應為《張侯論》流傳前的本子，與《魯論》、《齊論》、《古論》都有所不同⑰，應是與「三論」都不同的獨立本子，可以證明《魯》、《齊》、《古》、《張侯》四種《論語》可能都對《論語》有所增補，對《論語》的文字、成書時代，乃至具體內容都有相當程度的參考價值。

第四節　論語的性質、內容與價值

《論語》就像一部孔門言行錄，記載孔子及其弟子的言論行事，在性質上屬於子部，與《墨子》、《莊子》、《荀子》等同屬子書；但漢人尊儒，以為六經皆經孔子之手⑱，故視《論語》為六經之附庸。《漢志》著錄《論語》，即附於「六藝略」之後。到了宋代，理學

⑯ 參李慶：〈關於定州漢墓竹簡《論語》的幾個問題——《論語》的文獻學探討〉「一、對定州本《論語》的考察」。

⑰ 單承彬認為定州本《論語》屬《魯論》的今文本，說見〈定州漢墓竹簡本論語性質考辨〉（《孔子研究》，二〇〇二年，第二期）；李慶則不以為然，其說見同前注。

⑱《史記．孔子世家》謂孔子刪《詩》、《書》，訂《禮》、《樂》，贊《周易》，修《春秋》，即為具體例證。

盛行，朱熹合《論》、《孟》、〈學〉、〈庸〉爲「四書」，認爲孔子、曾參、子思、孟子四人的思想一脈相承，一時之間，「四書」成爲儒家新寶典，學子學習的入門書，於是「四書」的地位逐漸陵越「五經」之上；《論語》的地位也越加提高，成爲世人崇奉不移的「經」書。元仁宗皇慶二年（西元一三一三），舉行科舉，規定「四書」爲必考；且須以朱熹《章句集注》爲依據；明清兩代皆沿之；直到清光緒二十七年（西元一九〇四）才完全廢除以「四書」命題的八股文科舉考試，影響之大，可以想見。

今本《論語》，全書二十篇，約一萬六千字，以記言體方式，平實的記錄孔子與弟子及時人的言語行事，內容涉及人倫、道德、政治、教育、社會、文化各方面；不過篇章之間並不具關聯，各篇亦無一定主旨⑲；且多有重複現象；各篇篇數不一，各章字數也不統一；甚至連篇名都只是取自篇首的二、三字，而未具特殊意義。這些現象，充分顯示《論語》平實記言的語錄體性質。

《論語》內容大致可分爲十類，以下每類各舉一、二例略作說明：

一、關於個人人格修養的教言

⑲ 偶有例外，如〈鄉黨〉通篇記孔子日常生活習慣；〈子張〉通篇記孔門弟子言語。

《論語・學而》第一章即屬此類：

子曰：「學而時習之，不亦說乎？有朋自遠方來，不亦樂乎？人不知而不慍，不亦君子乎？」

孔子教弟子力學、樂群，做一個有內涵而不求虛名的人。孔子說：既學習了，又能把學到的智能、常識時時溫習、實踐，這不是很值得高興的事嗎？有志同道合的朋友，從遠方來共同學習、參研，不也很值得快樂嗎？有人不知道自己的品德學問，而能夠不抱怨，這不就是一位道德高尚的君子嗎？

再如〈學而〉記載曾子的話說：

吾日三省吾身：為人謀而不忠乎？與朋友交而不信乎？傳不習乎？

本章是曾子自述其進德修業每日所用的反省功夫，勉人經常自我檢討。曾子說：我每天都再三的自我反省：替人家辦事，有沒有竭盡心力呢？和朋友交往，有沒有不誠信的地方呢？老師所傳授的課業，有沒有用心溫習，進而加以實踐呢？

二、關於社會倫理的論述

「孝」是一種社會倫理，《論語》中有不少論「孝」的文字，如〈爲政〉的：

子游問孝，子曰：「今之孝者，是謂能養。至於犬馬，皆能有養；不敬，何以別乎？」

子游問孔子，怎樣做才算盡了孝道。孔子回答說：「現在的人所說的孝，以為只要能養活父母就夠了。其實，狗和馬這些牲畜，也都能得到人的飼養；如果對待父母沒有敬意的話，那麼養父母和養狗、養馬，又有什麼不同呢？」孔子的意思是「孝」不只是形式，而且有它深刻的內容，這個內容就是對待父母誠懇的心意。

和朋友交往也是一種社會倫理，下引一則〈季氏〉文字就論及交友之道：

孔子曰：「益者三友，損者三友：友直，友諒，友多聞，益矣；友便辟，友善柔，友便佞，損矣。」

孔子教人交友要謹慎，有好的朋友，也有壞的朋友。所以孔子說：有益的朋友有三種，有害的朋友也有三種：和正直無私的人交往，和誠信不欺的人交往，和見聞廣博的人交往，這些都是有益的；同裝模作樣，故作姿態而不正直的人交友，同當面恭維、背後毀謗那種不誠實的人交友，同花言巧語、誇誇其談而無真實見聞的人交友，這些都是有害的。

三、關於政治哲學的闡述

《論語》中論政的文字相當多，如〈顏淵〉篇的：

齊景公問政於孔子，孔子對曰：「君君，臣臣，父父，子子。」公曰：「善哉！信如君不君，臣不臣，父不父，子不子；雖有粟，吾得而食諸？」

齊景公向孔子請教爲政治國的道理，孔子回答說：「人倫是政治的根本，所以國君要像個國君，臣子要像個臣子，父親要有父親的樣子，兒子要像個兒子。」景公同意的說：「您這話說得好極了！果真君不像君，臣不像臣，父不像父，子不像子；那時國家必定大亂，雖然有再多的糧食，我還能享用嗎？」

爲政一定要能善用人才，〈爲政〉這段孔子和魯哀公的對話，就是孔子用人哲學的表白：

哀公問曰：「何為則民服？」孔子對曰：「舉直錯諸枉，則民服；舉枉錯諸直，則民不服。」

孔子認爲能善用賢才，摒棄邪僻不正的人，人民自然信服。孔子主張用道德來治理國家、教養人民的觀念表露無遺。文章大意是：魯哀公問孔子要怎麼做才能使百姓服從。孔子回答說：提拔正直的人，把他們放在邪曲的人之上，百姓自然就信服了；如果提拔邪僻不正的人，放在正直的人之上，百姓就不會服從了。

四、關於人生哲學的闡述

《論語》中論及人生哲學的，如〈先進〉此則論對待生死、鬼神的態度：

季路問事鬼神，子曰：「未能事人，焉能事鬼？」曰：「敢問死？」曰：「未知生，焉知死？」

子路向孔子請教事奉鬼神的道理，孔子說：「事奉人的道理都還沒學通達，怎能談到事奉鬼神的道理呢？」子路又問說：「我大膽的請問人死後是怎麼一回事？」孔子回答說：「人活著的道理都還沒能了解透徹，怎麼能夠知道死後的事呢？」「鬼神」和「死」，在孔子看來，都是渺茫難知，不是日常生活所迫切需要解決的事，所以孔子對於子路的問話不加以回答。其實這也是一種回答，告訴子路人生的輕重緩急。

孔子重視的「忠恕」之道，也是一種人生哲學，〈衛靈公〉載：

子貢問曰：「有一言而可以終身行之者乎？」子曰：「其『恕』乎！己所不欲，勿施於人。」

子貢向孔子請問有沒有單單一個字而可以奉行一輩子的呢？孔子回答說：「那大概就是一個『恕』字吧！恕就是推己及人，凡是自己不想要的任何事情，就絕對不要加到別人的身上去。」「忠恕」的「忠」具有積極的意義，接近「己欲立而立人，己欲達而達人」的境界，因此不是每個人都有條件做到的；「恕」則只是「己所不欲，勿施於人」，只要有心，任誰都可以做到，所以孔子用「恕」字回答子貢。

五、對孔門弟子及時人因材施教的問答

對孔門弟子因材施教的問答，如〈述而〉所載孔子對子路的回答：

> 子謂顏淵曰：「用之則行，舍之則藏，惟我與爾有是夫！」子路曰：「子行三軍則誰與？」子曰：「暴虎憑河，死而無悔者，吾不與也；必也臨事而懼，好謀而成者也。」

孔子對顏回說：「有服務社會的機會，就出來發展抱負，沒有服務社會的機會，就藏道在身。只有我和你才能這樣吧！」子路在旁邊，聽了有點不服氣，就說：「老師您如果率領軍隊去打仗，那要找誰一起去呢？」孔子回答說：「赤手空拳去打老虎，徒步過河，這樣子而死了都還不知道後悔的人，我是不和他共事的；我要和他共事的人，一定是面臨事情時能謹慎戒懼、深思熟慮，做好計劃再去進行的人。」孔子知道子路好勇，因此藉機教導子路不能好勇而無謀，要能進退得宜。這就是因材施教的方式。

對時人因材施教的問答，〈陽貨〉篇的不接見孺悲可說是最佳例證：

> 孺悲欲見孔子，孔子辭以疾。將命者出戶，取瑟而歌，使之聞之。

孺悲是魯國人，曾經向孔子學〈士喪禮〉，《儀禮．士喪禮》的完成便和孺悲有相當的關係。有一天孺悲來孔府，想要拜見孔子，孔子假裝生病，拒絕接待。傳命的人剛出房門，孔子就拿瑟來彈奏，並且唱起歌來，故意讓孺悲知道。《孟子．告子下》說：

> 孟子曰：教亦多術矣。予不屑之教誨也者，是亦教誨之而已矣。

孟子認爲教育有很多種方式，不屑於去教誨對方，實際上也是一種教誨的方式。孔子對孺悲採取的就是這種不屑於教誨的因材施教方式。

六、對門弟子及古人、時人的批評

孔子對門弟子的批評不少，有好的批評，也有壞的批評。其中最有名的當屬〈雍也〉稱讚顏回安貧樂道的一段文字：

> 子曰：「賢哉回也！一簞食，一瓢飲，在陋巷，人不堪其憂，回也不改其樂。賢哉回也！」

孔子稱讚顏淵的賢德說：他吃的是一簞淡飯，喝的是一瓢清水，住在小巷陋屋裡，別人都受不了這種貧苦生活所帶來的憂愁，顏回卻不改他求道的樂趣，顏回是多麼的有修養啊！

孔子對古人的批評，舉最有名的稱讚管仲的話爲例，文見〈憲問〉：

子貢曰：「管仲非仁者與？桓公殺公子糾，不能死，又相之。」子曰：「管仲相桓公，霸諸侯，一匡天下，民到于今受其賜。微管仲，吾其被髮左衽矣。豈若匹夫匹婦之為諒也，自經於溝瀆而莫之知也？」

子貢懷疑管仲的爲人行事，於是問孔子說：「管仲稱不上是個仁人吧？桓公殺掉了管仲的主人公子糾，他不但不以身殉主，反而還去輔佐桓公。」孔子回答說：「管仲輔佐齊桓公，稱霸諸侯，使天下得到匡正，人民直到今天還受到他的德澤。如果沒有管仲，我們現在可能都要披散頭髮，衣襟向左開，淪爲夷狄之民了。管仲難道會像普通百姓一樣死守著小節、小信，在山溝裡自殺，還沒有人知道嗎？」孔子不拘守於小節，而從管仲的功業，以及能嘉惠後代評論管仲的爲人與行事。

孔子對時人的批評比較少，茲舉孔子對與他同時的衛國大夫孔圉的批評爲例，文見〈公冶長〉：

子貢問曰：「孔文子何以謂之『文』也？」子曰：「敏而好學，不恥下問，是以謂之『文』也。」

子貢不太了解衛國的大夫孔圉爲什麼被謚爲「文」，於是就請問孔子說：「孔文子憑什麼謚爲『文』呢？」孔子回答說：「因爲他聰敏靈活，愛好學問，又能謙虛下問，不以爲恥，所以用『文』來作爲他的謚號。」

七、孔子自述之言

《論語》中有不少孔子自述的話，內容包含提示人格涵養的方法、或是孔子對社會倫理、政治思想的觀感等，如〈爲政〉所載一則：

> 子曰：「吾十有五而志於學；三十而立；四十而不惑；五十而知天命；六十而耳順；七十而從心所欲，不踰矩。」

孔子自述爲學的歷程和進境，說：「我十五歲時，立志發憤向學；到了三十歲時，學問有所成就，能夠明道守禮，說話做事逐漸有所把握；四十歲時，掌握了各種知識，能夠通達事理而不疑惑；五十歲時，了解天道，知道人生所應盡的道義責任；六十歲時，一聽到別人的言語，就可以知道他說的道理，並且可以分別真僞，判明是非；到了七十歲，才可以順著心意來行事，任何意念都不致踰越規矩法度。」我們從孔子自述其進德修業的過程中可以看出孔門治學的主要目的在「做人」，所以在「志學」之後，接著就要求能「立」，然後是「不惑」，再來是知道「天命」所在，並善盡人生的責任，再來要能辨別是非對錯，最後歸結到「不踰矩」。

再如〈憲問〉篇所載：

子曰：「君子道者三，我無能焉：仁者不憂，知者不惑，勇者不懼。」子貢曰：「夫子自道也。」

孔子說：「君子所要做的三件事，我一件也沒有做到：仁愛的人不憂愁，智慧的人不疑惑，勇敢的人不懼怕。」子貢聽了，說：「這是老師對自己謙虛的敘述啊！」孔子自謙未能達到君子所由成德的三種境界，以自勉勉人。

八、孔子的出處與日常行事

〈憲問〉記載一則孔子慎重行事的言行舉止：

陳成子弒簡公。孔子沐浴而朝，告於哀公，曰：「陳恆弒其君，請討之！」公曰：「告夫三子！」孔子曰：「以吾從大夫之後，不敢不告也。君曰『告夫三子』者！」之三子告，不可。孔子曰：「以吾從大夫之後，不敢不告也。」

齊國大夫陳恆殺了齊簡公，孔子恭敬的齋戒沐浴之後，上朝見魯哀公，說：「陳恆殺了國君，請您出兵討伐他。」魯哀公說：「你去向孟孫、仲孫、季孫三人報告吧！」孔子出來之後，說：「因爲我曾忝爲大夫，不敢不來報告；但是君上卻對我說『給他們三人報告去吧』！」孔子又向魯國的三位執政大夫報告，他們卻都不肯出兵。孔子於是又說：「因爲我曾忝爲大夫，不敢不來報告。」這時孔子已經告老還鄉，大可不必管這件事；但是陳恆以臣弒君，依照孔子的社會倫理和政治哲學，都非討伐不可。最後雖然沒有達到孔子的理想和目標，但還是可以看出孔子的出處與行事原則。

又如〈陽貨〉記載的孔門師生互動：

> 子之武城，聞弦歌之聲。夫子莞爾而笑，曰：「割雞焉用牛刀！」子游對曰：「昔者，偃也聞諸夫子曰：『君子學道則愛人，小人學道則易使也。』」子曰：「二三子！偃之言是也；前言戲之耳。」

孔子到子游當縣長的武城，聽到了演奏音樂、詠唱歌詩的聲音。孔子於是微笑著說：「殺雞，那裡須要用到宰牛的刀呢？」意思是治理這麼小的地方，用得著「禮樂之教」嗎？子游回答說：「從前我曾聽老師說過：『做官的人學了道，就會有愛護百姓的心；老百姓學了道，就容易聽從政令，不會作亂。』教育總是有用啊！」孔子於是向學生們說：「大夥兒！子游的話是正確的，我剛才不過和他開玩笑罷了！」在這一章裡，表現出孔子幽默和能立刻自我改正的性格。

九、孔門弟子對孔子的誦美與時人對孔子的評論

關於孔門弟子對孔子的誦美，舉孔子最欣賞的學生顏淵的話為例，文見〈子罕〉：

顏淵喟然歎曰：「仰之彌高，鑽之彌堅；瞻之在前，忽焉在後。夫子循循然善誘人：博我以文，約我以禮，欲罷不能。既竭吾才，如有所立，卓爾。雖欲從之，末由也已。」

顏淵讚歎孔子學問道德博大高深，而且循循善誘。顏淵感歎的說：夫子之道，實在高遠極了，我越抬頭看，越覺得他高不可及，我越用心鑽研，越覺得他廣博深厚，深不可測；看去似乎在前面，忽然又好像在後面，真是廣大微妙。雖然是這樣的高深和難以捉摸，好在老師善於有步驟的誘導，由淺入深，按部就班：他先教我文獻典籍，增廣我的知識；又教我禮儀法度，規範我的行為舉止，使我想要停止學習都不可能。直到我用盡心力，才對老師的道稍微有所體會，看到他似乎卓然特立在那兒；可是想要跟隨著他，卻又無從著手！

十、孔門弟子的言論行事

〈子張〉載錄一段子貢的話：

子貢曰：「君子之過也，如日月之食焉：過也，人皆見之；更也，人皆仰之。」

子貢教人有了過錯不止不可掩飾，更要勇於悔改。子貢說：君子的過失，就好像日蝕、月蝕

一樣，錯誤時，大家都看見了；一旦過失改正了，就像日月重光，大家又都景仰他。

〈子張〉又記載了一段子貢回答時人對孔子毀謗的對話：

> 叔孫武叔毀仲尼，子貢曰：「無以為也！仲尼不可毀也！他人之賢者，丘陵也，猶可踰也；仲尼，日月也，無得而踰焉。人雖欲自絕，其何傷於日月乎？多見其不知量也！」

子貢面對毀謗老師的人，藉由贊美孔子道德的有如日月，以斥責毀謗者的不自量力。子貢對毀謗孔子的人說：「不要這樣做！仲尼是毀謗不了的！他人的賢能，好比小山丘，還可以超越過去；仲尼，就像太陽和月亮一樣，不可能超越過它。縱使有人要和太陽、月亮斷絕關係，那對太陽、月亮又有什麼損害呢？只不過表現他的不知度德量力罷了！」由此可見孔子受學生尊敬的程度，也可以看出孔門弟子的行事、言論。

上述十類中，一、二兩類篇幅約佔全書一半以上。《論語》有關個人修養、人倫關係的意見，雖歷經二千餘年，仍為歷久不易的至理；有關社會、政治的論述，雖因社會組織變改、政治觀念有異而未盡適用於今日，但其精神仍多可供今人省思之處；其有關孔子行事、自述及孔子對弟子、時人的批評，他人對孔子的批評，則可看出孔子的人格與孔子心目中的理想人格；而孔子對弟子因材施教的問答，根據個別學生性之所近、所好、所偏，而予以啓發、點醒、糾正，正可用於自鑑、自省，時至今日依然具有深刻的教育意義。

第五節　論語的重要注本

《論語》一書，因言辭簡略，又係語錄性質，缺乏上下文的邏輯關聯，因此容易引起誤解或曲解；加上兩漢以下，常有士人以「斷章取義」的方式引《論語》文字以證明自己的觀點、意見，因此孔子及其學說有時便因被利用而失去其本來面貌。

時至今日，自應還給孔子真面目，正確地評論孔子及其歷史、文化地位；而這又建立在實事求是的解讀、探究《論語》的本義之上。因此，《論語》的注解書便成爲不可或缺的參考工具。

古今注解《論語》的書籍多達三千餘種，茲擇其最具代表性的重要注本數種，略加介紹：

何晏《論語集解》是今存最早的《論語》注本，由何晏與孫邕、鄭沖、曹羲、荀顗五人共同編撰，唯後人多逕稱何晏所撰。《隋書．經籍志》著錄作十卷，《十三經注疏本》析爲二十卷。本書之名爲「集解」，乃因纂集孔安國、包咸、周氏、馬融、鄭玄、陳群、王肅、周生烈八家之說成書之故。其價值與優缺點如下：

一、所集八家均爲漢、魏時人，堪稱集漢、魏諸儒訓解《論語》之大成。

二、所集八家之說今日都已亡佚，《集解》是今日現存最完整的早期《論語》注本。

三、何晏等人的說解，剪裁合度，簡明精審。

四、何晏等人身處曹魏之世，當時玄風漸成；何晏又善於《老子》、《周易》，說解自不免雜有玄談。

《集解》一書，取八家舊說，綜合今古文，世所稱美，但也有人持不同意見，如清儒臧琳《經義雜記》便說：

《釋文·敘錄》云：「張禹……號曰『張侯論』，最後而行於漢世。……後漢包咸、周氏並為章句；鄭玄就《魯論》，張、包、周之篇章，考之《齊》、《古》，為之注焉。魏吏部尚書何晏，集孔安國、包咸、周氏、馬融、鄭玄、陳群、王肅、周生烈之說，並下己意為《集解》。……」據此，則張侯之《論語》已不全為《魯論》；厥後包、周所注列於學官，皆是本也。……鄭本《論語》，又參合《古》、《魯》、《齊》三書定之，非張、包、周之舊矣。何晏所集七家內，孔安國、馬融純乎古文，餘則三家並有；……何晏就三家本，以意為之，〈自序〉：「集諸家之美，有不安者，頗為改易」：故采孔、馬之注，則改包、周之本；用包、周之說，又易孔、馬之經：不今不古，甚可慨也。

《論語集解》雖或瑕疵不免，不過因爲它是今存最早的《論語》注本，後世爲《論語》作疏多建立在《集解》的基礎之上。

《論語集解義疏》是南朝梁皇侃爲何晏《論語集解》所作的《疏》，反映了魏晉玄學家對《論語》的見解，可說是南北朝《論語》注解的集大成之作。其優缺點如下：

一、文字淺近，易於了解。

二、廣集群言，頗能發明何晏《集解》之說。

三、薈萃眾說，保存舊注，有功於經學之研究。

四、皇侃身處玄風大盛的南朝，其時佛道之說盛行，書中既沾染玄風，亦攙雜佛教思想。

皇《疏》亡於南宋；幸唐時有舊本流傳至日本，且刊行於世。清乾隆間，浙江汪鵬由日本攜回，由鮑廷博加以校訂，刊入《知不足齋叢書》中。

《論語正義》是宋邢昺爲何晏《集解》所作的《疏》，宋真宗咸平二年（西元九九九）

下詔，由邢昺改定舊《疏》而成；書成之後，頒列學官。本書可代表漢、宋之學轉變中對《論語》的見解。《郡齋讀書志》著錄作十卷，《十三經注疏本》析爲二十卷。本書優缺點有二：

一、依皇《疏》刊定而成，於皇《疏》所引舊說之外，未有增引；唯對《集解》仍有發明之功。

二、刪芟皇《疏》中染有佛老思想的部分而傅以義理；但大抵傾向於名物訓詁。

《論語章句集注》是朱熹窮四十年之功，經多次改訂始竣工，可說是朱子一生精力薈萃的重要著作。本書徵引漢代以下三十五家有關《論語》的義說，而以二程及其友朋、門生爲主。不過雖名爲《集注》，但書中頗有朱子自己的見解，可說是宋代理學家對《論語》見解的代表作。本書優缺點有三：

一、所集注家雖包涉各代，但以宋人說義爲主。

二、特重義理之闡發，頗能掌握《論語》的精髓。

三、朱熹爲宋代理學大師，說解時不免摻雜理學觀點，義理固然精到，卻未必合乎《論語》本義。

朱《注》爲元、明、清三朝科舉考試的標準本，甚受重視崇奉。南宋趙順孫《四書纂疏》，即爲朱《注》之《疏》，採輯宋儒諸說甚詳，頗有功於朱《注》；元金履祥又有《論語集注考證》，對朱《注》之疑難處加以疏解，並考訂許多典故事蹟，亦爲朱《注》功臣。

劉寶楠《論語正義》是爲何晏《集解》所作的《疏》。清代考證學興盛，精於文字訓詁、名物制度，且喜訂正宋、元、明人疏失。劉寶楠的《論語正義》正是清代漢學對《論語》見解的具體表現。劉寶楠自清道光八年（西元一八二八）開始撰述，咸豐五年（西元一八五五）病逝；子恭冕承父志續作，於同治五年（西元一八六六）脫稿。全書共二十四卷，集兩代心力，費時三十九年始成。劉恭冕《論語正義・後序》述此書之編撰過程與態度說：

> 先為長編，得數十巨冊；次乃薈萃而折衷之。不為專己之學，亦不欲分漢、宋門戶之見，凡以發揮聖道，證明典禮，期於實事求是而已。

本書優缺點如下：

一、博採清人注釋、考證的新資料，可說是清儒訓釋《論語》的集大成之作。

二、資料宏富洽博，唯偶有繁瑣之病。

三、各種制度考釋精審。

四、考據、義理並重，無漢、宋門戶之分。

五、雖爲《集解》作疏，但能擺脫「疏不破注」陋規的拘囿，駁正《集解》之誤說。

程樹德《論語集釋》乃繼朱熹《集注》而作，薈萃宋以後諸家之說，分類採輯，並收錄由漢至唐古注，分「考異」、「音讀」、「考證」、「集解」、「唐以前古注」、「集注」、「別解」、「餘論」、「發明」、「按語」十部分。本書優缺點如下：

一、收羅繁富，訓詁詳明。

二、擺脫漢、宋之爭，無門戶之見。

三、程氏潛心內典，徵引材料與按語，時有禪語。

第十五章 孝經概說

第一節 孝經的名稱

《易》、《書》、《詩》、《禮》、《春秋》五經，原都不以「經」名，「經」字是後人尊崇之而追加的；經書中原名即有「經」字的，只有《孝經》。若將「經」字拿掉，僅存「孝」字，則將不知所云，可見《孝經》的「經」字是自始即有的。而其所以如此，目的大概在提高其價值，以便躋身經書之林：可見《孝經》之作應在五經被稱爲「經」之後，而這已在戰國末年。

漢人對《孝經》的解釋，明顯偏重在其作爲經典、法則的意義：《漢書・藝文志》說：

> 夫孝，天之經，地之義，民之行也。舉大者言，故曰《孝經》。

班固將《孝經》解釋爲講述天經地義的「孝道」的經典；桓譚《新論》說：

孝者，事親之名；經者，常行之典。

桓譚解「經」爲「典」，「典」字可作「經典」了解，也可讀爲法則、典則：班、桓二人都將《孝經》視爲示人行孝事親典則的經書。

第二節　孝經的作者與時代

《孝經》的作者，自漢至唐，學者大抵以爲乃孔子或曾子所作，宋以後始有異說。歸結之，可有七種說法：

以《孝經》爲孔子所作者，首倡於班固，《漢書·藝文志》「六藝略·孝經家」說：

《孝經》者，孔子為曾子陳孝道也。

《白虎通·五經》「孝經論語」章也說：

> 孔子……已作《春秋》，復作《孝經》何？欲專制正法①。

此種說法爲緯書所採用，何休《公羊傳·序》引《孝經緯·鉤命訣》說：「孔子志在《春秋》，行在《孝經》。」《援神契》也說：「孔子制作《孝經》，使七十二子向北辰磬折。」鄭玄則更進一步說孔子作《孝經》的目的在「總會六藝」，是大道的根源，邢昺《孝經·序·疏》引鄭玄〈六藝論〉說：

> 孔子以六藝題目不同，指意殊別，恐道離散，後世莫知根源，故作《孝經》以總會之。

范曄在《三國志·蜀書·秦宓傳》中也說：

> 孔子發憤作《春秋》，大乎居正；復制《孝經》，廣陳德行。

此說之誤，僅由下列三點即可得知：《孝經》首章說「仲尼居，曾子侍」，可見《孝經》絕非孔子所作，否則怎會稱其弟子爲「曾子」？此其一。《孝經》中多引《左傳》、《孟子》、《荀子》文字，可見其書晚出，此其二。《論語》是有關孔子言行較可靠的典籍，而《孝經》之論孝，與《論語》中孔子的言論大有不同，甚至矛盾，此其三。綜上三點，可知《孝經》

---

①「法」字依盧文弨說補。

不可能是孔子作的。

第二種說法以爲出自曾子之手，其說出於司馬遷，《史記‧仲尼弟子列傳》說：

曾參……孔子以為能通孝道，故授之業，作《孝經》。

此說也不可靠：第一，《孝經》中屢稱「曾子」；第二，《孝經》引用的《左傳》、《孟》、《荀》諸書，曾子不可能見到；第三，《孝經》所論的孝道與大、小戴《禮記》都有不同：可見《孝經》應該也不是曾子作的。

第三說以爲出於曾子門人，主此說的有宋胡寅、晁公武等人。王應麟《困學紀聞》卷七引胡寅的話說：

《孝經》非曾子所自為也。曾子問孝於仲尼，退而與門弟子言之，門弟子類而成書。

晁公武《郡齋讀書志》卷三也說：

今其首章云「仲尼居，曾子侍」，則非孔子所著明矣。詳其文義，當是曾子弟子所為書也。

此派可能因看到《孝經》中常用「曾子」一詞，遂推定其書出於曾子門人之手；但因並無實據，故後人亦多不從其說。

第四說以爲乃曾子弟子子思所作。此說倡自宋人馮椅，《困學紀聞》卷七下引馮氏《孝經解》說：

> 子思作《中庸》，追述其祖之語，乃稱字。是書當成於子思之手。

此說純出推測，信者自少。

第五說以爲乃七十子之徒所作。此說出自清人，毛奇齡《孝經問》說：

> 此是春秋、戰國間七十子之徒所作，稍後於《論語》，而與〈大學〉、〈中庸〉、〈孔子閒居〉、〈仲尼燕居〉、〈坊記〉、〈表記〉諸篇同時，如出一手。故每說一章，必有引經數語以為證，此篇例也。

《四庫全書總目提要》也有類似之說（文見下文第四節引）。此說也出於推測，而且所據以推測作者時代的《禮記》篇章，其著作時代本身已有爭議；又無法解釋《孝經》引用《孟》、《荀》文字的現象，所以也不可信。

第六說以爲乃後人傅會而成。此說由南宋汪應辰所提出，汪說已佚，唯見於朱子的引述，《朱子文集》卷六十六〈孝經刊誤．後序〉說：

熹舊見衡山胡侍郎《論語說》，疑《孝經》引《詩》非經本文，初甚駭焉，徐而察之，始悟胡公之言為信，而《孝經》之可疑者，不但此也。因以書質之沙隨程可久丈，程答書曰：「頃見玉山汪端明亦以此書多出後人傅會。於是乃知前輩讀書精審，其論固已及此，又竊自幸有所因述，而得免於鑿空妄言之罪也。」因欲掇取他書之言可發此《經》之旨者，別為外傳，顧未敢耳。②

朱熹承汪說，主張《孝經》非聖人所作，當出《左傳》、《國語》問世以後，《朱子語類》卷八十二「孝經」說：

・據此書，只是前面一段是當時曾子聞於孔子者，後面皆是後人綴緝而成。……其中煞有《左傳》及《國語》中言語。或問：「莫是《左氏》引《孝經》中言語否？」曰：「不然！其言在《左氏傳》、《國語》中，即上下句文理相接，在《孝經》中卻不成文理。見程沙隨說，向時汪端明亦嘗疑此書是後人偽為者。」

・《孝經》，疑非聖人之言。且如「先王有至德要道」，此是說得好處；然下面都不曾說得切要處著，但說得孝之效如此。如《論語》中說孝，皆親切有味，都不如此。

---

②案：程迥字可久；汪應辰，宋孝宗時爲端明殿學士。

〈士庶人章〉說得更好，只是下面都不親切。

朱子分別由文句之因襲與義理之未精兩方面論《孝經》的作者與時代。其後姚際恆更詳考《孝經》襲用《左傳》的例證，揭而論之。姚氏《古今僞書考》說：

> 其〈三才章〉「夫孝天之經」至「因地之義」，襲《左傳》子太叔述子產之言，惟易「禮」字為「孝」字；〈聖治章〉「以順則逆」至「凶德」，襲《左傳》季文子對魯宣公之言；「君子則不然」以下，襲《左傳》北宮文子論儀之言；〈事君章〉「進思盡忠」二語，襲《左傳》士貞子諫晉景公之言。

姚氏舉證明確，《孝經》成書在《左傳》、《國語》之後，蓋無可疑。

第七說以爲係漢儒所作，姚際恆《古今僞書考》說：

> 是書來歷出於漢儒，不惟非孔子作，併非周、秦之言也。……勘其文義，絕類《戴記》諸篇，如〈曾子問〉、〈哀公問〉、〈仲尼燕居〉、〈孔子閒居〉之類，同為漢儒之作。

姚氏以爲《孝經》類似《戴記》，確爲的見；但《戴記》雖編成於漢代，卻未必即作於漢代。《呂氏春秋．察微》有如此一段話：

> 《孝經》曰：「高而不危，所以長守貴也；滿而不溢，所以長守富也。富貴不離其身，然後能保其社稷，而和其民人。」

此段文字見於今本《孝經·諸侯章》。前人或據此認爲《孝經》乃先秦古書；或以爲乃後人所改，或高《注》誤入正文。不過《呂覽·孝行》又說：

> 故愛其親，不敢惡人；敬其親，不敢慢人。愛敬盡於事親，光燿加於百姓，究於四海：此天子之孝也。

文中雖未明說出於《孝經》，但文句與今本《孝經·天子章》類似。所以《孝經》很有可能作於《呂氏春秋》成書以前；即使不然，應也不致太晚。

近人或據蔡邕〈明堂月令論〉引魏文侯《孝經傳》，以爲戰國初年既然已有《孝經》之「傳」流傳，則「經」自當成於更早③。但戰國初年尚未有以「傳」作爲解經之書專名的習慣④；且蔡邕之文來源可疑，范文瀾在《群經概論》第十一章〈孝經〉中說：

> 案魏文侯〔孝經〕傳引見蔡邕〈明堂論〉及賈思勰《齊民要術·耕田篇》，《漢志》

---

③ 其說始見於清汪中《經義知新記》。

④ 說參屈萬里先生《先秦文史資料考辨》第二章〈孝經〉。

並不著錄，則其書晚出，傳授不明，或後漢儒者所依託也。

綜上所述，《孝經》既引用《孟》、《荀》文句，則成書自在二書之後。孟子卒於周赧王二十六年（西元前二八九），荀子卒於秦始皇即位後不久、呂不韋集門客著書之前。《呂氏春秋》的編輯始於秦王政七年（西元前二四〇），成書於秦王政八年，歷時僅二年。《孝經》既在取材之中，可見其成書在西元前二三九年之前。可能是戰國末年的儒者託名曾子，而且希望能攀附經書，所以用「孝經」之名以傳世。

第三節　孝經的內容

《孝經》託名於孔子、曾子，以問答的方式闡發孝道，內容包括孝的重要性、步驟、要點、功效以及各階層的人不同的行孝方式等。其最明顯的特徵是：以「孝」代替孔門的「仁」，作爲一切道德的標準與代表，改儒家的「禮治」、「德治」爲「孝治」。全書除強調個人行孝外，並推崇孝可「通天地，和民人」，頗富宗教與政治意味，歷來頗受當政者重視，引爲「治民」的工具。

今傳《孝經》，分為十八章，內容大致可分為三大類：

一、統論孝的終始

〈開宗明義章〉第一以孝為德之本，教之所由生，闡說「至德要道」的孝。又以「身體髮膚受之父母，不敢毀傷」為人子孝親的起點；以「立身行道，揚名於後世，以顯揚父母」為孝親的終點；更以「始於事親，中於事君，終於立身」，說明孝的終始：是為孝的步驟。原文是：

仲尼居，曾子侍。子曰：「先王有至德要道，以順天下，民用和睦，上下無怨，汝知之乎？」曾子避席，曰：「參不敏，何足以知之？」子曰：「夫孝，德之本也，教之所由生也。復坐，吾語汝。」「身體髮膚，受之父母，不敢毀傷，孝之始也；立身行道，揚名於後世，以顯揚父母，孝之終也。夫孝，始於事親，中於事君，終於立身。《大雅》云：『無念爾祖，聿修厥德』。」

《孝經》一開始就假借孔子和曾子兩人的對話，把孝定為所有道德的基礎、教化產生的總源頭。然後進一步說明孝的終始：把愛惜父母賜給我們的身體，作為孝的最基本要求；把頂天立地、修身行道，建立不朽的聲名，使父母也得到榮耀，作為行孝的最高層次。又以孝道首重事奉雙親，其次在於事奉國君，最終在於立身行道，說明行孝的過程和終始。

二、分論天子至庶人的孝道

自〈天子章〉第二至〈庶人章〉第六，分別論「天子之孝」、「諸侯之孝」、「卿大夫之孝」、「士之孝」、「庶人之孝」，說明對天子、諸侯、卿大夫、士以及庶人等社會各階層的人行孝的要求。茲以〈天子章〉、〈庶人章〉為例。〈天子章〉說：

子曰：「愛親者不敢惡於人；敬親者不敢慢於人。愛敬盡於事親，而德教加於百姓，刑于四海：蓋天子之孝也。〈甫刑〉云：『一人有慶，兆民賴之』。」

〈天子章〉藉由孔子的口說：天子身行愛敬，並施化於天下，因此天下之人都愛敬而不敢慢惡其雙親。天子因為行此至德政教，因此天下都能化於「孝道」，連蠻夷都慕此德化而效法這種至德，也就是「孝道」。因此《尚書・呂刑》⑤說：「一人行善，萬民都受益」。很明顯的，這是從政治教化的角度談孝道的。

---

⑤ 《禮記》〈表記〉、〈緇衣〉等、《孝經・天子章》、《尚書大傳》、《史記・周本紀》俱作〈甫刑〉；《墨子・尚賢中》、〈書序〉俱作〈呂刑〉。作〈呂刑〉者蓋古文本，作〈甫刑〉者則今文本也。說參馬瑞辰《毛詩傳箋通釋》。

司馬光在面對地方父老時，就因材施教的講解《孝經・庶人章》，原文是：

> 用天之道，分地之利，謹身節用以養父母：此庶人之孝也。

〈庶人章〉說明老百姓應該遵守的孝道：要順應節候，採取大自然的物產，努力工作，節儉而不浪費，好好的奉養父母。這不只在古代，就是在現代依然適用於一般社會大衆的孝親之道。

三、雜論孝的重要性、行孝的方式與孝的作用，推而至於「事君」之道

在說明社會各階層不同的行孝方法後，接下來的十二章，則從各方面討論「孝的重要性」、「行孝的方式」、「孝的作用」等，並且特別強調孝道與君臣之間的關係。分別爲〈三才章〉第七、〈孝治章〉第八、〈聖治章〉第九、〈紀孝行章〉第十、〈五刑章〉第十一、〈廣要道章〉第十二、〈廣至德章〉第十三、〈廣揚名章〉第十四、〈諫諍章〉第十五、〈感應章〉第十六、〈事君章〉第十七、〈喪親章〉第十八。茲舉討論行孝方式的〈紀孝行章〉與宣揚孝的作用的〈廣要道章〉以及討論「事君」之道的〈事君章〉爲例。〈紀孝行章〉說：

> 子曰：「孝子之事親也：居則致其敬，養則致其樂，病則致其憂，喪則致其哀，祭則致其嚴。五者備矣，然後能事親。事親者，居上不驕，爲下不亂，在醜不爭。居上而

驕則亡，為下而亂則刑，在醜而爭則兵。三者不除，雖日用三牲之養，猶為不孝也。」

本章從不同情況而有不同的事親原則，談到能事親的人就一定能守本分。如果不能守本分，就會惹禍上身，使父母憂慮，那就是不孝。大意是說：孝子的事奉雙親：平日就盡其孝敬之心；爲父母進用食物時，要和顏悅色；雙親有病痛時，要有憂謹之心；父母亡故，要盡其哀情；祭祀父母時，要齋戒沐浴，有嚴敬的心意。必須具備上述五項，才稱得上孝順。能夠孝親的人，在上位能夠不驕矜，謙和的對待屬下；在下位，能夠恭謹的事奉上司，不興風作浪；處在眾人之中，能夠與人和睦相處而不生紛爭。如果位居上位而驕矜自恃，那麼危亡就會隨之而來；位居下位而作亂犯上，就會有刑罰上身；處眾而爭，就可能有刀光之禍。如果不能去除「驕」、「亂」、「爭」，那麼即使每天都用大魚大肉來事奉雙親，也還是「不孝」。

〈廣要道章〉說：

子曰：「教民親愛，莫善於孝；教民禮順，莫善於悌；移風易俗，莫善於樂；安上治民，莫善於禮。禮者，敬而已矣。故敬其父，則子悅；敬其兄，則弟悅；敬其君，則臣悅。敬一人，而千萬人悅，所敬者寡，而悅者眾，此之謂要道也。」

本章說明推廣孝道所可產生的作用，也藉由孔子的口說出。大意是：要教人親愛禮順，沒有比教人孝悌更好的；想要移風易俗，安上化下，沒有比禮樂更好的。敬是禮的根本，能敬人父兄，那麼他的子弟就能歡悅；能敬他人的君主，那麼他的臣下就會高興。所以說禮敬一人，就能得到眾人的喜愛，這就是先王的「至德要道」，也是孝所能達到的效用。

〈事君章〉說：

子曰：「君子之事上也，進思盡忠，退思補過，將順其美，匡救其惡；故上下能相親也。」

本章還是藉重孔子來闡說「事君之道」。大意是：君子是這樣事奉君上的：入朝進見、謀慮國事，就要思考如何善盡忠貞之節；退朝而回，就要思考怎樣幫助君上改正過失；如果君上做得好，就要順著君上的善道而推行之；如果君上做得不好，就要想辦法讓君上停止不做。在下位的臣子，以忠事上；在上位的君主，以義待臣，君臣同德，所以能夠協和相親。

第四節 孝經的性質及其入經的過程

《孝經》本非經書，但在撰作之初，便有意比附經典，故用「經」字名書。《漢書·藝文志》說：「漢文帝時，《論語》、《孝經》皆置博士。」可見其受重視的時代頗早。又漢代提倡孝道，自惠帝以後，歷代皇帝都在謚號前加「孝」字，如「孝惠帝」、「孝文帝」、「孝景帝」、「孝武帝」等，極為重視《孝經》，除了令期門羽林之士都須研讀《孝經》外，宣帝地節三年（西元六七）還曾命疏廣教授太子《孝經》，《孝經》的地位可說早與群經等列，因此《漢志》著錄《孝經》時，將它與「論語」、「小學」二類並附於「六藝略」之後。

漢代以後，歷代統治者也多重視《孝經》，雖然帝王本身未必真的重視「孝道」。根據《七錄》的記載，晉孝武帝有《總明館孝經講義》一卷，梁簡文帝有《孝經義疏》五卷；又據《經義考》所載，晉元帝有《孝經傳》；《隋書．經籍志》也載錄梁武帝《孝經義疏》十八卷⑥。最有名的當然要推唐玄宗御注的《孝經》了。今「十三經注疏」中的《孝經注疏》，便是宋代邢昺在唐玄宗《注》的基礎上所作的《疏》。

《孝經》在唐文宗開成二年（西元八三七）刻十二經於長安太學時，正式被列入經部之林。但《孝經》文意淺近，在群經中僅略勝《爾雅》，其得以躋身群經之中，實含政治意味。《四庫全書總目提要》對《孝經》曾有如此的評論：

⑥ 以上各書，都已亡佚。

今觀其文，去二戴所錄為近，要為七十子之徒之遺書。使河間獻王採入一百三十一篇中，則亦《禮記》之一篇，與〈儒行〉、〈緇衣〉轉從其類。

《孝經》的性質、地位與價值，大略等同於《禮記》中的一篇。

第五節　孝經的傳本

《孝經》是群經中文字最少的一經，全書不到二千字；但《孝經》的版本卻不單純，基本上，有古文與今文兩大系統；古文本又有真僞之分。

壹、《今文孝經》

今日所傳的《今文孝經》，計分十八章，即《漢書．藝文志》著錄的「《孝經》一篇十八章」本；但這個傳本的來歷卻不甚明瞭。《漢志》說：

> 漢興，長孫氏、博士江翁、少府后蒼、諫大夫翼奉、安昌侯張禹傳之，各自名家。

班固只說諸家並傳《孝經》，並未明白指出《今文孝經》的來源；陸德明《經典釋文・序錄》「注解傳述人・孝經」則說：

> 《孝經》……亦遭焚燼。河間人顏芝，為秦禁，藏之；漢氏尊學，芝子貞出之，是為今文。長孫氏、博士江翁、少府后蒼、諫大夫翼奉、安昌侯張禹傳之，各自名家。凡十八章。

《隋書・經籍志》所載同。《釋文》、《隋志》說《今文孝經》出於顏芝、顏貞父子，在長孫氏之前又多了兩代；但其說不見於東漢以前，不知二家何所據而云然？

《今文孝經》雖然來歷不明，但在西漢卻流傳甚廣。根據《隋志》所載，西漢末，劉向曾用今文本與古文本相較，去其繁複，而以十八章爲今文定本。

東漢末又有「鄭氏注」，不著名字。晉荀勖《孝經集注》以爲鄭氏即鄭玄；唯難定是否。此本流行於南北朝間，爲《今文孝經》第二次改訂本，但在唐玄宗御注本流傳後便散佚了。

唐開元七年（西元七一九），司馬貞與劉知幾爭論今古文《孝經》，司馬貞主今文，對《古文孝經》的割裂舊文與〈閨門章〉提出批評。玄宗下詔，採今文鄭注本及司馬貞說，是爲《今文孝經》第三次改訂本。

開元十年，玄宗御注《孝經》頒行天下；天寶二年（西元七四三），玄宗又重注頒行；天寶四載，以御注刻石於太學，稱「石臺孝經」，這是《今文孝經》第四次改訂本，也是《十三經注疏本》的來源。

貳、《古文孝經》

《孝經》另有古文本，又可別之爲三：

一、漢代古文本

漢代的《古文孝經》可能又有三個傳本：其一爲《漢書．藝文志》著錄的「《孝經》，古孔氏一篇」，自注：「二十二章」，顏師古《注》：

> 劉向云：古文字也。〈庶人章〉分為二也，〈曾子敢問章〉為三，又多一章，凡二十二章。

劉向、顏師古都沒有指明所多者究爲何章。

《漢書・藝文志》記載《古文孝經》發現的情況說：

> 武帝末，魯共王壞孔子宅，欲以廣其宮，而得古文《尚書》及《禮記》、《論語》、《孝經》，凡數十篇，皆古字也。

《隋書・經籍志》同，都認爲出自孔壁；但許慎之子許沖在〈上說文解字表〉中卻說：

> 《古文孝經》者，孝昭帝時，魯國三老所獻。

許沖所說漢昭帝時魯國三老所獻的《古文孝經》，可能是另一個古文傳本。

另外，桓譚似乎也見過《古文孝經》，《太平御覽》卷六〇八引《新論》說：

> 《古孝經》一卷，二十章，千八百七十二字，今異者四百餘字。

桓譚所見的傳本二十章，與班固所見的二十二章本似乎又有不同。但都因爲缺乏證據，而無法明確的加以推定。

《孔子家語》說孔安國曾爲《孝經》作傳，但因《漢志》並未著錄，一般又以《家語》爲王肅所僞作，故不加採信。至於漢代的《古文孝經》，根據《隋書・經籍志》記載，梁時已經亡佚。

二、隋後所得附孔安國《傳》的《古文孝經》

此本來源始見於《隋書．經籍志》：

安國之本，亡於梁亂。……至隋，祕書監王劭，於京師訪得孔《傳》，送至河間劉炫；炫因序其得喪，述其議疏，講于人間，漸聞朝廷。後遂著令，與鄭氏並立。儒者諠諠，皆云炫自作之，非孔舊本。

《唐會要》卷七十七「論經義」條引劉知幾〈上孝經註議〉，說：

隋開皇十四年，祕書學士王孝逸，於京市賈人處買得一本，送與著作郎王劭；劭以示河間劉炫，乃為校定。而此書更無兼本，難可依憑，炫輒以所見，率意刊改。

劉知幾相信《古文孝經》，認爲隋代所發現的《古文孝經》以及孔安國的《傳》即是孔壁古文本，劉炫不過加以刊定而已；但當時學者已不相信，《隋志》所說可爲明證。此本二十二章中有〈閨門章〉，《唐會要》卷七十七引司馬貞說，以爲出自劉炫妄作。唐玄宗開元七年（西元七一九），司馬貞等主張《古文孝經》及其孔安國《傳》爲僞，劉知幾等則主張《今文孝經》之鄭《注》非鄭玄作⑦，爭議不休，詔群儒學官集議，而未有結果，孔《傳》、鄭《注》二家仍並存；至玄宗就今文本作注，今文鄭《注》與古文《經》、《傳》，遂漸亡佚。

三、日本版《古文孝經》及孔安國《傳》

此本於清乾隆年間由日本傳回。據鮑廷博在乾隆丙申年（西元一七七六）爲該書新刊所作的跋，稱此本係其友人汪翼滄得之於長崎澳。根據《四庫全書總目提要》的考證，此本確實得自日本，非鮑氏僞作；但《提要》仍以爲出於僞撰，並非古傳的真品。《四庫提要》「古文孝經孔氏傳一卷附宋本古文孝經一卷」條，論此本的孔安國《傳》說：

> 其《傳》文雖證以《論衡》、《經典釋文》，《唐會要》所引亦頗相合，然淺陋冗漫，不類漢儒釋經之體，并不類唐、宋、元以前人語。殆市舶流通，頗得中國書籍，有桀黠知文義者，摭諸書所引孔《傳》影附為之，以自誇圖籍之富歟？

阮元在《孝經注疏校勘記·序》中也說：

> 《孝經》有古文，有今文，有鄭《注》，有孔《注》。孔《注》今不傳；近出於日本

---

⑦《新唐書·劉子玄傳》說劉知幾「嘗議《孝經》鄭氏學非康成注，舉十二條左證其謬，當以古文爲正」。事詳《唐會要》卷七十七「論經義」條引。

國者，誕妄不可據。要之，孔《注》即存，不過如《尚書》之偽《傳》，決非真也。鄭《注》之偽，唐劉知幾辨之甚詳，而其書久不存。近日本國又撰一本流入中國，此偽中之偽，尤不可據者。

此本今日尚存；但既可確信其爲贗品，就沒什麼學術價值了。

此外，朱子曾據僞古文《孝經》，作《孝經刊誤》，改訂《孝經》章節爲「經」一章、「傳」十四章，謂「經」爲舊傳，可能是「曾子聞於孔子者」，「傳」則是後來補綴的；又刪去二百二十三字。元吳澄倣效朱子，改據今文《孝經》，作《孝經定本》，定爲「經」一章、「傳」十二章。朱、吳二家傳本，無論其說之當否，都不是《孝經》的本來面目。

第十六章　爾雅概說

第一節　爾雅的名稱與性質

古代字書，大抵可分爲三類：一爲識字之書，用來做學童啓蒙教材，爲便記憶，大都採四言或三七言韻語，如《蒼頡篇》、《凡將篇》、《急就章》、《訓纂》等，其性質類似後世的《三字經》、《千字文》；第二類則依字形分部，加以訓釋，其書始於許慎《說文解字》，性質相當於現在的字典；第三類則依詞類分篇，加以說明，性質相當於今日的詞典，《爾雅》即屬此類。

壹、《爾雅》名稱的意涵與其書的性質

「爾雅」或稱「爾疋」、「邇疋」①。「爾雅」一詞，最早見於《大戴禮·小辨》：

〔哀〕公曰：「寡人欲學小辨，以觀於政。其可乎？」子曰：「否，不可。……循弦以觀於樂，足以辨風矣；爾雅以觀於古，足以辨言矣。」

魏張揖在〈上廣雅表〉中以為此處的「爾雅」即是十三經的《爾雅》，不過北周盧辯的《大戴禮注》則說「爾雅」不是書名，他認為：「邇，近也，謂依於雅頌。」由上下文意推測，似以盧說為是。不過《爾雅》一書的出現應不致太晚，因為在漢文帝時《爾雅》便曾一度列於學官②。《爾雅》雖旋立旋廢，但至東漢光武帝時又成為顯學；而《漢書·藝文志》將之著錄在「六藝略·孝經家」中。它究竟是一部什麼性質的書？「爾雅」又究為何義呢？

首先解釋《爾雅》名稱的是東漢劉熙，《釋名·釋典藝》說：

《爾雅》：爾，昵也；昵，近也。雅，義也；義，正也。五方之言不同，皆以近正為

---

① 見陸德明《經典釋文·爾雅音義上·爾雅序》「爾」、「雅」二字下異文。

② 見趙岐《孟子注·孟子題辭》。文已屢見前引。

主也。

劉熙的文字包含了「爾雅」二字字義的解釋，也觸及《爾雅》一書的性質：《爾雅》是訓解古今中外異語的訓詁書。三國張晏、唐陸德明之說與劉熙大致相同③。

後世對「爾雅」字義的詮釋，一派即依劉熙之說加以闡發，如清儒劉台拱即是。劉氏認爲：「雅」就是雅言、正音，即首都的標準音；「爾」則是「比物連類，使相附近」。即將各地方言，綜合聚集，以標準的雅言加以訓釋，便是「爾雅」的取義④。阮元極爲推崇劉說，並進一步詮釋「近正」的涵義，其〈與郝蘭皋戶部論爾雅書〉說：

> 古人字從音出，喉舌之間，音之所通者簡，天下之大，音之所異者繁。「爾雅」者，近正也。正者，虞、夏、商、周建都之正言也；近正者，各國近于王都之正言也。……《爾雅》一書，皆引古今天下之異言以近于正言。夫曰「近」者，明乎其有異也。「正言」者，猶今官話也；「近正」者，各省土音近于官話者也。（《揅經室一集》卷五）

---

③《漢志》顏師古《注》引張晏《漢書注》：「爾，近也。雅，正也。」陸德明《經典釋文．序錄》「注解傳述人．爾雅」：「爾，近也。雅，正也。言可近而取正也。」

④說見《論語駢枝》。

阮說雖稍有穿鑿矛盾，如將正言上推至虞、夏、商三代即是；但他以「猶今官話」解釋「正言」，卻相當能把握住《爾雅》的特質。

黃季剛先生則雖承襲傳統的解釋，以爲上古之時語言簡單，其後幅員漸廣，語音亦多，因之或意同而語異，或語相因而義稍變；當時的君主，一方面爲了統一異言，使歸於正，一方面又因「五方水土，未可強同，先古遺言，不能悉廢」，是以「綜而集之，釋以正義，比物連類，使相附近」，這便是「爾雅」。在這點上，黃說與傳統解釋並無差異；黃說與傳統說法的最大不同在對「雅」字的解釋。他在〈爾雅略說〉「論爾雅名義」節中說：

> 雅之訓正，誼屬後起，其實即「夏」之借字。《荀子·榮辱篇》：「越人安越，楚人安楚，君子安雅。」〈儒效篇〉則云：「居楚而楚，居越而越，居夏而夏。」二文大同，獨雅、夏錯見，明雅即夏之假借也。明乎此者，一可知《爾雅》為諸夏之公言，二可知《爾雅》皆經典之常語，三可知《爾雅》為訓詁之正義。（《黃侃論學雜著》）

「雅」、「夏」二字在古代可以相通，本書〈詩經概說〉章討論「風雅頌」時已言及。不過黃氏之說雖與傳統解釋有所不同，結果則並無大異，且可互爲補充。若加綜合，即可對《爾雅》的取義與性質有更透澈的掌握。即：「爾」是「邇」的初文或假借字，《說文解字》說：「邇，近也。」「雅」，無論解爲「正」或「夏」，意思都是周王朝的標準語；《爾雅》就是將古今的異言、各地的方音，加以綜合整理，以周王朝的標準語言加以訓釋，以達統一殊文異語的目的。所以《爾雅》的任務有三：

一、以標準語解釋方言、俗語

二、以當代語言解釋古語

三、以常用語解釋冷僻詞語

不過，《爾雅》除了通解古今四方的異言外，又詳列天文、地理、宮室、器物、鳥獸、草木、蟲魚等各方面的名詞，並加以解說，故其書除解經性質外，又類似今日的詞典，可說是古代的訓詁資料彙編，既可用以解經，又可作爲學者博物達識之用，《四庫全書總目提要》已有見於此，〈爾雅註疏十一卷〉條下說：

> 其書歐陽修《詩本義》以為學《詩》者纂集博士解詁，高承《事物紀原》亦以為大抵解詁詩人之旨；然釋《詩》者不及十之一：非專為《詩》作。揚雄《方言》以為孔子門徒解釋六藝，王充《論衡》亦以為五經之訓故；然釋五經者不及十之三四：更非專為五經作。今觀其文，大抵採諸書訓詁名物之同異，以廣見聞，實自為一書，不附經義。……蓋亦《方言》、《急就》之流。特說經之家多資以證古義，故從其所重列之

經部耳。

《提要》之說極有見地；不過前人大都偏重在《爾雅》作爲釋經之書的性質與價值上，並未將之視爲獨立的詞書：漢王充《論衡·是應》說：「《爾雅》之書，五經之訓故。」鄭玄〈駁五經異義〉說：「《爾雅》以釋六藝之旨。」魏張揖〈上廣雅表〉說《爾雅》：「真七經之檢度，學問之階路，儒林之楷素。」梁劉勰《文心雕龍·練字》說：「《爾雅》者，《詩》《書》之襟帶。」唐陸德明《經典釋文·序錄》說：「《爾雅》者，所以訓釋五經，辯章同異。」宋林光朝《艾軒詩說》說《爾雅》是「六籍之戶牖，學者之要津。」清宋翔鳳在《爾雅郭注義疏·序》中更以「訓故之淵海，五經之梯航」稱頌《爾雅》。由歷代學者的頌辭，可以看出古人對《爾雅》的重視；但他們所稱頌的都偏向於《爾雅》作爲一部治經工具書的價值，而不是直接稱頌《爾雅》本身是一部有價值的經書。

貳、《爾雅》入經的緣由

事實上，《爾雅》本非經書，而是用以解讀經書的書。因漢代重視經學，因而可用以解讀經書的《爾雅》，在漢代便頗受重視：漢文帝時曾一度立於學官；《漢書·藝文志》著錄時將之附於「孝經家」，與「論語家」、「小學家」，並隸「六藝略」。西漢末年，劉歆爭立古文學，曾徵募能爲《爾雅》者千餘人，講論庭中；東漢盛行古文經學，《爾雅》亦隨之盛行，地位更爲提昇；至唐文宗開成二年（西元八三七）刻石經，立於太學時，便在十一經中加入《爾雅》，成爲「十二經」，《爾雅》遂正式列於經書之林。

至於《爾雅》以訓解之書而升格爲經書，除了上文提及的早有其歷史背景外，《四庫全書總目提要》又由《爾雅》的內容加以解釋：

> 特說經之家，多資〔爾雅〕以證古義，故從其所重，列之經部耳。

結合《爾雅》流傳的歷史背景與其內容性質，即可了解《爾雅》得以立於十三經的緣由。

《爾雅》的來源，因不像《易》、《書》、《詩》、《儀禮》、《春秋》、《論語》等，有明文可考，故近代今文學者常力加排斥，指爲古文學家所僞造；歷經陳啓源《毛詩稽古編》、孫星衍《四書釋地．後敘》、康有爲《新學僞經考》⑤的考證，其來源雖仍難以確定，但《爾雅》與古文經典關係密切，且非出僞造，似可斷言。

---

⑤ 康有爲欲證明《爾雅》爲古文的目的，乃在爲其古文爲劉歆所僞造之說找基礎；但正可用以說明《爾雅》在今古文問題上的屬性。

第二節　爾雅的作者與時代

關於《爾雅》的作者問題與成書時代，在早期文獻中，以張揖的〈上廣雅表〉說得最爲詳細，但也表現了《爾雅》作者與時代問題的複雜不單純：

昔在周公，……六年，制禮以導天下，著《爾雅》一篇，以釋其義。……越秦踰楚，爰暨帝劉，魯人叔孫通撰置《禮記》，文不違古。今俗所傳三篇《爾雅》，或言仲尼所增，或言子夏所益，或言叔孫通所補，或言沛郡梁文所考：皆解家所說，先師口傳，既無正驗聖人所言，是故疑不能明也。

傳統對這個問題大致有三種說法，茲先依各家說法出現之次第略加陳述，再作檢討：

第一說以爲《爾雅》出孔子門人。鄭玄〈駁五經異義〉說：

玄之聞也：《爾雅》者，孔子門人所作，以釋六藝之言，蓋不誤也。

鄭玄又在《鄭志·答張逸》中說：

《爾雅》之文雜，非一家之注。

齊、梁間人僞託劉歆作的《西京雜記》也記載了一段漢儒揚雄的話說：《爾雅》是「孔子門徒游、夏之儔所記，以解六藝者也」；不過《西京雜記》乃後出之書，似難以取證。

第二說以爲《爾雅》爲周公初作，後人增補。前引張揖文，即爲此說始倡者。張氏以爲：周公作《爾雅》一篇；後來可能經過孔子、子夏、叔孫通、梁文等人所增益，而成爲三篇。陸德明承張揖之說，又加推論，《經典釋文·序錄》「注解傳述人·爾雅」說：

> 〈釋詁〉一篇，蓋周公所作；〈釋言〉以下，或言仲尼所增、子夏所足、叔孫通所益、梁文所補。

陸氏大抵承襲張揖之說，但他肯定周公所作的是〈釋詁〉，則並無可靠的依據，實出推測。另齊、梁間人僞託劉歆所作的《西京雜記》引劉向的話說：〈外戚傳〉稱史佚教其子以《爾雅》，又說孔子教魯哀公學《爾雅》，可見《爾雅》之出古遠，而舊傳皆以《爾雅》爲周公所作；雖然《西京雜記》的可靠性向受質疑；但贊同此說的有劉師培、黃侃等人⑥。

第三說以爲《爾雅》乃秦、漢間經師所作。此說出於宋人，大旨相同，而枝節略異。歐陽脩《詩本義》說：

---

⑥劉說見《中國文學教科書》第一冊第三十四課〈訓詁書釋例上〉，黃說見〈爾雅略說〉。

《爾雅》非聖人之書，不能無失。考其文理，乃是秦、漢之間，學《詩》者纂集《詩》博士解詁。

《朱子語類》卷一百三十八〈雜類〉也說：

·《爾雅》是取傳注以作，後人卻以《爾雅》證傳注。

·《爾雅》非是，只是據諸處訓釋所作。趙岐說《孟子》、《爾雅》皆置博士，在《漢書》亦無可考。

葉夢得在《石林集》中又根據《爾雅》多取毛公詩說，斷言《爾雅》「但漢人所作耳」；曹粹中在《放齋詩說》中又據《毛傳》異於《爾雅》，而鄭《箋》多同《爾雅》，推定《爾雅》在毛公以前絕未成書。清四庫館臣沿襲曹氏之說，再補充證據，舉出《爾雅》採取了〈離騷〉、《莊子》、《管子》、《呂氏春秋》、《山海經》、《國語》等書文字，認爲其書之完成，不應早於戰國晚葉，斷定《爾雅》爲漢初毛公以後、武帝以前作品。《四庫全書總目提要》「爾雅註疏十一卷」條下說：

案：《大戴禮·孔子三朝記》稱孔子教魯哀公學《爾雅》，則《爾雅》之來遠矣；然不云《爾雅》為誰作。據張揖〈進廣雅表〉……於作書之人亦無確指。……郭璞《爾雅註・序》稱「豹鼠既辨，其業亦顯」，邢昺《疏》以為漢武帝時終軍事；《七錄》載犍為文學《爾雅注》三卷，陸德明《經典釋文》以為漢武帝時人：則其書在武帝以前。曹粹中《放齋詩說》曰：「《爾雅》毛公以前，其文猶略，至鄭康成時則加詳。……使《爾雅》成書在毛公以前，顧得為異哉？則其書在毛亨以後。」大抵小學家綴輯舊文，遞相增益；周公、孔子皆依託之詞。觀〈釋地〉有『鶼鶼』，〈釋鳥〉又有『鶼鶼』，同文複出，知非纂自一手也。

以上即爲《爾雅》作者與時代的三種說法，不過這三種說法都不夠準確：其中一個重大的關鍵在《爾雅》一書乃是慢慢匯輯起來，而不是一次，更非由一人獨力完成的。《爾雅》中有比《毛傳》更早期的資料，這可由《爾雅》與《毛傳》同時擁有許多共同的材料，而《毛傳》的解釋比《爾雅》更爲精確推知，如《毛傳》已採用「某某聲」、「某某貌」等術語來表示疊字形容詞與象聲詞的詞性，而這是《爾雅》所尚未達到的，所以《爾雅》中有一部分可能是較爲早期的資料，但並非如第一、二兩說所稱的由周公或孔子，或孔子弟子所作，而大約作於戰國時期，至於確實年代，則難以確定。

其次，《爾雅》解釋「五經」的文字，不及全書之半，所採取的訓詁，旁及〈離騷〉、《莊子》、《管子》、《國語》、《山海經》、《穆天子傳》、《呂氏春秋》，乃至於《史記》，這都在周公、孔子以後；再由書中所涉及的文獻與所討論的制度、史實看，更可知它是雜採數代、多家的訓詁資料，匯編聚集成書的，絕非一時一人之作；而且匯編的工作，也不是一次完成，而是經過多次整編的，其最後一次匯編工作，可能即在漢代古文經學傳注發達以後，而這已在西漢之末了。

綜上所述，或可如此大膽推測：或許戰國時代《爾雅》早已存在，是託名周公所作的一卷本；慢慢地，有人在一卷本的基礎上，搜集訓詁的材料，再加匯編，遂有三卷本的產生。但不知漢初所立的究爲一卷本，抑三卷本；而經過漢代經學興盛、注經盛行的影響，於是又有人在三卷本的基礎上，再收集先秦古籍訓解資料加以整編，《漢志》所著錄的二十篇本《爾雅》於焉產生。

第三節　爾雅的篇卷編排與內容

壹、《爾雅》的篇卷

《漢書·藝文志》「六藝略·孝經家」著錄「《爾雅》三卷二十篇」；今本《爾雅》則爲三卷十九篇，較《漢志》缺一篇。關於一篇亡缺的問題，前人意見並不一致，大致有三種說法：或以爲《爾雅》本有〈序篇〉；或以爲今本亡〈釋禮〉一篇；或以爲古本《爾雅·釋詁》分爲上、下二篇。茲略述各家之說。

主張原本《爾雅》有〈序篇〉的有清代學者王鳴盛、顧廣圻、陸堯春、葉德輝、王先謙等人。王鳴盛《蛾術篇》說：

> 《漢書·藝文志》：「《爾雅》三卷二十篇」。三卷者，卷帙繁多，分為上、中、下；二十篇者，自〈釋詁〉至〈釋畜〉，凡十九篇，別有〈序篇〉一篇。顧廣圻云：「《毛詩疏》引《爾雅·序篇》云：『〈釋詁〉、〈釋言〉，通古今之字，古與今異言也；〈釋訓〉，言形貌也。』郭璞既作注，則〈序篇〉亦當有注，而今亡之。」

後人評論此說，以爲：魏張揖撰寫《廣雅》時體例全依《爾雅》，但《廣雅》並無「序篇」；且晉郭璞注《爾雅》時也不可能不加以注解，何況加以刪落⑦？胡元玉並進一步解釋《周南·關雎·正義》所引《爾雅·序篇》文字的問題說：

> 《爾雅·序篇》即鄭君〈三禮目錄〉、《論語》篇目弟子、趙臺卿《孟子·篇敘》之類：皆注家解釋篇名之作。蓋唐前注《爾雅》諸家所為，其人則不可考矣。（黃侃〈爾雅略說〉引）

主張《爾雅》亡〈釋禮〉一篇的是崔灝與崔應榴。崔灝《爾雅補郭》說：

> 「祭名」與「講武」、「旌旗」三章，俱非天類，而繫於〈釋天〉，邢氏（昺）強為之說，義殊不了。愚謂古《爾雅》當更有〈釋禮〉一篇，與〈釋樂篇〉相隨。此三章乃〈釋禮〉文，殘缺失次者耳。《漢志》：「《爾雅》二十篇。」今惟十九，所少或即此篇。

崔灝以爲「祭名」、「講武」、「旌旗」三章，乃〈釋禮〉殘損失次的遺留；孫志祖則以爲張揖《廣雅》的篇章全依《爾雅》，《廣雅》既無「序篇」，《爾雅》原本也應沒有「序篇」。

---

⑦ 說參孫志祖《讀書脞錄續編》。

孫志祖《讀書脞錄續編》以為〈釋詁〉原分上、下，故《漢志》稱「《爾雅》二十篇」，而今本則為十九篇。郝懿行《爾雅義疏》、黃侃〈爾雅略說〉同。此說的缺點在純出推測，未有明證。

以上三說，各有所據，也各有缺點。邵晉涵《爾雅正義》說：

考諸書之徵引《爾雅》者，似有疑句而無缺篇。班固所言篇第，今莫可考。

邵氏之說甚得闕疑精神。《爾雅》篇數的問題，尚難明確肯定，有待進一步的研究。

貳、《爾雅》的編排與內容

《爾雅》十九篇，若大略分類，可別為二：前三篇屬會通語文性質，後十六篇屬訓詁名物、稱號性質。若再細分，則可別為五類：

一、語言文詞類

包括〈釋詁〉、〈釋言〉、〈釋訓〉三篇。這三篇是古代文獻語詞訓釋的彙編。前二篇多為訓釋單詞，且多採直訓方式；〈釋訓〉則多為疊字、連綿詞的訓解。茲各舉一例以明：

初、哉、首、基、肇、祖、元、胎、俶、落、權輿：始也。（〈釋詁〉）

這幾個字、詞都是開始之意。其中初、首、基、肇、祖、元、胎等字，都很容易理解，它們或者是字的本義就是開始，或者是引申義爲開始。至於「權輿」這個詞，我們現在也還常用，譬如我們常說一件事的開始爲權輿。

·還、復：返也。（〈釋言〉）

·兢兢、憴憴：戒也。（〈釋訓〉）

兢兢和憴憴都是戒慎恐懼之意。今日還用「戰戰兢兢」來形容戒慎恐懼。

二、人倫關係類

〈釋親〉解釋親屬關係的稱謂，包括宗族、母黨、妻黨、婚姻之親四類。如：

父為考，母為妣。（宗族）

這是解釋父母的異稱：古人認爲，父母在世時稱父、母，死了以後稱考、妣；但是有時不論生或死，父和考、母和妣也可以通稱。《尚書·堯典》說舜：「二十有八載，帝乃殂落，百姓如喪考妣。」意謂舜死了之後，老百姓就像死了父母親一樣悲傷。「如喪考妣」這個成語一直流傳到現在。

妻之姊妹同出為姨，女子謂姊妹之夫為私。（妻黨）

男子稱呼妻子的姊妹爲「姨」；女子稱呼自己姊妹的丈夫爲「私」。「私」這個稱呼現在已經很少用，「姨」則還保留在現代的稱謂裡。

三、建築器物類

包括〈釋宮〉、〈釋器〉、〈釋樂〉三篇。〈釋宮〉解釋宮室的總體與個別部位名稱，以明古時的居處和道路制度。如：

·牖戶之間謂之扆，其內謂之家，東西牆謂之序。

·四達謂之逵，五達謂之康，六達謂之莊。

這是解釋道路的不同名稱。我們現在還用「康莊」或「康莊大道」來形容四通八達的大路。

〈釋器〉解釋一般器物的名稱、材料名稱與製作工序名稱，以見古時衣、食、住、行制度。如：

木豆謂之豆，竹豆謂之籩，瓦豆謂之登。

這是解釋古代禮器的文字。豆是古代用來行禮的食器，用木質製成的稱「豆」，用竹質製成的稱「籩」，用瓦質製成的稱「登」，豆則是總稱。現在「籩豆」已經混用，古人則由其材料作清楚的區分。

一染謂之縓，再染謂之赬，三染謂之纁。青謂之蔥，黑謂之黝，斧謂之黼。

此解釋古代反覆印染之法，並區別各種色彩的名稱。一染爲縓，縓爲赤黃色，再染爲赬，赬爲淺紅色，三染爲纁，纁爲深紅色。纁指紅色達到極點，若再染，則紅色將趨向黑色。蔥是淺青色，黝是微青黑色。「青謂之蔥，黑謂之黝」，講的是由青入黑的染色法。黼，指白黑相間的色彩，半白半黑，如斧頭刃白而身黑。

〈釋樂〉專講有關音樂方面的名稱，以見古時音樂制度。如：

·大瑟謂之灑，大琴謂之離。

·和樂謂之節。

這是解釋敲打樂器。和是協調；和樂就是協調樂音。節是敲打樂器。

四、天文地理類

包括〈釋天〉、〈釋地〉、〈釋丘〉、〈釋山〉、〈釋水〉五篇。〈釋天〉包涵甚廣，可分爲四時、祥、災、歲陽、歲陰、歲名、月陽、月名、風雨、星名、祭名、講武、旌旂等十三類，如：

> 穀不熟為饑，蔬不熟為饉，果不熟為荒；仍饑為荐。（災）

這是講自然災害。穀是各種穀物的總稱。不熟就是沒有長成、沒有收成。遇上水災、旱災、蟲災，穀物沒有收成，就叫做「饑」。蔬是菜類的通名，就是一般所稱的蔬菜。可吃的菜都沒有長成，稱爲「饉」。「仍」是繼續之意。連年災荒稱爲「荐」。《左傳》、《國語》都有「荐饑」一詞，今日還用「饑荒」、「饑饉」來形容荒年的收成不好。

> 春獵為蒐，夏獵為苗，秋獵為獮，冬獵為狩。（講武）

這是解釋古代四時狩獵的名稱。古人四季的狩獵各有專名，不能混用。

〈釋地〉解釋地域名稱與地理特點，兼及九府特產、五方異氣，分爲：九州、十藪、八陵、九府、五方、野、四極七類，如：

> 邑外謂之郊，郊外謂之牧，牧外謂之野，野外謂之林，林外謂之坰。（郊野）

這是解釋古代的城邑制度。邑是國都、城市，是古代百姓聚居之地。郊，如果京城管轄的範圍有千里之廣，就稱距離國都百里的區域爲郊，如果京城管轄的範圍只有百里之廣，就稱距離國都十里的區域爲郊。「牧」指畜牧的區域，在郊之外。放牧的區域以外稱爲「野」。林指丘陵起伏，水道交錯，土地荒蕪，不能種植穀物，只能種植樹木的區域。坰是郊野最遠的地方。古人對這些地方都有嚴格的區分，不像今日泛稱郊野、野外或郊外。又如：

下濕曰隰，大野曰平，廣平曰原，高平曰陸，大陸曰阜，大阜曰陵，大陵曰阿。（野）

〈釋丘〉解釋丘陵的名稱及其形成的原因、得名的由來，可分爲丘陵與厓岸兩類，如：

絕高為之京，非人為之丘。（丘陵）

這是解釋山丘的異名。京和丘都是土山，京是人力所堆成的，丘則是自然形成的。後來「京」引申爲大，成語「莫之與京」，即用來形容無法相比。

厓，內為隩，外為隈。（厓岸）

這是區別崖的內外名稱。

〈釋山〉解釋山的名稱與形象，如：

·山西曰夕陽，山東曰朝陽。

·泰山為東嶽，華山為西嶽，霍山為南嶽，恒山為北嶽，嵩高為中嶽。

這是解釋五嶽的名稱。《史記·封禪書》引《尚書》有四嶽之名，而無中嶽，可見古代只有四嶽；到了《周禮·春官》才提到五嶽的名稱，這個名稱一直沿用到今天。

〈釋水〉解釋河流的各種名稱，分水泉、水中、河曲、九河四類，如：

·水注川曰谿，注谿曰谷，注谷曰溝，注溝曰澮，注澮曰瀆。（水泉）

·逆流而上曰泝洄，順流而下曰泝游。（水泉）

·水中可居者曰洲，小洲曰渚，小渚曰沚，小沚曰坻，人所為為潏。（水中）

此段解釋水中陸地名稱。水中高土，可以居住的稱爲「州」，後來多用做「九州」字，於是加「水」部成爲「洲」字。這是就水中的沙洲作細部的分別。《詩經·秦風·蒹葭》便用「坻」和「沚」來稱呼水中沙洲；也有「遡洄」、「遡游」之詞。

五、植物動物類

包括〈釋草〉、〈釋木〉、〈釋蟲〉、〈釋魚〉、〈釋鳥〉、〈釋獸〉、〈釋畜〉七篇，分別解釋草本、木本植物、昆蟲、水生動物、鳥類、獸類、家畜等的名稱。或詳其形狀，或別其異稱，如：

木謂之華，草謂之榮，不榮而實者謂之秀，榮而不實者謂之英。（〈釋草〉）

這是解釋花的不同名稱。草木的花朵稱「花」；草本植物的花朵稱「榮」；不見花朵而只見果實的稱「秀」；不見果實而只見花朵的稱「英」。華、榮、秀、英是從分析的角度而言的，平常則可以通用。《論語・子罕》：「子曰：苗而不秀者有矣夫！秀而不實者有矣夫！」便用「秀」字當開花之意。

有足謂之蟲，無足謂之豸。（〈釋蟲〉）

這是區別蟲、豸的名稱。豸指沒有腳的昆蟲，如蚯蚓之類；蟲則是昆蟲類的通稱，古代也用以泛指動物，如老虎也稱為大蟲。

鯤，魚子。（〈釋魚〉）

魚子通名為鯤。

由以上分類內容，可知《爾雅》只是就性質相近者大致分類，並無完整嚴謹的分類系統。

第四節　爾雅的價值

《爾雅》雖然本非經書，但一則因可用以解經，再則唐以後列於經部，故古人對之頗爲尊崇，如：東漢王充《論衡·是應》說「《爾雅》之書，五經之訓故，儒者所共觀察也。」魏張揖〈上廣雅表〉也說：

夫《爾雅》之為書也，文約而意固；其敶道也，精研而無誤：真七經之檢度，學問之階路，儒林之楷素也。

晉郭璞《爾雅注·序》說：

夫《爾雅》者，所以通詁訓之指歸，敘詩人之興詠，總絕代之離詞，辨同實而殊號者也。誠九流之津涉，六藝之鈐鍵，學覽者之潭奧，摛翰者之華苑也。若乃可以博物不惑，多識於鳥獸草木之名者，莫近於《爾雅》。

唐陸德明《經典釋文·序錄》「注解傳述人·爾雅」條說：

《爾雅》者，所以訓釋五經，辯章同異。實九經之通路，百氏之指南，多識鳥獸草木之名，博覽而不惑者也。

前文已論及，《爾雅》在古代雖列於經部，但就其內容、性質與作用而言，它只是一部古代的訓詁資料彙編。不過其價值並不因此而降低：它保存，進而整理了故訓，對研究古代文獻，尤其是先秦典籍及古代漢語詞彙有很大的用處與價值。

首先，《爾雅》可以幫助後人正確的掌握古書的正確意義，了解古代的自然狀況與社會狀況。當我們閱讀古書，遇到不了解的建築器物、天文地理、動植物名稱與有關的人倫關係時，便可依《爾雅》的分類，檢索得知；遇到不了解的字、詞，可以透過《爾雅》弄清古今字、詞涵義的異同與區別。

其次，在語言訓詁方面，《爾雅》展示了古代語詞較爲完整的面貌，有助於認識古代詞彙發展的規律；又《爾雅》廣搜故訓，有助於古代傳注訓釋體例的建立。

再次，《爾雅》包涵了古代語文、各地方言的涵義及古代人倫關係、社會生活等人文領域與天文地理、山川水文、草木蟲魚等自然領域等各方面的知識。讀之，可拓展知識領域，增加文詞範疇；又因《爾雅》所包涵的字詞多而廣，讀之，不僅能多認識字、詞，又能運用於談吐、文章中，既可豐富內涵、美化文詞，又可收多采多姿、變化萬千的效果。

不過，因爲《爾雅》並非一時一人之作，而是將不同時期、不同訓釋的古訓彙集成書，內容自有齟齬矛盾之處，閱讀與運用時須慎加別擇，才能避免錯誤。

第五節　爾雅的重要注本

《爾雅》的本文頗為簡略，所以漢代即有人為之作注。據郭璞《爾雅注・序》所說，「雖注者十餘，然猶未詳備」，可見在郭璞以前已有十餘人為《爾雅》作注；邢昺《爾雅序・疏》說：

> 十餘家者，陸德明〈敘錄〉：「犍為文學注三卷、劉歆注三卷、樊光注六卷、李巡注三卷，孫炎注三卷。」為此五家而已。又《五經正義》援引有某氏、謝氏、顧氏。今郭氏言十餘者，典籍散亡，未知誰氏。

孫炎以上五家舊注，早已散佚，清臧庸曾加搜輯，成《爾雅漢注》三卷；另葉蕙心有《爾雅古注斠》。

魏晉以後的注家有沈旋、施乾、謝嶠、顧野王、裴瑜、陸德明諸家。其說各有短長，但都未成系統；後世普遍採用晉郭璞的注本。郭璞博學多才，其《爾雅注・序》自述其書說：

是以復綴集異聞，薈稡舊說，考方國之語，采謠俗之志，錯綜樊、孫，博關群言，剟其瑕礫，搴其蕭稂。事有隱滯，援據徵之；其所易了，闕而不論。

郭《注》「薈萃舊注」，保存了舊注的部分面貌，大有功於文獻的保存；而「綴集異聞」，採方言、俗語以證《爾雅》的名物、訓詁，則是郭《注》本身的大貢獻：闡發《爾雅》義例，指出故訓的來源、根據，實爲《爾雅》的大功臣。

在郭《注》的基礎上進一步爲《爾雅》作疏通工作，最爲通行的三家是：宋邢昺《爾雅注疏》、清郝懿行《爾雅義疏》與邵晉涵《爾雅正義》。

邢《疏》收入「十三經注疏」中，是書多取唐人《釋文》、五經《正義》所引舊說，較少發明，而多徵引闡述。邵氏《正義》、郝氏《義疏》皆博采漢魏六朝舊注，並上及先秦兩漢諸子與諸經傳注資料以印證郭《注》，且旁及古今文字字音、字義與名物稱號之演變，而皆博贍可觀；邵氏《正義》更由經學觀點解說《爾雅》：二書對《爾雅》之功及其價值都不在郭《注》之下。

第十七章　孟子概說

第一節　孟子的編撰者

有關《孟子》的撰作者，古來約有五種說法。茲略加敘述：

首先，漢人都認為孟子曾親自參與《孟子》書的撰作；不過，其中仍略有差異：司馬遷以為乃孟子與門弟子共同撰成，《史記．孟子荀卿列傳》說：

> 天下方務於合從連衡，以攻伐為賢；而孟軻乃述唐、虞、三代之德，是以所如者不合。退而與萬章之徒序《詩》《書》，述仲尼之意，作《孟子》七篇。

贊同此說的有應劭，說見《風俗通義．窮通》。

東漢趙岐則以為《孟子》書乃因孟子所著而得名，他在《孟子注》篇首〈孟子題辭〉中

說：

> 孟，姓也；子者，男子之通稱也。此書，孟子之所作也，故總謂之「孟子」。

趙岐以爲《孟子》書乃孟子自作。贊同此說的，有宋朱熹、元金履祥、何異孫、陳士元、明郝敬、清焦循、魏源等①。

《孟子》的作者，三國時已有人懷疑，見《太平御覽》引姚信《士緯》；到了唐代，便有《孟子》書的撰成，孟子本身並未參與，乃成於門徒之手之說。張籍〈上韓昌黎第二書〉說：

> 古之學君臣父子之道，必資于師。師之賢者，其徒數千人，或數百人。是以沒則記其師之言以為書，若《孟子》是也。傳者猶以孟子自論其書，不云沒後其徒為之也。（《全唐文》卷六四八）

---

① 朱熹由文章風格的一致性論證《孟子》出自孟軻手著，說見《朱子語類》卷十九；金履祥說見《孟子集注考證》；焦循《孟子正義·孟子題辭·疏》引何異孫《十一經問對》說：「《論語》是諸弟子記諸善言而成編集，故曰『論語』，而不號『孔子』；《孟子》是孟軻所自作之書，如《荀子》，故謂之『孟子』。」陳士元說見《孟子雜記》；郝敬說見《孟子說解》；焦循說見《孟子正義》；魏源說見〈孟子年表考〉。

韓愈贊同張籍之說，其〈答張籍書〉說：

> 孟軻之書，非軻自著。軻既歿，其徒萬章、公孫丑相與記軻所言焉耳。（《韓昌黎文集》卷二）

可見張、韓二人都以爲《孟子》書出自孟門弟子之手。贊成此說的，有唐林愼思、宋蘇轍②；晁公武在《郡齋讀書志》卷十中更詳加舉證，以助成此說：

> 按此書韓愈以為弟子所會集，非軻自著。今考其書，則知愈之言非妄也。書載孟子所見諸侯皆稱謚，如齊宣王、梁惠王、梁襄王、滕定公、滕文公、魯平公是也。夫死然後有謚，軻著書時所見諸侯不應皆死。且惠王元年至平公之卒凡七十七年，孟子見梁惠王，惠王目之曰「叟」，必已老矣；決不見〔魯〕平公之卒也。後人追為之，明矣。

崔述《孟子事實錄》則由《孟子》書中所載史實與事理不合、書中時君皆以謚稱、稱弟子皆以「子」三方面，推定《孟子》書非出孟子本人之手（文見下引）；梁啓超《要籍解題及其讀法．孟子章》，略同崔東壁說。

另外又有孟子自作，再經門弟子敘定之說，清閻若璩《孟子生卒年月考》說：

---

② 林說見《崇文總目》引；蘇說見所著《古史．孟子傳》。

孟子……道不行，歸而作書七篇。……卒後，書為門人所敘定，故諸侯王皆加謚焉。（《清經解》卷二十四）

意謂《孟子》書乃孟子自作，編定者則是門弟子，因此諸侯都稱謚號。

最後一說，也是各家說法中認爲《孟子》成書最晚者：此說以爲《孟子》出於門弟子所作，又間雜再傳弟子的記錄。宋林之奇《孟子講義·序》說：

《論語》、《孟子》皆先聖既沒之後，門弟子所錄；不惟門弟子所錄，亦有出於門弟子門人者。……如《孟子》之書，乃公孫丑、萬章諸人之所錄；其稱「萬子曰」者，則又萬章門人之所錄：蓋集眾人之聞見而後成也。

清周廣業《孟子四考·四·孟子出處時地考》「論七篇非盡自著」條也說：

此書敘次數十年之行事，綜述數十人之問答，斷非輯自一時，出自一手。其始，章、丑之徒，追隨左右，無役不從，於孟子之言動，無不熟察而詳記之。每章冠以「孟子曰」者，重師訓、謹授受，兼法《論語》也。……其後編次遺文，又疑樂正子及公都子、屋廬子、孟仲子之門人與為之。何也？諸子皆孟門高弟，七篇中無斥其名；而樂正子則公孫丑、浩生不害皆稱為「子」，即孟子亦然，與滕更呼名之例不同，當是其

徒所追改。（《清經解續編》卷二百三十）

綜觀以上各說，由孟子自著，至門弟子及再傳弟子所記，其間不唯時代相差數十年，撰作者也大有不同。有關此一問題，學者意見大抵分爲二派：一派以爲絕非孟子自著，如：崔述《孟子事實錄．卷下》「附錄．公孫丑」條下按語說：

> 謂《孟子》一書為公孫丑、萬章所纂述者，近是；謂孟子與之同撰，或孟子所自撰，則非也。《孟子》七篇之文往往有可議者，如「禹決汝、漢，排淮、泗，而注之江」、「伊尹五就湯，五就桀」之屬，皆於事理未合。果孟子自著，不應疏略如是，一也。七篇中，稱時君皆舉其謚，如梁惠王、襄王、齊宣王、魯平公、鄒穆公皆然；乃至滕文公之年少亦如是。其人未必皆先孟子而卒，何以皆稱其謚？二也。七篇中，於孟子門人多以「子」稱之，如樂正子、公都子、屋廬子、徐子、陳子皆然；不稱子者無幾。果孟子所自著，恐未必自稱其門人皆曰「子」，三也。細玩此書，蓋孟子門人萬章、公孫丑等追述，故二子問答之言在七篇中為最多，而二子在書中亦皆不以「子」稱也。

屈萬里先生在〈孟子七篇的編者和孟子外書的真僞問題．孟子七篇的編者問題〉也說：

> 更進一步說，《孟子》書中對他自己也稱「子」：例如那些數不清的「孟子曰」；這

> 顯然地不是孟子自己的口氣。……從這些證據看來，《孟子》一書決不是孟子自己作的。③

屈先生由《孟子》書中屢稱「孟子曰」的現象，肯定《孟子》不出孟子之手，正如《論語》稱「子曰」、《墨子》稱「墨子曰」，可以推知《論語》非孔子自著、《墨子》非墨子自作一樣，是相當有力的證據。不過也有人替這些現象作解釋，以爲根據萬章、公孫丑在書中不稱「子」，可以推定《孟子》乃二人所記；而全書風格一致，可能經過孟子親自潤飾。至於當時諸侯，如魯平公、梁惠王、梁襄王、齊宣王等都稱謚號，則可能是孟子門徒所追加或追改；而書中有與史實、事理不合者，更不足以證明其書非孟子自著④。

或許今傳《孟子》書，有部分確實出自孟子親筆，但孟子生前並未編定成書；孟子死後，萬章、公孫丑之徒始加以編定，並略加改易，於是二人自己不稱「子」，而於其他弟子則以「子」稱；後來又有再傳弟子加入的資料：即《孟子》並非成於一人、一時，乃是經過再次的編輯整理才成書的。

---

③ 原載《孔孟學報》，第七期，民國五十三年；收入《屈萬里先生文存》第一冊。

④ 說見《朱子語類》卷十九；又，楊伯峻《孟子譯注．前言》、《經書淺談．孟子》第一節。

第二節　孟子的傳本與孟子內外書

《史記·孟子荀卿列傳》說「《孟子》七篇」；應劭《風俗通義·窮通》則說孟子「作書中、外十一篇」，《漢書·藝文志》也著錄「《孟子》十一篇」：都比司馬遷所說的多出四篇。一般以前七篇爲「內篇」，多出的四篇爲「外書」。趙岐〈孟子題辭〉說：

> 又有「外書」四篇，〈性善辯〉、〈文說〉、〈孝經〉、〈為政〉⑤。其文不能宏深，不與「內篇」相似，似非《孟子》本真，後世依放而託之者也。

趙岐認定這四篇「其文不能宏深，不與內篇相似」，於是加以刪芟，刊定爲七篇。不過由《荀子·大略》所引「孟子三見宣王而不言事。門人曰：『曷爲三遇齊王而不言事？』孟子曰：『我先攻其邪心。』」不見於今本七篇《孟子》；又由今存兩漢典籍，如《韓詩外傳》、《春秋繁露》、《鹽鐵論》、《說苑》、《法言》、《風俗通》各書所引《孟子》文而有不少不

---

⑤ 李學勤主編之「十三經注疏整理本」《孟子注疏》、沈文倬點校之《孟子正義》，外書四篇篇名皆標爲：〈性善〉、〈辯文〉、〈說孝經〉、〈爲政〉。但由下引孫奕《履齋示兒篇》與劉昌詩《蘆浦筆記》觀之，似以標爲〈性善辯〉等爲宜。

見於今本的情況看來，可知《孟子》「外書」在漢代應是與「內篇」並行的：即《孟子》在漢時的傳本可能是十一篇本。

不過由今存《孟子》七篇篇名都取自篇首二、三字；而「外書」四篇則都具有特定意義的情況看來，「外書」可能出自孟門再傳弟子之手；甚至可能出於僞託。「外書」在趙岐不爲作注，並加以刪除之後，便漸不通行，終而至於亡佚；至其亡佚年代則難以確知，只知《隋書·經籍志》、《舊唐書·經籍志》、《新唐書·藝文志》都已不加著錄，可以推知大概在唐時已亡佚。南宋孫奕在《履齋示兒篇》中說：

> 昔嘗聞前輩有云親見館閣中有《孟子外書》四篇，曰〈性善辯〉、曰〈文說〉、曰〈孝經〉、曰〈為政〉。

劉昌詩《蘆浦筆記》也說：

> 新喻謝氏，多藏古書，有〈性善辯〉一帙，則知與〈文說〉、〈孝經〉、〈為政〉，是謂四篇。

不過宋、元圖書目錄，如《宋史·藝文志》、《崇文總目》、《玉海》、《文獻通考》等都未加著錄，且王應麟《困學紀聞》說：

漢《七略》所錄，如《齊論》〈問王〉、〈知道〉，《孟子》之「外書」四篇，今皆無傳。

則孫、劉二人之說，恐未必可靠⑥。

今傳《孟子外書》乃明姚士粦所傳，謂是熙時子（即宋劉攽）所注，前附馬廷鸞〈序〉。馬廷鸞乃馬端臨之父，而《文獻通考》卻未加著錄，頗爲可疑；姚士粦好造僞書，聲名狼籍，清吳騫刊行是書時，周廣業便說它「顯屬僞託」；書中訛誤頗多，焦循《孟子正義・孟子題辭・疏》便批評它說：

「外書」四篇，趙氏斥為依託，其亡已久。孫奕所聞，新喻所藏，已難信據；況此又贋之尤者乎！

焦循以爲姚氏所傳之《孟子外書》乃「贋之尤者」；清人丁杰曾作《孟子外書疏證》，逐條加以辯駁，姚氏僞本遂成定讞，因此梁啓超在《漢書藝文志諸子略考釋》中說它是「僞中出僞」。

⑥ 清翟灝《四書考異・孟子考異》辨之甚詳，可參，文長不具引。

第三節　孟子的性質與內容

壹、《孟子》的性質及其入經的過程

《孟子》本非經書，《漢書·藝文志》、《隋書·經籍志》都著錄在〈子部〉「儒家類」，可見其爲與先秦諸子相同性質的子書。兩漢人將《論》、《孟》都視爲輔翼經書的「傳記」，《論語》已見前；《孟子》則如：《漢書·劉向傳》引「傳」曰「聖人者出，其間必有名世者」，而文見《孟子·公孫丑下》；《說文解字》引「傳」曰「簞食壺漿」，而文見《孟子·梁惠王上》；《論衡·對作》說「楊、墨之學不亂傳義，則《孟子》之傳不造」，可見王充將《孟子》視爲「傳」；而且在漢文帝時，《論語》、《孟子》二書都立有「傳記博士」。但因孟子是儒家中除孔子之外最重要的人物，所以在漢時《孟子》的地位已隨《論語》而逐漸提高。趙岐〈孟子題辭〉說：

> 孝文皇帝欲廣遊學之路，《論語》、《孝經》、《孟子》、《爾雅》皆置博士。後罷傳記博士，獨立五經而已。訖今諸經通義得引《孟子》以明事，謂之博文。

是《孟子》以子書的性質，而在漢代已有列入群經的趨勢與地位。

到了唐代，《孟子》地位愈加提升，這得歸功於韓愈的大力表彰。韓昌黎在〈讀荀〉中說：

> 始吾讀孟軻書，然後知孔子之道尊，聖人之道易行；王易王，霸易霸也。以為孔子之徒沒，尊聖人者，孟氏而已；晚得揚雄書，益尊信孟氏。……孟氏，醇乎醇者也；荀與揚，大醇而小疵。（《韓昌黎文集》卷一）

韓愈又在〈原道〉中將孟子列入道統之傳：

> 堯以是（案：謂「道」）傳之舜，舜以是傳之禹，禹以是傳之湯，湯以是傳之文武、周公，文武、周公傳之孔子，孔子傳之孟軻；軻之死，不得其傳焉。（仝上）

經過韓昌黎的崇奉，《孟子》遂大受重視。據《舊唐書·選舉志》記載，唐肅宗寶慶二年（西元七六三），禮部侍郎楊綰曾上疏請將《論語》、《孟子》、《孝經》兼爲一經；《皮子文藪》與《文獻通考》也記載唐懿宗咸通四年（西元八六三），進士皮日休上疏請立《孟子》爲學科：相繼發起尊孟運動。兩事雖未被採納，卻可看出《孟子》在唐代地位提升的概況。

到了五代後蜀時，蜀主孟昶命毋昭裔楷書《易》、《書》、《詩》、《儀禮》、《周禮》、

《禮記》、《公羊》、《穀梁》、《左傳》、《論語》、《孟子》十一經刻石，這可能是《孟子》入經的開始。

到了北宋，根據《宋史·選舉志》記載，宋神宗曾採納王安石的建議，罷除詩賦墨義，改以經義取士，士各專治《易》、《詩》、《周禮》、《禮記》一經，兼治《論語》、《孟子》。哲宗、徽宗並屢次詔令講官進講《孟子》；二程更是極力表揚《孟子》。

南宋紹興十三年（西元一一四三），高宗曾御筆抄寫《孟子》，刻石於國子監；孝宗時，朱熹又取《論》、《孟》與《禮記》中的《大學》、《中庸》合爲「四子書」，《孟子》地位更爲高升。不過歐陽脩等在修撰《新唐書·藝文志》時則仍將《孟子》列入〈諸子·儒家〉中；直到光宗紹熙年間（西元一一九〇—一一九四），黃唐合刻「十三經注疏」，將《孟子》列入其中；陳振孫《直齋書錄解題》也將《論》、《孟》並列於經部，並說：

> 自韓文公稱「孔子傳之孟軻，軻死不得其傳」，天下學者咸曰「孔孟」。《孟子》之書，固非荀、揚以降所可同日語也。今國家設科取士，《語》、《孟》並同列經；而程氏諸儒訓解二書，常相表裡，故合為一類。

從此《孟子》由子書躋身經書之林。

《孟子》入經後，因其思想中「民貴君輕」的民本思想讓它差點坐不穩經書的位子：明太祖洪武四年（西元一三七一），朱元璋對《孟子》書中的重民思想大爲不滿，曾直言怒斥；洪武二十三年下詔修訂《孟子》，洪武二十七年更命劉三吾將《孟子》刪去八十五條，成《孟子節文》，禁止士人學習《孟子》全文，並不准將刪除的部分作爲試題；且曾一度將孟子牌位自孔廟中逐出。不過由這些現象，更可顯現孟子重民思想及其不屈服於統治者的可貴。

貳、《孟子》的內容

《孟子》與《論語》相似，是記載孟子的言行事跡及其與門弟子、時人議論的書。全書凡七篇，約三萬五千字。七篇篇名依序是：〈梁惠王〉、〈公孫丑〉、〈滕文公〉、〈離婁〉、〈萬章〉、〈告子〉、〈盡心〉；趙岐《孟子注》將七篇各分上、下，共計十四篇，後代多依之。

《孟子》的內容，大致包含下列五類。茲每類各舉一、二例，並略作說明：

一、關於心性的研討

孟子關於「心性」的看法，當然以「性善說」最爲有名。〈告子上〉記載孟子與公都子的對話，討論了時人對人性善惡的各種說法：

公都子曰：「告子曰：『性無善無不善也。』或曰：『性可以為善，可以為不善。是故文、武興，則民好善；幽、厲興，則民好暴。』或曰：『有性善，有性不善。是故以堯為君，而有象；以瞽瞍為父，而有舜；以紂為兄之子，且以為君，而有微子啟、王子比干。』今曰『性善』，然則彼皆非歟？」孟子曰：「『乃若其情，則可以為善矣，乃所謂善也；若夫為不善，非才之罪也。惻隱之心，人皆有之；羞惡之心，人皆有之；恭敬之心，人皆有之；是非之心，人皆有之。惻隱之心，仁也；羞惡之心，義也；恭敬之心，禮也；是非之心，智也。仁、義、禮、智，非由外爍我也，我固有之也，弗思耳矣。故曰：『求則得之，舍則失之』。或相倍蓰而無算者，不能盡其才者也。」

孟子的學生公都子問孟子：「我聽告子說：『人的本性無所謂善良、不善良。』也有人說：『人的本性，可以使它善良，也可以使它不善良；所以周文王、周武王當政，人民的本性就趨向善良；周幽王、周厲王當政，人民的本性就趨向橫暴。』又有人說：『有些人本性善良，有些人本性不善良，所以像堯這樣的聖人爲君，卻有象這樣不好的百姓；有瞽瞍這樣壞的父親，卻有舜這麼好的兒子；有紂這麼凶惡的侄子，卻有微子啓、王子比干這樣的仁人。』而老師您卻說『性善』，難道他們都說錯了嗎？」孟子回答說：「從天生的資質看，順著他天生的本性，可以使他成爲善良的人，這就是我所謂的人性本善。至於有些人不善良，不能歸罪於他的資質。同情心、羞恥心、恭敬心、是非心，這些是每個人都有的。同情心屬於仁，羞恥心屬於義，恭敬心屬於禮，是非心屬於智。仁、義、禮、智，不是由外人給我的，是我本來就具有的，只不過不曾思索探求罷了。所以說『一經探求，就能得到；一加放棄，就會失掉』，人和人之間，有相差一倍、五倍，甚至於無數倍的，就是因爲不能充分發揮他們人性的本質的緣故。」孟子告訴公都子仁、義、禮、智這些善性，是根源於人的本心的，也就是人性本來就具有的，所以說心的本性是「善」的。

〈告子上〉又說：

孟子曰：「仁，人心也；義，人路也。舍其路而弗由，放其心而不知求，哀哉！人有雞犬放，則知求之；有放心，而不知求！學問之道無他，求其放心而已矣。」

這也是肯定人的本性是善的。孟子說：「仁是人的本心，義是人的正路。放棄正路不走，失掉了善良的本心，而不知道要去尋求，這是如何的可悲啊！一般人有雞、狗等家畜走失了，都知道要去尋找；可是善良的本心失去了，竟然不曉得要去尋求！學問的道理沒有其他，就是在求回那放失的善良本性而已。」人，從幼年到長大，受到世俗環境的感染，功名利祿的引誘，常常會失去善良的本性，把握不住做人的原則。在孟子看來，只要找回失去的善良本性，就可以使一個人恢復善良。

二、對修養方法的意見

關於孟子修養的方法，最有名的當然要數〈盡心下〉這段話了：

孟子曰：「養心莫善於寡欲。其為人也寡欲，雖有不存焉者，寡矣；其為人也多欲，雖有存焉者，寡矣。」

孟子認爲修養心性最好的方法是降低物質慾望。一個人，如果慾望不多，那麼善性即使有所喪失，也不至於太多；一個人，如果物質慾望太多，那麼善性縱使還有所保存，也不會剩下太多。

除了要人減少物質慾望外，孟子也要人能潔身自愛；如有犯錯，則要知過能改。〈離婁下〉說：

孟子曰：「西子蒙不潔，則人皆掩鼻而過之；雖有惡人，齋戒沐浴，則可以祀上帝。」

孟子用美女西施來作比喻，說：即使是美女西施，要是她身上沾了骯髒的東西，那麼走過她身邊的人，也會掩著鼻子；即使是面貌醜陋的人，如果他齋戒沐浴，潔淨自持，也可以祭祀上帝。孟子勉勵犯有過錯的人，只要能誠心改過自新，也可以成爲善人。

三、對政治哲學的闡述

孟子的政治哲學，可以用推行「仁政」來加以概括，而推行仁政，則有許多方法，其中一個重要的主張就是重仁義而輕利益。《孟子》一開始的〈梁惠王上〉就透過和梁惠王的對話來傳達這種主張：

孟子見梁惠王，王曰：「叟，不遠千里而來，亦將有以利吾國乎?」孟子對曰：「王！何必曰利！亦有仁義而已矣。王曰『何以利吾國』，大夫曰『何以利吾家』，士庶人曰『何以利吾身』：上下交征利，而國危矣。萬乘之國，弒其君者，必千乘之家；千乘之國，弒其君者，必百乘之家。萬取千焉，千取百焉，不為不多矣。苟為後義而先利，不奪不饜。未有仁而遺其親者也；未有義而後其君者也。王亦曰『仁義』而已矣，何必曰『利』！」

孟子走了老遠的路去見梁惠王，梁惠王說：「老先生，您不辭路途遙遠，長途跋涉前來，相信一定對我的國家帶來很大的利益吧?」孟子劈頭答道：「王啊！您爲什麼一開口就說到利益呢?只要講『仁義』就夠了啊！如果當國君的說『怎樣才對我的國家有利呢』；大夫們也說『怎樣才對我的封地有利呢』；一般的士大夫和平民百姓也說『怎樣才對我本人有利呢』。這樣，君臣上下，相互追逐私人的利益，國家就危險了。在擁有一萬輛兵車的大國，殺掉國君的，一定是擁有一千輛兵車的大夫；在擁有一千輛兵車的國家，殺掉國君的，一定是擁有百輛兵車的大夫。在一萬輛兵車的國家，大夫擁有一千輛；在一千輛兵車的國家，大夫擁有一百輛，這些大夫的產業不能說不多了。但是如果輕公義而重私利，那麼大夫不把國君的產業奪走，是永遠不會滿足的。從沒有講「仁」，而卻遺棄他的父母的；也從沒有講「義」，而卻把他的國君放在次要地位的。大王您只要講『仁義』就夠了，何必要講利益呢？」孟子告訴梁惠王「仁義」才是治國的大道，行仁義才能根治爭權奪利的紛爭。

孟子另外一個重要的政治主張是「民貴君輕」的觀念。〈盡心下〉說：

> 孟子曰：「民為貴，社稷次之，君為輕。是故得乎丘民而為天子，得乎天子為諸侯，得乎諸侯為大夫。諸侯危社稷，則變置。犧牲既成，粢盛既絜，祭祀以時；然而旱乾水溢，則變置社稷。」

孟子認爲社稷、君主，都是爲人民而設立的，如果不能盡其職責，就應當加以更換。孟子說：「百姓最爲重要，土神、穀神其次，君主地位最輕。所以得到百姓擁戴的，就做國君；得到天子喜歡的，就做諸侯；得到諸侯歡心的，就做大夫。要是諸侯危害國家，那就改立諸侯；奉祀的犧牲已經養得肥壯，祭品又備得潔淨，而且也按時祭祀；要是這樣還遭受到水災、旱災，那就改立土神、穀神。」依著這種觀念，孟子當然會在回答齊宣王時說出「聞誅一夫紂矣，未聞弒君也」⑥的話了。

四、對處世哲學的議論

《孟子》記載了一些孟子爲人處事的方式，如〈公孫丑下〉的討論「辭受取與」之道即是：

陳臻問曰：「前日於齊，王餽兼金一百而不受；於宋，餽七十鎰而受；於薛，餽五十鎰而受。前日之不受是，則今日之受非也；今日之受是，則前日之不受非也。夫子必居一於此矣。」孟子曰：「皆是也。當在宋也，予將有遠行；行者必以贐，辭曰『餽贐』，予何為不受？當在薛也，予有戒心；辭曰『聞戒』，故為兵餽之，予何為不受？若於齊，則未有處也；無處而餽之，是貨之也。焉有君子而可以貨取乎？」

孟子的弟子陳臻，對孟子或者接受國君的餽贈，或者辭謝國君的餽贈感到迷惑，於是問孟子說：「以前在齊國，齊王送您上好的金子一百鎰，您沒有接受；後來在宋國，宋君送您七十鎰，您接受了；在薛國時，薛君送您五十鎰，您也接受了。如果過去的不接受是對的，那麼

⑥《孟子、梁惠王下》：「齊宣王問曰：『湯放桀，武王伐紂，有諸？』孟子對曰：『於傳有之。』曰：『臣弒其君，可乎？』曰：『賊仁者謂之賊，賊義者謂之殘。殘賊之人，謂之一夫。聞誅一夫紂矣，未聞弒君也。』」

今天的接受就是錯的；如果今天的接受是對的，那麼以前的拒絕就是錯的。老師您一定有一個錯誤。」孟子回答說：「都是正確的。在宋國時，我準備遠行，對遠行的人要送些盤纏，他們送行時說『送上一點盤纏』，我爲什麼不接受呢？在薛時，我聽說路上有危險，必須有所戒備，而送的說『聽說您必須戒備』，爲了買兵器而接受饋贈，我又爲什麼不接受？至於在齊國，就沒有什麼理由了。沒有理由，卻要送我錢財，這等於是賄賂我；那有君子而可以用錢財來收買的呢？」孟子嚴於義利之辨，所以凡事都以義爲依歸，當受則受，不當受則辭。

五、對當世學者及古人的批評

《孟子》評論古人的言論，最有名的，當推以下兩段：

·孟子曰：「聖人，百世之師也，伯夷、柳下惠是也。故聞伯夷之風者，頑夫廉，懦夫有立志；聞柳下惠之風者，薄夫敦，鄙夫寬。奮乎百世之上，百世之下，聞者莫不興起也。非聖人而能若是者乎？而況於親炙之者乎？」（〈盡心下〉）

·孟子曰：「伯夷，聖之清者也；伊尹，聖之任者也；柳下惠，聖之和者也；孔子，聖之時者也。孔子之謂集大成。集大成也者，金聲而玉振之也。」〈萬章下〉

孟子認爲聖人可以爲百世師，使頑廉懦立、寬大敦厚，並推崇伯夷爲聖之清者、伊尹爲聖之任者、柳下惠為聖之和者，而以孔子為聖之時者，境界最高。

上述五類，分量接近，其中尤以前三類為《孟子》所最措意。「心性」問題，孔子之時極少言及，孟子時則為重大議題，引發戰國乃至後代性善、性惡說的大爭議，成為中國思想史的一大論題；孟子論修養與其心性論密不可分。政治方面，孟子明揭「民貴君輕」的觀念，又首倡君臣地位可以易置的主張，且能著眼於民生經濟問題。時至今日，雖然時空變遷，卻仍具有不可磨滅的價值。

參、《孟子》與《論語》的異同

《孟子》與《論語》有相同處，也有相異處。茲略述《論》、《孟》異同，或有助於了解二書的差異。

《孟子》與《論語》的相同處，如：

一、《論語》與《孟子》各篇都撮取篇首二、三字為篇題。

二、《論語》與《孟子》各篇都有若干章，各章之間大都沒有必然的邏輯關連。

三、《論語》與《孟子》都留意於《詩》《書》六藝，敦教化，明人倫。

四、《孟子・盡心下》末章述孟子自言繼承堯、舜、禹、湯、文武、周公、孔子的道統，承《論語・堯曰》所記孔子繼統之言：也是《論》、《孟》相同處。

但二書相異處也不少，如：

一、《孟子》長篇多，短篇少，與《論語》正相反。

二、《論語》氣平，《孟子》氣激；《論語》平實，《孟子》宏肆。

三、《論語》記錄孔子容貌、動作頗爲詳細，尤以〈鄉黨〉爲最；《孟子》則僅記孟子的言詞、出處，不詳載其神情態度與行事，較《論語》更偏向於記言。

四、《論語》但言「性」，《孟子》則直道「性善」；《論語》但言「仁」，《孟子》則兼論「仁義」；《論語》但言「志」，《孟子》則深論「養氣」；《論語》但言「王道」，《孟子》則詳於「王制」。

五、《論語》所載及於孔子再傳弟子，如〈泰伯〉載曾參死時召門弟子，〈子張〉說「子夏門人小子」；《孟子》則僅記孟子弟子的問答，不涉及再傳弟子。

六、《論語》記孔門弟子僅數人稱「子」，如「曾子」、「有子」、「閔子」；而《孟子》除萬章、公孫丑少數人外，於弟子大都稱「子」，如「樂正子」、「公都子」、「屋廬子」、「孟仲子」等。

第四節　孟子的重要注本

趙岐《孟子注》十四卷，是現存最早、最完整的《孟子》注本，此書特點有二：

一、收錄漢人劉向、程曾、劉熙、高誘、鄭玄等人有關《孟子》的注解，保留了漢儒對《孟子》的看法。

二、箋釋簡要，與漢儒偏重於闡明文物訓詁不同。

趙岐《孟子注》是後世《孟子》注本的基礎，今本「十三經注疏」收錄的是宋孫奭疏的《孟子正義》；但因內容、文字都不夠精粹，一般以爲乃託名之作。

《孟子章句集注》十四卷，是朱熹生平力作，也是宋代《孟子》學的代表作。全書徵引漢朝以下三十四家說法；唯以二程之說爲主，而旁及二程友朋與門生。其書優缺點如下：

一、注重闡發義理，見解精要深入。

二、所收雖不限於宋人，但以宋人爲主，可視爲宋人解《孟》的集大成之作。

三、雖名爲《集注》，但於各家說法之外，多朱子自身心得；且於徵引各家之說時有所去取，頗爲精當。

四、名物訓詁大致採自趙《注》，雖不如清儒之精密詳審，但平實穩當。

五、朱子乃理學大師，注中偶以理學注解《孟子》，精深有之，但未必合乎《孟子》本義。

朱《注》是宋朝以降最爲通行的《孟子》注本；尤其自元仁宗皇慶二年（西元一三一三）詔令科考，四書以朱熹《章句集注》爲定本，明、清兩朝，規定科舉考試中八股文題目由「四書」中選取，《孟子》的地位與影響遂愈高愈大，終而成爲古代士人必讀、且須熟讀的重要經書。

焦循《孟子正義》三十卷，是焦循爲趙岐《孟子注》所作的《疏》，博採顧炎武以下六十多家說法，歷時五年始成，可說是清代《孟子》學的代表作。其書特點有四：

一、薈採清代學者之說，可說是清代漢學家說解《孟子》的集大成之作。

二、資料宏富博贍；名物訓詁考論精密詳審。

三、雖以考據見長；但焦循精通心學，故能兼重義理，於《孟子》精義多所闡發。

四、雖爲趙《注》之《疏》；但能破除「疏不破注」陋習，對趙《注》的缺失加以糾正、補充。

第三篇　經學簡史

第三篇　經學簡史

經學史究竟應從什麼時代講起？這是一個不容易有一致見解的問題。皮錫瑞《經學歷史》〈經學開闢時代〉說：

經學開闢時代，斷自孔子刪定六經為始。

孔子與經學的關係密切，在經學的形成與發展過程中具有關鍵的地位，他的重要性自不待言。但孔子曾否刪定六經並賦予微言大義，爭議頗多；《詩》、《書》等在孔子之前已經存在，並且廣爲春秋時代的人所討論、引用，卻是不爭的事實。因此，「經學」一詞雖遲至《漢書》〈兒寬傳〉及〈宣帝紀〉才出現，而將《詩》、《書》、《禮》、《樂》、《易》、《春秋》合稱「六經」也遲至戰國末年始見於《莊子·天運篇》（以上詳參第一篇第二章），然而在孔子之前，《詩》、《書》等幾部經籍已經在當時人的政治活動及現實生活中，扮演著一定的角色，發揮指導人生的功能。這種現象說明了一個事實：孔子之前，雖無「經學」之名，卻已有經學之實。本篇的敘述與說明，主要即在這個認知之下進行。

第十八章　先秦的經學

第一節　春秋時代的經學

壹、春秋時人對經書的稱引

《左傳》、《國語》二書的成書時代雖晚，但其中保存著相當多的早期史料，從這兩部書的記載裡，不僅可以觀察到春秋時代經學發展的若干現象，也可以見到《詩》、《書》、《禮》、《樂》、《易》等書受到當時人士的重視。

《詩》三百篇原爲樂章①，到春秋時代發展出新的用途，即所謂的「言教」。表現言教

① 有關《詩》與樂歌的關係，前人討論頗多，請參看顧頡剛〈論《詩經》所錄全爲樂歌〉，收入《古史辨》；何定生〈《詩經》與樂歌的原始關係〉，收入《定生論學集——《詩經》與孔學研究》。

的具體方式有二：其一是「賦詩」，其二是「引詩」。賦詩多半在正式的外交場合，各國諸侯卿大夫聘問活動時舉行。此項活動，最早的記載見於《左傳》僖公二十三年，乃是秦穆公接待晉公子重耳時發生的：

> 他日，（穆）公享之。子犯曰：「吾不如（趙）衰之文也，請使衰從。」公子（重耳）賦〈河水〉，公賦〈六月〉。趙衰曰：「重耳拜賜。」公子降，拜稽首。公降一級而辭焉。衰曰：「君稱所以佐天子者命重耳，重耳敢不拜。」

同一件事，《國語·晉語四》的記載更詳細：

> 他日，秦伯（穆公）將享公子（重耳）。公子使子犯從，子犯曰：「吾不如衰之文也，請使衰從。」乃使子餘（趙衰）從。秦伯享公子如享國君之禮，子餘相如賓。……明日宴，秦伯賦〈采菽〉，子餘使公子降拜。秦伯降辭，子餘曰：「君以天子之命服命重耳，重耳敢有安志，敢不降拜？」成拜卒登，子餘使公子賦〈黍苗〉，子餘曰：「重耳之仰君也，若黍苗之仰陰雨也。若君實庇廕膏澤之，使能成嘉穀，薦在宗廟，君之力也。……君若恣志以用重耳，四方諸侯，其誰不惕惕以從命！」秦伯嘆曰：「是子將有焉，豈專在寡人乎！」秦伯賦〈鳩飛〉，公子賦〈河水〉。秦伯賦〈六月〉，子餘使公子降拜。秦伯降辭。子餘曰：「君稱所以佐天子匡王國者以命重耳，重耳敢有

情心，敢不從德？」

上文所引諸詩中，〈采菽〉見於《小雅》，《國語》韋昭《注》：「王賜諸侯命服之樂也。」〈黍苗〉亦見《小雅》，韋《注》：「道邵伯述職勞來諸侯也。」〈鳩飛〉是《小雅·小宛》的首章，韋《注》：「言己念晉先君洎穆姬不寐，以思安集晉之君臣也。」〈河水〉當作〈沔水〉，韋《注》：「言己反國當朝事秦。」〈六月〉，韋《注》：「道尹吉甫佐宣王征伐，復文武之業。……此言重耳爲君，必霸諸侯，以匡佐天子。」就這個例子來看，賦詩有專取比喻的，如上述所舉的〈黍苗〉和〈沔水〉；也有只取詩句中片語單詞的意義，而和原詩的本義不相同的，如〈采菽〉。類似使用〈采菽〉的例子，不顧詩旨，但用其字面意義的，即是所謂「賦詩斷章」，這是春秋時代頗爲流行的風氣。外交場合以外，也有以賦詩做爲宴飲場合交往辭令的，如《左傳》成公九年，公享季文子賦〈韓奕〉之五章，穆姜賦〈綠衣〉之卒章；《國語·魯語下》公父文伯之母賦〈綠衣〉之三章，雖不是外交場合，但仍在正式的饗宴之中進行。由此看來，賦詩是相當正式的辭令。

賦詩是以詩代辭，做爲辭令的主體；引詩則是言談中引用詩句，其用處在強調或注解言語，並非辭令的主體。如《左傳》襄公七年載：

冬十月，晉韓獻子告老，公族穆子（無忌）有廢疾，將立之。辭曰：「《詩》曰：『豈不夙夜？謂行多露。』又曰：『弗躬弗親，庶民弗信。』無忌不才，讓，其可乎？請立起也。」

穆子所引詩，前兩句見《國風·召南·行露》，詩意本爲女子拒婚，借「行」爲喻，此處則斷章取義，說明自己身有殘疾，不能早夜從公。後兩句見《小雅·節南山》，也僅取其字面意義，與原意不符。類此引詩以證明或說明一己意見的方式，《國語》書中亦常見。足見引詩與賦詩在春秋時代極爲普遍，以詩明志已是當時社會的習尙，爲《詩》三百篇的用途開展了新的方向。

《尙書》在春秋時代也廣泛被時人所引用，根據今人劉起釪《尙書學史》一書的統計，《左傳》引用《尙書》八十六次，引用《國語》二十八次，所引用的篇章著重在刑政法制方面，所稱引的文句也以平易好讀的句子爲主。由是可知《尙書》在當時受到廣泛應用。

《易》本卜筮之書，《左傳》記載以《周易》爲筮的，大約有十九次，《國語》言及《周易》占筮的有三次。主持《易》筮的，除少數外，大都是史的職掌，由於史的知識水準較高，因之史官對卦辭的解釋，合理性大爲提高，不僅如此，從這些記載中顯示，當時貴族裡頗有深於《易》理的，可見《易》在士大夫的教育裡，也有一定程度的作用在。

貳、詩書禮樂是春秋時代貴族的教材

最足以顯示春秋時代經學發展情形的是下列文獻，《左傳》僖公二十七年載：

（晉）作三軍，謀元帥，趙衰曰：「郤縠可。臣亟聞其言矣，說《禮》、《樂》而敦《詩》、《書》。《詩》、《書》，義之府也；《禮》、《樂》，德之則也；德、義，利之本也。《夏書》曰：『賦納以言，明試以功，車服以庸。』君其試之。」

在這段資料，有幾個現象值得注意：其一，《詩》、《書》、《禮》、《樂》已連稱，成爲一組名詞。其二，趙衰以《詩》、《書》爲「義之府」，《禮》、《樂》爲「德之則」，義與德都和生活行爲相關，可知《詩》、《書》、《禮》、《樂》已與生活結合在一起，進而對生活起著規範教戒的作用。其三，由趙、郤二人對《詩》、《書》、《禮》、《樂》的深入了解，足見他們均受到相當程度的薰陶，則此時《詩》、《書》、《禮》、《樂》應已成爲貴族教育的基本教材②。《國語》也有類似上述的記載，〈楚語上〉士亹爲楚莊王太子箴之傅，請教於申叔時，叔時說：

② 參徐復觀：《中國經學史的基礎》。

> 教之《春秋》，而為之聳善而抑惡焉，以戒勸其心。教之《世》，而為之昭明德而廢幽昏焉，以休懼其動。教之《詩》，而為之尊廣顯德，以耀明其志。教之《禮》，使知上下之則。教之《樂》，以疏其穢而鎮其浮。教之《令》，使訪物官。教之《語》，使明其德，而知先王之務用明德於民也。教之《故志》，使知廢興者而戒懼焉。教之《訓典》，使知族類，行比義焉。

此處舉出《春秋》、《世》、《詩》、《禮》、《樂》、《令》、《語》、《故志》、《訓典》等九種教材，並具體指出各種教材在教化上的意義。其中《春秋》乃楚春秋，即《楚檮杌》③；《訓典》，韋昭注云：「五帝之書。族類，謂若惇序九族。」則其性質與《尚書》的〈堯典〉相近。就此看來，《詩》、《書》、《禮》、《樂》也是楚國貴族教育的重要教材。

綜合上述討論，可知就《左傳》、《國語》二書的相關資料顯示，《詩》、《書》、《禮》、《樂》、《易》等書在春秋時代乃是貴族教育的重要教材，在貴族養成教育中扮演關鍵的角色，爲人格塑造提供文化資源。同時，在當時的社會，以《詩》明志是上流社會生活的一種方式，賦《詩》與引《詩》是時人社交時習用的言語辭令。《書》與《易》經常被拿來做重

③同前注。

大行事的依據，發揮告戒規範的作用，可知當時人對這些文獻的重視。《詩》、《書》、《禮》、《樂》的合稱使用，足證禮樂教化的觀念深植人心，雖然重點仍以實用爲主，但已出現對文獻的注解與闡釋，後世所謂的經學正逐漸形成，到春秋末的孔子，經學的理念就更加清晰明確了。

第二節　孔子與六經

壹、孔子是六經的整理者

孔子生於春秋末期（前五五一—前四七九年），是貴族之後，又加上勤學，接受了完整的古典教育。《史記・孔子世家》說：

> 孔子之時，周室微而禮樂廢，《詩》、《書》缺。追述三代之禮，序《書傳》，上紀唐虞之際，下至秦繆，編次其事。曰：「夏禮吾能言之，杞不足徵；殷禮吾能言之，宋不足徵也。足，則吾能徵之矣。」觀殷、夏所損益，曰：「後雖百世可知也，以一

文一質。周監二代，郁郁乎文哉。吾從周。」故《書傳》、《禮記》自孔氏。孔子語魯太師：「樂其可知也。始作翕如，縱之純如，皦如，繹如也，以成。」「吾自衛反魯，然後樂正，《雅》、《頌》各得其所。」古者《詩》三千餘篇，及至孔子，去其重，取可施於禮義，上采契、后稷，中述殷、周之盛，至幽、厲之缺，始於衽席，故曰『〈關雎〉之亂，以為《風》始，〈鹿鳴〉為《小雅》始，〈文王〉為《大雅》始，〈清廟〉為《頌》始。』」三百五篇，孔子皆弦歌之，以求合〈韶〉、〈武〉、《雅》、《頌》之音，禮樂自此可得而述，以備王道，成六藝。孔子晚而喜《易》，序〈彖〉、〈繫〉、〈象〉、〈說卦〉、〈文言〉。讀《易》，韋編三絕。曰：「假我數年，若是，我於《易》則彬彬矣。」……子曰：「弗乎弗乎，君子病沒世而名不稱焉。吾道不行矣，吾何以自見於後世哉?」乃因史記作《春秋》，上至隱公，下訖哀公十四年，十二公。

依據司馬遷的這段記載，孔子曾編定六經，《漢書・儒林傳》以及〈藝文志〉也有類似的說法。

孔子和六經的關係究竟如何，今文經學家和古文經學家的觀點不同，差異頗大。今文家尊孔子爲素王，認爲六經都是孔子託古改制之作；古文家則認爲孔子是史學家，六經爲古代史料。若離開今、古文的爭執，就事論事，孔子自稱「述而不作，信而好古，竊比於我老、彭。」（《論語・述而篇》）又說：「吾自衛反魯，然後樂正，《雅》、《頌》各得其所。」（〈子罕篇〉）由此而論，六經並非孔子所作，孔子和六經的關係是「述」，是「正」；易言之，孔子對這些傳統文獻所下的工夫是編輯整理、闡釋說明的工作。透過這種過程，孔子將原僅在貴族間流傳的文獻資料，注入了新的內容，並且「以《詩》、《書》、《禮》、《樂》教」（《史記・孔子世家》），使其普及於一般平民，讓受教者都能在「興於《詩》，立於《禮》，成於《樂》」（《論語・泰伯篇》）的教育歷程中，提昇個人的文化水準，從而促進整個社會素質的提高，這是孔子對中華文化的極大貢獻。就六經本身而言，由於孔子的整理與詮釋，不僅注入了新的內容，同時也提昇了六經的價值，使其具備了比較確定的形式與內容，奠定經學成立的穩固基礎。

貳、孔子對六經的闡釋

孔子對六經都有所闡釋，茲分述如下。

就《詩經》而言，春秋時代本有以詩爲辭令、賦詩引詩的風氣。孔子曾說：

不學《詩》，無以言。（《論語·季氏篇》）

又說：

誦《詩》三百，授之以政，不達，使於四方，不能專對；雖多，亦奚以為？（《論語·子路篇》）

這都肯定了以《詩》爲辭令的實用價值。同時，孔子又說：

小子！何莫學夫《詩》？《詩》，可以興，可以觀，可以群，可以怨。邇之事父，遠之事君。多識於鳥獸草木之名。（《論語·陽貨篇》）

人而不為〈周南〉、〈召南〉，其猶正牆面而立也歟？（同上）

可見除了政治、外交之外，《詩》還可以令人興、觀、群、怨，提高個人的性情修養，建立人與人之間的人倫關係，擴展人對自然界動植物的認識。我們可以說，孔子將《詩》在社會政治的功用顯現出來，並加以擴大。再者，孔子在「賦詩斷章」的傳統上，提出「《詩》三百，一言以蔽之，曰：思無邪。」（《論語》〈爲政篇〉）確定「思無邪」的說詩義法，爲此後說詩開出新途徑，對後代的影響是既深且鉅的。

《史記》和《漢書》都有孔子編定《尚書》、並作〈書序〉的記載，此一說法是否屬實，由於文獻不足，尚待求證。《論語》一書中與《尚書》相關的不多，明引《尚書》只有兩處，如〈爲政篇〉：

> 或謂孔子曰：「子奚不為政？」子曰：「《書》云：『孝乎惟孝，友于兄弟。』施於有政，是亦為政，奚其為為政？」

或人之問，甚難回答，而孔子隨口引《書》以爲依據，足見孔子對《書》之熟悉。又如〈憲問篇〉載：

> 子張曰：「《書》云：『高宗諒陰，三年不言。』何謂也？」子曰：「何必高宗？古之人皆然。君薨，百官總己以聽於冢宰三年。」

此處孔子與子張討論《尚書》的內容，足見「孔子以《詩》、《書》、《禮》、《樂》教」並非虛言，《論語・述而篇》又有「子所雅言，《詩》、《書》、執禮，皆雅言也」的記載，由此可知孔子對《尚書》的重視。除上述各條外，《論語》有某些經文論述堯、舜、禹相關的事跡，就現存文獻看來，可能都與《尚書》有關。根據這些資料，可知孔子嫻熟《尚書》，對它有深入的了解，並以《尚書》爲教學的資料，曾提出頗多一己的見解，是可以想見的。

在《論語・述而篇》裡，孔子曾說：

加我數年，五十以學《易》，可以無大過矣。

許多學者以《魯論》「易」字作「亦」，從下讀，論證孔子與《易》沒有關連。雖說除此條外，《論語》全書沒有以「易」字做名詞用的，但是〈子路篇〉載：

子曰：「南人有言：『人而無恆，不可以作巫醫。』善夫！『不恆其德，或承之羞。』」

子曰：「不占而已矣。」

「不恆其德，或承之羞」是《周易・恆卦》九三爻辭，這是孔子引用《周易》的具體證據。《周易》卦爻辭成於西周初年，春秋時人習用易筮，見於《左傳》、《國語》的記載多處。《左傳》昭公二年，晉侯使韓宣子聘魯，觀書於大史氏，見《易》、《象》、《魯春秋》，曰：

周禮盡在魯，吾乃今知周公之德與周之所以王也。

韓宣子既能見到《周易》，以博學知名，識文武之道的孔子，不可能不學《周易》。中道觀念在孔子思想中有相當的份量，孔子曾說：

中庸之為德也，其至矣乎！民鮮久矣。（《論語・雍也篇》）

此一思想與《易》卦逢中皆吉的現象有相當的關連。由此看來，孔子的確學過《易》，所謂「晚而喜《易》」「讀《易》，韋編三絕」的說法應是可信的。④傳統說法以《十翼》出於孔子之手，雖不可從，但《十翼》的著成與儒家關係密切，卻是不爭的事實。《周易》能成爲經書，是合經、傳以後的事，《十翼》的成立實深受孔子《易》教的影響，可以說《周易》成爲經書之一，是孔子奠定的基礎。

《論語》中有關禮的記載極多，足見孔子對禮的重視。禮本是宗法社會裡規範貴族行爲的形式，這種形式需要有貴族的身分，才能實行。孔子通過這種形式發掘出禮的內在價值，並以其價值來衡量外在形式的是非得失，透過這種轉換，孔子使原本「不下庶人」的禮，轉成一般人的行爲規範，這種轉換具有積極的意義。⑤

孔子所談的禮，具有兩種意義：其一是指禮的外在形式，即所謂的「文」，《論語・爲政篇》說：

> 殷因於夏禮，所損益可知也；周因於殷禮，所損益可知也；其或繼周者，雖百世可知

---

④ 近年新出土的文獻，也提供了重要的佐證，參看李學勤：〈從〈要〉篇看孔子與《易》〉，收入《簡帛佚籍與學術史》。

⑤ 以上參徐復觀《中國經學史的基礎》，〈先漢經學的形成〉，三，孔子及孔門——經學基礎的奠定。

也。

〈八佾篇〉說：

> 夏禮吾能言之，杞不足徵也；殷禮吾能言之，宋不足徵也。文獻不足故也，足則吾能徵之矣。

這裡的「禮」，指的就是制度儀節等外在形式。其二是指深藏在內的精神價值，也就是所謂的「本質」。〈八佾篇〉說：

> 人而不仁，如禮何；人而不仁，如樂何。

這裡的「仁」，就是禮樂的「本質」。孔子認爲禮有本有末，禮的本質是仁，至於外在的文，就是文之末，本爲主而末爲輔，如果捨本逐末，就喪失了制禮的本意，〈陽貨篇〉說「禮云禮云，玉帛云乎哉?樂云樂云，鐘鼓云乎哉？」正是對重視禮文卻迷失禮意的批評。就另一方面來說，禮的形式也是不可或缺的，所以子貢欲去告朔之餼羊，而孔子說：「賜也，爾愛其羊，我愛其禮。」（〈八佾篇〉）這是因爲禮儀的存留，有助於禮意的追尋。本末兼顧是最理想的禮，萬一兩者不能兼顧，寧可捨去禮之文而保留禮之意。當時移勢異，禮也必須做相應的調整，也就是說，禮的形式要隨時而變，總之要以能呈現禮的本質爲依歸，孔子曾說：

「麻冕，禮也，今也純，儉，吾從衆。」（《論語・子罕篇》）這是禮因時而變的例子。孔子這種看法，發展到後來，就形成「禮，時爲大」（《禮記・禮器篇》）的觀念，後代儒家論禮重視時變，即是承繼孔子而來。「興於《詩》，立於禮，成於樂」（《論語・泰伯篇》）是孔子教學的次第，孔子強調「不學禮，無以立」（〈季氏篇〉）在這種認知下，透過省察檢討，孔子完成對傳統禮制的轉換，也奠定了儒家禮學的基礎。

《樂經》久已失傳，其面目究竟如何，不得而知。《史記・孔子世家》有「孔子學琴於師襄」的故事，雖有過於誇張之嫌，但仍可見出孔子習樂的專注態度。就《論語》的記載來看，孔子對於音樂的了解遠在當時一般人之上，孔子曾對魯太師說：「樂其可知也，始作，翕如也；從之，純如也，皦如也，繹如也，以成。」（〈八佾篇〉）可見他對音樂演奏的熟知。《論語・憲問篇》載：

> 子擊磬於衛。有荷蕢而過孔氏之門者，曰：「有心哉，擊磬乎！」既而曰：「鄙哉！硜硜乎。莫己知也，斯已而已矣。深則厲，淺則揭。」子曰：「果哉！末之難矣。」

荷蕢者固然知音，而孔子能將個人志向化入音樂中透露出來，在音樂表現上已超越技巧層次，達到藝術成就的化境。也就因爲本身造詣高深，孔子在音樂欣賞上的品味極高，〈述而篇〉載：

> 子在齊聞〈韶〉，三月不知肉味，曰：「不圖為樂之至於斯也。」

所以如此，孔子本人有詳盡的解釋，「子謂〈韶〉：盡美矣，又盡善也；謂〈武〉：盡美，未盡善也。」（〈八佾篇〉）〈韶〉是舜的樂，〈武〉是周武王的樂。《左傳》襄公二十九年載：

> 吳公子札來聘，……請觀於周樂。使工為之歌〈周南〉、〈召南〉，曰：「美哉！始基之矣，猶未也，然勤而不怨矣。」……見舞〈大武〉⑥者，曰：「美哉！周之盛也，其若此乎！」見舞〈韶濩〉⑦者，曰：「聖人之弘也，而猶有慚德，聖人之難也。」見舞〈大夏〉⑧者，曰：「美哉！勤而不德，非禹，其誰能修之？」見舞〈韶箾〉⑨者，曰：「德至矣哉，大矣！如天之無不幬也，如地之無不載也。雖甚盛德，其蔑以加於此矣，觀止矣。若有他樂，吾不敢請已。」

公子札認為舜樂盡善盡美，武樂「美哉」，湯樂「猶有慚德」，不僅是就音樂本身，也是就

---

⑥杜預注：「武王樂。」
⑦鄭玄注：「湯樂也。」
⑧杜預注：「禹之樂。」
⑨杜預注：「舜之樂舞。」

其內容加以評論。孔子對〈韶〉、〈武〉的評論同於公子札，都是兼就音樂外在表現及實質內涵所下的斷語，這種觀點應是由樂教的立場出發。就孔子的言論而言，他不僅欣賞音樂的藝術之美，尤其重視音樂在實際人生中的教化意義，孔子認爲「〈關雎〉樂而不淫，哀而不傷」（〈八佾篇〉），何晏《論語集解》指出是「言其和也」，也就是合乎人性，亦即所謂「先王之制禮樂也，非以極口腹耳目之欲也，將以教民平好惡而反人道之正也」（《禮記・樂記》）孔子之所以「惡鄭聲之亂雅樂也」（〈陽貨篇〉），也是惡其似是而非，擾亂正樂，誤導音樂的教化功能。孔子理想的治世是「行夏之時，乘殷之輅，服周之冕，樂則〈韶〉舞。放鄭聲，遠佞人，鄭聲淫，佞人殆。」（〈衛靈公篇〉）從「樂則〈韶〉舞」正可以看出孔子著重樂教的用意所在，「吾自衛返魯，然後樂正，《雅》、《頌》各得其所。」（〈子罕篇〉）也是這種心態下必然有的舉措。《禮記・樂記》及《荀子・樂論篇》所傳承的都是孔子的樂教觀念，可見孔子對中國音樂思想的影響是何等深遠。

在六藝中，和孔子關係最爲密切的，應該是《春秋》。最早提到孔子和《春秋》關係的，是《孟子》，〈滕文公下〉說：

> 世衰道微，邪說暴行有作，臣弒其君者有之，子弒其父者有之。孔子懼，作《春秋》。《春秋》，天子之事也。是故孔子曰：「知我者，其惟《春秋》乎！罪我者，其惟《春

秋》乎！」

《史記・太史公自序》引董仲舒之說云：

> 周道衰廢，孔子為魯司寇，諸侯害之，大夫壅之。孔子知言之不用，道之不行也，是非二百四十二年之中，以為天下儀表，貶天子，退諸侯，討大夫，以達王事而已矣。子曰：「我欲載諸空言，不如見之於行事之深切著明也。」

兩者都清楚的指出孔子作《春秋》，以及孔子何以作《春秋》的原委。《春秋》本爲魯史，前文曾引《左傳》昭公二年，韓宣子聘魯，所觀書中即有《魯春秋》在內。孔子晚年回到魯以後，見到自己的抱負不能在當世實現，於是藉著整理故籍之便，「是非二百四十二年之中，以爲天下儀表」，也就是藉魯史舊文，將個人的理想灌注其中，這即是《孟子・離婁下》所說的：

> 其事則齊桓、晉文，其文則史。孔子曰：「其義則丘竊取之矣。」

就《春秋》一書而言，形式上是編年體的著作，依照今人的眼光看，應該是史書。但傳統上，始終把《春秋》當作經書，其原因在於經過孔子整理過的《春秋》，在文字義例上已具有孔子的意見，發揮「貶天子，退諸侯，討大夫」的褒貶作用，足以「上明三王之道，下辨人事之紀，別嫌疑，明是非，定猶豫，善善惡惡，賢賢賤不肖，存亡國，繼絕世，補敝起廢，王道之大者也。」（《史記・太史公自序》）這種《春秋》之「義」的存在，是《春秋》一書得以列入經書的主要原因。

綜上所述，可知《詩》、《書》、《易》、《禮》、《樂》、《春秋》六書雖非孔子所作，但經過孔子整理並用為教材後，不僅昌明書中的義理，也使這些書得以普及於民間，進而發揚光大，產生廣泛而深遠的影響。因此如果我們說，在經學發展過程中，孔子扮演了最關鍵的角色，並非過言。

第三節　戰國時代的經學

壹、孔子弟子傳經的情形

孔子卒於魯哀公十六年（西元前四七九年），下距戰國時代不過二十多年，所以孔子的學生都是春秋末、戰國初期的人物。《史記・孔子世家》說：

孔子以《詩》、《書》、《禮》、《樂》教，弟子蓋三千焉，身通六藝者七十有二人。

這些身通六藝的學生，在六藝的傳承上，有著一定的貢獻，可惜由於文獻殘缺不全，無法掌握確切可信的資料，整理出完整的傳授系統來。

《韓非子·顯學篇》說：

自孔子之死也，有子張之儒，有子思之儒，有顏氏之儒，有孟氏之儒，有漆雕氏之儒，有仲良氏之儒，有孫氏之儒，有樂正氏之儒。

韓非受學於荀子，這種說法應有所本。但僅記其氏而無名，又沒有說明所傳何學，加以書缺有間，無法據以考訂原委，誠屬可惜。

若就現存可信的資料來看，除了商瞿受《易》⑩，子貢通《詩》⑪，子游習《禮》⑫，曾子作《孝經》⑬，孺悲傳〈士喪禮〉⑭以外，孔子弟子中與經學關係最密切的是子夏。子

---

⑩ 見《史記·仲尼弟子列傳》及〈儒林列傳〉。
⑪ 見《論語·學而篇》。
⑫ 見《禮記·檀弓篇》。
⑬ 見《史記·仲尼弟子列傳》。
⑭ 見《禮記·雜記下》。

夏在孔門四科列入文學，孔子死後，子夏居西河教授，為魏文侯的老師。子夏通《詩》⑮，相傳曾作〈詩序〉⑯，傳《禮》⑰，又精通《樂》⑱，在六藝上有極深厚的造詣，所以《後漢書・徐防傳》載防上疏說：「臣聞《詩》、《書》、《禮》、《樂》，定自孔子；發明章句，始於子夏。」這些記載，可信度是相當大的，如此說來，子夏應是孔子門下傳播經學的重要人物。

戰國時代對弘揚孔子之學貢獻最大的是孟子與荀子，由司馬遷《史記》一書在〈孔子世家〉及〈仲尼弟子列傳〉之外，特立〈孟子荀卿列傳〉，可見二人在儒家發展史上的地位。傳統學者認為孟子、荀子代表儒家的兩大派：孟子是傳道之儒，學術路向是尊德性，開出後來的「宋學」一派；荀子是傳經之儒，走的路線是道問學，發展出後世的「漢學」一派。兩人的取徑不同，學術發展遂有上述的差異。這種分別固然有其學風表現的考量，在處理討論上有其方便之處，但不可避免的也會帶來若干不正確的聯想。最常見的誤會是荀子傳經而孟子不傳經，其實這是一個極大的誤解，孔子之道即在六藝，孔子以《詩》、《書》六藝教弟

⑮ 見《論語・八佾篇》。
⑯ 見《詩・小雅・常棣》《正義》引《鄭志》。
⑰ 見《儀禮・喪服》賈公彥《疏》。
⑱ 見《禮記・樂記》。

子，後世學者亦自《詩》、《書》六藝習學，成就發展固然有所不同，學術淵源來自六藝則無二致，這是必須在此先行釐清的。

貳、孟子的經學

孟子在學術上成就極大，貢獻亦多，「性善」說開儒家人性論的先河，「民爲貴」說奠定民本政治的基礎，倡導爲民制產是爲政的根本，這些創見無一不自他所受的《詩》、《書》六藝的教化而來。《史記·孟子荀卿列傳》說：

> 孟軻，騶人也，受業子思之門人。道既通，游事齊宣王，宣王不能用。適梁，梁惠王不果所言，則見以為迂遠而闊於事情。……當是之時，……天下方務於合從連衡，以攻伐為賢，而孟軻乃述唐、虞、三代之德，是以所如者不合。退而與萬章之徒序《詩》、《書》，述仲尼之意，作《孟子》七篇。

就「受業子思之門人」一語來看，孟子應是孔門的嫡傳，而孟子也以學孔子、闡揚孔子的學說爲畢生職志，「序《詩》、《書》，述仲尼之意」，即是具體的寫照。

趙岐〈孟子題辭〉曾說孟子「治儒術之道，通五經，尤長於《詩》、《書》。」今本《孟子》書中，引《詩》者大約三十次，論《詩》者四次，引《書》者十八次，論《書》（〈武成〉）者一次⑲。趙岐的說法，應該是合理的。

孟子引《詩》，一方面用作一己立說的證明，一方面是陳述歷史；前者承襲春秋時代的遺風，後者是孟子的創見。在論《詩》時，孟子提出「說詩者，不以文害辭，不以辭害志，以意逆志，是為得之」⑳，應用這種見解，他認為〈凱風〉所以不怨、而〈小弁〉所以怨，原因在於「〈凱風〉，親之過小者也；〈小弁〉，親之過大者也。親之過大而不怨，是愈疏也；親之過小而怨，是不可磯也。」㉑「〈小弁〉之怨，親親也。親親，仁也。」㉒這種「以意逆志」的解詩方式，成為後儒解《詩》的典範，也影響到中國的文學批評理論。

至於《書》，孟子一方面引《書》作為立說的依據，以加強己說的說服力；另一方面，則提出讀《書》不可盲目信從的原因，他在〈盡心下篇〉中說：

> **盡信書，則不如無書，吾於〈武成〉，取二三策而已矣。仁者無敵於天下，以至仁伐**

---

⑲ 以上數字依據清·甘鵬雲：《經學源流考》，卷一，〈戰國經學流派第二〉。
⑳ 見《孟子·萬章上》。趙岐注曰：「斯言殆欲使後人深求其意，以解其文，不但施於說《詩》也。」
㉑ 見《孟子·告子下》。
㉒ 同上注。

至不仁，而何其血之流杵也？

〈武成篇〉言武王伐紂，紂之「前徒倒戈，攻于後以北，血流漂杵」，孟子基於「仁人無敵於天下」「不嗜殺人者能一之」㉓的信念，認爲〈武成〉的記載不足採信。孟子的作法，是將價值判斷轉換爲真僞判斷，在邏輯上犯了錯誤，不足爲法，但他提出的「盡信書，則不如無書」和「頌其詩，讀其書，不知其人，可乎？」㉔的觀點，爲後人建立起「不盲從經典」和「知人論世」的嚴謹態度，在後世具有相當的影響。

孟子雖不以《禮》知名，也曾自謙「諸侯之禮，吾未之學也」㉕，但在《禮》上實有極深造詣。如滕定公薨，世子（即滕文公）使然友問喪禮於孟子，孟子據曾子「生，事之以禮；死，葬之以禮，祭之以禮；可謂孝矣」及孔子「君薨，聽於冢宰」的言論，建議世子行三年之喪。後來雖曾經過一點波折，但「及至葬，四方來觀之，顏色之戚，哭泣之哀，弔者大悅。」這是孟子掌握住禮制的精神，從而決定行禮形式的顯例。朱子雖指出孟子所言之禮每與《周

㉓見《孟子·梁惠王上》。
㉔見《孟子·萬章下》。
㉕見《孟子·滕文公上》。

禮》及〈王制〉不同㉖，但也不能不同意「孟子說制度，皆舉其綱而已」㉗。孟子這種論禮的態度，很明顯的承續孔子。除承繼孔子而外，孟子在論禮上另有開新之處。孔子主張「義以爲質，禮以行之」㉘，禮不僅有形式，而且用以約束行爲（約之以禮），表現恭敬（爲禮敬），辭讓（以禮讓爲國）的處世待人態度。孟子說：「辭讓之心，禮之端也。」㉙「恭敬之心，禮也。」㉚可見他同意辭讓與恭敬是禮的基本精神，所不同的是他將禮內在化，與仁義智並稱，成爲人生而具有的德性。仁義禮智是人心所固有的，所以〈告子上〉說：

> 惻隱之心，仁也。羞惡之心，義也。恭敬之心，禮也。是非之心，智也。仁義禮智，非由外鑠我也，我固有之矣，弗思耳矣。

如此一來，禮就由外在的約束，轉爲人心所原有。「仁義禮智根於心」㉛，就奠定了孟子性善論的理論基礎。這種轉變，是孔子禮論的進一步深化，也是孟子論禮的最大特色。

㉖見宋．朱熹：《朱子語類》，卷五十八。
㉗同前註，卷五十五。
㉘見《論語．衛靈公篇》。
㉙見《孟子．公孫丑上》。
㉚見《孟子．告子上》。
㉛見《孟子．盡心上》。

對《周易》，未見孟子直接引述，但就他的言論中可以發現，孟子是充分掌握《周易》精神的，程頤曾說：

> 孟子曰：「可以仕則仕，可以止則止，可以久則久，可以速則速。孔子，聖之時者也。」故知《易》者莫如孟子。㉜

這是孟子知《易》的最好證明。所以趙岐說孟子通五經，應該不是虛言。

對於《春秋》，程頤曾說：「知《春秋》者，莫若孟子。」㉝孟子在《春秋》上有幾項重要見解，首先他肯定《春秋》是孔子所作，並且將孔子作《春秋》賦予特殊意義，認爲與堯使禹治水，周公相武王誅紂伐奄，具有相同的撥亂反正的歷史意義，從而建立了「一治一亂」「五百年必有王者興」的歷史觀。其次，孟子強調作《春秋》是天子之事，他說：「昔者，禹抑洪水而天下平，周公兼夷狄驅猛獸而百姓寧，孔子成《春秋》而亂臣賊子懼。」㉞孔子以不在位之人而行天子之事，固然孔子本人有知我罪我之歎，孟子則以爲是撥亂反治的典範，這種解釋成爲後來《公羊春秋》學者以微言大義解經的先導。又次，孟子說：「王者

㉜ 見《二程集・河南程氏遺書》，卷二十五。
㉝ 同前注。
㉞ 見《孟子・滕文公下》。

之跡熄而《詩》亡，《詩》亡然後《春秋》作。」㉟將《詩》與《春秋》並舉，《春秋》是繼《詩》而作，「其文則史」，如此一來，《詩》不僅是文學書，同時也有歷史記載的意義在其中，《詩》的教化價值自然因之而提高，這也是孟子的特識。

參、荀子的經學

孟子將《詩》、《書》六藝的內涵深化，荀子則在經學形式化過程中扮演了重要角色。《荀子・勸學篇》說：

> 學惡乎始？惡乎終？曰：「其數則始乎誦經，終乎讀禮；其義則始乎為士，終乎為聖人。……故《書》者，政事之紀也；《詩》者，中聲之所止也；禮者，法之大分，類之綱紀也，故學至乎禮而止矣。夫是之謂道德之極。禮之敬文也，樂之中和也，《詩》、《書》之博也，《春秋》之微也，在天地之間者備矣。……」

「誦經」句下，楊倞《注》云：「經，謂《詩》、《書》；禮，謂典禮之屬也。」可見荀子

㉟見《孟子・離婁下》。

已以《詩》、《書》爲經，在經學發展史上，這是一個創見。除〈勸學篇〉外，〈儒效篇〉亦云：「《詩》言是其志也，《書》言是其事也，禮言是其行也，樂言是其和也，《春秋》言是其微也。」將《詩》、《書》、《禮》、《樂》、《春秋》組合連言，這是經學形式的進一步發展，若再加上《易》，就是「詩書禮樂易春秋」六經的完成，足見經學發展到荀子時，已接近成熟了。

荀子在經學的成就，主要是在禮樂方面，荀子書中〈禮論〉、〈樂論〉各自成篇，可見他特別重視禮樂，荀子認爲禮的起源，在於人生而有欲；禮的功用在「明分」以「節欲」「養欲」。除此以外，禮還有文飾的作用。孔子言禮，提綱撮要，未多作發揮；孟子將禮內在化深化，使禮往精微的方向發展。荀子推演禮意，建立了周備的禮的理論，同時以隆禮與否，做爲國家治亂的關鍵。荀子的禮說對後儒極有影響，《禮記》中言喪祭禮的部分，多半與荀子相同，應是取自《荀子》，也可能是荀子後學所作。《荀子·禮論》中的「三年之喪，何也」一段，《禮記》採爲〈三年問篇〉；「禮有三本」一段，《大戴禮記》採爲〈禮三本篇〉，即是具體的例證。至《樂》，孔子雖極重視，以「禮樂」合稱，但對樂的說明並不完整，有關樂的理論，如樂的起源，樂與人生的關係，都在荀子的「樂論」中才有周全的論述。《荀子·樂論》的部分爲《禮記·樂記》及《史記·樂書》所採錄，〈樂論〉末段「鄉飲酒」部分，也爲《禮記‧鄉飲酒義》所採，足見影響之大。

荀子傳經，對後儒（尤其是漢儒）影響極大，清儒汪中作《荀卿子通論》博採眾說，認爲《齊詩》、《魯詩》、《韓詩》、《毛詩》四家中，除《齊詩》外，其餘三家都傳自荀卿；《春秋三傳》中，《左氏春秋》、《穀梁春秋》皆荀卿之傳，而荀卿與《公羊春秋》亦有關連；荀卿所學本長於禮，大、小戴《禮記》都傳自荀卿。因此他說：「蓋自七十子之徒既沒，漢諸儒未興，中更戰國、暴秦之亂，六藝之傳賴以不絕者，荀卿也。周公作之，孔子述之，荀卿子傳之，其揆一也。」㊱對荀子的傳經之功，可謂推崇備至。

汪中的說法中，《魯詩》傳自荀卿，確有實據；《韓詩外傳》引荀子以說詩者，有四十四處之多，這兩者的確與荀子有關。其他說法，頗有牽連傅會之處，不能引以爲據。《春秋三傳》中，除《荀子‧大略篇》曾引及《公羊春秋》，應屬可信外，《左氏傳》及《穀梁傳》與荀子是否有傳授的關係，沒有直接的證據，也無法採信。雖說如此，荀子有傳經之功，對西漢經學影響至大，則是可以確定的。

㊱ 見汪中：《述學》，卷四，補遺〈荀卿子通論〉。

肆、六經的確立

《詩》、《書》六藝是先秦古籍，不僅儒者可以援引論述，其他各家也可以據以立說。因此，孟、荀以外的先秦諸子，在各家的論著中出現引用《詩》、《書》等書以立論的，並不罕見。以「經」字爲著作名稱的，似乎也以《墨子》書中的〈經上〉、〈經下〉、〈經說上〉、〈經說下〉爲最早。這四篇雖爲墨子後學的作品，但《莊子·天下篇》已曾提到，其時代應在荀子之前。由此看來，儒家經、傳的分別，應該曾受到墨家〈經〉與〈經說〉的影響。㊲

六經形式的完成，也是戰國末期的盛事，《莊子·天下篇》說：

> 其在於《詩》、《書》、《禮》、《樂》者，鄒魯之士，搢紳先生，多能明之。《詩》以道志，《書》以道事，禮以道行，樂以道和，《易》以道陰陽，《春秋》以道名分。

㊲ 先秦古書中，《管子》亦有〈牧民〉與〈牧民解〉、〈形勢〉與〈形勢解〉、〈立政〉與〈立政九歌解〉、〈版法〉與〈版法解〉、〈明法〉與〈明法解〉等現象，亦可能影響到儒家的著作形式。此外，近年出土的文獻中，帛書與竹簡本《五行》也有這種經、說的形式，《五行》是儒家學者的著作，可見戰國儒家已有這種著作形式，後世儒者以注經爲著述，是前有所本的。

> 其數散於天下而設於中國者，百家之學，時或稱而道之。

此處以《詩》、《書》、《禮》、《樂》、《易》、《春秋》六者合在一起，雖沒有提到「經」字，形式上已完成了六藝。同書〈天運篇〉云：

> 孔子謂老聃曰：「丘治《詩》、《書》、《禮》、《樂》、《易》、《春秋》六經。」

已經明確的提出《詩》、《書》、《禮》、《樂》、《易》、《春秋》六經，〈天運篇〉是莊子後學的作品，著作時間不會太早，但至遲也在戰國末期，可見六經形式在此時已確定下來了。

六經形式的固定，顯示著經學的時代即將到來，同時也表示著六藝之教的深入人心，《荀子‧儒效篇》已清楚的說明《詩》、《書》、《禮》、《樂》、《春秋》的作用，《莊子‧天下篇》也完整的論述了《詩》、《書》、《禮》、《樂》、《易》、《春秋》的實質功能，成立較晚的《禮記‧經解篇》不僅以「經解」名篇，同時對六經的教化效果有具體深入的描述，〈經解篇〉云：

> 孔子曰：「入其國，其教可知也：其為人也，溫柔敦厚，《詩》教也；疏通知遠，《書》教也；廣博易良，《樂》教也；絜靜精微，《易》教也；恭儉莊敬，《禮》教也；屬

> 辭比事，《春秋》教也。故《詩》之失愚，《書》之失誣，《樂》之失奢，《易》之失賊，《禮》之失煩，《春秋》之失亂。其為人也，溫柔敦厚而不愚，則深於《詩》者也；疏通知遠而不誣，則深於《書》者也；廣博易良而不奢，則深於《樂》者也；絜靜精微而不賊，則深於《易》者也；恭儉莊敬而不煩，則深於《禮》者也；屬辭比事而不亂，則深於《春秋》者也。」

這裡明確的提出《詩》教、《書》教、《樂》教、《易》教、《禮》教、《春秋》教，同時將教化的得與失，詳盡的陳述出來，可見自春秋以來原屬貴族所有的《詩》、《書》、《禮》、《樂》教化，經「孔子以《詩》、《書》、《禮》、《樂》教」，普及一般士庶人後，六經教化的理論至此也告完成。六經形式與經學理論的確立，表示春秋以來經學由有實無名至名實兼備的發展已告一段落，以下是經學時代的正式到來。

第十九章　兩漢的經學

第一節　漢代經學發展的走向

壹、秦與漢初的學術發展

從秦始皇統一天下（前二二一年），到漢武帝建元五年（前一三六年），是經學發展的低潮時代，在這八十幾年中，原本已蓬勃成形的經學受到極大的傷害與壓抑。

秦始皇三十四年（前二一三年）的焚書，用意本即在毀禁私學，以官學（法家）爲尊，統一思想。《史記・秦始皇本紀》所載的焚書令說：

史官非秦記皆燒之。非博士官所職，天下敢有藏《詩》、《書》百家語者，悉詣守、尉雜燒之。有敢偶語《詩》、《書》者棄市。以古非今者族。吏見知不舉者與同罪，令下三十日不燒，黥為城旦。所不去者，醫藥卜筮種樹之書。若欲有學法令，以吏為師。

就其內容來看，儘管六國史書、《詩》《書》、百家語皆在燒禁之列，但主要打擊對象是《詩》、《書》，這因爲《詩》、《書》是古代學術的代表，自然不能見容於反對「道今以害古」的法家政權，唯一倖免於禍的是列於「醫藥、卜筮、種樹之書」的《周易》。焚書令頒布三年後，秦始皇即病死。隨之而來的秦末起義，楚漢相爭，戰禍頻仍，學術停滯，經學自然也無從發展。

漢初諸帝雖不好儒學，行黃老刑名之術，清靜無爲，與民休息。但自開國以迄武帝初的六十餘年中，已有若干跡象顯示儒學漸朝復興的方向發展。陸賈以《詩》、《書》說高祖，叔孫通採古禮雜秦儀定朝儀，使高祖體會到「攻守之勢異」與「儒者可與守成」的好處，從而有「過魯，以太牢祠孔子」①之舉。惠帝四年（前一九一年）除挾書律，解除了箝制學術的禁令，從而使儒學有發展的空間。此時朝廷也「改秦之敗，大收篇籍，廣開獻書之路。」②諸侯王中，河間王劉德提倡儒學尤其值得注意，《漢書·景十三王傳》說：

① 見《史記·孔子世家》及《漢書·高帝紀》。

② 見《漢書·藝文志》。

> 河間獻王德以孝景前二年（前一五五年）立，修學好古，實事求是。從民得善書，必為好寫與之，留其真，加金帛賜以招之。繇是四方道術之人不遠千里，或有先祖舊書，多奉以奏獻王者，故得書多，與漢朝等。……獻王所得書皆古文先秦舊書，《周官》、《尚書》、《禮》、《禮記》、《孟子》、《老子》之屬，皆經傳說記，七十子之徒所論。其學舉六藝，立《毛氏詩》、《左氏春秋》博士。修禮樂，被服儒術，造次必於儒者。山東諸儒多從而游。

就這段資料來看，河間王不僅鼓勵民間獻書，所得多爲先秦經傳說記，並且立經學博士，大力提倡六藝之學，儼然成爲研究經學的重鎮。在中央方面，文帝除詔太常使掌故朝錯到齊地從伏生受《尚書》外③，同時在「廣遊學之路」的考慮下，不僅「《論語》、《孝經》、《孟子》、《爾雅》皆置博士」④，也設置一經博士⑤，所以申公、韓生都以治《詩》立爲博士⑥。景帝時，轅固生以治《詩》爲博士，董仲舒、胡毋生以治《春秋》爲博士⑦。雖因黃老當道，

---

③見《史記・儒林傳》。
④見趙岐〈孟子題辭〉。
⑤見《後漢書・翟酺列傳》。
⑥見《漢書・楚元王傳》及〈儒林傳〉。
⑦見《史記・儒林列傳》。

「諸博士具官待問，未有進者」⑧。然而在先秦舊籍日漸增多，從事經書研究與教學者也日益增加的狀況下，經學的發展與昌明已是大勢所趨，莫可遏抑了。

貳、漢武帝獨尊儒術

漢武帝時，是經學正式得到朝廷認可，爲立學官，成爲漢代官學的開始。《史記·孝武本紀》載：

孝武皇帝初即位，……鄉儒術，招賢良，趙綰、王臧等以文學為公卿，欲議古立明堂城南，以朝諸侯。草巡狩封禪改曆服色事未就。會竇太后治黃老言，不好儒術，使人微得趙綰等姦利事，召案綰、臧，綰、臧自殺，諸所興為者皆廢。

這是建元二年（前一三九年）的事，武帝崇儒的企圖雖被好黃老道家言的竇太皇太后藉故打壓，但「鄉儒術」的武帝並沒有因此而改變提倡儒術的決心。事實上這時經學已有復甦的跡象，「言《詩》於魯則申培公，於齊則轅固生，於燕則韓太傅。言《尚書》自濟南伏生。言

⑧ 同前注。

《禮》自魯高堂生。言《易》自菑川田生，言《春秋》於齊魯自胡毋生，於趙自董仲舒。」⑨《詩》、《書》、《禮》、《易》、《春秋》五經已大致齊備。建元五年（前一三六年），更設置五經博士⑩，正式確立了五經的官學地位。等到次年（前一三五年）五月，竇太皇太后一死，「武安侯田蚡爲丞相，絀黃老刑名百家之言，延文學儒者數百人，……天下之學士靡然鄉風矣。」⑪到這個時侯，儒家已取代黃老道家，成爲思想上的正統，經學昌明的時代，也隨之到來。

漢武帝本人好儒術⑫，固然是儒學興盛的主要因素，而《公羊春秋》大師董仲舒的建言，更是不可或缺的動力來源。董仲舒（前一七九——前一〇四年）治《公羊春秋》，景帝時爲博士。進退容止，非禮不行，當時學士皆師尊之⑬。他的著作都在發明經術，有一百二十三篇

---

⑨見《史記・儒林列傳》。

⑩見《漢書・武帝紀》。

⑪見《史記・儒林列傳》。

⑫武帝好儒術，可能與他的老師王臧有關，《史記・儒林列傳》載：「蘭陵王臧既受《詩》，以事孝景帝爲太子少傅，免去。今上初即位，臧迺上書宿衛上，累遷，一歲中爲郎中令。」從這段記載看來，王臧既曾爲武帝師，也頗受敬重，否則不可能有一歲中即累遷爲郎中令的殊遇。

⑬見《史記・儒林列傳》、《漢書・董仲舒傳》。

之多，今存者有《春秋繁露》一書，是漢代《公羊春秋》學的鉅著。而影響漢代學術最大的，則是他的〈天人三策〉，全文收在《漢書・董仲舒傳》中。所謂〈天人三策〉是武帝詔舉賢良時，董仲舒回答武帝提出的問題，所發表的議論。其主要的論點除㈠天人相與㈡法古更化㈢重視教育㈣拔擢人才㈤禁止與民爭業及限民名田之外，他最重要的主張是罷黜百家、獨尊孔子。董仲舒在對策的結尾說：

> 春秋大一統者，天地之常經，古今之通誼也。今師異道，人異論，百家殊方，指意不同，是以上亡以持一統；法制數變，下不知所守。臣愚以為諸不在六藝之科、孔子之術者，皆絕其道，勿使並進。邪辟之說滅息，然後統紀可一而法度可明，民知所從矣。

董仲舒對策的時間雖衆說紛紜，莫衷一是，迄今尚無定論⑭。他在對策中的主張卻大部分爲武帝所接納，「諸不在六藝之科孔子之術者，皆絕其道，勿使並進」的意見，則不僅爲武帝接受，更成爲漢代的國策，對經學的蓬勃發展，有決定性的影響。

罷黜百家，獨尊孔子奠定了儒家的官學地位，完成了李斯以來思想定於一的理想。元朔五年（前一二四年），武帝詔令「禮官勸學，太常其議予博士弟子，崇鄉黨之化，以厲賢材。」

⑭ 董仲舒對策的時間，《漢書・武帝紀》繫於元光元年（前一三四年）五月，而司馬光《資治通鑑》則繫於建元元年（前一四〇年）冬十月，其他說法亦多，不備載。

丞相公孫弘因上「請爲博士置弟子員議」，建議爲博士官置弟子五十人，博士弟子「一歲皆輒課，能通一藝以上，補文學掌故；其高第可以爲郎中」；小吏能通一經以上，亦可以補官⑮。這個意見也爲武帝所採納，成爲國家政策。「自此以來，公卿大夫士吏彬彬多文學之士矣。」⑯

參、石渠之會的原因及其影響

漢武帝罷黜百家，獨尊孔子之後，儒家取得朝廷的正統地位，經學也成爲政府承認的官學。在政府的大力提倡下，博士弟子由武帝時的五十人，昭帝時增爲百人，宣帝末再倍增之。元帝好儒，能通一經者皆復，後改爲千人。成帝末，又增至三千人之多⑰。這種情形繼續發展下去，到東漢質帝時，太學生竟增加到三萬餘人⑱。太學生的急遽增加，反映出經學在漢朝的興盛。經學所以如此興盛，不外乎兩個原因：其一是儒家是唯一的官學，再沒有強而有

⑮見《漢書·儒林傳》。
⑯同上注。
⑰見《漢書·儒林傳·序》。
⑱見《後漢書·儒林列傳·序》。

力的學派可以與其競爭。其二是朝廷重視通經人才，學習經術成爲仕宦的捷徑。前者不必說明，就後者來說，公孫弘建議爲博士置弟子員，由政府的力量來支持推動經學，固然有其積極的意義，但相對於此，也有負面的影響，《漢書・夏侯勝傳》說：

> 勝每講授，常謂諸生曰：「士病不明經術；經術茍明，其取青紫如俛拾地芥耳。學經不明，不如歸耕。」

王先謙《漢書補注》說：「漢丞相、太尉皆金印紫綬，御史大夫銀印青綬，此三府官之極崇者。」可見學者也以通經可致富貴來教人。又如《後漢書・桓榮列傳》說：

> 以榮為少傅，賜以輜車、乘馬。榮大會諸生，陳其車馬、印綬，曰：「今日所蒙，稽古之力也，可不勉哉。」

同傳又載：

> 榮初遭倉促，與族人桓元卿同飢厄，而榮講誦不息。元卿嗤榮曰：「但自苦氣力，何時復施用乎？」榮笑不應。及為太常，元卿歎曰：「我農家子，豈意學之為利乃若是哉！」

由此可見學者治經的目的已由原先爲學問、爲致用，轉而爲利祿了。班固《漢書・儒林傳贊》

即坦誠的說：

自武帝立五經博士，開弟子員，設科射策，勸以官祿，訖於元始，百有餘年，傳業者寖盛，支葉蕃滋，一經說至百餘萬言，大師衆至千餘人，蓋祿利之路然也。

利祿之途促進了經術的發展，使經學日趨興盛，經說內容更加充實。治經可得富貴的誘因，也使治經者彼此之間因經說不同而來的爭執更加擴大。武帝獨尊儒術以後，兩漢經學史上幾次大的爭執，表面上是爲爭立博士、辨別經說同異而起，真正的原因其實還是在於利祿富貴使然，這是學術與利祿結合之後必然產生的後果。

石渠閣會議的召開，在漢宣帝甘露三年（前五一年），《漢書・宣帝紀》云：

甘露三年，詔諸儒講五經同異，太子太傅蕭望之等平奏其議，上親稱制臨決焉。乃立梁丘《易》、大小夏侯《尚書》、《穀梁春秋》博士。

所謂「講五經同異」，其實重點在平《公羊》、《穀梁》二家的同異。漢宣帝是衛太子的孫子，衛太子是武帝之子，在巫蠱之禍中受屈自殺。由於衛太子好《穀梁春秋》，宣帝即位後就大力扶持《穀梁》學，石渠會議可以說就是爲提高《穀梁春秋》的地位而召開的。會議的結果，也大致符合宣帝的期望，梁丘《易》、大小夏侯《尚書》、《穀梁春秋》都設立了博士。《漢書‧儒林傳贊》：

> 初，《書》惟有歐陽，《禮》后，《易》楊，《春秋》公羊而已。至孝宣世，復立大小夏侯《尚書》，大、小戴《禮》，施、孟、梁丘《易》，《穀梁春秋》。

《漢書‧藝文志》載：

> 漢興，魯高堂生傳《士禮》十七篇。訖孝宣世，后倉最明。戴德、戴聖、慶普皆其弟子，三家立於學官。

由此可知，除了〈宣帝紀〉所載各家外，施、孟二家的《易》，大、小戴及慶氏的《禮》，也都在宣帝時立爲博士。這些博士官的設立，在漢代經學史上有其特別的意義；在此以前，武帝所設立的，只是五經博士，未曾在諸經之下另設各家博士。宣帝在各經之下分設各家博士，顯示當時學者對經書的講授趨向分化，已是事實，這也是治經的學者日多，說解轉精的正常現象。博士分立的主要影響，即是師法與章句的出現。

漢儒治經有所謂的師法與章句。清儒沈欽韓說：

章句者，經師指括其文，敷暢其義，以相教授。⑲

就此來看，章句是經師對經文整段逐句的文義解釋，其重點在解說經的文義，而非訓詁經的字義⑳。就《漢書·藝文志》所載來看，《易》家施、孟、梁丘氏各有《章句》二篇；《書》家有歐陽《章句》三十一卷，大、小夏侯《章句》各二十九卷；《春秋》家有公羊《章句》三十八篇，《穀梁》章句三十三篇，《詩》、《禮》、《樂》、《論語》都沒有章句。以這種現象和石渠會後所立的博士相比較，可見立於學官的各經才有章句，未立博士的經書則否。師法即家法，師法之起，當在博士分家之後，也就是說宣帝分立各家博士促成了師法的產生。師法和章句都在石渠之會後才出現，可見二者實相爲表裡，說師法即章句亦無不可㉑。章句的出現，顯示漢代經學到此發生變化，走向繁瑣說經的方向上去了。

⑲ 王先謙《漢書·藝文志》《補注》引。

⑳ 以上參考戴君仁先生〈經疏的衍成〉之說，文收入戴著《梅園論學續集》。

㉑ 以上參錢穆先生〈兩漢博士家法考〉及戴君仁先生〈經疏的衍成〉。錢文收入錢著《兩漢經學今古文平議》。

第二節 漢代經學的特色

壹、通經致用

《詩》、《書》六藝在先秦時期原本即具有實用意義，在貴族的養成教育中是不可或缺的教材，發揮人格陶冶的積極作用。以《詩》明志與引《詩》賦《詩》是社交場合常見的方式；《書》、《易》也常用作行事的依據；禮是人際關係與社會生活的規範；樂在促進社會和諧上，扮演一定的角色。《春秋》褒善貶惡，爲政治建立理想的典範。凡此種種，都說明經書與人事的密切關聯。

經學在漢代定於一尊成爲官學後，經書在實用上的價值更爲漢人所肯定，當時的學者常把經書中的道理應用到實際生活上去，如《漢書‧平當傳》載：

> 當以經明〈禹貢〉，使行河，為騎都尉，領河隄。

《漢書‧溝洫志》也有哀帝使平當領河隄事，平當依經義建言捨棄隄防壅塞舊法，改取決河深川的記載。又如《漢書‧夏侯勝傳》載：

會昭帝崩，昌邑王嗣立，數出。勝當乘輿前諫曰：「天久陰而不雨，臣下有謀上者，陛下出欲何之？」……是時（霍）光與車騎將軍張安世謀欲廢昌邑王。光讓安世以為泄語，安世實不言。乃召問勝，勝對言：「在〈洪範傳〉曰：『皇之不極，厥罰常陰，時則下人有伐上者。』惡察察言，故云臣下有謀。」光、安世大驚，以此益重經術士。

此事也見於《漢書・五行志》。又如《漢書・儒林傳》：

（王）式為昌邑王師。昭帝崩，昌邑王嗣立，以行淫亂廢。昌邑群臣皆下獄誅，唯中尉王吉、郎中令龔遂以數諫減死論。式繫獄當死，治事使者責問曰：「師何以亡諫書？」式對曰：「臣以《詩》三百五篇朝夕授王，至於忠臣孝子之篇，未嘗不為王反覆誦之也；至於危亡失道之君，未嘗不流涕為王深陳之也。臣以三百五篇諫，是以亡諫書。」使者以聞，亦得減死論。

又如《後漢書・應劭列傳》載：

故膠東相（當作膠西）董仲舒老病致仕，朝廷每有政議，數遣廷尉張湯親至陋巷問其得失，於是作《春秋決獄》二百三十二事。

《漢書・藝文志》「六藝略」也著錄《公羊董仲舒治獄》十六篇。上述所舉，全都是以經義處理人事的例子，這也就是清儒皮錫瑞《經學歷史·經學昌明時代》所謂的「以〈禹貢〉治河，以〈洪範〉察變，以《春秋》決獄，以三百五篇當諫書」。漢人通經致用的情形當然不僅止於此，事實上經書中的知識與漢人的日常行事有相當密切的關係，舉凡政治上的諫諍人君、改立君主、更定法制、治獄、對外政策、任官賜爵等，幾無一不是依據經義來行事；在社會生活方面，制作禮樂、服喪、移風易俗等，也都以經義為依據。除此之外，漢人也有摹仿經書以行事的情形，如漢武帝元狩六年（前一一七年）立齊王閎、燕王旦、廣陵王胥，其策文即摹仿《尚書·康誥》；又如王莽曾仿《尚書·大誥》作〈大誥〉，其行文、用字、語氣無不摹仿〈大誥〉，後人稱之為〈莽誥〉。他如《漢書·王莽傳》載：

> 平帝疾，莽作策，請命於泰畤，載璧秉圭，願以身代。藏策金縢，置于前殿，敕諸公勿敢言。

這種為王請命的方式，完全效法《尚書·金縢篇》武王有疾，周公為王請命的模式，足見經義對漢人的影響是至深且鉅的。在這種情形下，漢人有所欲言，常喜援引經文，甚或以儒術緣飾吏事，自是司空見慣，不足為奇了。

漢人何以會有這種通經的風氣？除了上述先秦以來六藝有實用的遺風外，漢當暴秦焚書之餘，繼之以楚漢戰爭紛亂，文獻殘缺，使得六藝成為當時人最重要的資訊來源，應該是一個原因。此外，儒術在漢獨尊以後，孔子的地位在《公羊》學大盛的情形下，不僅大爲提高，而且成了爲漢制法的「素王」。如此一來，孔子曾經整理用來當作教材的六經，其價值自然遠在先秦諸子之上，董仲舒曾說：「道之大原出於天，天不變，道亦不變。」（《漢書・董仲舒傳》）漢儒認爲道應當就在經書之中，因之班固的《漢書・儒林傳・序》即說：

六學者，王教之典籍；先聖所以明天道，正人倫，致至治之成法也。

有了這種看法，漢儒用六經來立身處世，並以之爲行事的依據，是再自然也不過的事了。

貳、天人相與

皮錫瑞的《經學歷史・經學極盛時代》說：

漢有一種天人之學，而齊學尤盛，伏傳五行，齊詩五際，《公羊春秋》多言災異，皆齊學也。《易》有象數占驗，《禮》有明堂陰陽，不盡齊學，而其旨略同。

齊學、魯學之名見於西漢，兩者學風有所不同，大抵齊學恢奇駁雜，魯學純謹篤實；齊學多言天人之理，魯學頗守典章之遺㉒。治經雖有差異，但齊、魯學並沒有太大的爭執。天人之學的來源久遠，先民有尊天敬鬼之風，《尚書》、《詩經》猶有明顯的「天人相與」思想。到了戰國時代，鄒衍結合陰陽說與五行說，架構起陰陽家的思想體系，此下的《呂氏春秋》、《黃老帛書》，都深受其影響。漢代學者自賈誼、董仲舒以下，都染有陰陽家的氣息。即使以「疾虛妄」著稱的王充，雖不遺餘力的批評當世學風，但《論衡》的某些篇目，如〈亂龍〉、〈講瑞〉、〈是應〉、〈宣漢〉等篇中，仍都沾上了陰陽五行的色彩，足見陰陽學說在當時影響之大。

賈誼曾建議文帝「改正朔，易服色，法制度，定官名，興禮樂」㉓，這些都是陰陽家的主張。但漢儒中首先以陰陽災異說經的，卻是董仲舒。《漢書·五行志》云：

> 漢興，承秦滅學之後，景、武之世，董仲舒治《公羊春秋》，始推陰陽，為儒者宗。

所謂「推陰陽」，指的是「以《春秋》災異之變推陰陽所以錯行，故求雨，閉諸陽，縱諸陰，其止雨反是；行之一國，未嘗不得所欲。」㉔可見主要的用途仍在人事上。

㉒ 參馬宗霍《中國經學史》第六篇〈兩漢之經學〉。

㉓ 見《史記·屈原賈生列傳》。

㉔ 見《漢書·董仲舒傳》。

自從董仲舒將陰陽災異與經說相結合後，漢儒受此影響，也紛紛以陰陽五行說經，如《漢書‧翼奉傳》載奉上封事云：

> 北方之情，好也；好行貪狼，申子主之。東方之情，怒也；怒，行陰賊，亥卯主之。貪狼必待陰賊而後動，陰賊必待貪狼而後用，二陰並行，是以王者忌子卯也。《禮經》避之，《春秋》諱焉。南方之情，惡也；惡行廉貞，寅午主之。西方之情，喜也；喜行寬大，己酉主之。二陽並行，是以王者吉午酉也。《詩》曰：「吉日庚午。」上方之情，樂也；樂行姦邪，辰未主之。下方之情，哀也；哀行公正，戌丑主之。辰未屬陰，戌丑屬陽，萬物各以其類應。

翼奉治齊《詩》，據《漢書》本傳注，此處是翼奉依五行方位來解說《詩》「吉日庚午」一句。又如鄭玄注《禮記‧曲禮下》「祭四方」云：

> 祭四方，謂祭五官之神於四郊也。句芒在東，祝融后土在南，蓐收在西，玄冥在北；《詩》云：「來方禋祀。」方祀者，各祭其方之官而已。

這是以五行說來配合四方。又如馬融注《尚書‧多士篇》「旻天大降喪于殷」說：

秋曰旻天，秋殺氣也。方言降喪，故稱旻天也。㉕

由此可見，以陰陽五行說解經，已成為漢儒說經的一種方式。值得注意的是，一般人常誤以為用陰陽五行說解經是今文經學家的專利，其實不然，馬融即是古文經學家，類此情形在東漢常見，可知以陰陽五行說解經義是漢代經學的普遍現象。

陰陽五行說與經學結合，在漢代還出現了一種奇特的「天人之學」，這就是所謂的讖緯。西漢學者談災異多依據《春秋》、《尚書》，東漢學者談災異則多本於讖緯。「讖緯」一詞起源雖不算早，但這種思想的源頭往上可推溯到戰國時的鄒衍及燕、齊海上方士。《說文》：「讖，驗也。」所謂「讖也者，詭為隱語，預示吉凶。」㉖至於「緯」，傳統的說法都以緯是附經的，並且用附經與否來區別讖與緯。這種見解是有問題的，事實上，讖與緯的區別並不那麼明顯，根據今人陳槃〈秦漢間之所謂符應論略〉㉗一文所考，既有不附經的緯，也有附經的讖，二者只是形式上的差異，實質上沒有什麼不同。

讖緯的起源雖早，但讖緯和經書發生關連，要到漢武帝獨尊儒術，立五經博士以後。當

㉕ 唐·陸德明：《經典釋文·尚書音義下》引。
㉖ 見宋·王應麟：《困學紀聞》卷八。
㉗ 文載《中央研究院歷史語言研究所集刊》第十六本，後收入陳著《古讖緯研討及其書錄解題》。

經術成爲利祿之途後，「緣飾以儒術」成爲獲取富貴的一種必要手段，方士們即趁著朝廷尊經之便，以讖緯比附經書，藉以達到提高讖緯地位的目的。自此時起，讖緯和經書就開始了比附的關係，使經書的說解染上了這種神秘思想的色彩。

讖緯大盛在西漢哀帝之時，哀帝曾信赤精子之讖，一度改元易號；其後王莽篡漢、光武中興，無不藉助於讖緯之力。光武自從以讖緯爲號召，復興漢室後，深信讖緯，不僅從《河圖會昌符》說封禪泰山，並且於建元中元元年（西元五六年），宣布圖讖於天下㉘，使讖緯正式取得官方承認的地位。自此以後，讖緯地位日趨重要，其犖犖大者如：

一、明帝永平元年（西元五八年），長水校尉樊鯈奉詔與公卿雜定郊祀禮儀，以讖記正五經異說。㉙

二、明帝永平三年（西元六〇年），詔改郊廟樂曰〈大予樂〉，樂官曰「大予樂官」，以應圖讖。㉚

㉘見《後漢書・光武本紀》。

㉙見《後漢書・樊宏陰識列傳》。

㉚見《東觀漢記》卷二。

三、章帝章和元年（西元八七年），召侍中曹褒正定漢儀，褒乃依準舊典，雜以五經讖記之文，撰次天子至於庶人冠婚吉凶終始制度，以爲百五十篇。㉛

四、安帝時，以圖讖正律曆。㉜

由明帝時的以讖記正五經異說、改郊廟以應圖讖，章帝時的以五經讖記之文正定漢儀，到安帝時以圖讖正律曆，就東漢朝廷而言，讖緯的地位已在經書之上，摒經書爲外學，而成爲內學。在這種情形下，讖緯的重要自不言可喻，讖緯在實際人事上的影響也可以想見。除上述諸事外，張純曾案〈七經讖〉、〈明堂圖〉等書請建辟雍㉝，足見圖讖已成爲制作禮樂的依據。王梁爲大司空、孫臧行大司馬事，是因二人應讖㉞，賈逵以左氏附讖而貴顯，尹敏、桓譚、鄭興因不信讖而被黜㉟，讖緯已是任免人才的依據。由是可知，就東漢而言，讖緯在人事上扮演的角色的重要性，是値得注意的。

㉛ 見《後漢書·張曹鄭列傳》。
㉜ 見《後漢書·律曆志中》。
㉝ 見《後漢書·張純列傳》。
㉞ 見《後漢紀》卷三。
㉟ 賈逵、尹敏、桓譚、鄭興等人之事均見《後漢書》本傳。

第三節　今古文之爭

漢代經學有所謂今古文之爭，這也是漢代經學的一個特色，同時更是經學發展史上的重要事件。

皮錫瑞《經學歷史．經學昌明時代》說：

今、古文所以分，其先由於文字之異。今文者，今所謂隸書，世所傳熹平石經及孔廟等處漢碑是也。古文者，今所謂籀書，世所傳岐陽石鼓及《說文》所載古文是也。隸書，漢世通行，故當時謂之今文；猶今人之於楷書，人人盡識者也。籀書，漢世已不通行，故當時謂之古文；猶今人之於篆、隸，不能人人盡識者也。

誠如皮氏所云，今、古文的區別起先只是文字的不同，這個差別還不是極大，其後由於修習古文經書的學者日增，對於經書的解說與今文經師有相當的差異。加以古文經師有意爭取官方的承認，在朝廷設立博士，成爲官學，而今文經師則不願古文學取得合法的地位，侵犯到既得利益，因此極力反對阻撓，今、古文學者之間，因此發生了好幾次的爭論。

壹、今古文學的四次爭議

今、古文的爭執，始於漢哀帝時劉歆爭立《毛詩》、《古文尚書》、《逸禮》及《左氏春秋》。在此以前，漢廷所立的十四博士如：

《詩》：魯（申培）、齊（轅固）、韓（韓嬰）。

《書》：歐陽（生）、大夏侯（勝）、小夏侯（建）。

《禮》：大戴（德）、小戴（聖）。

《易》：施（讎）、孟（喜）、梁丘（賀）、京（房）。

《公羊春秋》：嚴（彭祖）、顏（安樂）。

這些全屬今文學，事實上當時也沒有今文、古文的區別。今、古文的名稱、今、古文的爭議，全自劉歆爭立古文經的博士而起。劉歆本隨其父劉向習《穀梁春秋》，後來則好《左氏春秋》，而與其父論辯，《漢書・楚元王傳》附〈劉歆傳〉說：

及歆校秘書，見古文《春秋左氏傳》，歆大好之。時丞相史尹咸以能治《左氏》，與歆共校經傳。歆略從咸及丞相翟方進受，質問大義。初《左氏傳》多古字古言，學者傳訓故而已，及歆治《左氏》，引傳文以解經，轉相發明，由是章句義理備焉。……歆數以難向，向不能非間也，然猶自持其《穀梁》義。

其後劉歆與哀帝極爲接近，就向皇帝建議將古文經立於學官，同傳又載：

及歆親近，欲建立《左氏春秋》及《毛詩》、《逸禮》、《古文尚書》皆列於學官。哀帝令歆與五經博士講論其議，諸博士或不肯置對，歆因移書太常博士責讓之，……其言甚切，諸儒皆怨恨。是時名儒光祿大夫龔勝以歆移書上疏深自罪責，願乞骸骨罷。及儒者師丹為大司空，亦大怒，奏歆改亂舊章，非毀先帝所立。上曰：「歆廣道術，亦何以為非毀哉？」歆由是忤執政大臣，為眾儒所訕，懼誅，求出補吏，為河內太守。

這就是今、古文之間的第一次爭論。劉歆在《春秋左氏傳》上下了極大功夫，引《傳》解《春秋經》，轉相發明，使《左氏》章句義理齊備，以符合官學的形式要件，目的無非在讓朝廷接受，使古文經（尤其是《左傳》）立爲官學，建立博士。劉歆的建議，在今文諸儒的全力抗拒下遭到否決，但卻揭開了漢代今、古文經學之爭的序幕，二者的爭論自西漢末一直延續到東漢末，時間長達二百年之久，形成漢代經學史上極明顯的一個論辯。

終漢之世，今、古文之間的大爭論總計有四次，除了上述第一次是劉歆（古文）與太常博士（今文）爭立《毛詩》、《古文尚書》、《逸禮》、《左氏春秋》之外，其餘三次都在東漢時。

第二次是光武帝建武四年（西元二八年），尚書令韓歆上疏，欲爲費氏《易》、《左氏春秋》立博士，在廷議中遭到博士范升（今文）的激烈反對。古文家陳元聞訊加入，與范升反覆辯難。光武卒立《左氏》學，以司隸從事李封爲博士，但當時仍遭到強烈反對，終亦夭折，《後漢書・陳元列傳》說：

諸儒以《左氏》之立，論議讙譁，自公卿以下，數廷爭之，會封病卒，《左氏》復廢。

今、古文的第三次爭議在漢章帝時。章帝本人特好《古文尚書》、《左氏傳》，建初元年（西元七六年）詔古文大師賈逵入講北宮白虎觀、南宮雲台，以逵說爲善，要求賈逵說明《左氏傳》大義長於二傳（《公羊》、《穀梁》）者。賈逵提出《左氏》的若干優點，並強調：

《左氏》義深於君父，《公羊》多任於權變。……五經家皆無以證圖讖明劉氏為堯後者，而《左氏》獨有明文。五經家皆言顓頊代黃帝，而堯不得為火德。《左氏》以為少昊代黃帝，即圖讖所謂帝宣也。如令堯不得為火，則漢不得為赤。其所發明，補益

實多。㊱

賈逵附讖言事的說解獲得章帝的歡心，不僅賞賜有加，並且

> 令逵自選《公羊》嚴、顏諸生高才者二十人，教以《左氏》。㊲

賈逵諂諛取寵的作風引起今文學者的不滿，當時《公羊》學者李育即認爲《左氏》雖有文采，但是不得聖人深意，於是作難《左氏》義四十一事。章帝建初四年（西元七九年）詔令「太常，將、大夫、博士、議郎、郎官及諸生、諸儒會白虎觀，講議五經同異。」㊳這就是著名的「白虎觀會議」。在這次學術會議中，「（李）育以《公羊》義難賈逵，往返皆有理證，最爲通儒。」㊴

今、古文的第四次爭論在桓、靈帝時。當時《公羊》學大師何休「與其師羊弼，追述李育意以難二傳，作《公羊墨守》、《左氏膏肓》、《穀梁廢疾》。」㊵何休的意見，不爲鄭

㊱見《後漢書・賈逵列傳》。
㊲同上注。
㊳見《後漢書・肅宗孝章帝紀》。
㊴見《後漢書・儒林列傳》。
㊵見《後漢書・儒林列傳》。

玄所接受，《後漢書．鄭玄列傳》載：

> 玄乃發〈墨守〉，鍼〈膏肓〉，起〈廢疾〉。休見而歎曰：「康成入吾室，操吾矛，以伐我乎！」

就上述四次的爭論來，除了第四次的何休、鄭玄的爭論純粹是學術上的爭辯外，其餘三次的爭論重點都在立學官與反對立學官上，這與說經成爲利祿之途自然脫離不了關係。再就爭論的中心來說，主要是《公羊》與《左氏》二書，爭執的關鍵在《左氏》是否傳經及各家說《春秋》的優劣問題上，這和漢代經學講通經致用、重視《春秋》的風氣也有必然的關連。

貳、今古文學的合流

今、古文之間的爭論大致有如上述，二者之間的對立其實並不嚴格，即使在當時，兼治今、古文的經師也不在少數，如西漢的翟方進、劉歆兼治《穀梁》、《左氏》，東漢的孫期並習京氏《易》、《古文尚書》，張馴能誦《左氏》、大夏侯《尚書》，尹敏兼通歐陽《尚書》、《古文尚書》、《毛詩》、《穀梁》、《左氏》㊶，鄭興並治《公羊》、《左氏》㊷，凡此都足以說明當時今、古學派間並非不能相容。今、古文之間勢如水火，二者針鋒相對，互相攻詰，那是清代常州學派復興今文學以後的事。

鄭玄是東漢末的經學大師，也是結束今古文爭論的關鍵人物，他雖曾以古文學難《公羊》經師何休，其實他的治學方式卻是兼容並蓄，不主一家，《後漢書》本傳說：

> 師事京兆第五元先，始通京氏《易》、《公羊春秋》、《三統曆》、《九章算術》。又從東郡張恭祖受《周官》、《禮記》、《左氏春秋》、《韓詩》、《古文尚書》。以山東無足問者，乃西入關，因涿郡盧植，事扶風馬融。

由此可見鄭玄治經是學無常師，兼綜今古。西漢學者多專守一經，罕能兼通數經的；東漢經師則多半兼通數經，著述繁富，鄭玄尤爲其中翹楚，《後漢書》本傳說：

> 門人相與撰玄答諸弟子問五經，依《論語》作《鄭志》八篇。凡玄所注《周易》、《尚書》、《毛詩》、《儀禮》、《禮記》、《論語》、《孝經》、《尚書大傳》、《中

㊶ 以上各家見《後漢書·儒林列傳》。

㊷ 見《後漢書·鄭興列傳》。

候》、《乾象歷》，又著《天文七政論》、《魯論禘祫義》、《六藝論》、《毛詩譜》、《駁許慎五經異義》、《答臨孝存周禮難》，凡百餘萬言。

范曄曾說「鄭玄括囊大典，網羅眾家，刪裁繁誣，刊改漏失，自是學者略知所歸。」㊸就鄭玄的著述種類數量之多、學術成就之大來看，的確不是虛言。鄭玄本身兼通古今，在遍注群經時也就唯善是從，不專主某家某說，皮錫瑞《經學歷史·經學中衰時代》說：

鄭注諸經，皆兼採今、古文。注《易》用費氏古文，爻辰出費氏分野，今既亡佚，而施、孟、梁丘《易》又亡，無以考其同異。注《尚書》用古文，而多異馬融，或馬從今而鄭從古，或馬從古而鄭從今，是鄭注《書》兼采今、古文也。箋《詩》以毛為主，而間易毛字，自云：「若有不同，便下己意。」所謂己意，實本三家，是鄭箋《詩》兼采今、古文也。注《儀禮》並存今、古文，從今文則注內疊出古文，從古文則內疊出今文，是鄭注《儀禮》兼采今、古文也。《周禮》古文無今文，《禮記》亦無今、古文之分，其注皆不必論。注《論語》，就《魯論》篇章，參之齊、古，為之注，云：「魯讀某為某，今從古。」是鄭注《論語》兼采今、古文也。注《孝經》多今文說，

㊸見《後漢書·鄭玄列傳·論》。

嚴可均有輯本。

對於鄭玄這種不守門戶之見的注經方式，皮錫瑞站在今文學者的立場，自然不表贊同，他在同書說：

> 鄭《易注》行而施、孟、梁丘、京之《易》不行矣；鄭《書注》行而歐陽、大小夏侯之《書》不行矣；鄭《詩箋》行而魯、齊、韓之《詩》不行矣；鄭《禮注》行而大小戴之《禮》不行矣；鄭《論語注》行而齊、魯《論語》不行矣。重以鼎足分爭，經籍道息，漢學衰廢，不能盡咎鄭君，而鄭采今、古文，使兩漢家法亡不可考，則亦不能無失。故經學至鄭君一變。

皮氏惋惜鄭玄敗壞漢儒家法，使兩漢顓門之學盡亡，但他也不能不承認，鄭玄雜糅今、古，參合其學，自成一家之言的作法，對當時苦於家法繁雜，又厭倦門戶之爭的學者，有極大的吸引力。加以鄭玄本人「以博聞彊記之才，兼高節卓行之美，著書滿家，從學盈萬，當時莫不仰望，稱伊、雒以東，淮、漢以北，康成一人而已。咸言先儒多闕，鄭氏道備。」㊹在此

㊹ 皮錫瑞《經學歷史・經學中衰時代》中語。

情形下，學者翕然歸向，紛紛委棄今古門戶而就鄭學，不僅「齊魯間宗之」㊺，好鄭學者更比比皆是，大勢所趨，如水之就下，今、古文之間的爭議隨著鄭學的興盛而日漸衰退以至消弭，兩漢經學發展至此已告一段落，以下是另一時代的來臨。

㊺ 見《後漢書・鄭玄列傳》。

第二十章　魏晉南北朝的經學

從建安二十五年（西元二二〇年）曹丕篡漢自立，建國號爲魏，到開皇九年（西元五八九年）隋文帝楊堅率兵滅陳，統一天下，前後三百七十年，這一段時期歷史上通稱爲魏晉南北朝。魏晉南北朝在中國歷史上是政治混亂、社會動蕩不安的時代，也是民族融合、學術文化混一的時期，然而就經學的發展來說，卻是黯淡衰退的時代，《三國志・魏書・王肅傳》裴松之《注》引魚豢〈魏略・序〉說：

> 正始中，有詔議圜丘，普延學士。是時郎官及司徒領吏二萬餘人，雖復分布，見在京師者尚且萬人，而應書與議者略無幾人。又是時朝堂公卿以下四百餘人，其能操筆者未有十人，多皆相從飽食而退。嗟夫！學業沈隕，乃至於此。

經學衰微到這個地步，無怪乎魏晉時期被皮錫瑞《經學歷史》列爲經學中衰時代了。南北朝在政治上分立，經學上也有不同的風貌，大抵南方文學盛行，經學比較不受重視，除梁武帝崇尚經術外，宋、齊、陳都不重視學術，《宋書》、《齊書》甚至沒有〈儒林傳〉。《南史·儒林傳·序》即說：

> 洎魏正始以後，更尚玄虛，公卿士庶，罕通經業。……逮江左草創，日不暇給，以迄宋、齊，國學時或開置，而勸課未博，建之不能十年，蓋取文具而已。是時鄉里莫或開館，公卿罕通經術，朝廷大儒獨學而弗肯養眾，後生孤陋，擁經而無所講習，大道之鬱也久矣乎。

南方情形如此，與南方相較，北方的政權都由少數民族建立，政府的領導者多半有心接受漢人的文化，因此北方的君主極力推動儒家教育和儒家經典的研究。如此一來，北方的經學就比南方興盛，經師也多於南方，形成南北不同的學風，這就是經學分立的時代。一直到隋文帝統一中國，南北的經學才由分而合，結束分立的局面，重歸於一統。

魏晉南北朝雖是經學衰微分立的時代，但在上承兩漢章句訓詁之學、下啓隋唐義疏之學的過程中，這三百多年的經學所扮演的融合轉化的角色，卻有其積極的意義，在經學發展史上，是不容忽視的。

第一節　鄭學與王學之爭

東漢末，鄭玄遍注群經，雜糅今古，使相攻若讎、不相混合的今、古文經學，融合爲一，成爲所謂的鄭學。鄭學風行一時，徒黨遍天下，連蜀漢君臣都曾受其影響，號稱經學的小一統時代。

進入魏晉時代後，鄭學一統的局面遭到王學的挑戰。所謂王學，指的是以王肅爲代表的經學，《三國志·魏書·王肅傳》說：

> 肅字子雍，年十八，從宋忠讀《太玄》，而更為之解。……初，肅善賈、馬之學，而不好鄭氏，采會同異，為《尚書》、《詩》、《論語》、《三禮》、《左氏解》，及撰定父朗所作《易傳》，皆列於學官。其所論駁朝廷典制、郊祀、宗廟、喪紀、輕重，凡百餘篇。

王肅既承其父王朗的家學，又從荊州學派大師宋忠受揚雄《太玄》之學，也是一位學識淵博的經學家。王肅在《孔子家語解·序》說：

> 鄭氏學行五十載矣。自肅成童，始志於學，而學鄭氏學矣。然尋文責實，考其上下，

義理不安，違錯者多，是以奪而易之。①

具體而清楚的說明了他由學鄭學轉而反鄭學的原委所在。鄭玄雜糅今古、遍注群經，王肅也雜糅今古、遍注群經，所不同的是處處與鄭玄立異：鄭玄用古文說，王肅就用今文說駁鄭；鄭玄用今文說，王肅就用古文說駁鄭。爲了加強自己的論據，王肅甚至僞造《聖證論》、《孔子家語》、《孔叢子》等書，假託孔子及孔氏子孫的名義以駁斥鄭玄。由於王肅是司馬昭的妻父，晉武帝司馬炎是他的外孫，王肅本人在魏又居高位，藉著政治權勢，王肅的《尚書》、《詩》、《論語》、《三禮》、《左氏解》及其父王朗的《易傳》都立了博士，成爲官學，王學因而大盛，一時有凌駕鄭學的趨勢。

鄭學本爲漢末以來的顯學，經師輩出，自然不甘屈居王學之下，鄭、王之間的激烈對抗因之而展開。王肅的《聖證論》一出現，受業鄭玄門下、號稱「東州大儒」的孫炎（字叔然）就「駁而釋之」②，王肅著諸經傳解及論定朝儀時，改易鄭玄舊說，中書侍郎王基即「據持玄義，常與抗衡」③。西晉初，郊廟之禮用王肅說，不用鄭義，當時孔晁、孫毓等人申王駁

---

① 清・嚴可均：《全上古三代秦漢三國六朝文・全三國文》，卷二三。

② 見《三國志・王肅傳》。

③ 見《三國志・王基傳》。

鄭，而孫炎、馬昭等人又主鄭攻王，雙方你來我往，所爭的不外鄭、王之是非，這可以說是經學內部的門戶之爭。

由於政治勢力的支持，王學盛行於西晉。南渡以後，晉元帝時所置的經學博士有《周易》王氏、《尚書》鄭氏、《古文尚書》孔氏、《毛詩》鄭氏、《周官》鄭氏、《禮記》鄭氏、《春秋左傳》杜氏服氏、《論語》鄭氏、《孝經》鄭氏，博士各一人，凡九人。雖說《儀禮》、《公羊》、《穀梁》及鄭氏《易》都簡省不置，但所置博士絕大多數爲鄭學。當時太常荀崧上疏請增置鄭氏《易》、鄭氏《儀禮》、《公羊春秋》、《穀梁春秋》博士各一人，其中也沒有王學④。足見這時鄭學已壓倒王學，再度擁有經學的正統地位。

王學何以不能取得經學上的優勢地位呢？原因當然很多，王肅依附政治勢力，假權勢以遂己私，是一個原因；王肅爲達到打擊鄭學的目的，不惜假託孔氏名義僞造群書以證成己說，爲學者所不齒，也是一個原因。但最根本的原因，應是王氏注經的方法與鄭玄完全相同，都是從章句訓詁著手，兩者的差別只在具體的經說上，王肅並沒有提出一套足以取代鄭學的新的解經方法，他所做的只是對鄭注的修正或補充。因此，當失去外在的政治奧援後，王學最終還是逃不開失敗的命運。

④見《晉書·荀崧列傳》。

鄭學與王學之爭也有其積極的意義，透過王學的質疑與修正，使得原本神聖不可侵犯的鄭學發生了動搖，章句訓詁之學不再能滿足學者的需要，經學勢必要往新的方向發展。

第二節　經學玄理化的趨勢

王學行於西晉，鄭學重於東晉，二者爭論雖激烈，但本質上同屬於章句訓詁之學，也同樣雜糅今古，不作區別。再加上：

永嘉之亂，《易》亡梁丘、施氏、高氏，《書》亡歐陽、大小夏侯，《齊詩》在魏已亡，《魯詩》不過江東，《韓詩》雖存，無傳之者，孟、京、費《易》亦無傳人，《公》、《穀》雖在若亡。⑤

在這種情形下，漢代今文經學的傳承已趨斷絕。此時期經書的新注解，如王弼的《周易注》、何晏的《論語集解》、杜預的《春秋左傳集解》、范寧的《春秋穀梁傳集解》及韓康伯的《易

---

⑤ 皮錫瑞《經學歷史・經學中衰時代》中語。

繫辭傳注》等，都是不受今古家法的約束，博採眾說，自出新意的著作。由於這些新注都能順應時代的潮流，闡明義理，迭見新義，深受當時學者的喜愛，因而也逐漸取代舊注，成爲經學的主流，開創出經學的新猷。

經學玄理化是魏晉經學的主要特色，玄學是魏齊王芳正始年間開始興起，流行於魏晉時代的一種道家思想，以所謂三玄——《老子》、《莊子》、《周易》爲其依據，崇尙自然無爲，探討天人、有無、本末、體用等問題，自然與名教的關係、才性四本、言意之辨、儒道異同、孔老優劣、聖人有情無情等也都是討論的重點。玄學是魏晉的顯學，當時學者幾乎無不談玄說理，流風所及，經學也就不可避免的沾上了玄學色彩。某些注經的學者，本身就是深通玄理的玄學大師，在注解儒家經典時，刻意將老莊思想引入注文。他們注經的重點並不在疏通經義，而是以經典爲憑藉，用來達到闡發老莊玄理的目的。通過這種方式，儒家傳統經典紛紛被轉化成道家的理論要籍，經學的玄理化也就成了具體事實。同兩漢相比，魏晉經學已有了迥然不同的內涵，發展出獨特的風格。在這種轉換的過程中，何晏與王弼扮演了積極而不可或缺的重要角色。

何晏與王弼都是魏正始時代的學者，他們在經學研究上範圍不廣，遠不及同時代的王肅。王肅遍注群經，何晏、王弼只各注了《論語》及《周易》一經，但他們在經學思想轉變上所起的作用，卻遠在王肅之上。何晏、王弼一改漢儒重視章句訓詁的舊習，以義理注解經書，開魏晉新注的先聲。同時，他們又是魏晉玄學的始創者，率先援引老莊哲理注經，在其他學者紛紛效尤下，經學玄理化遂蔚爲風氣，成爲魏晉經學的一個特色。

何晏的主要著作是《論語集解》，這部書雜采衆說，並申以己意。何晏本人好老莊言，因而書中時有以老莊義解說經義的情形，在魏晉經書的新注中，首開用道家理解經的風氣。清代學者陳澧在《東塾讀書記》卷二說：

何《注》始有玄虛之語，如：子曰「志於道」，注云：「道不可體，故志之而已。」「回也其庶乎屢空」，注云：「一曰空，猶虛中也」

《論語》中孔子的言論，都是切實可行的道理，既沒有放言高論，也沒有故弄玄虛。即以此處所引的「志於道」而言，朱熹《集注》的注解是「志者，心之所之之謂；道則人倫日用之間所當行者是也」。《論語》原意可說平實無奇，但何晏就把「道」講成了永遠在前卻始終不可到達的境界，這其實是道家的道，而不是儒家的道。又如《論語·公冶長篇》：

子貢曰：「夫子之文章，可得而聞也；夫子之言性與天道，不可得而聞也。」

何晏的注說：

性者，人所受以生者也。天道者，元亨日新之道也，深微，故不可得而聞也。

《老子》第一章說：「道可道，非常道；名可名，非常名。」十五章又說：「古之善爲道者，微妙玄通，深不可識。」何晏將道解爲深微，是以《老》義解《論語》，不是儒家的本義。

何、王並稱，而王弼的學術成就實遠在何晏之上。王弼的著作，據《隋書·經籍志》的記載有：《周易注》十卷、《論語釋疑》三卷、《老子道德經注》二卷、《王弼集》五卷、《錄》一卷。王弼的《易》學本於家傳，他的高祖王暢、外曾祖劉表都以《易》學名家⑥，劉表又是荊州學派的創始人，荊州之學治經講義理，重視《易》學與揚雄《太玄》之學，這種學風對王弼有一定的影響。《四庫全書總目提要》說：

平心而論，闡明義理，使《易》不雜於術數者，弼與康伯深為有功。祖尚虛無，使《易》竟入於老莊者，弼與康伯亦不能無過。瑕瑜不掩，是其定評。

康伯即注《易·繫辭傳》的韓康伯。漢儒自孟喜、京房以來，好用象數說《易》，陰陽災異，穿鑿附會，不一而足，「本卦之象，不足以濟其說也，乃求之互體；互體仍不足以濟也，遂

---

⑥ 參看焦循《羣經補疏自序·周易王氏注》，收在焦著《雕菰集》。

更求諸爻變。」⑦於是飛伏、升降、納甲、旁通諸說，紛然而出，《易》家沈溺象數之中，幾乎三百年之久。王弼解《易》，以義理爲主，依據《十翼》爲說，力矯術數之謬悠，將象數《易》學一舉廓清，「遂能排擊漢儒，自標新學」⑧，開展出《易》學的新方向，這是王弼對《易》學的大貢獻，普受後儒所肯定。

王弼注《易》的另一個特色就是援引老莊義理解經，會合儒道，使《易》學玄虛化，以下略舉數例，以供參考。如〈乾卦〉用九：

見群龍無首，吉。

王弼《注》云：

九，天之德也。能用天德，乃見群龍之義焉。天以剛健而居人之首，則物之所不與也；以柔順而為不正，則佞邪之道也。故乾吉在無首，坤利在永貞。

《老子》六十七章說：「不敢爲天下先。」六十六章又說：「是以欲上民，必以言下之；欲先民，必以身後之。」王《注》所謂「剛健居人之首，則物所不與」，即是本於老義。又如

---

⑦ 屈萬里先生：《先秦漢魏易例述評》卷下〈互體及爻變〉條中語。
⑧ 《四庫全書總目提要》卷一語。

〈觀卦〉彖傳：

> 觀天之神道，而四時不忒；聖人以神道設教，而天下服矣！

王弼《注》云：

> 統說觀之為道，不以刑制使物，而以觀感化物者也。神則無形者也。不見天之使四時，而四時不忒；不見聖人使百姓，而百姓自服也。

《注》文所說「不見聖人使百姓，而百姓自服」，明顯的來自《老子》五十七章「我無爲而民自化，我好靜而民自正，我無事而民自富，我無欲而民自樸」。除了《周易注》之外，王弼的《周易略例》也充斥著道家思想，如《略例・明象》云：

> 故言者所以明象，明象而忘言；象者所以存意，得意而忘象。猶蹄者所以在兔，得兔而忘蹄；筌者所以在魚，得魚而忘筌也。

《莊子・外物篇》說：「筌者所以在魚，得魚而忘筌，蹄者所以在兔，得兔而忘蹄。言者所以在意，得意而忘言。」正是王弼所本。⑨

---

⑨ 以上參看戴君仁先生〈王弼何晏的經學〉，文收入《梅園論學續集》。

何晏位據顯達，王弼治學精微，兩人在當世的影響極大。自此以後清談盛行，玄風大暢，儒學遂爲當世冷落。南渡以後，東晉偏安江左，韓康伯注〈繫辭〉，用玄學解《易》，後人將王弼、韓康伯注合爲一書，風行一時。當時雖不乏好學之士窮研經術，但流風所及，不僅靡用玄言，甚且夾雜佛語，經學玄理化已是普遍現象。

在玄學清言披靡一時的情況下，東晉的范寧是少數不受影響的學者。有鑒於時俗以浮虛相扇，儒雅日替，他毅然以闡揚名教、維護綱常爲己任，對玄學展開激烈的抨擊，他說：

> 王、何蔑棄典文，不遵禮度，游辭浮說，波蕩後生，飾華言以翳實，騁繁文以惑世。搢紳之徒，翻然改轍，洙泗之風，緬焉將墜。遂令仁義幽淪，儒雅蒙塵，禮壞樂崩，中原傾覆。⑩

因此，他指摘王弼、何晏首開玄風的罪過深於桀紂。在這種態度下，范寧的《春秋穀梁傳集》雖未明言反對玄學，但卻有扶植名教、對抗玄風的意義在。《集解》一書雖然未能挽回頹風，振興儒術，但卻見重當世，號稱善注，爲魏晉著名新注之一。

⑩ 見《晉書・范寧列傳》。

第三節　南學與北學

南北朝是政治分立的時代，受到政治的影響，南方與北方在社會與文化上有明顯的差異。就經學而言，也有南學與北學之分，《北史·儒林傳·序》說：

大抵南北所為章句，好尚互有不同。江左，《周易》則王輔嗣，《尚書》則孔安國，《左傳》則杜元凱。河洛，《左傳》則服子慎，《尚書》、《周易》則鄭康成。《詩》則並主於毛公，《禮》則同遵於鄭氏。南人約簡，得其英華；北學深蕪，窮其枝葉。考其終始，要其會歸，其立身成名，殊方同致矣。

又說：

漢世鄭玄並為眾經注解，服虔、何休各有所託，玄《易》、《詩》、《書》、《禮》、《論語》、《孝經》，虔《左氏春秋》，休《公羊傳》，大行於河北。

所謂「南人約簡，得其英華；北學深蕪，窮其枝葉」，語義不甚明白，而且不無重南輕北之嫌，近人多不以爲然⑪，在此暫且存而不論。若就所提到的經注來看，《周易》王弼《注》，《尚書》僞孔安國《傳》，《左傳》杜預《集解》，全是魏晉時代的新注；《左傳》服虔《注》，《尚書》及《周易》鄭玄《注》，《公羊》何休《解詁》，則是東漢以來的舊學。兩者相較，南北學風是有不同之處：南方經師說經不拘家法，兼採眾說，闡揚經義，貴在創獲，在學風上著重開新；北方學者說經謹守東漢家法，講明章句訓詁，不願在家法之外別出新義，在學風上趨向保守。這種比較是相對而非絕對的，從南學、北學論《詩》並重《毛傳》、治《禮》同宗鄭玄《注》來看，就是最好的例證。

經學玄理化是魏晉經學的特色，發展到南北朝，南方學者與北方學者對待玄學的態度也不一致。南方學者治經以外，多兼通《老》、《莊》，如《南史·儒林列傳》載：

·伏曼容：少篤學，善《老》、《易》，……為《周易》、《毛詩》、《喪服》集解，《老》、《莊》、《論語》義。

·嚴植之：少善《莊》、《老》，能玄言，精解《喪服》、《孝經》、《論語》。及長，遍習鄭氏《禮》、《周易》、《毛詩》、《左氏春秋》。

---

⑪ 參皮錫瑞《經學歷史·經學分立時代》、馬宗霍《中國經學史》第八篇〈南北朝之經學〉。

·太史叔明：少善《莊》、《老》，兼通《孝經》、《論語》、《禮記》，尤精三玄。

·全緩：通《周易》、《老》、《莊》，時人言玄者咸推之。

·張譏：年十四，通《孝經》、《論語》，篤好玄言。……撰《周易義》三十卷，《尚書義》十五卷，《毛詩義》二十卷，《孝經義》八卷，《論語義》二十卷，《老子義》十一卷，《莊子內篇義》十二卷，《外篇義》二十卷，《雜篇義》十卷，《玄部通義》十二卷，《游玄桂林》二十四卷。

·顧越：遍該經藝，深明《毛詩》，傍通異義。特善《莊》、《老》，尤長論難。……所著《喪服》、《毛詩》、《老子》、《孝經》、《論語》等義疏四十餘卷。

·龔孟舒：通《毛詩》，善談名理。

此外，南方經學大師皇侃，本傳中雖沒有兼通玄言的記載，但所著《論語集解義疏》一書，博極群言，廣納諸家說解，疏語所引數十家中，以魏晉學者居多，其中王弼、郭象、孫綽、李充、殷仲堪、繆播、繆協、顧歡、太史叔明、沈居士等人，或者爲玄理名家，或者爲混同孔老、儒道雙修的學者。皇侃自己也屢發玄言，無怪乎皮錫瑞要說：「皇侃之《論語義疏》，名物制度，略而弗講，多以老莊之旨，發爲駢儷之文，與漢人說經，相去懸絕。」⑫總的說來，皇《疏》雖以何晏《論語集解》爲基礎，但其玄學氣味實際遠在何書之上。

相較於南學的玄風大暢，北學基本上保持漢代經說的傳統，較少受到玄學的影響。《北史·儒林列傳》所列諸學者，即無一兼習玄學。北魏名儒徐遵明的學生李業興曾奉命出使南朝蕭梁，梁武帝蕭衍親問：

聞卿善於經義，儒、玄之中何所通達？

業興對曰：

少為書生，止讀五典，至於深義，不辨通釋。

梁武帝又問：

《易》曰太極，是有無？

業興對曰：

---

⑫ 見皮著《經學歷史·經學分立時代》。

所傳太極是有，素不玄學，何敢輒酬？⑬

北方學者不善玄學的學風，在此具體的反映出來，這和南學「辭尚虛玄，義多浮誕」⑭，的確是大異其趣。

除了這些不同之外，南學與北學其實也有共通之處，那就是三禮之學的興盛。南北學者講三禮，無不依據鄭《注》。南方學者好三禮、通三禮者比比皆是，如何佟之「少好三禮」，沈文司馬筠「尤明三禮」，崔靈恩「尤精三禮」，孔僉「尤明三禮」，沈峻「尤長三禮」，沈文阿「通三禮」，皇侃「尤明三禮」，沈洙「通三禮」⑮，雷次宗「尤明三禮」⑯，其他以一禮名世者，更是不勝枚舉。諸儒之中，尤以雷次宗最爲著稱，曾奉詔主持儒學，開館授徒；又爲皇太子、諸王講喪服經，其禮學造詣與鄭玄齊名。南朝士族講究門第，重視家譜，對親疏尊卑的辨別要求嚴格，喪服學因而成爲極受時人注意的顯學。

北方學者雖較拘謹保守，但經學發達，經師人才輩出，三禮之學自不例外，「通三禮」、

---

⑬ 以上對話見《魏書·儒林列傳·李業興傳》。
⑭ 見孔穎達《周易正義·序》。
⑮ 以上參見《南史·儒林列傳》。
⑯ 參見《宋書·隱逸列傳》。

「明三禮」的專家所在多有，徐遵明、熊安生爲其中代表人物。徐遵明是北方經學大師，博通諸經，在北方諸學者中影響最大，他的主要貢獻在傳經方面，除《周易》、《尙書》之外，北學「三禮並出遵明之門」⑰。熊安生爲徐遵明弟子⑱，學識淵博，專以三禮教授，弟子自遠方至者千餘人。「其後生能通《禮經》者，多是安生門人。」⑲其中劉焯、劉炫二人爲隋初大儒，對隋唐經學的發展，起過重要作用。熊安生撰有《周禮義疏》二十卷、《禮記義疏》三十卷、《孝經義》一卷，今皆佚。馬國翰《玉函山房輯佚書》有《禮記熊氏義疏》四卷，可參看。

除此之外，南北朝經學在經書注解形式的發展上，也有值得注意的改變，那就是義疏的出現。南北朝時代，不論南學和北學都受到佛教的影響，根據《南史·儒林列傳》《北史·儒林列傳》、《梁書·儒林列傳》、《魏書·儒林列傳》的記載，當時許多經師都有研究佛學的記錄，其中最有名的是南梁的皇侃與北周的熊安生。皇侃「性至孝，常日限誦《孝經》

⑰ 參《北史·儒林列傳》。

⑱ 《北史·儒林列傳·序》說：徐遵明傳業於李鉉，李鉉又傳授熊安生。但〈儒林列傳〉熊安生本傳又說：「安生事徐遵明，服膺歷年。」《北齊書》、《周書》記載皆同，則熊安生嘗爲徐遵明弟子。

⑲ 參《北史·儒林列傳》。

二十遍，以擬《觀世音經》」⑳。熊安生則列名《續高僧傳》中，可見與佛教關係之密切。在儒者與釋家來往的過程中，逐漸就把佛教講解經義、編寫經疏的方法應用到經學上來，將漢代以來的章句之學，發展爲新的義疏之學。章句本以解說經的文義爲主，南北朝的經師治經，改以經的注爲主要依據，或引一家的注來加以解釋，也有引各家的著作加以比較研究的，其目的就在於明注。因此，以解說注解爲目的的義疏、講疏、文句義等作品，就成爲南北朝經學著作的主流。晉人伊說的《尚書義疏》，是出現最早的義疏㉑。南北朝的義疏之學極盛，《隋書》〈經籍志〉著錄的經學義疏數量相當多，但諸書都已散佚，流傳至今的，只有皇侃的《論語集解義疏》一書。義疏之學，在經學發展史上有獨特的意義，它是唐代注疏之學的先河。㉒

⑳ 見《南史·儒林列傳》。

㉑ 參考朱彝尊《經義考》卷七十七。

㉒ 以上參看戴君仁先生〈經疏的衍成〉，收入《梅園論學續集》；牟潤孫〈論儒釋兩家之講經與義疏〉，收入牟著《注史齋叢稿》。

第二十一章　隋唐的經學

魏晉南北朝是分裂的時代，不僅政治分立，文化、學術也都分立，而且各自呈現不同的面目，這種情形延續了將近四百年的時間。相對於魏晉南北朝的分立，隋唐兩朝是一個合的時代，從隋文帝滅陳統一南北（西元五八九年），一直到朱溫篡唐（西元九〇七年），結束大唐帝國的正朔，前後三百多年的歲月，中間雖有安史之亂，隋與大唐帝國基本上是統一的。政治的統一也影響到經學的發展，魏晉南北朝的經學是分而不合，有鄭學與王學的爭議，也有南學與北學的差別。進入隋代以後，經學發展的走向是由分而合，鄭、王學之爭消失了，南學與北學的分立也隨著政治的統一而融合。這是一個統一的時代，不論官方或民間，對經學的要求是一致的，那就是統一，用秦漢時代的術語來說，即是「定於一」。每一個時代的經學都有其特色，隋唐經學最大也是唯一的特色是統一，整個經學的發展都圍繞著這個主題而活動，因此本章的討論也以統一爲重心而展開。

第一節　南學與北學的合流

《隋書·經籍志》論述隋朝經學有如下的記載：

·《周易》：梁、陳鄭玄、王弼二注，列於國學。齊代唯傳鄭義。至隋，王注盛行，鄭學浸微，今殆絕矣。

·《尚書》：梁、陳所講，有孔、鄭二家，齊代唯傳鄭義。至隋，孔、鄭並行，而鄭氏甚微。

·《詩經》：《齊詩》，魏代已亡；《魯詩》亡於西晉，《韓詩》雖存，無傳之者。唯《毛詩》鄭《箋》，至今獨立。

·《禮》：今《周官》六篇、《古經》十七篇、《小戴記》四十九篇，凡三種。唯鄭注立於國學，其餘並多散亡，又無師說。

·《春秋》：至隋，杜氏盛行，服義及《公羊》、《穀梁》浸微，今殆無師說。

與南北朝時期相較，除《詩》、《三禮》南、北共同崇尚外，其餘《周易》王弼注、《尚書》

僞孔安國傳、《左傳》杜預《集解》全爲南學，北學《周易》、《尙書》鄭玄《注》及《左傳》服虔《注》則都隱微不彰，足見政治上是北方統一南方，經學的統一則是南學壓倒北學，這是饒富趣味的發展。

所以會出現上述南學統一北學的情形，皮錫瑞《經學歷史·經學統一時代》的解釋是：

南朝衣冠禮樂，文采風流，北人常稱羨之。高歡謂江南蕭衍老公專事衣冠禮樂，中原士大夫望之，以為正朔所在。是當時北人稱羨南人之證。經本樸學，非顓家莫能解，俗目見之，初無可悅。北人篤守漢學，本近質樸；而南人善談名理，增飾華詞，表裡可觀，雅俗共賞。故雖以亡國之餘，足以轉移一時風氣，使北人舍舊而從之。

皮氏所云甚爲合理，但仍不夠充分。其實在隋統一天下之前，南、北學者早已有所往來，北方儒者南來者有崔靈恩、盧廣、孫詳、蔣顯；南方儒者北往者有沈重，戚袞亦曾兩度到北方，可見南、北學者之間的交流溝通，由來甚早。在南、北交往過程中，南方學者甚受北朝的禮遇，北方學者南來則未必能受到重視，事事順遂，這顯示在隋以前，南學的勢力已有滋長之勢。再者，隋平陳之後，在隋仕宦掌握官學的不是南方學者如張譏、沈德威、王元規、張沖、褚輝、顧彪、魯世達、徐文遠、陸德明等人，就是習於南學的北方學者如元善、何妥等人。朝野學者既都有重南輕北的傾向，則南學壓倒北學，取得經學的正統地位，自然如「水之就下，沛然莫之能禦」了。①

第二節　群經文字的整理

統一經學的首要工作，是整理群經的文字。在沒有板刻書籍之前，群經的流傳全靠人工手抄，既費力費時又不易精確，訛誤在所難免。加以南、北分離，戰亂頻仍，典籍毀損極大，諸經文字的紛歧，可以想見。治經的首要，在諸經文字的統一，因此唐代官方曾再三展開整理經書文字的工作，重要的有下列幾次：

壹、顏師古整理《五經定本》

《舊唐書·顏師古列傳》說：

① 以上參考馬宗霍《中國經學史》，第九篇〈隋唐之經學〉。

> 太宗以經籍去聖久遠，文字訛謬，令師古於秘書省考定五經，師古多所釐正，既成，奏之。太宗復遣諸儒重加詳議，于時諸儒傳習已久，皆共非之。師古輒引晉、宋已來古、今本，隨言曉答，援據詳明，皆出其意表，諸儒莫不歎服。於是，……頒定所定之書於天下，令學者習焉。

貞觀四年（西元六三〇年），顏師古受詔考定五經文字②。貞觀七年（西元六三三年），太宗頒布新定五經③，前後歷時四年。由於《五經定本》已亡佚，無法掌握全書的面目，但該書之作在訂正南北經書文字的異同，求群經文字的一致，應可確定。

貳、張參撰《五經文字》

張參〈五經文字自序〉說：

> 自頃考功禮部課試貢學，務於取人之急，許以所習為通人，苟趨便不求當否。字失六

② 參《貞觀政要》，卷七〈崇儒學〉。
③ 見《舊唐書・太宗本紀》。

書，猶為小事，五經本文蕩而無守矣。〔大曆〕十年（西元七七五年）夏六月，有司以職事之病，上言其狀。詔委國子儒官勘校經本，送尚書省。參幸承詔旨，得與二三儒者，分經鉤考而共決之，互發字義，更相難極。④

可見五經文字是奉代宗詔命而撰定的。這部書共三卷，主要依據蔡邕《石經》、許慎《說文》、呂忱《字林》、陸德明《經典釋文》來校正經典文字。〈自序〉說：「自非經典文義之所在，雖切於時，略不集錄，以明為經不為字也。」用意所在，極為明確。顧炎武《日知錄》卷二十「張參五經文字」條說：「張參《五經文字》，據《說文》、《字林》刊正繆失，甚有功於學者。⑤」給予它正面的評價。

參、唐玄度撰《九經字樣》

唐玄度〈九經字樣自序〉說：

---

④ 引自清・朱彝尊：《經義考》，卷二四一。

⑤ 清・顧炎武：《原抄本日知錄》，卷二〇。

> 大曆中，司業張參掇眾字之謬，著為定體，號曰《五經文字》。專典學者，實有賴焉。臣今參詳，頗有條貫，傳寫歲久，或失舊規，今刪補冗漏，一以正之。又於《五經文字》本部之中，採其疑誤舊未載者，撰成《新加九經字樣》一卷。凡七十六部，四百二十一文，……辨體觀文，式遵小學，其聲韻謹依開元文字，避以反言，但紐四聲，定其音旨。今條目已舉，刊削有成，願竭愚衷，以資後學。⑥

據《唐會要》的記載，本書是唐玄度奉文宗大和七年（西元八三三年）詔命所改定的。就自序所說，《九經字樣》的寫作，目的就在「刪補冗漏」，以訂正《五經文字》的錯訛。由於唐玄度本身精於文字之學，在「辨體觀文，式遵小學」的原則下，本書的增補，具有相當水準，足供研究的參考。

肆、刊刻《開成石經》

立石刻經，最早始於東漢時，靈帝熹平四年（西元一七五年），在「經籍去聖久遠，文

⑥同注四，卷二四一。

字多謬，俗儒穿鑿，疑誤後學」的考慮下，蔡邕等人「奏求正定六經文字」，靈帝許之。邕乃自書丹於碑，使工鐫刻於太學門外。於是後儒晚學，咸取正焉。及碑始立，其觀視及摹寫者，車乘日千餘兩，塡塞街陌。」⑦足見《熹平石經》在當時是非常受人重視的。其後魏齊王芳正始年間，又有三體石經（即正始石經）的鐫刻。⑧所謂三體，指的是古文、篆文及隸書三種字體。三體石經的刻立，用意也是在正定經書文字。

開成石經的刻刊，開始於唐文宗大和七年（西元八三三年），完成於文宗開成二年（西元八三七年），《舊唐書・文宗本紀》說：

> 開成二年冬十月癸卯，宰臣判國子祭酒鄭覃進《石壁九經》一百六十卷。時上好文，鄭覃以經義啟導，稍折文章之士，遂奏置五經博士，依後漢蔡伯喈刊碑列於太學，創立《石壁九經》，諸儒校正訛謬。上又令翰林勒字官唐玄度復校字體，又乖師法，故石經立後數十年，名儒皆不窺之，以為蕪累甚矣。

《開成石經》所刻經書有《周易》、《尚書》、《毛詩》、《三禮》、《春秋三傳》等，只刻正文，在標題次行書某注，即是所依據的本子。由「名儒皆不窺之」一語，可知當時學者

⑦ 以上見《後漢書・蔡邕列傳》。

⑧ 參《晉書・衛恆傳》、《魏書・江式傳》。

對石經的評價甚低。但就學術研究的立場而言，它也非一無是處，痛斥石經「繆戾非一」的顧炎武即曾考校出監本《儀禮》脫誤頗多，其〈士昏禮〉脫「婿授綏姆辭曰未教不足爲禮也」一節十四字，「賴有長安石經，據以補此一節」⑨可見《開成石經》在經學研究上仍有其價值。由於「開成去古未遠，猶爲純備」⑩若能妥善運用，精審詳校，在治經上當能發揮它的積極作用。

第三節　經學的統一

壹、《五經正義》

自有經學以來，統一經義，使人無異說、家無異文，是許多學者追求的理想，漢代石渠閣會議、白虎觀會議的召開，多少也有求經說一致的意味。隋唐統一天下，經學北併於南，

⑨ 見《日知錄》卷二十，「監本二十一史」條。

⑩ 見清・馮登府《石經補考・序》。

爲經說的統一奠定了最好的機會，在這種情形下，《五經正義》的出現，宣告了經義統一時代的來臨。

《舊唐書·儒學列傳序》說：

太宗又以經籍去聖久遠，文字多訛謬，詔前中書侍郎顏師古考定五經，頒於天下，命學者習焉。又以儒學多門，章句繁雜，詔國子祭酒孔穎達撰定五經義疏，凡一百七十卷，名曰《五經正義》，令天下傳習。

《唐會要》卷七十七「論經義」條說：

貞觀十二年（西元六三八年），國子祭酒孔穎達撰五經義疏一百七十卷，名曰《義贊》，有詔改為《五經正義》。

由此看來，這部書本名《義贊》，太宗詔改爲《正義》。在此之前，太宗已命顏師古考定五經文字，其後再命孔穎達撰修五經義疏，從詔令頒布的先後來看，先正經文而後再修義疏，太宗統一經學的意圖是直接而明確的。

《正義》初修成時，唐太宗非常滿意，下詔褒揚說：「卿等博綜古今，義理該洽，考前儒之異說，符聖人之幽旨，實爲不朽。」⑪賞賜有加，並付國子監施行。這部初稿雖包貫異家，極爲詳博，但雜出眾手，其中不能沒有謬冗之處，太學博士馬嘉運駁正其中缺失，雙方甚至互相譏詆。在這種情形下，朝廷下詔再行裁定，直至孔穎達逝世，修訂工作都未完成。高宗永徽二年（西元六五一年），再詔太尉長孫無忌等人考定修正；永徽四年（西元六五三年），全書修訂完畢。「詔頒於天下，每年明經，依此考試」⑫，朝廷統一經義的工作終告完成，唐代也因之成爲經學史上經學一統的時代。

《五經正義》雖由孔穎達主持纂修，其實前後參與編輯工作的學者極多，當時著名的經師幾乎都列名其中，茲簡要說明如下⑬：

一、《周易正義》十六卷，採用王弼、韓康伯《注》。參與的學者有孔穎達、顏師古、司馬才章、王恭、馬嘉運、趙乾、王談、于志寧等，江南義疏本有「辭尚玄虛，義多浮誕」之譏，《正義》所以採用王弼《注》，實在是因此時鄭學衰微，而「王輔嗣之《注》，獨冠古今」，但孔穎達在〈周易正義序〉中強調：「今既奉敕刪定，考察其事，必以仲尼爲宗；

---

⑪ 參《舊唐書・孔穎達列傳》。
⑫ 參看宋・王溥：《唐會要》，卷七十七「論經義」。
⑬ 以下參《新唐書・藝文志》。

義理可詮，先以輔嗣爲本。」在此前提下，《正義》編輯的重點即在去華取實，使其信而有徵，文簡理約，變而能通。

二、《尚書正義》二十卷，採用《僞孔安國傳》。參與的學者有孔穎達、王德韶、李子雲等。《尚書正義》主要依據隋代大儒劉焯《五經述義》及劉炫《尚書述義》的說法，「存其是而去其非，削其繁而增其簡」⑭，刪定而成書。

三、《毛詩正義》四十卷，採用毛《傳》鄭《箋》。參與的學者有孔穎達、王德韶、齊威等。本書依據劉焯《毛詩義疏》、劉炫《毛詩述義》的經說，「削其所煩，增其所簡」⑮，編輯成書。《四庫全書總目提要》對這部書極爲推崇，認爲它以二劉的著作爲稿本，「故能融貫群言，包羅古義，終唐之世，人無異詞。」⑯

四、《禮記正義》七十卷，採用鄭玄《注》。參與的學者有孔穎達、朱子奢、李善信、賈公彥、柳士宣、范義頵、張權等。孔穎達《禮記正義·序》說：

> 今奉敕刪理，仍據皇氏以為本，其有不備，以熊氏補焉。必取文證詳悉，義理精審，

⑭ 見孔穎達《尚書正義·序》。
⑮ 見孔穎達《毛詩正義·序》。
⑯ 清·紀昀等：《四庫全書總目提要》，卷十五。

> 翦其繁蕪，撮其機要。

據此，可見這部書是以梁皇侃的《禮記義疏》爲本，再用北周熊安生的《禮記義疏》來修正補充，可以說是兼採南學、北學的折中本。在《五經正義》中，它的評價較高，《四庫全書總目提要》說：

> 其書務申鄭《註》，未免有附會之處。然採摭舊文，詞富理博，說禮之家，鑽研莫盡。譬諸依山鑄銅，煮海為鹽，即衛湜之書，尚不能窺其涯涘；陳澔之流，益如莛與楹矣。⑰

由此可見這部書的學術價值是受肯定的。

五、《左傳正義》三十六卷，採用晉杜預的《左傳集解》。參與的學者有孔穎達、楊士勛、朱長才等。孔穎達對杜預的《集解》相當推崇，《左傳正義·序》說：

> 晉世杜元凱又為《左氏集解》，專取丘明之《傳》，以釋孔氏之《經》，所謂子應乎母，以膠投漆，雖欲勿合，其可離乎？今校先儒，杜為甲矣。

⑰同前注，卷二一。

因此採用杜預《集解》，同時在義疏方面，以劉炫的《左傳述義》爲本，而以沈文阿的《左傳義略》爲輔⑱，《四庫全書總目提要》說：

今世所傳惟杜《注》孔《疏》為最古，杜《注》多強《經》以就《傳》，孔《疏》亦多左杜而右劉，是皆篤信專門之過，不能不謂之一失。然有《注》、《疏》，而後《左氏》之義明；《左氏》之義明，而後二百四十二年內善惡之跡一一有徵。⑲

基本上是肯定了《左傳正義》的價值。

《五經正義》的頒布，代表唐代統一經義的努力終告完成，這是經學史上的一件大事，馬宗霍《中國經學史》第九篇〈隋唐之經學〉說：

自五經定本出，而後經籍無異文；自《五經正義》出，而後經義無異說。每年明經依此考試，天下士民奉為圭臬，蓋自漢以來，經學統一未有若斯之專且久也。

馬氏的說法的確是事實。統一的五經文字、經說對科舉考試來說，有齊一的標準，公平的依據。對朝廷而言，經說的一致，代表著思想的統一，這是大一統政府所追尋的目標。

---

⑱ 沈氏名字，或有作「沈文何」者，但《南史》、《陳書》本傳都作「沈文阿」，今從之。

⑲ 《四庫全書總目提要》，卷二六。

《五經正義》由於成於眾人之手，加以多係因襲舊疏、剪裁前人之說而成，書中的缺失在所難免，皮錫瑞《經學歷史・經學統一時代》即說：

> 議孔疏之失者，曰彼此互異，曰曲徇注文，曰雜引讖緯。案注書之例，注不駁經，疏不駁注；不取異義，專宗一家；曲徇注文，未足為病。讖緯多存古義，原本今文；雜引釋經，亦非巨謬。惟彼此互異，學者莫失所從，既失刊定之規，殊乖統一之義。即如讖緯之說，經疏並引；而《詩》、《禮》從鄭，則以為是；《書》不從鄭，又以為非；究竟讖緯為是為非，矛盾不已甚歟！官修之書不滿人意，以其雜出眾手，未能自成一家。

皮氏所云，確是深中《正義》之病。平心而論，《五經正義》的編纂，主要用意在統一經說，而不是在成一家之言。以眾人之力，雜取魏晉六朝諸儒義疏，刪繁補正之際，出現上述弊病，可以說是意料中事。「曲徇注文」、「雜引讖緯」其實問題不大，「彼此互異」則確是毛病所在，錢大昕即曾說：「唐初《正義》，曲徇一家之言，彼經與此經相矛盾者甚多。」⑳但整體說來，這部《正義》引用六朝經說甚爲豐富，在六朝經注、義疏大多亡佚的情形下，這

---

⑳見清・錢大昕：《潛研堂集・潛研堂文集》，卷九，「答問六」。

部書對探討六朝經學以及輯佚工作上，有相當的裨益，就其價值而言，應是瑕不掩瑜的。

《五經正義》是朝廷官修的義疏，唐代另有幾部非官修而是由私人編撰的義疏，具有頗高的學術水準，也見重於後世，這些著作是：

一、賈公彥的《周禮義疏》五十卷。本書以鄭玄《注》爲主，依據隋陳邵《周官禮異同評》及沈重《周官禮義疏》二書修成。㉑書出公彥一人之手，發揮鄭學，詳贍博核，朱子評爲唐人義疏中最好的作品。㉒

二、賈公彥的《儀禮義疏》五十卷。本書與《周禮義疏》同樣以鄭玄《注》爲主，依據齊黃慶、隋李孟悊二家義疏修成。二家說解互有長短，公彥擇善而從，必要時則兼增己意，用來發明鄭《注》。

三、徐彥的《公羊傳注疏》。本書《文獻通考》作三十卷，《四庫全書》本作二十八卷。這部書以何休《公羊解詁》爲主。徐彥究竟是何許人，不得而知。宋《崇文總目》並未著錄作者，只說「或云徐彥撰」，董逌《廣川藏書志》也說「世傳徐彥，不知何據」，這部疏「中

㉑ 據朱彝尊《經義考》卷一二二引董逌說。

㉒ 見宋・黎靖德編：《朱子語類》，卷八十六。

多自設問答，文繁語複」㉓與其他各疏體例不同。

四、楊士勛的《春秋穀梁傳注疏》二十卷。這部書以范寧《集解》爲主。《四庫全書總目提要》說：

> 其書不及穎達書之賅洽，然諸儒言《左傳》者多，言《公》、《穀》者少，既乏憑藉之資，又《左傳》成於眾手，此書出於一人，復鮮佐助之力，詳略殊觀，固其宜也。㉔

以上四部疏都出於私人之手，體例亦大致同於《五經正義》，在學者間有相當不錯的評價。由於唐代明經科以《易》、《書》、《詩》、《三禮》、《三傳》合爲九經用以取士，因此除《五經正義》以外，《周禮》、《儀禮》、《公羊》、《穀梁》亦在考試範圍之列，上述四部義疏是否曾列爲官學不得而知，但在當時曾有一定的影響力卻是可以推知的。

㉓ 見《四庫全書總目提要》卷二十六。

㉔ 《四庫全書總目提要》卷二十六。

貳、《經典釋文》

《五經正義》與《經典釋文》是唐代經學的兩部代表作品。《五經正義》是官修的經學著作，用意在統一經學，因此就經學本身的學術價值來講，評價並不很高。相對於《五經正義》的出於眾手，《經典釋文》完全是陸德明一人的著作，並未假手他人，不論當時或後世，《經典釋文》的評價都遠在《五經正義》之上，這是學界的公評。

陸德明是蘇州吳人，初受學於周弘正，善言玄理。在陳、隋時代，都爲名儒。入唐後爲太學博士，貞觀初，拜國子博子，封吳縣男，尋卒。主要作品有《經典釋文》三十卷、《老子疏》十五卷、《易疏》二十卷，並行於世。

《經典釋文》是陸德明的力作，這部書不僅訓釋了《易》、《書》、《三禮》、《三傳》、《孝經》、《論語》、《爾雅》等儒家經書，也解釋了《老》、《莊》二書，陸德明本學南學，這部書的編撰方式也表現出老莊自西晉以來爲士大夫所推尙的遺風，透顯出南學的特色，頗值得注意。《經典釋文・序》說：

> 漢魏迄今，遺文可見，或專出己意，或祖述舊音，各師成心，製作如面。加以楚夏聲

> 異，南北語殊，是非信其所聞，輕重因其所習，後學鑽研，罕逢指要。夫筌蹄所寄，唯在文言，差若毫釐，謬便千里。……癸卯之歲，承乏上庠，循省舊音，苦其太簡，況微言久絕，大義愈乖，攻乎異端，競生穿鑿。不在其位，不謀其政。既職司其憂，寧可視成而已？遂因暇景，救其不逮，研精六籍，采摭九流，搜訪異同，校之《蒼》、《雅》。輒撰集《五典》、《孝經》、《論語》及《老》、《莊》、《爾雅》等音，合為三袟三十卷，號曰《經典釋文》。古今並錄，括其樞要，經注畢詳，訓義兼辯，質而不野，繁而非蕪，示傳一家之學，用貽後嗣。

就此來看，陸德明的《釋文》，主要在從釋音著手，博采眾書，鉤稽異同，來解決因時間（古今）變遷、空間（南北）懸隔所導致的經書文字上的異文、音讀以及訓義的差異。形式上爲釋音理字，但透過「經注畢詳，訓義兼辯」的程序，完成的是陸德明通經釋義的一家之言，體大思精，厥功甚偉。和《五經正義》編纂的方式雖有不同，爲經學求一致的精神卻是不謀而合的。

《經典釋文》所採用的注解，根據〈序錄〉所云，主要是：《易》用王弼、韓康伯《注》；《書》用《僞孔安國傳》，〈舜典〉則用王肅《注》；《詩》用《毛詩》《鄭箋》；《三禮》俱以鄭玄《注》爲主；《三傳》則是《左氏》用杜預《注》，《公羊》用何休《注》，《穀梁》用范寧《注》；《孝經》用鄭注十八章本；《論語》用何晏《集解》本。這些注本，基本上和孔穎達《五經正義》所用的古注相同，大多是南學，也都是隋唐之際盛行當世的注解。因此，通過對經典釋文的考察，學者可以了解並掌握隋唐之間經學流行的狀況。《釋文》前的〈序錄〉，就是一部唐以前的經學發展簡史。《釋文》廣蒐博採漢魏六朝二百多家的音切，對後代研究經學及音韻訓詁之學的學者，提供許多珍貴的資料。這些都使得《經典釋文》的學術價值提高，在經學史上得到極高的評價。《四庫全書總目提要》即說：

> 所採漢魏六朝音切凡二百三十餘家，又兼載諸儒之訓詁，證各本之異同。後來得以考見古義者，註疏以外，惟賴此書之存，真所謂殘膏剩馥，沾溉無窮者也。……研經之士終以是為考證之根柢焉。㉕

馬宗霍《中國經學史》第九篇〈隋唐之經學〉也說：

> 其書本主於作音，然前此為諸經音者，如李軌、徐邈、劉芳、沈重，皆止于音，且止于音經。而陸氏則不惟作音，兼釋經義；不惟音經，亦且音注。故體例獨別，而能集諸家之成，自謂「古今並錄，括其樞要，經注畢詳，訓義兼辯，示傳一家之學」，洵

㉕《四庫全書總目提要》，卷三三。

非誇語。

這些都是中肯的評語，由此可見《經典釋文》在古今學者的心目中是何等地位了。

第四節　隋唐經學的終結

從顏師古整理五經定本，到孔穎達《五經正義》的頒布，經學在唐代朝廷的大力運作下，終於由分而合，達到統一的目標，也完成某些學者期盼經學「定於一」的理想。科舉設明經一科，以九經取士，更有以利祿誘人的作用。經義的統一，標準本的出現，固然有擴大讀經研經風氣的可能，而經書文字、經義的統一，導致群經舊注舊疏的亡佚、思想自由的受到約束，更屬不可避免的缺失。在這種情形下，物極必反現象的出現應是相當正常的。中唐以後，啖助及其學生趙匡、陸質等人即自標新義，有意開拓新的治經方向，《新唐書・儒學傳》下說：

> 〔啖〕助愛《公》、《穀》二家，以《左氏》解義多謬，其書乃出於孔氏門人。且《論語》孔子所引，率前世人老彭、伯夷等，類非同時；而言「左丘明恥之，丘亦恥之。」

丘明者，蓋如史佚、遲任者。又《左氏傳》、《國語》，屬綴不倫，序事乖刺，非一人所為。蓋《左氏》集諸國史以釋《春秋》，後人謂《左氏》，便傳著丘明，非也。

又說：

啖助在唐，名治《春秋》，摭詘三家，不本所承，自用所學，憑私臆決，尊之曰「孔子意也」，趙、陸從而唱之，遂顯于時。

啖助的著作《春秋集傳》今已亡佚，但從《新唐書》的敘述來看，他懷疑《左傳》不出於左丘明，質疑《左傳》、《國語》非一人所爲，「不本師承，自用所學，憑私臆決」，首開唐人疑傳的風氣，可謂衝破樊籠，勇於疑古。陸淳本啖助、趙匡之說，作《春秋集傳纂例》、《春秋微旨》、《春秋集傳辨疑》三書，對啖助的主張又作了進一步的推闡，認爲左氏是六國時人，不是《論語》之左丘明；《左傳》雜采眾書，多不可信。《公》、《穀》多由口授，子夏所傳；後人據其大義，散配經文，故多乖謬，失其統紀。這些言論大膽驚人，頗能發前人所未發，在當時產生莫大震撼。影響所及，也開啓了後來宋人棄傳就經，甚而疑經改經的治學風氣。到此時，經學的發展又走上了新的路子。

第二十二章　宋代的經學

宋代經學是經學發展史上的一大變局，其中因素很多，影響後世的學術與文化極大。皮錫瑞《經學歷史》稱此時期爲「經學變古時代」，用「變古」一詞形容當時的學風，頗爲傳神。但若細加考察，兩宋三百餘年，可分爲三期：宋初八十年，經學仍沿襲唐代孔穎達等《五經正義》之學的餘緒。仁宗慶曆以後，風氣丕變，新說迭出，與漢唐經學異趣；値得注意的是，宋人從經學中衍生出理學，其中又以二程及朱熹爲巨擘。南宋理宗朝以後，則爲朱子學獨尊的局面。這是宋代經學發展的大概情形。下文先分析影響其發展的因素，然後描述其特色與內涵。

第一節　影響宋代經學發展的內外在因素

壹、國策與政局對宋代經學的影響

唐末五代，武夫當權，戰亂連年，使得君臣上下都無心講求禮樂文章①，影響所及，社會上道德衰微，正義不彰②，造成一種惡性循環。宋太祖趙匡胤雖然依賴武力取得政權，但他已看了太多政權的起落，殷鑒不遠，他知道「馬上取天下，但不能馬上治天下」的道理，他必須扭轉這種只講武力不講道德的風氣。因此，趙匡胤定下了獎文抑武的國策。這個政策，以兩件事爲代表，一是「杯酒釋兵權」，剷除了政變的禍根；一是「不殺讀書人」，對學術採取了尊重和保護措施。他的政策，爲此後的宋帝遵循貫徹。雙管齊下的結果，爲有宋一代

① 舉例言之，《資治通鑑》卷二百七十八載：後唐明宗雖喜聞儒生講論經義，但他知道其子秦王從榮愛好作詩時，竟說：「吾見莊宗好爲詩，將家子文非素習，徒取人竊笑，汝勿效。」又同書卷二百八十八記後漢樞密使楊邠語說：「國家府庫實，甲兵強，乃爲急務。至於文章禮樂，何足介意！」當時君臣唯武力經濟是視、不顧教育文化的觀念，這兩段話表現得頗爲傳神。

② 歐陽修撰《五代史》，大量使用「嗚呼」一詞，便是感嘆當時道德的敗壞。

學術的興盛鋪了一條康莊大道。

除了「不殺讀書人」之外，宋朝政府更以廣泛進用讀書人做為具體的奬勵措施，其方式是：大規模興學，放寬科舉考試的錄取名額，放大官僚體制的胃納，以吸收及安頓讀書人。

唐五代，中央雖有太學等教育機構，但地方性學校有名無實。宋興，地方上出現書院。仁宗時詔令天下普設學校，於是州縣皆有庠序③；神宗又接納王安石的建議，創立太學三舍法，以提升高等教育的水準，爲國家儲才。另一方面，私人書院也勃興不輟，總計南北宋書院，近五百所④，可以說是漢代私人講學以來的又一盛況。當然，印刷業的發達，大幅度提高了書籍的流通量，也有助於此一盛況的開展。

唐朝科舉考試，品類雜多，但最受重視的進士科考核極嚴，往往一科僅錄取十數人而已。而宋太宗淳化元年（此時距宋代開國不過二十餘年），天下諸道向朝廷推薦的舉子竟已多達一萬七千人，宋人讀書上進的風氣，於此可見一斑。相對的，朝廷也以大幅度增加錄取名額做爲回報。不僅如此，宋太祖更親自於宮殿試士，讓進士享有「天子門生」的榮耀，是爲進士「殿試」的由來。英宗時又決定三年舉辦一科，也成爲此後近一千年的定制。朝廷在教育

③《宋史·仁宗本紀》：「（慶曆四年三月）乙亥，詔天下州縣立學。」

④據吳萬居《宋代書院與宋代學術之關係》一書所考。政治大學中國文學研究所碩士論文。

及選拔人才上的用心，播下了學術發達的種子，而經學更爲突出明顯。

由於朝廷大量進用文人，政府自然重文輕武，其後果是本來便已不強的國勢更加積弱難振。另一方面，政府爲安插知識份子，機構疊床架屋，行政效率不彰，加上冗員充斥，嚴重侵蝕財政，更製造了政府的難題。所以宋代雖然創造了繁榮的經濟以及燦爛的文化，而內憂外患卻非常嚴重。此一局面，有心的官員、學者自然極度關心。由於保守派、溫和改革派以及激進派的看法不同，做爲學術火車頭的經學遂成爲爭辯的焦點。有宋一代據《春秋》講「尊王攘夷」「復讎之義」、據《周禮》論施政措施，實與上述的政局息息相關。

貳、前代學術發展對宋代經學的影響

除了上述外在因素的影響之外，我們要了解宋代經學的面貌，仍需考慮學術的內在發展。首先，漢唐經學的研究路數與成果，可說已在孔穎達等人編撰《五經正義》時做了總結，而漢代那種經學與現實密切結合的精神，也在三國六朝的動亂中逐漸失去了它的生命力，因此學界需要重新檢討、挖掘與詮釋。

如果說經學代表中國本土文化的精萃，那麼經學的衰微，正代表著本土文化精萃的凋零，而在時間上此一現象的發生和佛道的興盛是一致的。如要重振本土文化，對外必須正面考慮漢末以來佛教與道教的影響，對內必須檢討漢唐經學的缺失，發掘經書的新義。此一思考方向，中唐的韓愈、李翺已然提出，可惜深度不夠，有待宋人繼續發揮。爲了重振古聖先賢創造的文明，學者必須自問：爲什麼許多人寧信佛道不信聖人？是否佛道教義有勝於儒說？是否儒說本身有某種缺點？是否經書有假或有誤？對策方面，石介、范仲淹等各有主張，而以歐陽修的〈本論〉最具代表性，他說：

> 佛為夷狄，去中國最遠，而佛固已久矣。堯舜三代之際，王政修明，禮義之教充於天下，於此之時，雖有佛，無由而入。及三代衰，王政闕，禮義廢，後二百餘年，而佛至乎中國。由是言之，佛所以為吾患者，乘其闕廢之時而來，此其受患之本也。補其闕，修其廢，使王政明而禮義充，則雖有佛，無所施於吾民矣。……幸而有一不惑者，方艴然而怒曰：「佛何為者？吾將操戈而逐之。」又曰：「吾將有說以排之。」夫千歲之患，遍於天下，豈一人一日之可為？民之沈酣入於骨髓，非口舌之可勝。然則將奈何？曰：莫若修其本以勝之。

歐陽修認爲：以強調夷夏之防、強調綱常倫理的方式去批判佛道，甚或像韓愈一樣主張「人其人，火其書，廬其居」⑤以滅絕佛道，都不是根本的辦法。真正有效的辦法應是「修其本以勝之」，亦即要建設儒家的學說使其勝過佛道。漢唐經學既有無法超越佛道的歷史事實，那麼必須擺脫其牢籠，重新闡揚三代聖賢的義理。有宋一代經學之所以興起疑經改經的風氣，之所以不遵循漢唐注疏，說經之所以義理化，自是在此種壓力與要求下主動反省或被動思索而產生的。此所以疑改經書的言論幾乎遍及群經，此所以《易》、《論語》、《孟子》、《禮記》等較富哲理性的經書受到廣泛的研讀與詮釋。

第二節　宋代經學的特色

上節談到的外在、內在因素，以相當大的影響力決定了宋代經學的動向。不過，宋代開國之初，五代爭戰紛亂的局面甫息，尚未凝聚足夠的動力以散發其特色，當時解經，仍恪遵漢唐所傳注疏，《續資治通鑑長編》卷五十九載：

〔真宗景德二年三月〕甲寅，上御崇政殿，親試禮部奏名舉人，得進士李迪以下二百

---

⑤ 語見韓愈《韓昌黎文集》卷一〈原道〉。

四十六人。……先是迪與賈邊皆有聲場屋，及禮部奏名，而兩人皆不與。考官取其文觀之，迪賦落韻，邊論「當仁不讓於師」，以「師」為「眾」，與注疏異；特奏令就御試。參知政事王旦議：「落韻者失於不詳審耳，捨注疏而立異論，輒不可許，恐士子從今放蕩，無所準的。」遂取迪而黜邊。當時朝論大率如此。

這段故事屢爲宋人引述，做爲宋初經學風尚的佐證。此一風尚，直到仁宗慶曆年間才有顯著改變。而改變的特色，可以歸納爲兩項：一是疑經改經的風氣，一是說經義理化的傾向。前者反映了宋人對前代經學的檢討批判，屬於破壞性；後者則是宋代新經學的特質，屬於建設性。有些經學史家指出宋人治經好出新意，上舉二者即是新意的主要內涵。

壹、疑經改經的風氣

對經書真僞、價值的論辯，漢代的今古文學之爭已很激烈，但宋代興起的疑經改經風氣，本質上卻與漢代不同，它並不因爲利祿、派別而發，而是建立在真理的追求上的。真理的追求，便是信其可信，不信其不可信；宋人以此態度重新審視漢唐所傳經書與經說，不信其不可信，遂引發了疑經改經的風氣。

但宋人風氣之開，也是前有所承，譬如唐代韓愈雖推重《孟子》，但不認是孟子自作⑥；啖助、趙匡否認《左傳》是左丘明作⑦；司空圖認爲《春秋》中雜有非聖人之文⑧；沈朗主張《詩經．關雎》乃述「后妃之德」，作爲第一篇，乃是先儒編次不當，於是「別撰二篇爲堯、舜詩，取〈虞人之箴〉爲禹詩，取《大雅．文王》之篇爲文王詩，請以此四詩置〈關雎〉之前，所以先帝王而後后妃，尊卑之義也」⑨；這些都是疑經改經的先例。不過，宋初處動亂後安養生息的階段，新一代的人才未出，經學的傳習大致仍守漢唐注疏，無大變革。疑經改經的風氣要到宋興八十年後才爲之大開。宋人吳曾《能改齋漫錄》卷一認爲此一風氣始於仁宗慶曆朝：

> 國史云：慶曆以前，學者尚文辭，多守章句注疏之學，至劉原父（按：名敞）為《七經小傳》，始異諸儒之說，王荊公（按：王安石）修經義，蓋本於原父云。

陸游也說：

---

⑥見《韓昌黎文集》卷十四〈答張籍書〉。
⑦見陸淳《春秋集傳纂例》卷一。
⑧見《司空表聖文集》卷三〈疑經〉。
⑨見丘光庭《兼明書》卷二。

唐及國初，學者不敢議孔安國、鄭康成，況聖人乎？自慶曆後，諸儒發明經旨，非前人所及。然排〈繫辭〉，毀《周禮》，疑《孟子》，譏《書》之〈胤征〉、〈顧命〉，黜《詩》之〈序〉。學者不難於議經，況傳注乎？⑩

稍後於慶曆的熙寧、元豐，此一風氣更烈，當時司馬光便上書指出其流弊：

> 近歲公卿大夫，好為高奇之論，……流及科場，亦相習尚。新進後生，未知臧否，口傳耳剽，翕然成風。至有讀《易》未識卦爻，已謂《十翼》非孔子之言；讀《禮》未識篇數，已謂《周官》為戰國之書；讀《詩》未盡〈周南〉、〈召南〉，已謂毛、鄭為章句之學；讀《春秋》未知十二公，已謂《三傳》可束之高閣。循守注疏者，謂之腐儒；穿鑿異說者，謂之精義。⑪

但風氣既開，莫可遏禦，而且有些學者言之有據、說之成理，能夠取信於人；更何況疑經改經者多半是著名學者或有影響力的大臣如歐陽修、蘇軾等人呢？即使司馬光自己，也懷疑《孟子》不足相信，而加入了其中的行列，這正可以說明漢唐經學不足以令宋人滿意的境況。

---

⑩ 王應麟《困學紀聞》卷八引。

⑪ 見《溫國文正司馬公文集》卷四十五〈論風俗劄子〉。

筆者曾在先師屈萬里先生的指導下撰有《宋人疑經改經考》一書。據筆者的研究，宋人疑改，遍及各經，風氣則南宋尤甚於北宋，學者著書疑改或其說可考者，多達一百三十人，較瑣碎無關大體者還不包括在內。大致說來，宋人之疑改，情節較重大者，可以下列三項含括：

一、懷疑經書全部或部分非前儒所公認聖賢之書。

二、懷疑經書非古本原貌而予以復原。

三、考訂錯簡。

下文逐經各舉二三例證，以見一斑。

《易》：歐陽修撰《易童子問》否認《十翼》爲孔子作。呂大防作《周易古經》改變王弼、韓康伯所注本經傳的篇第。蘇軾《東坡易傳》改動〈雜卦〉文字次序。

《書》：朱子懷疑古文〈大禹謨〉等篇及〈大序〉爲僞。王柏著《書疑》改〈泰誓上〉爲〈周誥〉、〈泰誓中〉爲〈河誓〉、〈泰誓下〉爲〈明誓〉。程頤《伊川經說》改動〈武成〉文字次序。

《詩》：鄭樵撰《詩辨妄》主張〈詩序〉爲村野妄人所作。王柏《詩疑》主張〈桑中〉

等三十篇左右乃是淫詩，當刪。蘇轍《詩集傳》認爲國風篇第次序有誤。

《周禮》：葉適《習學記言》謂出東周人追記。俞庭椿著《周禮復古編》大規模調動六官的職官。

《儀禮》：徐積《節孝集》、舊題鄭樵《六經奧論》都認爲是漢儒僞作。

《禮記》：王十朋《梅溪集》疑〈中庸〉非子思作。晁說之〈中庸傳〉懷疑文句多處有誤或誤入。朱子作〈大學〉改本並自撰一段補入。

《春秋》：王安石譏《春秋》爲「斷爛朝報」。

《左傳》：葉適《春秋考》主張《左傳》非左丘明而爲戰國人作。林栗認爲書中「君子曰」之文乃劉歆竄入。

《公羊傳》、《穀梁傳》：《六經奧論》謂非子夏弟子公羊高、穀梁赤二人自作。萬見春認爲二傳皆出姜姓人僞撰。

《論語》：歐陽修〈三年無改問〉疑〈學而篇〉「父在觀其志」一章及〈里仁篇〉「三年無改於父之道」一章爲僞。葉適疑〈爲政篇〉「吾十有五而志於學」一章非孔子之言。

《孝經》：朱子謂《孝經》後半乃陋儒取《左傳》等書爲之，並撰《孝經刊誤》，更動本文次序，又刪二百二十三字。

《爾雅》：呂南公《灌園集》謂非三代聖賢之書。鄭樵〈爾雅注序〉認爲出於漢代。

《孟子》：司馬光撰《疑孟論》，共十一篇。何涉撰《刪孟》一書。

貳、說經義理化的傾向

漢唐傳下的注疏，以分章析句、解說名物制度爲主，和西漢今文之學的經世色彩，頗異其趣。當佛、道二氏強調生命哲學，吸引了上自帝王下至走卒的崇信時，注疏之學令人覺得枯燥乏味，而且煩瑣艱深，難以通讀，唯有高明的博學宿儒，才能從長期的浸淫中領會其中的益處，當時一般人則恐有雞肋之感。

唯其如此，宋代的經學家，吸收了佛、道二氏能夠吸引人的某些長處，加以改造，使之成爲經學的新內涵，另一方面則揚棄舊有的解經方式，而以闡釋義理爲其重點，一取一棄，遂成就了宋代的新經學。學者多稱宋代新經學爲理學⑫，但理學雖是異於前代經學的新學問，畢竟它是透過經學而產生的，我們看宋代集大成的理學大師朱子即是經學大師，便可明白理學無法與經學劃清界線。《宋史》將〈道學傳〉與〈儒林傳〉分之爲二，程朱等人列入〈道學傳〉，主張「六經注我」的陸九淵反列入〈儒林傳〉，乃是受程朱之學才是孔孟嫡傳的道統觀念的影響，其處理其實並不恰當，程朱難道不標榜儒學嗎？

我們可用以下三點描述宋代經學義理化的傾向：㈠建立形上哲學。㈡確立道統傳承。㈢強調修身養性。茲分段闡釋。

《莊子》曾說：「六合之外，聖人存而不論。」此處所謂「聖人」，即指孔子。孔子所代表的先秦儒學，不願談論超越人倫以外的玄理。雖然漢儒提出天人感應的學說，但如與佛道的形上學說比較，則顯得粗糙怪誕而不能令後人信服。宋代新經學的建立者，如二程子、張載、朱子等人，在其未服膺孔孟之前，曾經逃禪學仙，因而熟悉二氏的哲學架構，當他們重新闡釋儒學時，特別重視《易經》、〈中庸〉、〈大學〉等著作，並從其中紬繹出蘊藏在儒家經典中的形上哲學。宋代《易》學著作極多，顯示出儒者對此一課題的關心；朱子合〈大

⑫ 宋代理學，或稱道學，其主流有濂、洛、關、閩之稱，濂學指周敦頤，洛學指程顥、程頤兄弟，關學指張載，閩學指朱子。另陸九淵學說與上舉者有異，稱心學。

學〉、〈中庸〉、《論語》、《孟子》稱為《四書》，亦蘊含著此一意味。在此之後，在漢代本屬「傳」、「記」的《四書》，在群經中的地位反而超過了五經，改變了漢代以來經重傳輕的傳統，這可以說是宋代新經學的特徵。近人馬宗霍說：「自有《四書》，而後道學之門戶正；自朱子《四書》立于學官，而後道學之壁壘堅。」⑬即說中了宋代群經地位重新排列的狀況。而所以然之故，正因《四書》的組合，涵蓋了形上形下哲學二者，比起其它各經，較能成其體系。宋人大談心、性、理、氣，又高論天地變化之理，與先秦漢唐儒者大異其趣，而這正是宋儒學術的特色之一。

《孟子・盡心下》的最後一章說：

孟子曰：「由堯、舜至於湯，五百有餘歲，若禹、皋陶，則見而知之；若湯則聞而知之。由湯至於文王，五百有餘歲，若伊尹、萊朱，則見而知之；若文王則聞而知之。由文王至於孔子，五百有餘歲，若太公望、散宜生則見而知之；若孔子則聞而知之。由孔子而來至於今，百有餘歲，去聖人之世，若此其未遠也，近聖人之居，若此其甚也，然而無有乎爾，則亦無有乎爾。」

⑬ 見氏著《中國經學史》第十篇〈宋之經學〉。

孟子的說詞，既謂堯、舜、禹、湯、文王、孔子有一脈相承的傳統，又隱然以繼承人自居。但此一觀點，在後世未受重視。直至中唐，韓愈撰〈原道〉，才又重新揭此旗幟，提倡此一發自本土的傳統。宋人稱此傳統爲「道統」⑭，並特別加以強調，如朱子《中庸章句·序》即說：

> 夫堯、舜、禹，天下之大聖也。……自是以來，聖聖相承，若成湯、文、武之為君，皋陶、伊、傅、周、召之為臣，既皆以此而接夫道統之傳。若吾夫子則雖不得其位，而所以繼往聖開來學，其功反有賢於堯舜者。然當是時，見而知之者，惟顏氏、曾氏之傳得其宗，及曾氏之再傳，而復得夫子之孫子思。……自是而又再傳以得孟氏，為能推明是書，以承先聖之統，及其沒而遂失其傳焉。

宋儒又主張此一道統在孟子以後失傳，直到周敦頤、二程子等人才又得到孔、孟不傳之秘。由於道統觀念，意謂著合乎道統才屬真理、不合乎道統即非真理，因而道統之說，頗具排它性。宋儒不僅排斥佛老二氏，即在學術上觀點相異的儒者也互相排斥，此一現象，即當從維

---

⑭ 儒者之有道統的說法，自來以爲宋人本韓愈〈原道〉之意，「道統」一詞則創自宋人。近筆者發現初唐時已有儒者以「道統」一詞爲書名著書，詳參拙文〈唐代墓誌考釋八則〉中〈曲阜縣令蓋暢墓誌〉一則，文載《臺大中文學報》第七期，一九九五年四月。

護或爭奪道統的角度去了解。再者，孟子以後道統既然失傳，漢唐儒者未能發現闡揚，那麼其經說自然不具權威性，可以懷疑，可以批駁，理學發達的南宋時期，疑經改經的風氣較北宋熾烈，自可從此一角度觀察。

漢代儒學，強調的是經世致用，偏重「外王」的發揚；宋人雖不否定「外王」，整體而言，卻有側重「內聖」的傾向，亦即重視個人的修身養性，講求在意念之間摒惡存善，在言行舉止上散發聖賢氣象。因而其標榜者，有「涵養須用敬，格物在致知」、「變化氣質」一類的格言，而經學的課題中，也出現「顏子所好何學」⑮、「知動仁靜樂壽如何」⑯一類較抽象的題目，這無非是重視修身養性的反映。

宋人以儒家所傳經典爲依據，強調上述三者，而建立了新經學，主要人物有周敦頤、二程子、張載、朱子及陸九淵，其中又以程朱影響力最大。朱子之學，在理宗以後大盛，自元代起直至清初，其經學著作成爲官定的科舉用書，代表作《四書章句集注》沿用更久，至今不衰。因此，宋代經學的第三期實即朱子之學，而朱子也是鄭玄以後最重要的經學家。

---

⑮ 題出《論語・雍也篇》。子曰：「賢哉回也！一簞食，一瓢飲，在陋巷，人不堪其憂，回也不改其樂。賢哉回也！」

⑯ 題出《論語・雍也篇》。子曰：「知者樂水，仁者樂山；知者動，仁者靜；知者樂，仁者壽。」

第三節　宋代經學著作概述

在上節所述風氣的影響下，宋代經學著作呈現了多面貌的紛雜景象。下文酌分兩項：㈠創發性的經學著作，㈡匯集性的經學著作，分經略述其概況。

壹、創發性的經學著作

《易》學原分象數、義理兩派，宋代則自有特色。一般認爲傳自道士陳摶的圖書之學，爲宋《易》的代表。陳摶自道書中得九宮之術，倡先天後天之學。陳摶傳种放，种放傳許堅，許堅傳范諤昌，范諤昌傳劉牧，劉牧傳黃黎獻，黃黎獻傳吳秘；种放又傳穆修，穆修傳李之才，李之才傳邵雍。劉牧作《易數鉤隱圖》，邵雍有《皇極經世》，其學盛於仁宗朝。另周敦頤著《太極圖說》、《通書》，隱與陳摶之學相應，都屬象數圖書之學。後程頤作《易傳》，取義理而捨象數，爲朱子所繼承，但其《周易本義》卻首列河洛九圖，即〈河圖〉、〈洛書〉、〈伏羲八卦次序〉、〈伏羲八卦方位〉、〈伏羲六十四卦次序〉、〈伏羲六十四卦方位〉、〈文王八卦次序〉、〈文王八卦方位〉、〈文王六十四卦卦變圖〉。〈河圖〉、〈洛書〉謂之天地自然之易，伏羲等圖謂之先天，文王等圖謂之後天，實有欲合象數義理爲一的企圖。宋人《易》學於傳統文王卦之外，憑空生出天地自然及伏羲卦之別，可見與漢魏所傳大異其趣。此外，李光《周易詳說》全書以史事印證卦爻之辭，楊簡《楊氏易傳》以佛理詁易，則是獨闢谿徑。

宋代《書》學的發展，頗爲分歧。王安石對《尚書》，標榜「新義」，以做爲推行新政的依據。蘇軾《東坡書傳》議論橫生，並暗批王安石。二書都在學術中夾雜對現實政治的意見。理學發達後，由於〈堯典〉、〈舜典〉、〈大禹謨〉等篇爲道統說的主要依據，〈洪範〉可以附會陳摶《易》，因此《書》學極受重視，如林之奇《尚書全解》、蔡沈《書集傳》等，都廣爲後世傳誦。但另一方面，僞古文各篇也漸受懷疑，如吳棫《書稗傳》、鄭樵《書辨疑》都提出批判；而朱子對僞古文文字反較伏生所傳今文平易的現象大表懷疑，並認爲僞〈孔傳〉、僞〈孔序〉不是孔安國作，〈書序〉不是孔子作。這些對傳統說法的質疑，乃是宋末王柏《書疑》對《尚書》大加移易改補的先聲。

《詩》學在宋代，也有重大轉變，《毛詩》、〈詩序〉、《毛傳》、《鄭箋》、《孔疏》構成的體系，受到挑戰。歐陽修著有《詩本義》，書以「本義」爲名，明是指序、傳、箋、疏之說不是本來的意思，於是掀起了批判並重建《詩》學的運動，其特色是直接體會詩意爲說，或是根據史料對傳統的說法提出批評。如蘇轍《詩集傳》，於〈詩序〉唯取首序、不取後序；鄭樵《詩辨妄》則全盤否定〈詩序〉。對於《詩》的內容，宋人亦有意見，王柏《詩疑》刪去「淫詩」三十篇左右；陳鵬飛《詩解》以爲〈商頌〉當闕、〈魯頌〉可廢；程大昌《考古編》認爲〈邶風〉以下十三國詩不當稱爲「國風」；蘇轍《詩集傳》、呂祖謙《呂氏家塾讀詩記》都改動了〈小雅〉的篇什。由於對《毛詩》的懷疑，引發了研究齊、魯、韓三家《詩》的興趣，王應麟《詩考》一書率先輯佚，是爲清代輯佚工作大盛的先聲。

宋代《周禮》之學有兩個方向：一是爭辯《周禮》是否出於聖賢而爲有價值的經典，一是認爲《周禮》業經篡亂而企圖恢復原貌。關於前者，其論辯和政治上的新舊黨爭相互糾纏。王安石親撰《周官新義》，以爲變法的理論或訂法的依據。反對派則舉出《周禮》的種種可疑處，如張載、蘇軾、蘇轍、范浚、陳汲、孫奕、葉夢得、洪邁、黃震等不下數十家，或謂《周禮》非周孔作，或謂劉歆父子僞作，其態度雖然也是純學術的，但其動機卻往往是爲了駁倒王派的變法依據。宋人復原古《周禮》，有俞庭椿《周禮復古編》、王與之《周官補遺》等作，後成爲元明《周禮》學的課題之一。⑰

宋代《儀禮》之學不興，注解的有李如圭《儀禮集釋》、魏了翁《儀禮要義》；會通《儀

---

⑰ 關於復原古《周禮》的問題，請參考本書第二篇第七章〈周禮概說〉。

禮》、《禮記》二書之作的則有陳祥道《禮書》，朱子撰、黃榦續的《儀禮經傳通解》；另外值得一提的是李如圭《儀禮釋宮》、楊復《儀禮圖》、聶崇義《三禮圖集註》都針對閱讀《儀禮》需對宮室制度、器物衣飾有所了解才易掌握的事實作了努力。

宋人對於《禮記》，關心的重點大多落在〈大學〉、〈中庸〉兩篇，爲了架構其學說，甚至不惜改補文字。宋人的〈大學〉改本不下七種，今傳猶有程顥、程頤、林之奇、朱子、董槐五種；〈中庸〉改本則有晁說之、王柏兩種。這些改本是研究其學術的重要材料。

《春秋》與《三傳》方面，宋人承襲唐代啖助、趙匡之學，跨越《三傳》的藩籬，直探《春秋》原典的本義，因此其著作即使參酌《三傳》之說，卻多以「春秋」爲書名，換句話說，他們直接詮釋《春秋》，而不願受限於《三傳》的說法，所以著書研究《三傳》的不多，《公羊》、《穀梁》尤其衰微。值得注意的是，宋人研究《春秋》與當時國勢的積弱有關，孫復《春秋尊王發微》，其政論性質從書名已可看出；胡安國《春秋傳》，多託諷時事：可見宋代《春秋》學是與現實政治息息相關的。

《孝經》原有鄭玄注今文本、孔安國注古文本兩種，唐玄宗親自爲今文作注，宋時邢昺爲此注作疏，大行於世，古文本漸廢。司馬光、范祖禹撰《古文孝經直解》，古文又受注意。南宋時朱子取古文本作《孝經刊誤》，分爲經一章、傳十四章，又刪去二百二十三字；董鼎

《孝經大義》沿用之，於是後世遂有今、古文《孝經》孰是孰非之爭，長達數百年。

宋代《爾雅》之學，可述者有三家，鄭樵有《爾雅注》，陸佃有《埤雅》，羅願有《爾雅翼》。

宋代經學影響後世最大的自是〈大學〉、〈中庸〉、《論語》、《孟子》之合爲《四書》。從經學演變的角度看，《孟子》從此自傳的地位升格爲經，而《四書》則凌駕《五經》之上，扭轉此一情況的關鍵，在於朱子，所以朱子乃是鄭玄以後最重要的經學家。《四書章句集注》是朱子一生心血的結晶，臨終時仍在修改，而在此之前，他曾撰有《四書或問》、《四書精義》二書，預做準備工夫，可見其重視的程度。朱子的傳人，如真德秀《四書集編》、趙順孫《四書纂疏》、金履祥《論語集註考證》、《孟子集注考證》等，可以說都只是爲了闡釋或加強朱子學說而作。不過，《孟子》能升格爲經，曾經歷一段插曲，先是司馬光撰《疑孟論》十一篇，攻擊《孟子》中有後人僞託之文，繼則馮休、何涉皆撰《刪孟》，而李覯《常語》、鄭厚《藝圃折衷》、晁說之《詆孟》、黃次汲《評孟》、邵博《疑孟》等也紛紛攻擊《孟子》，但自《四書》出，《孟子》的經書地位從此確立不搖。

貳、匯集性的經學著作

宋代經學著作中，有廣泛蒐集前人的意見以資佐證並供後人博採的一類，由於所收原著或已亡佚，此類書籍可以幫助我們較全面地掌握宋代經學的全貌。茲略依上舉群經的次序加以介紹，無則闕之。

房審權選前人說《易》之專門闡明人事者，從鄭玄到王安石共一百家，編成《周易義海》一百卷，後李衡加以刪掇而成《周易義海撮要》十二卷，於是房書廢而李書存，但仍有保存前代《易》說之功。馮椅《厚齋易學》五十二卷、俞琰《周易集說》四十卷，其中收集前人的論說也頗廣泛，可資採證。

黃倫《尙書精義》五十卷，薈萃眾說，徵引賅博，前人《書》說之散佚者，賴此書得存崖略。

呂祖謙《呂氏家塾讀詩記》三十二卷，博採諸家，各存其名氏；嚴粲《詩緝》三十六卷，以呂書爲主，雜採眾說以發明之：二書都有保存前人《詩》說的功勞。

王與之《周禮訂義》八十卷，採錄舊說共五十一家，其中唐以前六家，宋人四十五家，宋人《周禮》論的精華大致都見於此書。

衛湜《禮記集說》一百六十卷，採擇漢代至宋代說禮之書一百四十四家，不是專門說禮的著作尚不包括在內，保存古人禮說，功勞甚大。

高元之《春秋義宗》一書采錄眾說達三百餘家，惜書已不存。呂本中《春秋集解》三十卷，三傳之外，取錄陸淳、孫復、孫覺等九家說，其中部分學者書已不存，賴呂書得知其說。

朱子《論孟精義》三十四卷，輯有程顥、程頤、張載、范祖禹、呂希哲、呂大臨、謝良佐、游酢、楊時、侯仲良、尹焞、周孚先十二家說。石敦《中庸集解》二卷，凡收周敦頤、程顥、程頤、張載、呂大臨、謝良佐、游酢、楊時、侯仲良、尹焞十家有關〈中庸〉的言論。余允文《尊孟辨》及《續辨》共五卷，取王充、司馬光、李覯、蘇軾、鄭厚懷疑《孟子》之文而辨駁之。趙順孫《四書纂疏》二十六卷，朱子說之外，引黃榦、輔廣、陳淳、陳孔碩、蔡淵、蔡沈、葉味道、胡泳、陳埴、潘柄、黃士毅、真德秀、蔡模十三家說。都極便檢閱。

以上各書，都是研究宋代經學課題的重要參考書籍。

第二十三章　元明的經學

皮錫瑞《經學歷史·經學積衰時代》說：

> 漢學至鄭君而集大成，於是鄭學行數百年；宋學至朱子而集大成，於是朱學行數百年。

所謂「朱學行數百年」，即指元明兩朝的經學取向在朱學的籠罩之下。朱子對於群經，除《四書章句集注》外，《易》學撰有《周易本義》、《易學啓蒙》，《詩》學著有《詩集傳》，《禮》學則有《儀禮經傳通解》，《孝經》學則有《孝經刊誤》，《書》學多見於其門人蔡沈《書集傳》中，唯對《春秋》及《三傳》未有專著。在理學上，陸九淵的「心學」雖獨標一幟，與程朱的「性理之學」相抗衡，但陸氏本人在經學上並沒有什麼著作，其弟子門人所作，也未成主流，因此就經學論，謂朱子「集大成」，並非溢美。更重要的是，元明以至清初，朱子學說不僅受到政府的承認，也確實在學術界發生重大影響。明代中葉以後，逐漸興起一股反宋復漢的潮流，才扭轉朱學獨尊的局面，而導致清代漢學的大興。茲將元、明二代經學發展概況分別敘述。

第一節　元代的經學

壹、官定的經說

元代在太宗朝已設國子學，世祖初年，尚未滅宋，而趙復已將程朱學術傳播於北方（詳下），遂任用朱學者許衡規劃學程，國子學的生員讀書，必先讀《孝經》、《小學》、《論語》、《孟子》、〈大學〉、〈中庸〉，次及《詩》、《書》、《禮記》、《周禮》、《春秋》、《易》。此一設計，置《四書》於《五經》之前，正是程朱之學的架構。仁宗朝定科舉法，規定考試程式，《元史·選舉志》說：

考試程式：蒙古、色目人，第一場經問五條，〈大學〉、《論語》、《孟子》、〈中庸〉內設問，用朱氏《章句集註》。其義理精明、文辭典雅者為中選。第二場策一道，以時務出題，限五百字以上。漢人、南人，第一場明經、經疑二問，〈大學〉、《論

> 語》、《孟子》、〈中庸〉內出題，並用朱氏《章句集註》，復以己意結之，限三百字以上。經義一道，各治一經，《詩》以朱氏為主，《尚書》以蔡氏為主，《周易》以程氏、朱氏為主，已上三經，兼用古註疏；《春秋》許用《三傳》及胡氏《傳》，《禮記》用古註疏，限五百字以上，不拘格律。第二場古賦詔誥章表內科一道，古賦詔誥用古體，章表四六，參用古體。第三場策一道，經史時務內出題，不矜浮藻，惟務直述，限一千字以上成。……〔順帝朝〕減蒙古、色目人明經二條，增本經義；易漢、南人第一場《四書》疑一道為本經疑。

朝廷頒布科舉用書，在一定程度上便決定了經學的走向，我們可以察覺到朱子《四書章句集註》、程頤《易傳》、朱子《周易本義》、蔡沈《書集傳》、朱子《詩集傳》等程朱學派的著作成爲科舉用書的主流，唯《春秋》用胡安國《春秋傳》、《禮記》用鄭玄《注》不在其中。更值得注意的是《四書章句集註》爲必考，而五經則是選考，與漢唐在群經中選考的制度有別，這也是《四書》地位凌駕《五經》的一個表徵。

貳、學界的經說

朱子的經學，在理宗寶慶之後，已大爲盛行。不過，由於南北對立的關係，朱學並未北傳。元太宗伐宋，求得程朱學者趙復，趙復背誦程朱所著諸經傳註，盡錄以付姚樞。姚樞遂建太極書院，立周子（敦頤）祠，而以程顥、程頤、張載、楊時、游酢、朱熹配享，請趙復在其中講學。趙復作《傳道圖》以明程朱學派的源流，並列書目於後；又作《伊洛發揮》，以標明程朱學說的宗旨；復撰《師友圖》，記錄朱子門人散在四方者五十三人，以寓私淑之意；取伊尹、顏淵言行編爲《希賢錄》，做爲學者效法的標的。趙復在北方大張程朱之學的旗幟，受其影響的名儒有姚樞、許衡、郝經、劉因、竇默等人。①而在南方，朱學仍然傳承不輟，著名者有張𤇆、許謙、胡一桂、胡炳文、陳櫟等人。從學界人物看，元代實爲朱學的天下。

若從元代經學著作看，朱子之學一枝獨秀的情況也很明顯。如趙悳有《四書箋義纂要》，劉因有《四書集義精要》，陳櫟有《四書發明》，胡炳文有《四書通》，倪士毅有《四書輯

① 以上據《元史》〈姚樞傳〉及〈趙復傳〉。

釋》，都是繼南宋真德秀、趙順孫等人之後闡明朱子《四書》學的著作。又如胡一桂有《易本義附錄纂疏》、《易學啓蒙翼傳》，胡炳文有《周易本義通釋》，熊良輔有《周易本義集成》，其書名已標明是闡發朱子《易》學之作。至如趙采《周易程朱傳義折衷》、龍仁夫《周易集傳》，則是並參程頤《易傳》、朱子《周易本義》之作。《尙書》方面，陳櫟有《尙書集傳纂疏》，董鼎有《尙書輯錄纂注》，陳師凱有《書蔡傳旁通》，王天與有《尙書纂傳》，都祖述蔡沈《書集傳》，而《書集傳》本出朱子指授而成。《詩經》方面，劉瑾有《詩傳通釋》，梁益有《詩傳旁通》，朱公遷有《詩經疏義》，劉玉汝有《詩纘緒》，梁寅有《詩演義》，許謙有《詩集傳名物鈔》，其中「詩傳」、「詩集傳」都指朱子《詩集傳》而言，其他三書的書名雖未標明《詩集傳》，而「疏義」即疏朱《傳》之義，「纘緒」即纘朱《傳》之緒，「演義」即演朱《傳》之義。《禮記》方面，朱子雖無專書，但陳櫟《禮記集義詳解》多因襲朱子〈大學〉、〈中庸〉之說；《春秋》方面，朱子也無專著，但《朱子語類》中不乏相關言論，王元杰《春秋讞義》兼採程頤、朱子、胡安國三家說，獨對朱子說無異辭；這也可以看出朱子學說在元代經學界影響之大。

但元代經學也有不受限於朱學的著作，如黃澤有《十翼舉要》、《易學濫觴》、《春秋指要》、《三傳義例》、《禮經復古正言》、《六經補注》、《翼經罪言》等書，都直探經學本源，不受唐宋經說的限制，可惜其書多已散亡，今傳《易學濫觴》占法取《左傳》，猶可見其《易》學之一斑。其弟子趙汸撰有《春秋集傳》、《春秋師說》、《春秋屬詞》、《春秋左氏傳補注》、《春秋金鑰匙》等書傳世，知黃澤《春秋》學以《左傳》及杜預《注》爲主，頗矯唐宋以來不取《三傳》之弊。元代稱大儒而又不受限於朱學者，首推吳澄，澄著有《易纂言》、《易纂言外翼》、《書纂言》、《儀禮逸經傳》、《禮記纂言》、《春秋纂言》、《孝經定本》等，《易》則援引古義，《書》則僅釋今文各篇，見識超越時人；《儀禮》則採擇逸禮之見於它書者補經八篇、傳十篇，《禮記》條理細密，自成一家；《春秋》兼採眾說，斷以己意；《孝經》則改定今文爲經一章、傳十二章，與朱子《孝經刊誤》立異；並不受限於一派之學。稍後吳澄，則有鄭玉，玉著有《周易纂注》、《春秋經傳闕疑》，於元末號稱醇儒。其他如王申子《大易集說》批評陳摶、邵雍之學，陳應潤《周易爻變義蘊》略本漢代焦贛、京房舊法，駁斥王弼注乃老莊之談、陳摶圖出《參同契》、周敦頤《太極圖》不可說《易》，都與宋人立異。又有敖繼公者，撰《儀禮集說》，隱攻鄭玄《注》，於宋元經說中，亦獨樹一幟。

第二節　明代的經學

壹、官定的經說

明朝初年，官定經說，大致沿襲元制，《四書》主朱子《四書章句集注》，《易》主程頤《易傳》及朱子《周易本義》，《書》主蔡沈《書集傳》及夏僎《尚書詳解》，《詩》主朱子《詩集傳》，《春秋》兼用《左傳》、《公羊傳》、《穀梁傳》及胡安國《春秋傳》、張洽《春秋集註》，《禮記》主陳澔《禮記集說》，古注疏亦兼用之。

但影響到明代經學學風的，乃是明成祖下令編纂的《四書大全》及《五經大全》。據《明成祖實錄》的記載，永樂十二年十一月命胡廣、楊榮、金幼孜等人編纂，至十三年九月告成，前後僅十個月。書成，命禮部刊行，頒發給各府、州、縣學，作爲科舉考試的參考用書。

這兩部影響明代讀書人極大的書，清代學者每加以嚴厲的批評，如顧炎武《原抄本日知錄》卷二十「四書五經大全」條說：

> 自朱子作〈大學〉〈中庸〉《章句》《或問》、《論語》《孟子》《集註》之後，黃

> 氏榦有《論語通釋》，而采《語錄》附於朱子《章句》之下則始自真氏德秀，名曰《集義》，止〈大學〉一書。祝氏洙乃倣而足之，為《四書附錄》。後有蔡氏模《四書集疏》、趙氏順孫《四書纂疏》、吳氏真子《四書集成》。昔之論者，病其泛濫，於是陳氏櫟作《四書發明》、胡氏炳文作《四書通》，而定宇（按：指陳櫟）之門人倪氏士毅合二書為一，頗有刪正，名曰《四書輯釋》。自永樂中，命諸臣纂修《四書大全》，頒之學官，而諸書皆廢。倪氏《輯釋》今見於劉用章所刻《四書通義》中，永樂中所纂《四書大全》特小有增刪，其詳其簡或多不如倪氏；〈大學〉〈中庸〉《或問》則全不異，而間有外誤。至《春秋大全》則全襲元人汪克寬《胡傳纂疏》，但改其中「愚按」二字謂「汪氏曰」，及添廬陵李氏等一二條而已。《詩經大全》則全襲元人劉瑾《詩傳通釋》，而改其中「愚按」二字為「安成劉氏曰」。其三經後人皆不見舊書，亦未必不因前人也。……制義初行，一時人士盡棄宋元以來所傳之實學。……嗚呼！經學之廢，實自此始。

顧炎武指責《四書五經大全》抹殺宋元人的舊說，費密更進一步指責二書湮滅了漢唐以來相傳的舊說，其《弘道書·道脈譜論》說道：

> 明永樂專用〔朱〕熹說，《四書五經大全》命科舉以為程式，生徒趨時，遞相祖受，

七十子所遺、漢唐相傳共守之實學殆絕。

顧炎武指出了《四書大全》、《詩經大全》、《春秋大全》的取材，全祖望《鮚埼亭集外編》卷四十一則再指明《易》、《書》、《禮記》三《大全》之所出，並說這是出於陳濟（字伯載）的規劃：

當時之儒臣，皆憚諸說之繁，而不欲改元人之舊，故雖館閣之人如林，而實委之毘陵徵士陳伯載，以一人任諸經之事，伯載於是為簡易之法，《易》、《書》以董氏，《詩》以劉氏，《春秋》以汪氏，《禮》以陳氏，《四書》以倪氏，稍為刪潤，而書成矣。

朱彝尊《經義考》卷四十九也說：

永樂中，詔修《五經四書大全》。……胡廣諸人止就前儒之成編一加抄錄，而去其名，如《詩》則取諸劉氏，《書》則取諸陳氏，《春秋》則取諸汪氏，《四書》則取諸倪氏，《禮》則於陳氏《集說》外，增益吳氏之《纂言》，《易》則天台、鄱陽二董氏，雙湖、雲峰二胡氏。於諸書外，全未寓目，所謂大全，乃至不全之書也。夫既竊其廩賜，並未效纖毫搜采之勤，攘私書為官書，以罔其上，豈不顧博聞之士見而齒冷乎！

《四庫全書總目提要》說：

《書傳大全》十卷。……是書亦勦襲陳櫟《尚書集傳纂疏》、陳師凱《書蔡傳旁通》。

這些指責，可以歸納出幾個要點：

一、妨礙宋元舊說、漢唐古義流傳。

二、抄襲前人成書，抹殺前人功勞。

三、內容不全，名不副實。

關於這三點，近林慶彰先生在取各該書仔細核對以後，發覺以下幾點事實：

一、《四書五經大全》並無陳濟參預的正式記載或確實證據。

二、前人以為《周易大全》取材自董鼎、董真卿、胡一桂、胡炳文等人的書，實則僅取自董鼎的《周易會通》，另加少數宋、元人之說。

三、前人以為《書傳大全》取自陳櫟、陳師凱兩人的書，實則是取自陳櫟的《尚書集傳纂疏》和董鼎的《書蔡傳輯錄纂註》，而未採陳師凱的《書蔡傳旁通》。

四、《詩傳大全》以劉瑾的《詩傳通釋》為底本，並採錄宋、元人說。

五、《禮記大全》取自陳澔《禮記集說》，並增入宋、元人說數十家。

六、《春秋大全》以汪克寬《春秋胡傳纂疏》爲底本，略加增刪。

七、諸書引錄前人說，往往未標明所出，令人誤以爲是大全編纂者的新解，因而招來後人剽竊之譏。

林先生的核對，修正了前人的某些論斷，但《四書五經大全》乃取材自元人的成書是確定的。林先生更指出：董、胡、劉、陳、汪等家，多屬朱子學派的著作，書中也都纂集了不少宋元人的經說，在朱學的籠罩下，編纂大全，「以上述諸書爲底本，自可事半功倍」，「承繼元人經說有不得不然的歷史因素」。②

事實上，明末清初學者對《四書五經大全》的指責，大半是積於對宋學反感的心理。如朱彝尊說「所謂大全，乃至不全之書也」，不全是指未能包含漢唐以來的經說。其實如僅就朱學論，董、胡等書已是宋代以來長期整理補充的結晶。又如費密批評大全令「漢唐相傳共守之實學殆絕」，這雖是事實，但不必歸咎於此書的編者，真正該檢討的是：一般士子讀書只爲功名，除考試用書外不讀；而學者普遍受限於宋學的範疇，眼界不夠寬宏。顧炎武痛陳

② 以上本林氏〈五經大全的修纂問題及其相關問題探究〉一文之說，收入氏著《明代經學研究論集》。

用制義（按：俗稱八股文）的形式考《四書五經大全》的內容，結果是「經學之廢，實自此始」，其實也推之太過。清代科舉沿襲明制，而經學卻極爲昌明，可見學風的良窳不能完全要求士子，主要還要看學術界是否有自覺、有突破。

貳、學界的經說

《明史・儒林傳》說：「有明諸儒，專門經訓，授受源流，則二百七十餘年間，未有以此名家者。」這是對明代經學一個嚴厲的負面批評。皮錫瑞在《經學歷史》中分析宋元明三朝經學的優劣，也主此看法，皮氏說：

> 論宋元明三朝之經學，元不及宋，明又不及元。宋劉敞、王安石諸儒，其先皆嘗潛心注疏③，故能辨其得失。朱子論《疏》，稱《周禮》而下《易》、《書》，非於諸《疏》功力甚深，何能斷得如此確鑿！宋儒學有根柢，故雖撥棄古義，猶能自成一家。若元人則株守宋儒之書，而於注疏所得甚淺，如熊朋來《五經說》，於古義古音多所抵牾，

---

③ 陸游《老學庵筆記》卷一：「先左丞言：王荊公有《詩正義》一部，朝夕不離手，字大半不可辨，世謂荊公忽先儒之說，蓋不然也。」

> 是元不及宋也。明人又株守元人之書，於宋儒亦少研究，如季本、郝敬多憑臆說，楊慎作僞欺人，豐坊造《子貢詩傳》、《申培詩說》④以行世而世莫能辨，是明又不及元也。

皮氏指明代經學在宋元人籠罩下的衰象、僞造的歪風，都無可否認。但如果我們注意明清學風的轉變跡象，那麼在當時那種衰頹的流風下，也仍有一股逆流在發展著，且對清代務實復古的經學風氣產生了影響。胡適之先生嘗說：

> 人人皆知漢學盛于清代，而很少人知道這個尊崇漢儒的運動在明朝中葉已很興盛。⑤

據林慶彰先生的研究，明代中葉學界的此一轉折，發自王廷相，王氏認爲除了心性理氣等先驗知識之外，禮樂名物的經驗知識也很重要，這便從理論上點明了宋元以來學者高談心性的不足之處。其後王鏊、楊慎、鄭曉、黃洪憲等人都主張：漢儒去古未遠，所言較宋人可信。此一主張，無異否定了宋人強調的程朱直接繼承孔孟的道統論，也批判了宋元人治經的方向。林先生並指出晚明反宋復漢的潮流，衍生出幾個現象，一是批評宋人不當疑經改經，二是從

---

④《申培詩說》一般以爲係豐坊所僞，但據林慶彰先生的研究，實係王文祿所僞，見林先生《豐坊與姚士粦》，東吳大學中國文學研究所碩士論文。

⑤見《胡適文存》第三集。

事經書真僞的考辨，三是強調文字音義的考訂，四是重視名物制度的研究，五是從事經書的輯佚。⑥林先生的研究頗爲確實可據，可以塡補一般經學史對此一時期敘述上的空白。

但上述逆流是纏雜在官定經說的主流下斷續出現的，並且各經進展的方向與情況也不一致，因此下文先分經敘述，再行歸納。

明代《四書》之學，一派乃繼宋元人闡發心性之作，一派則有反宋復漢的傾向。前者如呂柟《四書因問》，屬程朱之學；周宗建《論語商》、劉宗周《論語學案》，乃陽明之學。後者如高拱《問辨錄》，取朱子《四書章句集註》疑義，逐條辨駁；王守仁《傳習錄》以爲〈大學〉古本並無脫誤，逕攻朱子學說體系的重要依據《大學章句》：此是反宋。陳士元《論語類考》，分十八門考證《論語》名物典故；蔡清《四書圖史合考》，考證詳明，無空疏之弊：此是復漢。

明人說《易》，論象數不出陳摶、邵雍的說法，論義理不出程頤、朱子的範疇。但如熊過《周易象旨決錄》、陳士元《易象鉤解》、魏濬《易義古象通》、唐鶴徵《周易象義》、朱謀瑋《易象通》、章潢《周易象義》、錢一本《像象管見》等，以專說《易》「象」爲宗旨，而《易》象的研究，本是漢人舊學；來知德的《周易集注》在當時極爲知名，其書雖以

⑥ 以上略本林氏〈晚明經學的復興運動〉一文說，收入氏著《明代經學研究論集》。

「集註」爲名，但其實也以論象爲主；這便在宋人《易》說之外，別闢了一個領域。又姚士粦輯有《陸績易解》一百五十條，胡震亨輯有《鄭玄易解附錄》數百條，樊維城輯有《干寶易解》一卷，使學者重新注意失傳的漢晉《易》說。這些都引導了清人對漢魏《易》例的研究。此外，楊愼《升庵外集》認爲伏羲先天四圖乃陳摶作、後天四圖乃邵雍作、太極圖乃周敦頤作，並非傳自古代聖王；而季本《圖文餘辨》、歸有光《易圖論》也指陳易圖的可疑；遂開清人黃宗炎《圖學辨惑》、胡渭《易圖明辨》批駁圖書之端緒。

明代科舉用書，主蔡沈《書集傳》，但明太祖時，因觀天象，已發現蔡書不盡正確，遂命學士劉三吾等編纂《書傳會選》，詳考古義，糾正蔡書的缺失。其後蔡氏說雖仍盛行，但袁仁《尚書砭蔡編》、馬明衡《尚書疑義》、陳泰交《尚書注考》都指摘蔡書的錯誤；梅鷟《尚書考異》、《尚書譜》、郝敬《尚書辨解》更主張古文出於僞造；這都對蔡書的權威性提出了挑戰，終於導致清人對古文的唾棄。周應賓撰有《九經逸語》，收集散逸在古書中的經句，其中包括《論語》七條、《孟子》二十一條、《詩》四十六條、《禮記》十六條，而《書》則多達九十條，正可反映出《書經》在群經中殘缺最多的事實。

明代《詩》說，主朱子《詩集傳》，《詩集傳》廢〈詩序〉不予採信，明人則頗有反朱《傳》的傾向，如袁仁《毛詩或問》，詆朱子說而伸〈詩序〉之義；呂柟《毛詩說序》，疏通毛義；朱謀瑋《詩故》，多本漢人之說。何楷《詩經世本古義》，引證史事，標榜「古義」；季本《詩說解頤》，多出新解；李先芳《讀詩私記》，以毛鄭爲本，參以呂祖謙、嚴粲之說；陳第《毛詩古音考》，發明古音之例，駁正朱子「協韻」之說。以上各書，都能擺脫朱說，並爲清代今文《詩》學及古音學的發展鋪路。此外，明人對《詩經》名物制度的考證頗值得注意，如馮復京有《六家詩名物疏》、林兆珂有《毛詩多識篇》、沈萬鈳有《詩經類考》、黃文渙有《詩經考》、毛晉有《毛詩草木鳥獸蟲魚疏廣要》、鍾惺有《詩經圖史合考》、吳雨有《毛詩鳥獸草木考》，論者以爲乃是清代陳啓源《毛詩稽古編》、包世榮《毛詩禮徵》一類著作的先聲。

學者謂：有明一代，《三禮》幾成絕學。不過，這是說其著述不足觀，不是說當時沒有這方面的著作。《周禮》方面，受到宋元人補亡之說的影響，明人幾不尊漢唐所傳古本，如何喬新《周禮集註》、舒芬《周禮定本》、陳深《周禮訓雋》、金瑤《周禮述註》、王應電《周禮傳》、柯尙遷《周禮全經釋原》等書，都憑其私見，割裂古本；唯有王志長《周禮注疏刪翼》遵用古本而已，可見《周禮》學實爲不振。《儀禮》、《禮記》方面，張鳳翔有《禮經集註》，朱朝瑛有《讀儀禮略記》，徐師曾撰《禮記集註》，企圖取陳澔《禮記集說》而代之，但一般評價都不高。

明代《春秋》學科舉用書，取汪克寬《春秋胡傳纂疏》，乃胡安國之學。學界起而攻之者，有張以寧《胡傳辨疑》及《春王正月考》、陸粲《胡氏傳辨疑》、袁仁《胡傳考誤》、楊于庭《春秋質疑》等書。其它如湛若水《春秋正傳》、高拱《春秋正旨》、高攀龍《春秋孔義》等書，從其書名「正傳」、「正旨」、「孔義」，已知湛氏等人說經不受前人牢籠，並表達了前人所解非「正」非「孔」的意思。對胡《傳》的質疑，其結果自是重新看重《三傳》，這對清代《三傳》之學的重振，當有間接的影響。

綜觀上述，明人對清代經學有誘導之功的，主要在《易》、《書》、《詩》三經，其次爲《春秋》及《三傳》，而以《三禮》仍陷在宋元人窠臼中者爲最差，至於《孝經》、《爾雅》，明代無足述者，晚明方以智《通雅》雖受後人推崇，但此書不能算是經學專門著作。

除了針對各經作疏解之外，明人對經學史的研究也值得注意，因爲在意義上，它們是爲證明漢人授受有自而宋人並非直接孔孟之統而作的。張朝瑞撰《孔門傳道錄》，專載七十子之徒，目的即在探索經學傳授的源頭。朱睦㮮著《授經圖》，只錄漢代經師之傳授源流及其著作，以表彰漢學。王圻作《道統考》，在宋儒之前收錄了秦漢魏晉南北朝隋唐諸儒，以爲闡明道統不可排除宋以前而不論。而明末清初學者費密更著《弘道書》，敘述七十子以下的傳承，認爲直接孔孟之統的是漢儒而不是宋儒，這便否定了朱子「孟子沒而遂失其傳」的說法。顯然的，這些經學史的著作，含有價值判斷的成分，其觀點和明代中葉興起的反宋復漢的風氣是一致的。

明代經學，在反宋復漢的逆流中還有一逆流，即是僞造經籍，它在復古聲中，製造了不少困擾，不可不述。《四書》方面，姚士粦僞造《孟子外書》，豐坊僞造《石經大學》、《石經中庸》；《易經》方面，豐坊僞造《古易世學》；《書經》方面，豐坊僞造《古書世學》；《詩經》方面，王文祿僞造《申培詩說》，豐坊僞造《魯詩世學》、《子貢詩傳》；《春秋》方面，豐坊僞造《春秋世學》。這些僞書之所以會出現，自是復古的聲音頗爲強烈，才有人僞造以欺世盜名，這正反襯出明代一般讀書人經學造詣的膚淺。

第二十四章　清代的經學

第一節　清初的經學

壹、清初的學術動向

清初經學的發展，與明中葉以後對理學的反動及明末悲慘的亡國經驗息息相關。宋明理學與心學的末流，以道統爲護身符，平日高談性命，束書不觀，下焉者品德卑污、氣象固陋，上焉者也僅能「無事袖手談心性，臨危一死報君王」，對國計民生並無貢獻。當時有識之士，對此風氣早已感到厭惡，亟思矯正。而明末兵刀四起，社會土崩魚爛，竟亡國於人口極少的清政權，尤讓志士痛心疾首，反省檢討。學術風氣的轉變加上現實問題的壓力，決定了清初經學的發展動向。

梁啓超先生認爲：從明天啓年間開始，學術界已有兩個很明顯的潮流，一是「厭倦主觀的冥想而傾向客觀的考察」，一是「排斥理論提倡實踐」。①梁先生並提出當時學術界的十二組二十四人爲代表②：

一、黃道周和劉宗周：南方陸王學派理學家，重實踐，兩人都死於抗清。

二、孫奇逢和李顒：北方陸王學派理學家，重實踐，孫起兵抗清，李學風平實。

三、顧炎武和王夫之：兩人都很淵博，抗清失敗後不仕，顧倡經世致用之學，王研究知識來源問題。

四、黃宗羲和朱之瑜：黃爲劉宗周門生，抗清，博通經史；朱抗清失敗後東渡日本，對日本學界影響極大。

五、顏元和李塨：兩人爲師弟關係，主張知識來自經驗，重實踐體驗，反對空疏無用的學問。

---

① 見梁氏《中國近三百年學術史》第一章〈反動與先趨〉。

② 參梁氏《中國近三百年學術史》附錄〈明清之交中國思想界及其代表人物〉。

六、徐光啓和宋長庚：兩人都是科學家，徐譯西書多種，包括《幾何原本》；宋著《天工開物》，研究實用科學。

七、王錫闡和梅文鼎：均爲天文學家與數學家，兼通中西科學。

八、徐宏祖和顧祖禹：均爲地理學家，徐游歷全國，著《徐霞客遊記》；顧結合歷史和地理，著《讀史方輿紀要》。

九、萬斯同和戴名世：均爲史學家，精研明代歷史。

十、方以智和劉獻廷：均爲語言聲韻學家，創造新字母。

十一、德清和智旭：均爲浙江和尚，反對「禪宗」末流空談的弊病，提倡樸質的淨土宗，講求戒律，又遍注佛典。

十二、孔尚任和曹雪芹：文學家，孔著《桃花扇》，搬演明末史事；曹著《紅樓夢》，檢討社會的觀念與弊病。

從這二十四個代表人物的學術取向來看，他們都重視現實問題，反對空談玄理。就經學言，其轉變和上述整個學術界的氣氛是一致的。

有一點需加說明，學術的發展，有時和官定的教育內容及科舉制度並不是同步的。清代科舉用書，順治二年訂爲：《四書》主朱子《集注》，《易》主程朱二傳，《詩》主朱子《集傳》，《書》主蔡沈《集傳》，《春秋》主胡安國《傳》，《禮記》主陳澔《集說》。此一書單，和元代及明初間用古注疏相比，更爲褊狹，實際上是承襲《四書大全》和《五經大全》而來的。到了康熙朝，皇帝喜愛朱學，曾刊定《性理大全》及《朱子全書》，而當時的《御纂周易折中》、《欽定書經傳說彙纂》、《欽定詩經傳說彙纂》、《欽定春秋傳說彙纂》，主要也是取材自上舉諸書。可見清初官學，仍是宋明經學的延伸。一直要到乾隆時，才逐漸不拘於宋學。當時所編《御纂周易述義》，兼採漢宋之說；《欽定詩義折中》，分章多據鄭玄《箋》，論事率依〈詩序〉；《欽定三禮義疏》，博采漢唐舊說；《御纂春秋直解》，批評胡《傳》之傅會；可以說清初學界的風氣已影響了官學，但不論是康熙朝的《御纂周易折中》，或是乾隆朝的《御纂周易述義》，其實都只是編纂取舍，其學術上的創發方面並不值得重視，所以馬宗霍在說明了上述諸書的情況後，作一評判道：

> 以較明之《大全》，誠為過之，尚未能望唐之《正義》也。所謂經學復興，當不在是。

> 清世經學之盛，蓋在私學。③

馬宗霍「經世經學之盛，蓋在私學」一語，正點明了南宋元明官學主導經學的局面已告結束，經學將因私人研究，展現蓬勃的生機。

貳、清初經學的建設

明末以來，學者對宋人以理學取代漢唐經學所引發的流弊，已有頗多反感與反動，但能提出明確口號的，首推顧炎武，他說：

> 古今安得別有所謂理學者？經學即理學也。自有舍經學以言理學者，而邪說以起。④

顧炎武這簡單的幾句話，蘊含兩個意思：

一、理學家自稱得孔孟嫡傳，是道統所在，其實漢唐經學才是正統，經學可以涵蓋所謂理學，而理學不能涵蓋經學，亦即在經學之外，不必談所謂理學。

---

③ 見馬宗霍《中國經學史》第十二篇〈清之經學〉。

④ 全祖望《鮚埼亭集》卷十二〈亭林先生神道表〉引。

二、理學家空談心性，對國計民生不僅無用而且有害，不符合經學講求經世致用的精神。

顧炎武所明揭的主張，不僅對宋明理學的根本所在提出強而有力的質疑，而且標舉出經學的新方向，從此之後，顧氏的觀念，成爲清代經學研究的指導原則，其影響是極大的。

顧炎武，本名絳，明亡，改名炎武，字寧人，學者稱亭林先生。明萬歷四十一年生，清康熙二十一年卒。生平遍讀群書，尤其注意與國計民生有關的問題。清軍攻江南，反抗失敗，從此奔走各地，所到之處，都以書本所載核對見聞，以求一旦需要能派上用場。顧炎武勤於撰述，範疇又廣，著作包括經史、輿地、金石、音韻、風俗、制度等方面⑤，而都以注重客觀知識的態度、講求細密論證的學風，貫穿他所有的研究領域。在經學方面，顧炎武著有《音學五書》、《左傳杜解補正》、《五經同異》、《九經誤字》、《五經考》等書，以及《日知錄》的前七卷。這些研究，雖然不是改變經說內容的大著作，但其方法卻成爲此後學者的

⑤ 經學專門著作之外，顧炎武其他論述包括：《日知錄》三十二卷、《天下郡國利病書》一百卷、《肇域志》一百卷、《二十一史年表》十卷、《歷代宅京記》二十卷、《十九陵圖志》六卷、《萬歲山考》一卷、《昌平山水記》二卷、《岱嶽記》八卷、《北平古今記》十卷、《建康古今記》十卷、《營平二州史事》六卷、《官田始末考》一卷、《京東考古錄》一卷、《山東考古錄》一卷、《文集》六卷、《詩集》五卷……等。

典範。譬如論證一個字的古音，也常舉證至數十百個，確鑿實在，絕不空談臆測，澈底改變了從前浮泛的學風。

梁啓超先生論顧炎武在清代學界的地位時說：

> 要之，亭林在清學界之特殊位置：一在開學風，排斥理氣性命之玄談，專從客觀方面研察事務條理。二曰開治學方法，如勤蒐資料，綜合研究，如參驗耳目聞見以求實證，如力戒雷同勦說，如虛心改訂不護前失之類皆是。三曰開學術門類，如參證經訓史蹟，如講求音韻，如說述地理，如研精金石之類皆是。獨有生平最注意的經世致用之學，後來因政治環境所壓迫，竟沒有傳人。他的精神，一直到晚清才漸漸復活。至於他的感化力所以能歷久常新者，不徒在其學術之淵粹，而尤在其人格之崇峻。⑥

由梁氏所述看來，顧炎武的影響，不僅僅在清初而已，說他的影響貫穿有清，直到現在的漢學界，也是不爲過的。

---

⑥ 見梁著《中國近三百年學術史》第六章〈清代經學之建設〉。

參、清初的重要經學著作

皮錫瑞稱清代爲「經學復興時代」，正確的指出了清代經學的盛況，不僅學者極多，著述尤夥，難以盡述。本章仍繼前兩章之後，採取按經論說而不以人爲主的辦法，依序略述。

《易經》方面，明末已展開對宋代糾纏著河圖洛書的《易》學的批判，入清，此一成績，由黃宗羲作《易學象數論》、黃宗炎作《圖書辨惑》、毛奇齡作《圖書原舛編》、胡渭作《易圖明辨》而得到定論，此後《易》學遂轉向研究漢《易》發展。

《書經》方面，明末梅鷟、郝敬對古文之僞已有論說，而清初閻若璩撰《古文尚書疏證》，則詳舉一百二十八證，以證明注疏本中除與今文相同者外，全是贗品，當時毛奇齡雖撰《古文尚書冤詞》論古文不僞，但學者幾都認爲閻勝毛敗，此後古文之僞可以說已成定讞。在經說方面，胡渭又著有《洪範正論》，批判漢儒以五行災異解說〈洪範〉，也批判宋人以所創之黑白點河圖洛書曲解〈洪範〉，甚至竄改本文，他在《書經》的說解方面，展現了樸實的作風。

《詩經》方面，陳啓源撰有《毛詩稽古編》，自謂訓詁一準《爾雅》，篇義一準〈詩序〉，詮釋經旨一準《毛傳》而以《鄭箋》佐之，名物則以陸璣《詩草木鳥獸蟲魚疏》爲主。從書名標榜《毛詩》、標榜「稽古」來看，陳氏的《詩》學，明顯的對宋元反〈詩序〉反漢唐經說的趨勢又做出反動，而以復古爲宗旨，此後遂開啓了回歸古經說的一連串研究。

《三禮》爲專門之學，較無劇烈變化。清初《禮》學專家有萬斯大、方苞，萬斯大著有《學禮質疑》、《周官辨非》、《儀禮商》、《禮記偶箋》；方苞著有《周官集注》、《周官析疑》、《考工記析義》、《周官辨》、《儀禮析疑》、《禮記析疑》；兩人治《禮》，大抵兼綜漢宋，但已爲後來的專以漢學治《禮》開了道路。獨標漢學的，則有張爾岐的《儀禮鄭注句讀》，他將繁富而不易解讀的鄭《注》賈《疏》做了有條理而簡明的整理，使得漢儒舊說得以昌明，無疑對漢學的復興有所貢獻。

《春秋》及《三傳》之學，清初未有名著，但顧炎武有《左傳杜解補正》研究杜注，黃宗羲、萬斯大輯古代經說，都企圖擺脫宋元以來《春秋》學的窠臼，可以說是清代古文《左傳》學及今文《公羊》學復興的先聲。

第二節　乾嘉時期的經學

壹、乾嘉時期的經學風氣

在清初幾位經學大師的影響下，經學的研究，逐漸擺脫空疏浮泛的習氣，而趨向樸質具體的作風，再加上當時文字獄頻仍，學者不敢高談政治，於是顧炎武所倡的經世致用之學逐漸隱晦，而其重視文獻、講求證據的學風則大爲興盛，學術界的研究，有跨越宋元隋唐、逕攻漢儒經說、以求直接了解古文獻的趨勢，終而打出了「漢學」的旗幟。

所謂「漢學」，是和「宋學」相對而言的。經學家所以標榜漢學，原因有二：一是因爲在社會上、學術界以及官方，宋學仍然擁有很大的勢力⑦，某些小儒執著的「吃人的禮教」，依舊影響著人們的觀念，指導著社會上的行事標準，必須對其學說揭起反對的旗幟。二是標榜其治學路數與漢人相同而和宋明人有異，和宋學劃清界線。

首先明白揭起標竿的是乾嘉末期的學者江藩，他是吳派大師惠棟的再傳弟子，又和若干

⑦ 參考梁啓超《中國近三百年學術史》第九章〈程朱學派及其依附者〉，江藩《國朝宋學淵源記》。

理學家、佛教徒來往，對漢宋之學均有了解，遂分別著有《國朝漢學師承記》及《國朝宋學淵源記》，將漢學者及宋學者截然劃分，以漢學稱經學，而不許宋學爲經學。書成，龔自珍謂《國朝漢學師承記》當改名爲《國朝經學師承記》較爲渾融，江藩不從。於是桐城派文士方東樹遂作《漢學商兌》，揚宋抑漢，以反攻江藩，他說：

漢學家自以為所治為實事求是之學，衍為篤論，萬口一舌，牢不可破，……只向紙上與古人爭訓詁形聲傳注；駁雜援據群籍，證佐數千百條，反之身己心行，推之民人家國，了無益處；徒使人狂惑失守，不得所用，然則雖實事求是，而乃至虛之至也。

長期的漢宋門戶之見，至此正式展現在檯面上。

純粹從經學研究的觀點說，當時並不需要爭論漢宋優劣的問題，因爲當時的經學界其實只有漢學可觀，他們之所以爭論，乃是各自都堅持自己的研究才是人生最有意義的學問，而不願承認對方的價值在自己之上。

貳、吳派與皖派

乾嘉時期的經學家，最引人注目的是吳派與皖派。

吳派以惠棟爲代表人物，皖派以戴震爲代表人物。惠棟四世傳經，祖周惕著《易傳》、《詩說》、《三禮問》、《春秋問》，父士奇著有《易說》、《春秋說》、《禮說》、《大學說》，惠棟則著有《九經古義》、《易漢學》、《周易述》、《明堂大道錄》、《古文尙書考》等書。惠氏的經學觀念，認爲經說越古越接近經書本義，惠士奇曾說：

> 康成《三禮》、何休《公羊》，多引漢法，以其去古未遠。……賈公彥於鄭《注》……之類皆不能疏，……夫漢遠於周，而唐又遠於漢，宜其說之不能盡通也；況宋以後乎？⑧

惠棟也說：

> 漢人通經有家法，故有五經師，訓詁之學，皆師所口授，其後乃著竹帛；所以漢經師之說，立於學官，典經並行，……古字古言，非經師不能辨，……是故古訓不可改也，經師不可廢也。……余家四世傳經，咸通古義。⑨

---

⑧見惠士奇《禮說》。

⑨惠棟《九經古義》卷首語。

梁啓超先生認爲，惠氏吳派經學，可以用「凡古必真，凡漢皆好」八字來概括⑩。惠棟弟子著名者有沈彤、江聲、余蕭客，江、余又共有弟子江藩。吳派好古成癖，江聲寫字必用小篆，余蕭客輯有《古經解鉤沈》，江藩自號「鄭堂」，後指導弟子黃奭輯《漢學堂輯佚書》⑪，凡此都可以看出他們崇漢宗鄭的學風。在吳派諸人的努力下，學者得以逐漸了解古經說，無疑爲受限於宋明經說的學術環境打開了新局面。但此派唯古是好，其言論每以不專宗漢爲不醇，如江藩在〈國朝經師經義目錄〉中曾說：

> 黃宗義之《易學象數論》，雖闢陳摶、康節之學，而以納甲動爻為偽象，又稱王輔嗣《注》簡當無浮義；黃宗炎之《圖書辨惑》，力闢宋人，然不專宗漢學，非篤信之士。……胡朏明（渭）《洪範正論》，雖力攻圖書之謬，而闢漢學五行災異之說，是不知夏侯始昌之《洪範五行傳》亦出伏生也；是以黜之。

這種以古不古爲論斷標準的觀念，其缺點是很顯著的，所以皖派的王引之曾批評道：

> 惠定宇（棟）先生考古雖勤，而識不高、心不細，見異於今者，則從之，大都不論是

⑩ 見梁著《清代學術概論》第十節。
⑪ 此書後因兵火殘缺，今本已非原貌。

非。⑫

惠派唯古是好，影響所及，其後阮元輯《學海堂經解》（今稱《清經解》）即據爲標準，因而顧炎武、黃宗羲、閻若璩、胡渭等人的經學名著，反而不在刊印之列，理由之一即認爲他們的經說不純宗漢。

皖派的領導人物戴震，受學於江永。江永精研禮學，又長於天文、算術、律曆、聲韻，著有《周禮疑義舉要》、《儀禮釋宮增注》、《禮記訓義擇言》、《深衣考誤》、《禮經綱目》、《律呂闡微》、《春秋地理考實》、《鄉黨圖考》、《古韻標準》、《四聲切韻表》、《音學辨微》等書。戴震的學問範疇深受乃師影響，著有《毛鄭詩考正》、《考工記圖》、《儀禮正誤》、《爾雅文字考》、《孟子字義疏證》、《原善》、《勾股割圜記》、《聲韻考》、《聲類表》、《古曆考》等書。戴震雖與惠棟也有來往，但二人的學風並不完全相同，戴震說：

志存聞道，必空所依傍。漢儒故訓，有師承，亦有時傅會；晉人傅會鑿空益多；宋人

⑫ 見梁啓超《清代學術概論》第十節引王氏手札。

> 則恃胸臆為斷，故其襲取者多謬，而不謬者在其所棄。⑬

戴震認爲學術當以真理爲依歸，漢人近古，所以經說多可信，但不一定正確，追求真理當「空所依傍」，亦即今人所說的「拋棄成見」，因此戴氏並不像惠氏一樣特別強調「漢學」，而講求「實事求是」⑭，「有一字不準六書，一字之解不貫通群經，即無稽者不信，不信必反復參證而後即安，以故胸中所得，皆破出傳注重圍」⑮。戴氏論及治學及解讀經文的程序說：

> 經之至者，道也；所以明道者，其詞也；所以成詞者，字也。由字以通其詞，由詞以通其道，必有漸。⑯

又談及解經必須具備多種知識，才能融會貫通，不能一知半解，強不通以爲通：

> 經之難明，尚有若干事：誦〈堯典〉數行，至「乃命羲和」，不知恒星七政之所以運行，則掩卷不能卒業。誦《周南》、《召南》，自〈關雎〉而往，不知古音，徒強以協韻，則齟齬失讀。誦古《禮經》，先〈士冠禮〉，不知古者宮室衣服等制，則迷於

⑬ 見《東原文集·與某書》卷九，收入《戴震全書》。
⑭ 錢大昕《潛研堂文集·戴震傳》卷三十九。
⑮ 余廷燦〈戴東原先生事略〉，載《國朝耆獻類徵初編》卷一百三十一。
⑯ 語見《東原文集·與是仲明論學書》卷九，收入《戴震全書》。

其方，莫辨其用。不知古今地名沿革，則〈禹貢〉職方失其處所。不知少廣旁要，則《考工》之器不能因文而推其制。不知鳥獸蟲魚草木之狀類名號，則比興之意乖。⑰

上引兩段文字，將戴氏治經的方法及門徑表達得很明白，影響所及，一時文字聲韻訓詁之學勃興，人人以讀《說文解字》爲治學必先具備的條件，此外天文、曆算、輿地、禮制等學問也與經學研究發展出更密切的關係，因而乾嘉學術呈現出豐富而多元的局面，經學家治學的範疇如與前代相較，很明顯的廣博許多。

戴氏弟子著名的有段玉裁及王念孫、王引之父子，段氏著有《說文解字注》、《六書音韻表》等，爲文字及聲韻學名家；王念孫著《讀書雜志》、《廣雅疏證》等，王引之著有《經義述聞》、《經傳釋詞》等，爲訓詁、校讎名家，他們都本著戴氏的觀念，將其學術予以深刻化，對後代影響極深。

---

⑰ 見同上注。

參、乾嘉學風影響下的重要經學著作

梁啓超先生說：「清學自當以經學爲中堅，其最有功於經學者，則諸經殆皆有新疏也。」⑱這些「新疏」的目錄梁氏列之如下（按：包含今文經學，請參考本章第三、四節）：

《易》：惠棟《周易述》、張惠言《周易虞氏義》、姚配中《周易姚氏學》。

《書》：江聲《尚書集注音疏》、孫星衍《尚書今古文注疏》、段玉裁《古文尚書撰異》、王鳴盛《尚書後案》。

《詩》：陳奐《詩毛氏傳疏》、馬瑞辰《毛詩傳箋通釋》、胡承珙《毛詩後箋》。

《周禮》：孫詒讓《周禮正義》。

《儀禮》：胡承珙《儀禮今古文疏義》、胡培翬《儀禮正義》。

《左傳》：劉文淇《春秋左氏傳正義》。

《公羊傳》：孔廣森《公羊通義》、陳立《公羊義疏》。

---

⑱ 見梁氏《清代學術概論》第十四節。

《論語》：劉寶楠《論語正義》。
《孝經》：皮錫瑞《孝經鄭注疏》。
《爾雅》：邵晉涵《爾雅正義》、郝懿行《爾雅義疏》。
《孟子》：焦循《孟子正義》。

對於上列書單，梁氏批評道：

以上諸書，惟馬、胡之於《詩》，非全釋經傳文，不能直謂之新疏。《易》諸家穿鑿漢儒說，非訓詁家言；清儒最善言《易》者，惟一焦循，其所著《易通釋》、《易圖略》、《易章句》皆絜淨精微，但非新疏體例耳。《書》則段、王二家稍粗濫。《公羊》則孔著不通家法。自餘則皆博通精粹，前無古人。……十三經除《禮記》、《穀梁》外，餘皆有新疏一種或數種，而《大戴禮記》則有孔廣森《補注》、王聘珍《解詁》焉。此諸新疏者，類皆擷取一代經說之菁華，加以別擇結撰，殆可謂集大成。

除了梁氏所舉及上文已引及者之外，其他經學名著列舉如下，以供讀者參考，但實不及清人經學著作百分之一：

《易》：江藩《周易述補》、焦循《周易鄭氏學》、《荀氏九家義》、《易義別錄》。

《書》：簡朝亮《尙書集注述疏》。

《詩》：陳喬樅《三家詩遺說考》、王先謙《詩三家義集疏》。

《周禮》：段玉裁《周禮漢讀考》。

《儀禮》：段玉裁《儀禮漢讀考》、張惠言《儀禮圖》、凌廷堪《禮經釋例》。

《禮記》：杭世駿《續禮記集說》、孫希旦《禮記集解》。

《春秋》：王引之《春秋名字解詁》、劉文淇《春秋左傳舊注疏證》、洪亮吉《春秋左傳詁》、李貽德《春秋左氏傳賈服注補述》、顧棟高《春秋大事表》。

《穀梁傳》：侯康《穀梁禮證》、鍾文烝《穀梁補注》。

除上舉單本經學專著之外，阮元所編《清經解》，收書一百八十餘種，王先謙所編《續清經解》，收書二百又九部，其中有許多重要著作，查檢極便，上舉諸書有些即收在其中。

再者，自顧炎武著《日知錄》，採取劄記的方式寫作，後儒群起倣效，此類著作的內容並不專論經學，但論經學的部分必冠於前頭，雖然較爲零星瑣碎，但也每有勝義，足供參考，著名的有：閻若璩《潛邱劄記》、錢大昕《十駕齋養新錄》、臧琳《經義雜記》、盧文弨《鍾山札記》《龍城札記》、孫志祖《讀書脞錄》、王鳴盛《蛾術篇》、何焯《義門讀書記》、臧庸《拜經日記》、梁玉繩《瞥記》、俞正燮《癸巳類稿》《癸巳存稿》、陳澧《東塾讀書記》等。

第三節　清中葉以後的今文學

乾嘉學術最可稱道的，是學習顧炎武的嚴密歸納法，以及戴震倡導的自聲韻訓詁入手的考證門徑，但是這種研究，範圍跟成果都有極限，梁啓超說：

考證學之研究方法雖極精善，其研究範圍卻甚拘迂，就中成績最高者，惟訓詁一科，然經數大師發明略盡，所餘者不過糟粕；其名物一科，考明堂，考燕寢，考弁服，考車制，原物今既不存，聚訟終末由決；典章制度一科，言喪服，言禘祫，言封建，言井田，在古代本世有損益變遷，即群書亦末由折衷通會。夫清學所以能奪明學之席而與之代興者，毋亦曰彼空而我實也，今紛紜於不可究詰之名物制度，則其為空也，與言心言性者，相去幾何？⑲

梁氏生當彼時，未能預料由於古物大出，名物制度之學已然「山窮水盡疑無處，柳暗花明又一村」，清代經師所未能解決的問題，有希望透過考古獲得釐清。但梁氏所敘述的，正是當時的境況，乾嘉學風影響下以研究東漢古文經說爲主的經學逐漸流於瑣碎，已不能滿足人們追求真知的需要，卻是事實。再者，嘉慶一朝，清政權已出現疲態，動亂的隱憂逐漸表面化，山雨欲來，經學遂出現另一股潮流，即以《公羊》學爲主的西漢今文學是也。

壹、早期的今文學

西漢的今文學，可以說是以《公羊》學領軍，大儒如董仲舒等所治即是《公羊》，但自何休《公羊傳注》之後，《公羊》學隱晦不興。入清，戴震的弟子孔廣森雖著有《公羊通義》，但沒有引起什麼波瀾。真正發生影響的，是由常州武進人莊存與開端。莊存與生於康熙五十八年，卒於乾隆五十三年，應當算是乾嘉時人，不過他卻兼研今古文學，今文方面，著有《春

⑲ 見梁氏《清代學術概論》第二十節。

秋正辭》，說經不談名物訓詁，而專求「微言大義」，和吳、皖兩派的治學途徑不同。古文方面，著有《毛詩說》、《周官記》、《周官說》，都是古文經學。莊氏的的學術面貌所反映的，一方面是不滿足於東漢古文學而更向前代探求，二方面是經學家對改造社會的一種嘗試。

貳、道咸時期的今文學

受到莊存與的影響，莊氏族子莊述祖，外孫同縣劉逢祿、長洲宋翔鳳都研究今文學，號稱常州學派。莊述祖著有《尙書今古文考證》、《毛詩考證》、《說文古籀疏證》等，劉逢祿著有《公羊何氏釋例》、《公羊何氏釋詁箋》、《發墨守評》、《穀梁廢疾申何》、《論語述何》、《左氏春秋考證》等，宋翔鳳著有《論語說義》、《論語發微》、《漢學今文古文考》、《過庭錄》等。這幾位經師雖然探索今文微言大義之學，但其治學方法仍襲自乾嘉小學，馬宗霍論莊述祖說：

> 述祖亦徧治群經，撰《夏小正經傳考釋》、《古文甲乙篇》，發明夏時歸藏之義，謂《說文》始一終亥即古之歸藏，為六書條例所出，復引古籀遺文，分別部居，以瑰瑋

蔓衍炫俗，故常州學者說經必宗西漢，解字必宗籀文，自莊氏始。[20]

而梁啓超評劉逢祿《公羊何氏釋例》一書也說：

> 其書亦用科學的歸納研究法，有條貫，有斷制，在清人著述中，實最有價值之創作。[21]

但將常州學派發揚光大且受社會重視矚目的，要推龔自珍及魏源，二人都受學於劉逢祿。龔自珍是皖派大師段玉裁的外孫，原通文字訓詁之學，其後又研究今文經學，以《公羊》義著《五經大義終始論》。魏源著有《書古微》、《詩古微》，闡釋今文《尚書》及《詩》齊魯韓三家說。除了經學專著外，二人更發揮了西漢今文家經世致用的精神，龔自珍研究蒙古史地，提倡民主思想；魏源著《聖武記》、《皇朝經世文編》、《海國圖志》；都針對當時國內外種種政治現實問題而發。

在研究今文學的風潮中，當時劉寶楠有《論語正義》，凌曙有《公羊禮疏》、《公羊問答》、《春秋繁露注》，陳立有《公羊義疏》、《白虎通疏證》，陳喬樅有《今文尚書經讀

[20] 見馬氏《中國經學史》第十二篇〈清之經學〉。

[21] 見《清代學術概論》第二十二節。

考》、《尚書歐陽夏侯遺說考》、《三家詩遺說考》、《四家詩異文考》、《齊詩翼氏學疏證》等，都標榜西漢今文經說。由於漢代今文學著作多已亡佚，上揭諸書，都經過辛勤收集資料的過程，對後人了解西漢經學做了很大的貢獻。

參、清末的今文學

清代末年，國步艱危，講求經世致用的今文學再度掀起高潮。王闓運著有《春秋公羊傳箋》、《尚書大傳補注》、《論語訓》等書，其弟子廖平則著有《今古學考》、《經學五變記》等書，皮錫瑞則有《今文尚書考證》、《尚書大傳疏證》、《古文尚書冤詞平議》、《六藝論疏證》、《經學通論》、《經學歷史》等書，崔適著有《史記探源》、《春秋復始》等書，都是主今斥古的著作。

最令人矚目的是主張並參預光緒朝百日維新的人物，其中以康有爲爲代表，健將包括康氏弟子梁啓超、梁氏友人譚嗣同等。康有爲著《新學僞經考》、《孔子改制考》、《大同書》、《論語注》、《孟子微》、《春秋董氏學》等書，力主古文多經劉歆等依附王莽新朝者改竄，不足爲信，並謂今文經係孔子爲後世改制。康氏又力倡孔教，推孔子爲教主，以求據孔子思想爲中國振衰圖強。譚嗣同著有《仁學》，融今文經學、佛學及西洋學術於一爐，後死於戊戌政變。梁啓超於戊戌政變後，遊歷外國，後參與政界，生平勤於引介西方思潮及整理國故，能跳出經學爭辯的範圍，對學界視野的開拓，影響極大。

第四節　清末的古文經學

清代末葉今文經學雖然興盛，但繼承乾嘉學風者仍有其人。俞樾是清末著名的樸學大師，學問淵博，著書滿家，其學主「正句讀，審字義，通古文假借」，以謹嚴著稱。他所主持的詁經精舍，特設「許鄭祠」，「用示楷式，使學者知爲學之要，在於研求經義，而不在乎明心見性之空談，月露風雲之浮藻。」㉒可見他是尊崇許慎、鄭玄之學的古文學者。俞樾曾校正群經、諸子的句讀，審定經義，所撰《群經平議》、《諸子平議》、《茶香室經說》、《古書疑義舉例》等書，都是學界傳誦的名著。

孫詒讓幼承家學，從父習《周禮》，深研古文經學，與俞樾、黃以周一樣，「皆治樸學，

㉒ 見俞樾：《詁經精舍四集・序》（清光緒十一年刻本）。

承休寧戴氏（震）之術，爲白衣宗。」㉓三人之中，孫詒讓聲名最爲隱晦，但「言故訓」，則審慎在二人之上。他的著作以《周禮正義》、《周書斠補》、《古籀拾遺》、《墨子閒詁》等最著稱於世，其中《周禮正義》一書，「博採漢、唐、宋以來，迄於乾嘉諸經儒舊詁，參互證繹，以發鄭《注》之淵奧，裨賈《疏》之遺闕。」㉔考核嚴謹，貫通群經，成爲清代研治《周禮》一書的集大成之作。章炳麟說他「發正鄭、賈凡百餘事，古今言《周禮》者莫能先也」㉕，的確不是溢美。

章炳麟曾在詁經精舍從俞樾學古文經學八年，他說：「余始治經，獨求通訓故、知典禮而已。及從俞先生游，轉益精審，然終未窺大體。」㉖話雖如此，其實俞樾的經學對他有相當的啓發。俞樾繼承了顧炎武以來的治學方法，章炳麟在從學俞樾期間，不僅學會顧炎武以下的乾嘉治學方法，更掌握到顧炎武經學思想中的經世致用精神，從而激發了他的民族思想。他曾從事革命，主持民報，宣揚顧炎武的民族主義學說，並且激烈批評今文經學。㉗辛亥革

㉓ 見章炳麟：《章太炎全集（四）‧太炎文錄初編》，卷二〈瑞安孫先生傷辭〉。
㉔ 見清‧孫詒讓：《周禮正義‧序》。
㉕ 同注㉓，卷二，〈孫詒讓傳〉。
㉖ 見章炳麟：《太炎先生自定年譜》，「光緒二十二年丙申二十九歲條」。
㉗ 以上參看湯志鈞：《近代經學與政治》，第七章〈革政與革命〉。

命成功以後，章炳麟從事講學工作，培植了不少學術人才，其中以黃侃最為有名。章炳麟是古文經學最後的大師，在文字、音韻方面有許多創見，他學養深厚，著作浩繁，其中著名的有《春秋左傳敘錄》、《小學答問》、《國故論衡》、《檢論》等。

第五節　清代經學的影響

辛亥革命成功，民國肇建，中國的政治與社會開始了新的一頁。學術本隨世運而轉變，在外在環境的劇烈變動下，傳統學術不易守成，不能不隨之而變，做適度的調整。經學是傳統學術的代表，因之而有新的發展。

民國以來的經學，最大的轉變是回復經書本來面目的努力，將經書視為古代歷史的原始資料。在這一點上，清末的今文學與古文學者，扮演了同樣的催化角色。

古史辨運動是對傳統學術，尤其是經學，破壞力最大的一個活動，主其事的顧頡剛就是深受今文經學影響的人。顧頡剛在北大就讀時，對今文學者崔適在《史記探源》、《春秋復始》二書中謹守今文家法的學風即有深刻的印象。與此同時，他又接觸到康有為的《孔子改制考》與《新學僞經考》，康有爲所持劉歆僞造古文經、孔子託古改制的言論，對顧頡剛有直接的啓發，他辨析古史、懷疑經書的主張，都是承續康有爲而來。㉘在今文學辨僞的基礎上，顧頡剛逐步建立起「層累地造成古史說」，打破今古文學者爭道統的心態，要求學問的真實，他說：

> 從前人治學最大的希望是為承接道統，古文家所以造偽經者為此，清代的今文家所以排斥偽經者也為此。但時至今日，孔子的勢力已遠不如前了，我們可以打破這種「求正統」的觀念而易以「求真實」的觀念了。㉙

秉持這種態度，顧頡剛大膽的懷疑傳統歷史，也懷疑古代的經書，引起極大的反響，一時蔚爲波濤洶湧的「疑古」浪潮。在這種情形下，經書不再是神聖不可侵犯的聖人經典，而逐步還原爲古代文獻，成爲重建古代信史的歷史資料。

清末的今文經學講孔子託古改制，以六經爲孔子所作，視孔子爲哲學家、政治家。古文經學則針鋒相對的強調孔子「述而不作，信而好古」，以六經爲古代史料，視孔子爲史學家。

㉘ 見顧頡剛：《古史辨》，第一冊〈自序〉。
㉙ 見顧頡剛：《中國上古史研究講義》，〈自序二〉。

㉚章炳麟就是古文學者中持此說最力的人物。在《檢論》卷四〈清儒篇〉裡，他以「六藝，史也」的觀點，對經學做了深刻的檢討：

> 治經恆以誦法討論為劑。誦法者，以其義束身，而有隆殺；討論者，以其事觀世，有其隆之，無或殺也。西京之儒，其誦法既狹隘，事不周浹而比次之，是故齵差失實，猶以師說效用于王官，制法決事，茲益害也。杜〔林〕、賈〔逵〕、馬〔融〕、鄭〔玄〕之倫作，即知「摶國不在敦古」；博其別記，稽其法度，覈其名實，論其群眾以觀世，而六藝復返于史，祕祝之病不漬于今。其源流清濁之所處，風化芳臭气澤之所及，則昭然察矣。㉛

章炳麟比較了西漢、東漢儒者治經的差異，認爲東漢的古文經學能在淵厚篤實的方法下，回復六藝爲古史的本來面目，沒有祕祝迷信之病，學術價值在西漢今文學之上。以此觀之，「常州今文之學，務爲瑰意眇辭，以便文士」的夸誣怪誕作風，與「經說尚樸質」的要求，是扞格難入、無法並容的。因此，他主張治經要實事求是，「斷之人道，夷六藝于古史」，將六經做爲古史文獻，「則上世人事汙隆之跡，猶大略可知。以此綜貫，則可以明流變；以此裂

㉚ 見周予同：《經今古文學》，第二，收在朱維錚編：《周予同經學史論著選集》（增訂本）。

㉛ 章炳麟：《檢論・清儒》，收在《章太炎全集》（三）。

分，則可以審因革。」㉜這種六經皆史的觀念，對當時有相當的影響。

今文學與古文學本來互不相容、勢如水火，雙方立場也涇渭分明，儼若敵國，但發展的結果竟然殊途同歸，實在出人意外。

就在今、古文學發展漸趨一致的同時，地不愛寶，甲骨、金文、簡牘資料大量出現，王國維遂取以考古說經，建立考古資料與經史文獻互相證成的「二重證據法」，開啓以考古說經的篤實學風，影響極大。此外，專精古史的楊寬著《古史新探》，從人類學、民俗學的角度研究古禮，也開出一個新的治經途徑。類此之例，不一而足。展望未來，經學是否有新的進展，端看學者是否重視、是否努力，正所謂「人能弘道，非道弘人」也。

㉜ 同前注。

第四篇　餘論

第二十五章　經學與現實政治的關係

經學的本質，乃是講求現世人生的學問。如果以現在的學科來分類，可以說是以倫理學和政治學爲重心，因此經學與政治是分不開的。孔子和孟子都積極尋求入仕的機會，便可說明這一點。

以十三經的性質言：《書經》的內容，大半是政治活動的記錄、政治主張和政治文告，如〈堯典〉記載堯禪讓舜、舜禪讓禹的政權轉移的安排；〈洪範〉提出治國的方針與綱領，〈大誥〉是戰勝國周對戰敗國殷的政治文告。《春秋》是孔子對二百四十二年間人事的政論；其後衍生的三傳，尤以《公羊傳》最具政治意味，對政治的演變提出宏觀的考察與展望。《周禮》乃是一部國家組織法，對於國家大小政務及其執行有周密的考慮。《禮記》中的〈大學〉提出政治與倫理結合的理論，〈禮運〉則對施政目標提出了階段性的願景。《論語》、《孟子》二書，更以淺近的語言，提出對政治的看法。所以，我們可以說：經學是極富政治性的學問。

漢武帝將經學定為國家法定的指導性學術，本身即是一種政治考量，他要將儒術與政治結合為一，以便將豐厚的國力以及他的政治抱負發揮出來。而往後二千餘年的專制時代，基本上也都承襲了漢武帝的政策。因此，經學影響我國政治極大，乃是必然的。下文就國防外交、教育、法律、經濟四項，分節論述。

第一節　經學與國防外交

壹、尊王攘夷思想對國防外交的影響

「尊王攘夷」是《春秋》的要義之一。尊王即要求諸侯團結在英明天子的領導之下，以避免天下分崩離析；易言之，尊王乃是大一統思想的具體表現。所謂大一統，指華夏民族擁有的國土不應分裂，地方政權當統轄於中央政府之下。秦始皇、漢高祖結束春秋、戰國時代群雄分立的局面，建立中央集權帝國，使得此一思想得以實現，並從此深入華夏民族的意識之中。回顧我國歷史，國土雖曾數度分裂，但當其時，朝野民間莫不引為憾恨，只要可能，

必力求統一而後止，俗諺所謂「天下合久必分，分久必合」，正是描述此一事實與心理。

在尊王思想的指導之下，軍事力量被大量使用在鞏固王權之上，相對的，地方上只配備有限的防衛武力。若非如此，地方上擁有的武力竟超過中央，如唐代藩鎮的擁兵自雄，即遭受嚴厲批評，史家並認爲是唐代亡國的重要原因之一。但此一態勢，使得地方政府不論抵禦異族侵略或攻擊境外民族，均感力量不足，而有賴中央的支援；又因幅員遼闊，效率甚低，若非盛世，中央政府對邊境的衝突，亦覺力不從心，往往採低調處理的方式，以避免軍事衝突，因此在國防上鮮少主動出擊，而採防堵政策，並設法以和親、經濟援助、籠絡等外交手段化解危機。

攘夷即抗拒非華夏民族的統治及其文化，但非消滅或侵略異民族。齊桓公北伐山戎以救衛國，南抑荊楚以捍中原，《公羊傳》僖公四年稱讚道：

> 夷狄也，而亟病中國，南夷與北狄交，中國不絕若線；桓公救中國而攘夷狄，卒怗荊，以此為王者之事也。

《論語·憲問篇》也載孔子盛讚管仲道：

> 管仲相桓公，霸諸侯，一匡天下，民到于今受其賜。微管仲，吾其被髮左衽矣！

孔子對管仲的嘉許，重點在管仲捍衛了本土文化，而非擊敗外族，更非佔有異族的領土，因爲攘夷的思想即蘊含不在乎異族領土及文化之意。西漢時武帝征南越，立珠崖郡，其後該郡時服時反，元帝時關東騷動，珠崖又反，朝廷左右爲難，派人問賈誼曾孫經學家賈捐之①：

珠崖內屬為郡久矣，今背畔逆節，而云不當擊，長蠻夷之亂，虧先帝功德，經義何以處之？

捐之則力陳侵略異族以擴張領土有害無利，並作結道：

臣愚以為：非冠帶之國，〈禹貢〉所及，《春秋》所治，皆可且無以為，願遂棄珠崖，專用恤關東為憂。

結果朝廷採納賈捐之的意見，下詔：

其罷珠崖郡。民有慕義欲內屬，便處之；不欲，勿彊。

攘夷的思想和先民對本土文化的自豪是分不開的，《孟子・滕文公上》所謂：

吾聞用夏變夷者，未聞變於夷者也。

---

① 以下參見《漢書・賈捐之傳》。

即是此一心態最明確的宣言。因而當國亡之時，士大夫有「國可亡，史不可亡」之說。「史不可亡」即本土文化不可斷絕的意思，他們認爲國亡猶有復國的可能，但若文化斷絕，復國亦無意義。滿清入關，許多江南人士寧願斷頭不願薙髮，當從此一心理去了解。又漢族由於自負，每當強盛之時，在軍事上維持著足以羈縻異邦的武力，在外交上以上國自居，在文化上則抱著「願意歸化自屬歡迎、不願乃是對方的損失」的驕傲態度。

尊王攘夷的思想，在一定的程度上，有利於中國內部的凝聚力與穩定性，並維繫了中國與周圍民族的共存關係。此一態勢，在華夏民族相對於四周民族仍是強勢文化時，並未顯現重大缺點，因而被視爲當然地沿用著。但當西方興起相對卓越的文明時，尊王攘夷的思想卻以相當大的影響力蒙蔽了清朝政府以及學者的反省力，始終抗拒外來文明，其結果是軍事連連挫敗，國家幾乎全部淪爲列強的殖民地。

導致日本明治維新的思想之一，即是尊王攘夷。日本的尊王攘夷，能與民族自省結合，因而得以革新圖強。大政歸還天皇，使得中央政府充分掌控地方，此即尊王；軍事政經全面革新，足以捍衛國土，免受西方列強的欺凌，此即攘夷。但在中國，尊王攘夷的思想卻以義和團「扶清滅洋」的形式出現，並未認真檢討：時王是否英明値得尊崇？如何自強乃足以攘夷？直至不得不面對自己落於人後的事實，大批國人卻又怪罪並揚棄傳統文化，這不能不說是尊王攘夷思想的惡質化發展。

貳、《春秋》無義戰思想對國防外交的影響

「《春秋》無義戰」一語，見《孟子・盡心下》。意指《春秋》一書所載戰爭皆出於貪、出於怒，不合乎正義。換言之，儒者反對不合乎正義的戰爭。但〈梁惠王下〉又說：

> 《書》曰：「湯一征，自葛始。」天下信之。「東面而征，西夷怨，南面而征，北狄怨，曰：奚為後我！」民望之，若大旱之望雲霓也，歸市者不止，耕者不變，誅其君而弔其民，若時雨降，民大悅。《書》曰：「徯我后，后來其蘇。」

則儒者又支持為正義而發動的戰爭。《論語・衛靈公篇》載孔子婉拒衛靈公問戰爭之事說：「軍旅之事，未之學也。」〈憲問篇〉則載：「陳成子弒簡公，孔子沐浴而朝，告於哀公曰：『陳恆弒其君，請討之。』」此種以正義來衡量是否應當發動戰爭的標準，乃是經書中的一貫思想。此一思想與前述尊王攘夷思想相結合，醞釀出中國知識份子對戰爭的兩種相反態度：一方面反對征服式的對外戰爭、反對爭奪權力的內戰，一方面則在抵抗外族侵略時不惜毀家紓難、慷慨赴義。大量的奏議、論文與詩歌，體現此一心情。後人不應單純從政治現實的層

面來看那些奏議，或僅從純粹學術的眼光分析那些論文，或單從藝術的視角欣賞那些詩歌；因爲那些作者的意識及潛意識中均有著上述思想的影響。

不樂戰爭的思想，使得全民重文輕武，中國知識份子不以擔任軍人爲榮，同一品級的武官遠不如文官受到重視與尊敬。朝廷與社會大多認爲不論是對內戰爭或是對外戰爭都是有害無利的，因而在太平盛世時，每每諱言武備。唐代經過開元、天寶的盛世，竟幾乎無法平定安史之亂，即是顯例；而北宋以大量禁軍防衛汴梁，卻不堪一擊，更是重文輕武所招致的後果。

尊王攘夷以及不樂戰爭的思想，使得受此思想薰陶的政權幾乎不曾發動掠奪領土的戰爭，它的國防是防禦性的，面臨壓力時，則優先考慮使用外交手段來解決。因而我們可以說，中華文化圈的形成，並非軍事力量使然。

第二節　經學與教育

壹、經學是古代教育的主要內容

先秦時代，由於環境的激盪，百家爭鳴，學術呈現相對的多元性。秦始皇推行愚民政策，除中央所蓄博士仍研究學問外，民間僅能以吏爲師，學習最起碼的常識，所謂教育，不值一提。漢武帝獨尊儒術後，朝廷立經學博士及博士弟子，傳習經傳，至漢末，太學學生竟達三萬名，其規模較之今日大學，毫不遜色。當時除國家所立教學機構外，民間教授經學的大師亦至千餘人，皮錫瑞《經學歷史·經學極盛時代》說：

> 《後漢書》所載張興著錄且萬人，牟長著錄前後萬人，蔡玄著錄萬六千人，樓望諸生著錄九千餘人，宋登教授數千人，魏應、丁恭弟子著錄數千人，姜肱就學者三千餘人，曹曾門徒三千人，楊倫、杜撫、張玄皆千餘人，比前漢為尤盛。所以如此盛者，漢人無無師之學，訓詁句讀皆由口授；非若後世之書，音訓備具，可視簡而誦也。書皆竹簡，得之甚難，若不從師，無從寫錄；非若後世之書，購買極易，可兼兩而載也。負笈雲集，職此之由。至一師能教千萬人，必由高足弟子傳授，有如鄭康成在馬季長門

下，三年不得見者；則著錄之人不必皆親受業之人矣。

皮氏所說的，實際上就是民間私人學校，且其規模並不算小。由此可見漢代經學教育之盛。

漢代推行經學教育的成功，主要在能與國家選用官吏的制度相結合，小吏多通一經以上，經學大師則極易升至大臣三公②。官吏的見識與朝廷的意志一致，使得國家充分發揮出潛力，而成爲中國歷史上的盛世。因而此後的政權，多依循漢代的模式推行經學教育，雖然其選舉方式先後有察舉、九品中正、科舉的不同。因此，在長達二千餘年的歲月中，經書成爲中國知識份子最主要的知識來源。

大抵而言，南宋以前，經學的傳授以及選拔官吏，以五經爲主；元代以後，則以《四書》爲主。從某一方面說，元代以後的經學教育，較之以往，有偏狹化的傾向。

貳、以經學為教育主要內容的優缺點

以經學爲教育主要內容的事實，使得中國知識份子的理念極爲一致，這對社會的安定無

---

② 參考《漢書》及《後漢書》各大臣傳記。

疑具有正面的意義；同理，具有高度同質性的官吏群，也能使政務的推行較為穩定與順暢。但也是同一原因，行政體系具有抗拒變革的慣性，即使弊病已累積到相當嚴重的地步，推動革新的主張，依然難獲官僚們的積極支持。王安石、康有為變法失敗，原因雖多，而其共同點則是具有共識的有力人士太少。

第三節　經學與法律

壹、漢唐律令根據經義制定

秦代制定法律，以法家思想為指導原則，頗為苛刻；漢初沿襲秦律，但執行從寬，有「網漏吞舟之魚」之說。其後儒家思想漸次抬頭，學者多抨擊秦法過苛，如《漢書》所載賈山〈至言〉、賈誼〈上書〉皆是。武帝獨尊儒術，儒家思想逐漸滲入法學之中，在過渡時期，朝廷、官員每以經義斷案，《漢書·董仲舒傳》說：

仲舒在家，朝廷如有大議，使使者及廷尉張湯就其家而問之，其對皆有明法。

清王先謙《漢書補注》說：

> 〈藝文志〉有《公羊董仲舒治獄》十六篇。……應劭曰：「朝廷遣廷尉湯問得失，於是作《春秋決獄》二十三事③，動以經對。」

所謂「動以經對」，即總是根據經義回答法律問題之意。

東西兩漢曾數次訂定法律，並有儒者爲之訓解，《晉書·刑法志》說：「若此之比，錯糅無常，後人生意，各爲章句，叔孫宣、郭令卿、馬融、鄭玄諸儒章句十餘家，家數十萬言，凡斷罪所當由用者，合二萬六千二百七十二條，七百七十三萬二千二百餘言。」漢律今已遺佚，僅存斷簡殘篇，因此內容不得而詳，但從名儒爲之訓解的情況看來，其蘊含儒家思想是沒有疑義的。

漢代以後，各朝大抵沿襲漢律，但亦全部亡佚，僅存殘篇。今存完整且影響重大者，首推唐律。唐律完全依照儒家思想訂定，並爲宋元明清各朝所沿襲。徐道鄰《唐律通論》說：

> 儒家之禮教觀，自兩漢以還，隨經學之盛，而整個控制中國法律思想，歷魏晉六朝，

---

③「二十三事」，《後漢書·應劭傳》、《晉書·刑法志》作「二百三十二事」。

相沿不磨，至於唐而益顯。說者④或謂：宋元明清之所以採用唐律者，皆為其「一準於禮」。

所謂唐律「一準於禮」，即依儒家經典所主張的禮教觀念制定法律，這對社會的教化，影響無疑是極大的，茲舉數例作爲說明。

《唐律疏議》卷三：

祖父母、父母老疾無侍，委親之官；在父母喪，生子及娶妾；……免所居官。

這是根據孝道觀念及官員當爲百姓表率的觀念訂定的。

《唐律疏議》卷二十三：

諸告祖父母、父母者，絞。

〈疏議〉解釋道：

父為子天，有隱無犯。如有違失，理須諫諍，起敬起孝，無令陷罪。若有忘情棄禮而故告者，絞。

④ 此處「說者」指《四庫全書總目提要》。

「父爲子天」見《儀禮・喪服》，「有隱無犯」見《禮記・檀弓》，此意並屢見《論語》、《孟子》。

《唐律疏議》卷十四：

> 諸妻無七出及義絕之狀，而出之者，徒一年半；雖犯七出，有三不去，而出之者，杖一百，追還合。若犯惡疾及姦者，不用此律。

此條完全根據《禮記・曲禮下》及《大戴禮・保傅篇》七出、三不去的婚姻主張而訂。

貳、當代法律仍受經義影響

直至現代，我國民法，仍受到唐律的影響，易言之，即經學的影響。舉例而言，《民事訴訟法》第三百零七條第一款規定：

> 證人為當事人之配偶、前配偶、未婚配偶或四親等內之血親、三親等內之姻親或曾有此親屬關係者〔得拒絕證言〕。

親屬關係密切者「得拒絕證言」，即顧慮到可能傷害親情。此即傳統倫理思想之反映。又《刑法》第一百六十二條說：

縱放依法逮捕、拘禁之人或便利其脫逃者，處三年以下有期徒刑。配偶、五親等內之血親或三親等內之姻親，犯第一項（按：即上行所引）之便利脫逃罪者。得減輕其刑。

又，《刑法》第一百六十四條及一百六十五條規定藏匿人犯及湮滅證據有罪，而第一百六十七條說：

配偶、五親等內之血親或三親等內之姻親圖利犯人或依法逮捕拘禁之脫逃人，而犯第一百六十四條或第一百六十五條之罪者，減輕或免除其刑。

助親屬脫逃或湮滅證據得減輕或免除其刑，蘊含「父爲子隱，子爲父隱」的精神。

又，《刑法》第一百六十九條規定誣告而使人受刑事或懲戒處分者有罪，而第一百七十條更規定：

意圖陷害直系血親尊親屬，而犯前條之罪者，加重其刑至二分之一。

陷害直系尊親屬而加重刑責，乃因有罪之外又不孝。其中含有維繫倫理的意義。

又，《刑事訴訟法》第三百二十一條規定：

> 對於直系尊親屬或配偶。不得提起自訴。

因爲對直系尊親屬或配偶提起刑事訴訟而成立的話，將使直系尊親屬或配偶遭到刑事處分，這對家庭倫理、社會風氣有極大的不良影響，因此法律禁止對上揭人等提出刑事自訴（按：民事訴訟不在此限）。

從上舉諸例，我們看到當代法律的精神與傳統倫理思想並不違背，反過來說，即經義仍影響著法律的制定。

第四節　經學與經濟

壹、藏富於民思想對經濟政策的影響

儒家雖推崇安貧樂道的德行，但那是指不得已的狀況，所以《論語・述而篇》載孔子之言說：「富而可求也，雖執鞭之士，吾亦爲之；如不可求，從吾所好。」儒者不諱言追求富

貴，並希望百姓富裕，因爲百姓富裕，君子才得施以教化，《論語·子路篇》載：

子適衛，冉有僕，子曰：「庶矣哉！」冉有曰：「既庶矣，又何加焉？」曰：「富之！」曰：「既富矣，又何加焉？」曰：「教之。」

此章最能說明儒者的經濟觀。世人每喜引用董仲舒「正其誼不謀其利，明其道不計其功」二語⑤，以爲儒家思想反對或妨礙經濟發展，乃是誤會。

儒家的經濟觀，可用「藏富於民」一詞來概括。所謂「藏富於民」，即主張財富由人民擁有、而非政府擁有。在此主張下，延伸出三個理念：一是均富，二是薄稅賦，三是官不與民爭利。

《論語·季氏篇》，孔子說：

丘也聞有國有家者，不患寡而患不均，不患貧而患不安；蓋均無貧，和無寡，安無傾。

此即均富思想。爲了達到均富的目的，政府稅收必須減輕，這就是《論語·顏淵篇》有子所說的：「百姓足，君孰與不足?百姓不足，君孰與足?」因爲百姓富足，政府稅收自然充沛；

⑤ 董仲舒答江都王問的用語，見《漢書·董仲舒傳》。

反之，自然不足；此時若仍強迫徵收取足，無異殺雞取卵。儒家盛稱井田制度，即是爲了達到耕地平均、稅賦輕而固定，俾能均富的目的。要做到薄稅收，君主大臣必須節儉，經書中屢見稱讚大禹的儉樸、批判商紂的豪奢，即基於此。

此外，爲了避免政府及官員利用其優勢之知識與權力奪取百姓的財富，破壞藏富於民的可能，儒者更主張官不應與民爭利。〈大學〉說：

> 孟獻子曰：「畜馬乘，不察於雞豚；伐冰之家，不畜牛羊；百乘之家，不畜聚斂之臣，與其有聚斂之臣，寧有盜臣。」此謂國不以利為利，以義為利也。長國家而務財用者，必自小人矣。

又，董仲舒〈天人三策〉第三策也記載了性質相同的一段故事：

> 公儀子相魯，之其家，見織帛，怒而出其妻；食於舍而茹葵，慍而拔其葵，曰：「吾已食祿，又奪園夫紅女利虖！」古之賢人君子在列位者，皆如是。

孟獻子、公儀子的言行，正是官不與民爭利的具體表現。如果政治權力與財富相結合，官員即擁有社會上的絕大部分資源，一般民眾無法與之競爭，勢必導致官員的假公濟私，以及民眾的貧窮。所以「爲富不仁」，並非指將本求利的誠實商人，乃指官奪民利而言。

儒者之有此類主張，反映的是當時的經濟行爲恰恰與此相反，財與勢結合，並成爲人民窮困的重大原因之一，因爲有孟獻子、公儀子的見識和意志力的官僚畢竟不多。在歷史上，政府大多有專賣制度，且賦稅名目越至後世越多，官員亦每兼營商業，貪污者比比皆是，這都違反儒家的經濟理念。但從較宏觀的角度看：漢時推行鹽鐵專賣，曾引起儒者的抗爭；政府加稅，必引來大臣的勸諫；官員兼營商業，多不願張揚，這未始不是受到儒家學說的制約。因此，我們可以說，儒家的經濟觀，曾發揮其消極的影響力。

貳、重農抑商思想對經濟政策的影響

經書並無抑商的明文，但亦無提倡商業的明文。不過，從上文所述諸理念延伸，卻能得出重農抑商的結論。重農，即保護農民。農民不可能太富有，卻可能因天災人禍而貧困，因而需要保護，以鞏固國本。抑商，目的在隔絕財與勢的結合，如其不然，財富將過度集中，無法做到均富。

我國自古即爲農業國家，但在戰國時，已出現富可敵國的大商人，甚至與諸侯分庭抗禮

⑥。由於古時的商業重在販有賣無，即使加工，亦極有限，因而商人並不太受到重視。士農工商四民，商人名列最末，即反映了古人的觀念。商鞅變法，即獎勵農業生產，刻意打壓商人。漢代爲恐商人利用財力發揮其影響力，亦貶抑商人，並將商人排除在良民之外，不得仕宦。漢代以不得居官來封鎖商人影響力的政策，被沿用至清末，直到民國建立才廢除。我們可以說，歷朝政府重農抑商的政策和儒家的經濟觀是一致的。

參、經濟改革與經學論辯

經書之中，談及政府理財措施的，集中於《周禮》。在經學爲國家法定指導性學術的時代，經濟改革者，自然會引據《周禮》爲自己辯護；而反對者則指陳《周禮》非聖人所作不可靠，以破除改革者的依據；這就是王莽時代辯論《周禮》是真是僞、王安石要寫《周官新義》的背景。⑦從王莽、王安石的改革都以失敗收場的事實來看，《周禮》的主張未曾獲得大多數知識份子的支持，因爲《周禮》的經濟觀並非經書的主流，從這裡，我們可以看到經

⑥ 參考《史記・貨殖列傳》。

⑦ 以上參考本書第二篇第七章〈周禮概說〉。

書似無形卻又巨大的影響。

第二十六章　經學與其它學術的關係

《漢書・藝文志》說：

> 成帝時，以書頗散亡，使謁者陳農求遺書於天下。詔光祿大夫劉向校經傳、諸子、詩賦，步兵校尉任宏校兵書，太史令尹咸校數術，侍醫李柱國校方技。每一書已，向輒條其篇目，撮其指意，錄而奏之。會向卒，哀帝復使向子侍中奉車都尉歆卒父業。歆於是總群書而奏其《七略》，故有〈輯略〉，有〈六藝略〉，有〈諸子略〉，有〈詩賦略〉，有〈兵書略〉，有〈術數略〉，有〈方技略〉。

據唐人顏師古《注》，〈輯略〉者，「輯與集同，謂諸書之總要」，可見〈輯略〉是《七略》一書的總序，所以實際上真正的內容只有「六略」。這「六略」就是當時的圖書分類，也反映出當時的學術區分。東漢時，班固撰《漢書・藝文志》，即沿襲劉歆的著作分類。此後隨著學術的發展演變，逐漸分爲經、史、子、集四部，而經部中又有所謂「小學」一類，茲爲避免初學者誤以爲經學與其它學術無涉，特分四節，簡略說明經學與小學、史學、子學、文學的關係及其研究上的相互貢獻。

第一節　經學與小學

壹、經學與小學的關係

所謂「小學」，在古代也指貴族子弟的初級學校①，在傳統學術中，則指文字學、聲韻學、訓詁學而言，研究文字的形、音、義三者，或其相互關係。從《漢書・藝文志》以下，在圖書分類法（按：亦即學術分類法）中，小學一向附屬於經部②；這種分類，乃是基於小

① 詳參《大戴禮・保傅篇》、《尙書大傳》、《漢書・食貨志》、《說文解字・敘》。

② 首先使用「小學」一詞指文字學等專著的，始於劉歆《七略》，該書不傳，但刪取《七略》而成的班固《漢書・藝文志》「六藝略」後收有「小學十家，四十五篇，入揚雄、杜林二家四篇」，「揚雄、杜林二家四篇」是班固所增，其餘當係劉歆原文，從其內容看，實包括了文字、聲韻、訓詁在內。「六藝」即「六經」，〈藝文志〉忠實反映了小學與經學的關係，所以此後的圖書目錄皆將小學著作附在經部書之後。

學的發達是爲研究經書服務的歷史事實。

古籍主要藉文字流傳，書中的文句如何解釋，遂成爲後人首先要遇到的問題。從這一角度說，小學的起源可以推得很早。譬如《左傳》宣公十二年，楚莊王以「止戈」解釋「武」字，這是從字形結構的角度作分析的例子③。《論語·顏淵篇》孔子回答季康子問政說：「政者，正也。」這是用聲訓的辦法來解釋的例子。《孟子·滕文公上》：「洚水者，洪水也。」這是以「今語」解釋「古語」的例子。這些例子，散見古籍，頗爲零星。比較成文的，如《國語·周語下》晉羊舌肸（按：即叔向）對單靖公的家臣解釋《詩經·昊天有成命》的文義：

> 其詩曰：「昊天有成命，二后受之，成王不敢康，夙夜基命宥密，於緝熙亶厥心，肆其靖之。」是道成王之德也。成王能明文昭、能定武烈者也。夫道「成命」者而稱「昊天」，翼其上也；「二后受之」，讓於德也；「成王不敢康」，敬百姓也；「夙夜」，恭也；「基」，始也；「命」，信也；「宥」，寬也；「密」，寧也；「緝」，明也；「熙」，廣也；「亶」，厚也；「肆」，固也；「靖」，龢也。其始也，翼上德讓，而敬百姓；其中也，恭儉信寬，帥歸於寧；其終也，廣厚其心，以固龢之。始於德讓，

---

③ 以「止戈」爲「戢兵」之義解釋「武」字，雖爲《說文解字》所接受，但並不符合「武」字造字的本義。本義應指「持戈而走」。

中於信寬，終於固和，故曰「成」。

在這一段引文中，羊舌肸幾乎是逐句逐詞的解釋。他所以需要解釋，乃是因爲〈昊天有成命〉的寫作年代離當時已遠，其中的文義，一般人不能一讀即懂，因此需要訓解。

春秋時代讀經需要訓解，往後自然更加需要。漢代以後，解經之作有「故」、「訓」、「傳」、「記」、「注」、「疏」、「箋」、「義疏」、「正義」等名稱的著作，不外是用後代的語言解釋前代的文獻，都或多或少要借重小學的知識。

上舉「故」、「訓」等名稱的解經之作，並非小學的專著；然而從學術發展的史實看，小學專著仍是依附經學而發展的。舉例言之，經書中的《爾雅》是我國第一部詞典，也是一部訓詁經書詞義的著作，清代宋翔鳳在〈爾雅郭注義疏序〉中說它是「訓詁之淵海，五經之梯航」，這兩句話標示了《爾雅》的性質，也指出了訓詁學在經學中的份量。後世詞典之作，往往用「雅」字做爲書名，如《廣雅》、《埤雅》、《赤雅》、《小爾雅》等，都是受《爾雅》的影響。又，漢代傳經，有今、古兩派，今文學家所傳經書，用當時通行的隸字書寫，對讀者而言，文字障礙比較少，古文學家所傳經書，則是用先秦古文書寫，認字較難，更加需要研究，因而經古文學家常常就是文字學家，王國維在《觀堂集林‧兩漢古文學家多小學家說》中說到：

> 後漢之末，視古文學家與小學家為一，然此事自先漢已然。觀兩漢小學家皆出古學家中，蓋可識矣。原古學家之所以兼小學家者，當緣所傳經本多用古文，其解經須得小學之助，其異字亦足供小學之資，故小學家多出其中。

王國維在文中舉出張敞、桑欽、杜林、衛宏、徐巡、賈逵、許慎爲例，他們都是經古文學家或兼通今古文的學者，而同時也是小學家，尤其是文字學家。如《說文解字》的作者許慎（字叔重）是東漢著名經學家，當時有「五經無雙許叔重」④的稱號，他在《說文解字・敘》中說：「文字者，經義之本，王政之始。」簡捷地說出經學家研究文字學的動機與目的。在往後長達兩千年的文字學史中，文字學者常常就是經學家，這顯示了文字學在經學研究中的意義。再者，上古音的研究實起源於《詩經》韻部的分析，以解決用今音讀古詩往往不押韻的問題。明代陳第撰《毛詩古音考》，證明「時有古今，地有南北，字有更革，音有轉移」的道理，主張《詩經》時代自有其音韻系統，後人不能任意用後代的讀音衡量前代，遂推翻了六朝唐宋人的「協韻說」，從此「音韻是演變的」此一觀念逐漸清晰，而上古音的研究也漸趨細密，到了近代而發揚光大，這正是聲韻學與經學互動關係的絕佳例證。

---

④見《後漢書・儒林列傳・許慎傳》。

貳、小學與經學研究對彼此的貢獻

小學發展到今天，已經不是經學的附庸，因而一般改稱「語言文字學」⑤。如當代的語音學、語法學研究，視野遠較傳統寬宏，而文字學添入甲骨文、金文、戰國簡牘文字的資料，研究素材及正確度也較以往優越；但這不意謂經學研究已經和小學研究互不相干，相反的，二者的研究是互蒙其利的。

解讀甲、金文，如果熟悉經書的內容，常能一解破的，如果文字學家只從分析文字結構的角度去研究文字，往往有所不足。舉例言之，金文有「帥」字，作「」形，龍宇純先生指出此字反映《禮記・內則》所載古時生女子「設帨於門右」的習俗，該字左邊象「門」形，右邊象「帨」（巾）懸掛之形，從而確定了該字的結構與含義⑥。如果不熟悉古禮書的內容，僅從字形去研判，恐怕是不易解破該字含義的。

研究文字學，有時也有助於經書的解讀。如《尚書・大誥》「寧王遺我大寶龜」，僞《孔

⑤ 章太炎首先主張將「小學」改稱「語言文字學」。見〈論語言文字學〉，文載一九〇六年《國粹學報》。

⑥ 詳參中央研究院《歷史語言研究所集刊》第三十本〈說帥〉一文。

傳》解釋「寧王」爲「安天下之王，謂文王也」；「以于敉寧武圖功」，僞《孔傳》解釋爲「用撫安武事，謀立其功」；又〈君奭〉「天不可信我道惟寧王德延」，僞《孔傳》解釋爲「天不可信，故我以道惟安文王之德」：三處都將「寧」字釋爲動詞的「安」。僞《孔傳》的說法一直爲後人所接受，直到清代吳大澂《字說》、方濬益《綴遺齋彝器考釋》才因研究金文而知「文」、「寧」二字係形近致誤，上舉「寧王」都當作「文王」，指周文王；「寧武」當作「文武」，指文王及武王。將近二千年的錯誤，一朝廓清，即是拜金文研究之賜。又如《尚書・金縢》「敷佑四方」，僞《孔傳》解釋爲「布其德教，以佑助四方」，王國維《觀堂集林・與友人論詩書中成語二》糾正道：「案盂鼎云『匍有四方』，知『佑』爲『有』之假借，非『佑助』之謂矣。」《詩經・韓奕》「榦不庭方」，《毛傳》云「庭，直也」，《鄭箋》云「當與不直違失法度之方作貞幹」，王國維在上揭文中指出：「案毛公鼎云『率懷不廷方』，《左》隱十年傳『以王命討不庭』，則『不庭方』謂不朝之國，非『不直』之謂也。」得到這些較漢代傳注爲合理的解釋，亦是拜研究金文之賜。

第二節　經學與史學

壹、經學與史學的關係

先秦兩漢之時，官僚體系中雖有史官的設置，但還沒有具後世意義的「史學」。司馬遷撰《史記》，以繼承孔子、續作第二部《春秋》自居⑦，在他的觀念裡，《史記》乃是「經學」著作，班固撰《漢書·藝文志》，也將之列在〈六藝略〉的「春秋」類中，和其它後世所謂「史學」著作並列。換句話說，當時的學術觀念，史學是內含於經學的《春秋》學之中的。錢大昕為趙翼《二十二史劄記》作〈序〉說：

> 經與史豈有二學哉！昔宣尼贊修六經，而《尚書》、《春秋》實為史學之權輿。漢世劉向父子校理秘文為《六略》，而《世本》、《楚漢春秋》、《太史公書》、《漢著記》列於〈六藝略〉「春秋家」，〈高祖傳〉、〈孝文傳〉列于〈諸子略〉「儒家」，初無經史之分。

⑦ 見《史記·太史公自序》。

錢氏正確無誤的指出我國史學出自經學、兩者關係密切的事實。我國史書，有所謂「書法」或「春秋筆法」，行文寓藏褒貶之意，即直接承襲自《春秋》，乃是最明顯的例子。

史學後來逐漸蔚爲大國，與經、子、集各爲獨立一部，但各部中的某些門類與經書的血緣關係，學者皆津津樂道。宋代經學家兼史學家鄭樵在其名著《通志》的〈序〉中指出二者的關係：

氏族：《左傳》

地理：《尚書・禹貢》

職官：《尚書》、《左傳》、《周禮》

器服：《三禮》

音樂：《詩經》

災祥：《尚書・洪範》

昆蟲草木：《詩經》、《書經》、《爾雅》

明白了上述的情況，我們才能確切了解何以學者會使用「經史之學」一詞，也才能了解「經史之學」一詞的含義。

六經之中，《春秋》的寫作形式及內容，最接近後世的「史學」著作。但從另外一個角度說，六經本身都透露古代歷史的訊息，是研究古代歷史不能不閱讀的典籍。說得更確切一點，如《史記》的〈五帝本紀〉主要取材自《尚書．堯典》，關於周代的歷史取材自《詩經》及《尚書》各篇，春秋時代的歷史則大量取材自《春秋》、《左傳》，可見經書是研究古史最重要的素材。所以歷來都有學者提出經書即史書的說法，如《文中子》、皮日休、王守仁等，到清代，學者說得更加明白，如乾隆十三年刻鄭樵《通志》，于敏中撰〈序〉說：

> 蓋六經皆史，不獨《春秋》也。

稍後，章學誠在《文史通義．易教上》也說：

> 六經皆史也。

固然清人的說法另有其學術背景與觀點，但我國經學與史學關係之密切，從此類言論中正可以看出來。

貳、經學研究與史學研究的相互貢獻

由於經學與史學血緣甚近，二者的研究，可以相互貢獻。

深厚的經學造詣，常能幫助史學家解讀文獻。譬如有些史學家閱讀漢代史料，發現當時君臣尊卑相見之禮好像和先秦時君南面臣北面的方位不同，如《史記・項羽本紀》載鴻門宴時最尊的項羽面東，地位居次的范增面南，再其次的劉邦面北，最卑的張良面西，即與先秦時不同，於是他們再搜索文獻，發現《史記・魏其武安侯列傳》載丞相武安侯田蚡「嘗召客飲，坐其兄蓋侯南鄉，自坐東鄉，以爲漢相尊，不可以兄故私橈」，也以東向爲尊、南向其次。又發現《史記・南越列傳》載漢使節團到南越解決內爭問題時「使者皆東鄉，（南越）太后南鄉，（南越）王北鄉，（南越）相嘉、大臣皆西鄉侍坐，飲」，其坐次尊卑與鴻門宴如出一轍。因而有人以歸納出的結果，作出漢代禮儀與先秦不同的結論。但這一個結論其實是錯的，因爲他們不知道所謂先秦君南面臣北面和上舉《史記》的三條史料坐位方向的不同，乃是場所的不同，而並非時代的差異。根據《儀禮》等經書的記載，古時君臣尊卑若在堂上堂下相見，則君南面臣北面；若在室中見面，則東向最尊、南向其次、北向又其次、西向最卑；其方位，在堂或在室是有區別的。上舉《史記》中的宴會全部在室中舉行，因此以東向爲最尊，這仍是承襲古禮而來，並非漢代禮制異於先秦，因此某些史學家的解讀顯然是錯誤的。由此一事例，可知研究經學有助史學研究，尤其是古史。

深厚的史學造詣，也常能解決經學上的難題。如《詩經・商頌》的著成年代，漢時即有兩種不同的說法，《毛詩・序》認爲作於商代，《史記・宋微子世家》、揚雄《法言・學行篇》、薛漢《韓詩章句》⑧則認爲是宋國大夫正考父讚美宋襄公並追述商代先王（按：宋爲商後）之作。王國維則以其傑出的史學素養在《觀堂集林・說商頌》一文中指出：《商頌・殷武》一詩提到伐木造廟，說「陟彼景山，松柏丸丸」，這一座「景山」在宋國都城商丘附近，位在黃河南岸；而商代自盤庚至帝乙居殷墟、紂居朝歌，都在黃河北岸，而且距離景山頗遠，自無越過黃河長距離去伐木的道理；因而〈商頌〉乃是周代宋國的詩，而非商代所作（按：除此主要證據外，王氏還有其它佐證），《毛詩・序》的說法不能成立。王氏又進一步指出：《商頌》不可能是正考父讚美宋襄公的作品，因爲根據《左傳》、《世本》、《潛夫論》對正考父及其子孫生存活動年代的記錄推算，正考父的時代遠早於宋襄公，正考父不可能作詩讚美宋襄公，因而《史記・宋微子世家》等的說法也是不可信的。王氏在綜合各種論據後，作結論道：「〈商頌〉蓋宗周中葉宋人所作，以祀其先王，正考父獻之於周太師，

---

⑧ 此書今佚，遺文散見古籍，清陳喬樅《韓詩遺說考》最便查檢。

而太師次之於〈周頌〉之後，逮〈魯頌〉既作，又次之於魯後，若果為商人作，則當如《尚書》例，在〈周頌〉前，不當次〈魯頌〉後矣。」王氏的說解，合情入理，多為今人所接受，其主要論據乃是靠地理學及年代學兩個史學學門的知識所建立的，從這一個例子看，就可知史學素養對經學研究的重要性了。

第三節　經學與子學

壹、經學與子學的關係

此處所謂子學，指先秦諸子的學說及其流衍而言。《漢書・藝文志》的〈諸子略〉中依序列有儒、道、陰陽、法、名、墨、從橫、雜、農、小說等十家，並說：

諸子十家，其可觀者九家而已（按：去小說家）。皆起於王道既微，諸侯力政，時君世主，好惡殊方，是以九家之說蜂出並作，各引一端，崇其所善，以此馳說，取合諸侯。其言雖殊，辟猶水火，相滅亦相生也。仁之與義，敬之與和，相反而皆相成也。

《易》曰：「天下同歸而殊塗，一致而百慮。」今異家者各推所長，窮知究慮，以明其指，雖有蔽短，合其要歸，亦六經之支與流裔。使其人遭明王聖主，得其所折中，皆股肱之材已。仲尼有言：「禮失而求諸野。」方今去聖久遠，道術缺廢，無所更索，彼九家者，不猶瘉於野乎？若能修六藝之術，而觀此九家之言，舍短取長，則可以通萬方之略矣。

班固這一段話，雖然只有寥寥二百字，但已點明經學與子學的關係以及諸子的相互關係：

一、諸子之學是六經的流裔。

二、諸子之學可以補六經的不足。

三、諸子之學彼此可以互補。

關於第三項，由於逸出本書的範圍，此處不予討論。其餘兩項，茲再引《漢書·藝文志》的分析，以資闡明。至於各家先後，依原書次序：

·儒家者流，蓋出於司徒之官，助人君順陰陽明教化者也。游文於六藝之中，留意於仁義之際，祖述堯舜，憲章文武，宗師仲尼，以重其言，於道最為高。孔子曰：「如有所譽，其有所試。」唐虞之隆，殷周之盛，仲尼之業，已試之效者也。然惑者既失精微，而辟者又隨時抑揚，違離道本，苟以譁眾取寵，後進循之，是以五經乖析，儒學寖衰，此辟儒之患。

·道家者流，蓋出於史官。歷記成敗存亡禍福古今之道，然後知秉要執本，清虛以自守，卑弱以自持，此君人南面之術也。合於堯之克攘，《易》之嗛嗛，一謙而四益，此其所長也。及放者為之，則欲絕去禮學，兼棄仁義，曰獨任清虛可以為治。

·陰陽家者流，蓋出於羲和之官。敬順昊天，歷象日月星辰，敬授民時，此其所長也。及拘者為之，則牽於禁忌，泥於小數，舍人事而任鬼神。

·法家者流，蓋出於理官。信賞必罰，以輔禮制。《易》曰：「先王以明罰飭法。」此其所長也。及刻者為之，則無教化，去仁愛，專任刑法而欲以致治，至於殘害至親，傷恩薄厚。

·名家者流，蓋出於禮官。古者名位不同，禮亦異數。孔子曰：「必也正名乎！名不正則言不順，言不順則事不成。」此其所長也。及警者為之，則苟鉤鈲析亂而已。

·墨家者流，蓋出於清廟之守。茅屋采椽，是以貴儉；養三老五更，是以兼愛；選士大射，是以上賢；宗祀嚴父，是以右鬼；順四時而行，是以非命；以孝視天下，是以上同：此其所長也。及蔽者為之，見儉之利，因以非禮，推兼愛之意，而不知別親疏。

·從橫家者流，蓋出於行人之官。孔子曰：「誦《詩》三百，使於四方，不能專對，雖多亦奚以為？」又曰：「使乎！使乎！」言其當權事制宜，受命而不受辭，此其所長也。及邪人為之，則上詐諼而棄其信。

·雜家者流，蓋出於議官。兼儒、墨，合名、法，知國體之有此，見王治之無不貫，此其所長也。及盪者為之，則漫羡而無所歸心。

·農家者流，蓋出於農稷之官。播百穀，勸耕桑，以足衣食，故八政一曰食，二曰貨。孔子曰：「所重民食。」此其所長也。及鄙者為之，以為無所事聖王，欲使君臣並耕，誖上下之序。

·小說家者流，蓋出於稗官。街談巷語，道聽塗說者之所造也。孔子曰：「雖小道，必有可觀者焉，致遠恐泥，是以君子弗為也。」然亦弗滅也。閭里小知者之所及，亦使綴而不忘。如或一言可采，此亦芻蕘狂夫之議也。

在以上十條中，班固對各家學術的淵源及其優缺點，都作了評論，雖然他的看法，學者不完全同意⑨，但是班固引孔子之言以及經書之語指出各家學說的端緒或已見於六經，或對六經及儒家學說有所抨擊，正反映了二者的密切關係，關於這一點，則是沒有不同意見的。

貳、經學研究與子學研究的相互貢獻

誠如上節所述，諸子或特重儒家學說的某一端緒，或對之有所抨擊，因而經、子二者之研究實可收到相互闡發檢討的效果。茲僅舉一例，做爲說明。《儀禮・喪服》載喪服、喪期有如下的情況：

> 斬衰三年：子為父、妻為夫、妾為君、諸侯為天子、父為長子（後子）。
>
> 齊衰三年：父卒為母、母為長子（後子）。
>
> 齊衰一年：父在為母、夫為妻。

而《左傳》昭公十五年則載：

⑨ 如胡適有〈諸子不出王官論〉，不贊成班固說，見《胡適文存》第一集卷二。

六月，乙丑，王大子壽卒。秋，八月，戊寅，王穆后崩。……叔向曰：「……王一歲而有三年之喪二焉。」

叔向所謂「有三年之喪二焉」，指父爲長子（後子）三年以及夫爲妻三年。父爲長子三年，《儀禮》、《左傳》所載相同，而夫爲妻三年，則二書不同。那麼是否《左傳》所載有誤呢？如果我們參考《墨子》，則《左傳》不誤。按《墨子·節葬下》說：

（儒者）以厚葬久喪者為政，君死，喪之三年；父母死，喪之三年；妻與後子死者，五皆喪之三年。

同書〈公孟篇〉說：

喪禮，君與父、母、妻、後子死，三年喪服。

又同書〈非儒下〉說：

儒者曰：親親有術。其禮云：喪父、母，三年；其妻、後子，三年。

以上三篇文章都說夫喪妻三年，《墨子》反對儒者久喪，自然不會以錯誤不實的內容爲抨擊的對象，相反的，其所抨擊，正反映實況，所以《左傳》所載當是實錄。那麼《儀禮》所載是不是一定錯誤呢？那也未必。因爲《左傳》與《墨子》所記，反映出「親親」的觀念，而《儀禮》所載，則除了「親親」的觀念之外，又加上了「尊尊」的觀念，也是有一定的邏輯和體系的，也許《儀禮》反映的是某一地域的喪禮或某些學者對喪服的主張，我們不能以「錯」來看待。所以透過以上三書所記來交互印證思考，可使我們不必陷入《左傳》和《儀禮》誰對孰錯的無謂爭辯中，也使得我們可以更加正確的了解三書記載不同所反映的意義。

第四節　經學與文學

壹、從文體源流的角度看經學與文學的關係

我國文學作品極爲豐富，文體的種類也很多，每種文體各有其淵源，也各有其流變，而與經學的關係很深。

先說淵源。六朝是純文學觀念興盛的時代，文學批評發達，其中劉勰的《文心雕龍》堪稱巨擘，而劉勰除以〈原道〉、〈徵聖〉、〈宗經〉三篇冠於全書，以表示文學與經學的關

係外，又認爲各種文體大多起源於六經，茲將范文瀾《文心雕龍注》所製表列之如下：

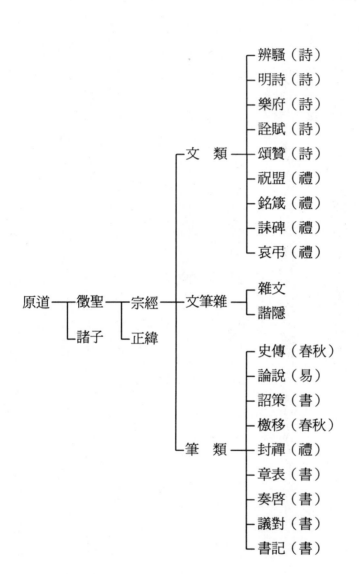

- 原道
  - 徵聖
    - 宗經
      - 文　類
        - 辨騷（詩）
        - 明詩（詩）
        - 樂府（詩）
        - 詮賦（詩）
        - 頌贊（詩）
        - 祝盟（禮）
        - 銘箴（禮）
        - 誄碑（禮）
        - 哀弔（禮）
      - 文筆雜
        - 雜文
        - 諧隱
      - 筆　類
        - 史傳（春秋）
        - 論說（易）
        - 詔策（書）
        - 檄移（春秋）
        - 封禪（禮）
        - 章表（書）
        - 奏啓（書）
        - 議對（書）
        - 書記（書）
    - 正緯
  - 諸子

據上表，除雜文、諧隱二體之外，各類文體都直接起源於六經，因此，我國文學與經學關係之密切，實不必多言即可明悉。

六朝以後，文體的流變日趨複雜，但也不是和經學毫無關係，因為文學家每從經書中汲取養分。舉例言之，唐代韓愈從事文體改革，企圖扭轉六朝以來駢麗華靡的文風，而其所謂古文，實多模仿六經，並參以個人的創獲，而形成一種嶄新的面貌。如六朝以來的銘箴、誄碑，其句法、韻腳，都很整齊，韓愈則模仿《詩經》〈兔罝〉及〈魚麗〉隔句用韻的手法、《大戴禮·武王踐阼》參差的句法等舊有內涵，而打破了以往固定而呆板的模式，使得原有的文體獲得了新生命，即是其中一例。⑩又如韓愈名作〈平淮西碑〉，李商隱〈韓碑〉詩稱之為：「點竄〈堯典〉、〈舜典〉字，塗改〈清廟〉、〈生民〉詩」，指出〈平淮西碑〉自《詩》、《書》二經汲取了養分，這又是一例。

貳、從表現方式的角度看經學與文學的關係

文學研究者大多認為：我國文學，以抒情為主流。

---

⑩ 以上參考葉國良《石學蠡探·韓愈冢墓碑誌文與前人的異同及其對後世的影響》。

文學以抒情爲主流，即受經學的影響。《尚書・堯典》說：「詩言志，歌永言。」王肅《注》：「謂詩言志以導之，歌詠其義以長其言。」《毛詩注疏》引鄭玄注〈堯典〉說：「詩所以言人之志意也。」又，《毛詩・大序》：「詩者，志之所之也。在心爲志，發言爲詩。」孔穎達《疏》闡釋道：

> 詩者，人志意之所之適也。雖有所適，猶未發口，蘊藏在心，謂之為志；發見於言，乃名為詩。言作詩者，所以舒心志憤懣，而卒成於歌詠，故《虞書》謂之「詩言志」也。包管萬慮，其名曰心，感物而動，乃呼為志。志之所適，外物感焉。言悅豫之志，則和樂興而頌聲作；憂愁之志，則哀傷起而怨刺生。〈藝文志〉云：「哀樂之情感，歌詠之聲發。」此之謂也。

以上文獻中所謂「志」，即是今人所謂的「情意」，所謂「詩言志」，意謂「文學作品是表達情意的」。

再者，情意的表達，經書皆以敦厚含蓄爲貴，不以發揚顯露爲然。《禮記・經解》：「溫柔敦厚，《詩》教也。」《毛詩・大序》說：「上以風化下，下以風刺上，主文而譎諫，言之者無罪，聞之者足以戒。」就是這個意思。這種態度，深深影響我國的文學。

在寫作方面，《毛詩・大序》有所謂賦、比、興，這已大致概括了我國文學創作的技巧。

由於文學家大多熟讀經書，因而或是潛移默化，或是有意學習，都可看出其影響。如《禮記・檀弓》文辭之精練，《左傳》敘事之可取，廣爲後代文士模仿。錢鍾書《管錐篇》謂韓愈〈送溫處士赴河陽軍序〉「非無馬也，無良馬也」的筆法乃模仿《詩經・叔于田》「巷無居人」，即是一例。這一類的例子，研讀古書時，觸目可見，此不贅述。

主要引用及參考書目

周易正義	唐・孔穎達等	臺北 藝文印書館十三經注疏本	1989年
易傳	宋・程頤	臺北 河洛圖書出版社	1974年
周易本義	宋・朱熹	臺北 華正書局	1983年
周易補疏	清・焦循	臺北 藝文印書館清經解本	1986年
尚書正義	唐・孔穎達等	臺北 藝文印書館十三經注疏本	1989年
尚書全解	宋・林之奇	臺北 大通書局通志堂經解本	1969年
尚書考異	明・梅鷟	臺北 臺灣商務印書館四庫全書本	1986年
尚書古文疏證	清・閻若璩	臺北 臺灣商務印書館四庫全書本	1986年
古文尚書冤詞	清・毛奇齡	臺北 臺灣商務印書館四庫全書本	1986年
毛詩正義	唐・孔穎達等	臺北 藝文印書館十三經注疏本	1989年
詩本義	宋・歐陽修	臺北 臺灣商務印書館四庫叢刊續編本	1976年
詩集傳	宋・朱熹	臺北 臺灣中華書局	1977年
詩疑	宋・王柏	臺北 藝文印書館百部叢書集成本	1968年

韓詩遺說考　清·陳喬樅　上海　上海古籍出版社續修四庫全書本　2002年
周禮注疏　唐·賈公彥　臺北　藝文印書館十三經注疏本　1989年
周官新義　宋·王安石　臺北　臺灣商務印書館　1968年
周禮復古編　宋·俞庭椿　臺北　臺灣商務印書館四庫全書本　1986年
周禮正義　清·孫詒讓　北京　中華書局　1987年
儀禮注疏　唐·賈公彥　臺北　藝文印書館十三經注疏本　1989年
儀禮經傳通解　宋·朱熹、黃榦　臺北　臺灣商務印書館四庫全書本　1986年
儀禮集說　元·敖繼公　臺北　臺灣商務印書館四庫全書本　1986年
禮經釋例　清·凌廷堪　臺北　藝文印書館清經解本　1986年
儀禮正義　清·胡培翬　南京　江蘇古籍出版社　1993年
禮記正義　唐·孔穎達等　臺北　藝文印書館十三經注疏本　1989年
禮記集說　宋·衛湜　臺北　大通書局通志堂經解本　1969年
大戴禮記解詁　清·王聘珍　北京　中華書局　1983年
春秋左傳正義　唐·孔穎達等　臺北　藝文印書館十三經注疏本　1989年
春秋左傳詁　清·洪亮吉　北京　中華書局　1987年
春秋左氏傳舊注疏證　清·劉文淇　臺北　明倫出版社　1970年
春秋公羊傳注疏　唐·徐彥　臺北　藝文印書館十三經注疏本　1989年
春秋穀梁傳注疏　唐·楊士勛　臺北　藝文印書館十三經注疏本　1989年

春秋集傳纂例　唐・陸淳　臺北　臺灣商務印書館四庫全書本　1986年

春秋繁露義證　清・蘇輿　北京　中華書局　1992年

論語集解義疏　梁・皇侃　臺北　廣文書局　1977年

論語正義　宋・邢昺　臺北　藝文印書館十三經注疏本　1989年

論語正義　清・劉寶楠　北京　中華書局　1990年

論語集釋　程樹德　北京　中華書局　1990年

孝經正義　宋・邢昺　臺北　藝文印書館十三經注疏本　1989年

爾雅注疏　宋・邢昺　臺北　藝文印書館十三經注疏本　1989年

孟子正義　舊題宋・孫奭　臺北　藝文印書館十三經注疏本　1989年

孟子正義　清・焦循　北京　中華書局　1987年

四書章句集注　宋・朱熹　臺北　大安出版社　1994年

漢學師承記　清・江藩　臺北　廣文書局　1977年

宋學淵源記　清・江藩　臺北　廣文書局　1977年

孔子改制考　清・康有爲　臺北　臺灣商務印書館　1968年

新學僞經考　清・康有爲　上海　商務印書館　1936年

經學通論　清・皮錫瑞　臺北　臺灣商務印書館　1969年

經學歷史　清・皮錫瑞　北京　中華書局　1959年

禮說　清・惠士奇　臺北　臺灣商務印書館四庫全書本　1986年

九經古義　清・惠棟　臺北　藝文印書館　1971年
說文解字注　清・段玉裁　臺北　藝文印書館　1989年
釋名疏證補　魏・劉熙作　清・王先謙疏證補上海　上海古籍出版社　1995年
經典釋文　唐・陸德明　臺北　漢京文化公司　1980年
經義考　清・朱彝尊　臺北　中研院中國文哲研究所點校補正本　1999年
石經補考　清・馮登府　臺北　信誼書局石經叢刊初編本　1976年
國語　舊題周・左丘明　上海　上海古籍出版社　1998年
史記　漢・司馬遷　臺北　鼎文書局　1977年
史記會注考證　日・瀧川資言　臺北　藝文印書館　1972年
漢書　漢・班固　臺北　鼎文書局　1977年
漢書補注　清・王先謙　臺北　藝文印書館　1955年
漢書藝文志考證　宋・王應麟　臺北　臺灣商務印書館四庫全書本　1986年
漢書藝文志拾補　清・姚振宗　上海　上海古籍出版社續修四庫全書本　2002年
後漢書　劉宋・范曄　臺北　鼎文書局　1977年
東觀漢記　漢・劉珍等　臺北　臺灣中華書局四部備要本　1965年
後漢紀　晉・袁宏　臺北　臺灣商務印書館四部叢刊本　1979年
三國志　魏・陳壽　臺北　鼎文書局　1977年
晉書　唐・魏徵等　臺北　鼎文書局　1977年

宋書　劉宋·沈約　臺北　鼎文書局　1977年
南齊書　梁·蕭子顯　臺北　鼎文書局　1977年
魏書　北齊·魏收　臺北　鼎文書局　1977年
北齊書　北齊·魏收　臺北　鼎文書局　1977年
梁書　唐·姚思廉等　臺北　鼎文書局　1977年
陳書　唐·姚思廉等　臺北　鼎文書局　1977年
北史　唐·李延壽　臺北　鼎文書局　1977年
南史　唐·李延壽　臺北　鼎文書局　1977年
隋書　唐·魏徵等　臺北　鼎文書局　1977年
舊唐書　後晉·劉昫等　臺北　鼎文書局　1977年
新唐書　宋·宋祁、歐陽修等　臺北　鼎文書局　1977年
新五代史　宋·歐陽修　臺北　鼎文書局　1977年
宋史　元·脫脫等　臺北　鼎文書局　1977年
元史　明·宋濂等　臺北　鼎文書局　1977年
明史　清·張廷玉等　臺北　鼎文書局　1977年
二十五史補編　二十五史刊行委員會編　臺北　臺灣開明書局　1959年
通志　宋·鄭樵　臺北　臺灣商務印書館　1987年
唐會要　宋·王溥　臺北　世界書局　1960年

文史通義　清・章學誠　臺北　華世出版社　1980年

資治通鑑　宋・司馬光　北京　中華書局　1956年

續資治通鑑長編　宋・李燾　北京　中華書局　2004年

廿二史劄記校證　清・趙翼　王樹民校證　北京　中華書局　1984年

貞觀政要　唐・吳兢　臺北　河洛圖書出版社　1975年

唐律疏議　唐・長孫無忌等　北京　中華書局　1983年

郡齋讀書志　宋・晁公武　臺北　廣文書局　1979年

直齋書錄解題　宋・陳振孫　臺北　廣文書局　1979年

四庫全書總目提要　清・紀昀等　臺北　臺灣商務印書館　1965年

四庫全書簡明目錄　清・永瑢等　臺北　河洛圖書出版社　1975年

墨子閒詁　清・孫詒讓　臺北　河洛圖書出版社　1975年

老子注　魏・王弼　臺北　華正書局　1981年

莊子集解　清・王先謙　臺北　華正書局　1985年

荀子集解　周・荀況　清・王先謙集解　臺北　藝文印書館　1958年

韓非子集解　戰國・韓非　清・王先慎集解　臺北　藝文印書館　1959年

呂氏春秋　戰國・呂不韋　臺北　藝文印書館　1959年

春秋繁露義證　漢・董仲舒　清・蘇輿義證　北京　中華書局　1992年

白虎通疏證　漢・班固　清・陳立疏證　北京　中華書局　1994年

法言義疏　漢·揚雄　汪榮寶義疏　臺北　世界書局　1958年

論衡　漢·王充　臺北　臺灣商務印書館四部叢刊初編本　1965年

太平御覽　宋·李昉等　臺北　臺灣商務印書館四部叢刊三編本　1968年

群書考索　宋·章如愚　臺北　新興書局　1969年

朱子全書　宋·朱熹　上海　上海古籍出版社　合肥　安徽教育出版社　2002年

朱子文集　宋·朱熹　陳俊民校訂　臺北　德富文教基金會　2000年

朱子語類　宋·黎靖德編　臺北　文津出版社影印中華書局點校本　1986年

困學記聞　宋·王應麟　臺北　臺灣商務印書館　1966年

學齋佔畢　宋·史繩祖　臺北　藝文印書館　1965年

原抄本日知錄　清·顧炎武　臺北　明倫出版社　1970年

國朝耆獻類徵初編　清·李桓　臺北　文海出版社　1966年

崔東壁遺書　清·崔述　臺北　河洛圖書出版社　1975年

東塾讀書記　清·陳澧　北京　三聯書店　1998年

全唐文　清·仁宗敕編　臺北　匯文書局　1961年

韓昌黎文集校注　唐·韓愈　馬其昶校注　上海　上海古籍出版社　1998年

司空表聖文集　唐·司空圖　臺北　臺灣商務印書館四部叢刊初編本　1965年

兼明書　五代·丘光庭　臺北　藝文印書館百部叢書集成本　1965年

溫國文正司馬公文集　宋·司馬光　臺北　臺灣商務印書館四部叢刊初編本　1965年

歐陽修全集	宋·歐陽修	北京 中華書局	2001年
蘇轍集	宋·蘇轍	北京 中華書局	1990年
二程集	宋·程顥、程頤	臺北 里仁書局	1982年
香溪集	宋·范浚	臺北 臺灣商務印書館四庫全書本	1986年
陸放翁全集	宋·陸游	臺北 世界書局	1961年
西河全集	清·毛奇齡	清嘉慶元年蕭山凝瑞堂刊本	1796年
戴震全書	清·戴震	合肥 黃山書社	1994年
嘉定錢大昕全集	清·錢大昕	南京 江蘇古籍出版社	1997年
全祖望集彙校集注	清·全祖望	上海 上海古籍出版社	2000年
揅經室集	清·阮元	北京 中華書局	1993年
詁經精舍文集	清·阮元	臺北 藝文印書館百部叢書集成本	1967年
雕菰集	清·焦循	臺北 臺灣商務印書館叢書集成簡編本	1966年
述學	清·汪中	臺北 世界書局影印成都志古堂刊本	1972年
龔自珍全集	清·龔自珍	上海 上海古籍出版社	1999年
全上古三代秦漢三國六朝文	嚴可均	北京 中華書局影印光緒王毓藻刊本	1991年
周易古經通說	高亨	臺北 華正書局	1977年
易學新論	嚴靈峰	臺北 正中書局	1966年
談易	戴君仁	臺北 臺灣開明書店	1961年

先秦漢魏易例述評　屈萬里　臺北　學生書局　1969年

讀易三種　屈萬里　臺北　聯經出版事業公司　1984年

周易尚氏學　尚秉和　北京　中華書局　1980年

周易譯注　黃壽祺、張善文　上海　上海古籍出版社　2001年

易學乾坤　黃沛榮　臺北　大安出版社　1998年

周易注譯與研究　陳鼓應、趙建偉　臺北　臺灣商務印書館　1999年

易圖象與易詮釋　鄭吉雄　臺北　臺灣大學出版中心　2004年

閻毛古文尚書公案　戴君仁　臺北　國立編譯館　1979年

尚書集釋　屈萬里　臺北　聯經出版事業公司　1983年

尚書學史　劉起釪　北京　中華書局　1989年

詩經講義稿　傅斯年　北京　中國人民大學出版社　2004年

詩經今論　何定生　臺北　臺灣商務印書館　1968年

定生論學集—詩經與孔學研究　何定生　臺北　幼獅文化公司　1978年

詩經詮釋　屈萬里　臺北　聯經出版事業公司　1983年

詩經研究史概要　夏傳才　臺北　萬卷樓　1993年

韓詩外傳箋疏　屈守元　成都　巴蜀書社　1996年

春秋左傳讀　章炳麟　臺北　學海出版社　1984年

左氏會箋　日・竹添光鴻　臺北　新文豐出版公司　1978年

春秋左傳注　楊伯峻　北京　中華書局　1981年

春秋穀梁傳注　柯劭忞　臺北　古亭書屋　1969年

春秋左傳學史稿　沈玉成、劉寧　南京　江蘇古籍出版社　1992年

春秋學史　趙伯雄　濟南　山東教育出版社　2004年

詩經研究史　戴維　長沙　湖南教育出版社　2001年

春秋三傳及國語之綜合研究　顧頡剛　香港　中華書局　1988年

春秋史論集　張以仁　臺北　聯經出版事業公司　1990年

中國早期敘事文論集　王靖宇　臺北　中央研究院中國文哲所　1999年

國故論衡　章炳麟　臺北　廣文書局　1967年

章太炎全集　章炳麟　上海　上海人民出版社　1986年

民國章太炎先生炳麟自定年譜　章炳麟　臺北　臺灣商務印書館　1980年

觀堂集林　王國維　臺北　河洛圖書出版社　1975年

清代學術概論　梁啓超　臺北　臺灣商務印書館　1969年

中國近三百年學術史　梁啓超　臺北　臺灣中華書局　1956年

古史辨　顧頡剛　臺北　明倫出版社據樸社出版重印本　1970年

中國上古史研究講義　顧頡剛　北京　中華書局　1988年

胡適文存　胡適　臺北　遠東圖書公司　1990年

洪業論學集　洪業　臺北　明文書局　1982年

史記斠證　王叔岷　臺北　中央研究院歷史語言研究所　1983年
唐律通論　徐道鄰　臺北　臺灣中華書局　1958年
古史新探　楊寬　北京　中華書局　1985年
呂思勉讀史札記　呂思勉　臺北　木鐸出版社　1983年
古讖緯研討及其書錄解題　陳槃　臺北　國立編譯館　1991年
先秦諸子繫　錢穆　香港　香港大學出版社　1956年
兩漢經學今古文平議　錢穆　臺北　東大圖書公司　1971年
中國史學名著　錢穆　臺北　三民書局　1983年
中國經學史的基礎　徐復觀　臺北　學生書局　1982年
周予同經學史論著選集　朱維錚編　上海　上海人民出版社　1996年
群經概論　范文瀾　北京　樸社　1933年
經學概述　裴普賢　臺北　臺灣開明書店　1969年
經學源流考　甘鵬雲　臺北　維新書局影印甘氏家藏叢稿本　1983年
中國經學史　馬宗霍　臺北　臺灣商務印書館　1966年
中國經學史　日・本田成之　臺北　古亭書屋　1975年
中國經學發展史論　李威熊　臺北　文史哲出版社　1988年
中國經學思想史　姜廣輝主編　北京　中國社會科學出版社　2003年
僞書通考　張心澂　臺北　鼎文書局　1973年

古籍導讀　屈萬里　臺北　臺灣開明書店　1964年
先秦文史資料考辨　屈萬里　臺北　聯經出版事業公司　1983年
書傭論學集　屈萬里　臺北　臺灣開明書店　1969年
屈萬里先生文存　屈萬里　臺北　聯經出版事業公司　1985年
梅園論學續集　戴君仁　臺北　藝文印書館　1974年
注史齋叢稿　牟潤孫　臺北　臺灣商務印書館　1990年
近代經學與政治　湯志鈞　北京　中華書局　1989年
中國思想史　張豈之　臺北　水牛出版社　1992年
文心雕龍注　范文瀾　臺北　臺灣開明書店　1969年
管錐編　錢鍾書　北京　三聯書店　2001年
漢晉學術編年　劉汝霖　臺北　長安出版社　1979年
國學導讀　羅聯添等　臺北　巨流出版社　1990年
國學導讀　邱燮友等　臺北　三民書局　1993年
經書淺談　楊伯峻等　臺北　國文天地　1989年
王柏之生平與學術　程元敏　臺北　學海出版社　1975年
兩漢儒學研究　夏長樸　臺北　臺灣大學文史叢刊　1978年
宋人疑經改經考　葉國良　臺北　臺灣大學文史叢刊　1980年
石學蠡探　葉國良　臺北　大安出版社　1989年

豐坊與姚士粦　林慶彰　臺北　東吳大學中國文學研究所碩士論文　1977年
明代經學研究論集　林慶彰　臺北　文史哲出版社　1994年
中國經學史論文選集　林慶彰編　臺北　文史哲出版社　1992年
先秦儒道舊義新知錄　何澤恆　臺北　大安出版社　2004年
宋代書院與宋代學術之關係　吳萬居　臺北　政治大學中國文學研究所碩士論文　1986年
孔孟荀之比較—中日韓越學者論儒學　中國孔子基金會編　北京　社會科學文獻出版社　1994年
青銅時代　郭沫若　北京　科學出版社　1957年
走出疑古時代　李學勤　瀋陽　遼寧大學出版社　1994年
簡帛佚籍與學術史　李學勤　臺北　時報文化出版公司　1994年
張政烺文史論集　張政烺　北京　中華書局　2004年
饒宗頤史學論著選　饒宗頤　上海　上海古籍出版社　1993年
新出簡帛研究　艾蘭、邢文編　北京　文物出版社　2004年
簡帛思想文獻論集　王博　臺北　臺灣古籍出版有限公司　2001年
二十世紀簡帛學研究　沈頌金　北京　學苑出版社　2003年
郭店竹簡與先秦學術思想　郭沂　上海　上海教育出版社　2001年
古代帛書　劉國忠　北京　文物出版社　2004年
白話帛書周易　張立文　鄭州　中州古籍出版社　1992年
帛書周易校釋　鄧球柏　長沙　湖南出版社　1987年

帛書周易研究　邢文　北京　人民出版社　1997年
周易經傳與易學史新論　廖名春　濟南　齊魯書社　2001年
定州漢墓竹簡論語　北京　文物出版社　1997年
道家文化研究—馬王堆帛書專號　陳鼓應主編　上海　上海古籍出版社　1993年
郭店楚墓竹簡　荊門市博物館　北京　文物出版社　2002年
上海博物館藏戰國楚竹書　馬承源　上海　上海古籍出版社　2001年
上博館藏戰國楚竹書研究　上海　上海書店出版社　2002年
上博館藏戰國楚竹書研究續編　朱淵清、廖名春主編　上海　上海書店出版社　2004年
孔子詩論研究　陳桐生　北京　中華書局　2004年

大安出版社最新書目

更新日期：2005 年 8 月 1 日

書碼	書 名 (書碼有"*"標記者,書封面底已有條碼)	出版年月	著/編/譯者	定價
	學術論叢 註:出版年採用西元紀年後二碼			
KA005*	石學論叢	(99.02)平裝	程章燦	300
KA006*	石學續探	(99.05)平裝	葉國良	280
KA009*	發跡變泰—宋人小說學論稿	(00.11)平裝	康來新	380
KA011*	敘事論集—傳記、故事與兒童文學	(00.08)平裝	廖卓成	250
KA012*	慕廬雜稿(王叔岷先生論文選集)	(01.02)平裝	王叔岷	250
KA015*	詩經風雅識論	(01.04)平裝	劉龍勳	300
KA016*	宋元逸民詩論叢	(01.08)平裝	王次澄	450
KA017*	魏晉學術人物新研	(01.08)平裝	張蓓蓓	300
KA020*	古典小說與民間文學—故事研究論集	(04.08)平裝	謝明勳	300
KB001*	漢魏六朝文學論集	(97.12)平裝	廖蔚卿	500
KB002*	文學批評的視野	(98.04)平裝	龔鵬程	400
KB003*	唐宋古文新探	(98.04)平裝	何寄澎	250
KB004*	易學乾坤	(98.08)平裝	黃沛榮	350
KB007*	晚明學術與知識分子論叢	(99.03)平裝	周志文	260
KB008*	晚清小說理論研究	(99.11)平裝	康來新	320
KB010*	文學美綜論	(00.09)平裝	柯慶明	400
AA003	中國海洋發展關鍵時地個案研究	(90.05)平裝	李東華	200
AA005	保守與進取： 十九世紀俄國思想與政治變動之關係	(91.03)平裝	段昌國	250
AA008	明代理學論文集	(90.05)平裝	古清美	350
AA013	許崇智與民國政局	(91.03)平裝	關玲玲	200
AA015	西漢前期思想與法家的關係	(91.04)平裝	林聰舜	250
AA016	中古學術論略	(91.05)平裝	張蓓蓓	300
AB006	石學蠡探	(89.05)平裝	葉國良	250

書碼	書名 (書碼有"*"標記者,書封面底已有條碼)	出版年月	著/編/譯者	定價
AB007	李覯與王安石研究	(89.05)平裝	夏長樸	300
AB009	焦循研究	(90.05)平裝	何澤恆	350
AB014*	台灣閩南語語法稿	(00.09)平裝	楊秀芳	300
AB018	龍淵述學（鄭騫先生論文選集）	(92.12)平裝	鄭　騫	600
BA017	明代戲曲五論—附明傳奇鉤沈集目	(90.05)平裝	王安祈	200
BA028	李白詩的藝術成就	(92.02)平裝	施逢雨	300
BB003	抒情傳統與政治現實	(89.09)平裝	呂正惠	200
BB006	比興、物色與情景交融	(95.03)平裝	蔡英俊	300
BB007	中古文學論叢	(89.06)平裝	林文月	350
BB019*	晚明小品與明季文人生活	(97.10)平裝	陳萬益	200
BB026	崑曲清唱研究	(91.03)平裝	朱昆槐	300
BB029	抒情傳統的省思與探索	(92.03)平裝	張淑香	300
BB030	意志與命運—中國古典小說世界觀綜論	(92.04)平裝	樂蘅軍	400
BB037	清末小說與社會政治變遷（1895-1911）	(94.09)平裝	賴芳伶	480
BB038*	晚鳴軒論文集	(96.01)平裝	葉慶炳	400

古典新刊

書碼	書名	出版年月	著/編/譯者	定價
DC001*	四書章句集注（朱熹集注）	(99.12)平裝	宋・朱熹	300
DC002*	楚辭補注（王逸注.洪興祖補注）	(99.11)平裝	宋・洪興祖	350
DC003*	文體序說三種（文章辨體序說等）	(98.05)平裝	明・吳訥等	250
DC004*	老子四種（王弼注.河上公注.馬王堆本.郭店本）	(99.02)平裝	王弼・河上公	250
DC005*	周易二種 (王韓注,朱熹本義)	(99.07)平裝	王弼・朱熹等	540
DC006*	周易王韓注	(99.07)平裝	王弼・韓康伯	300
DC007*	周易本義	(99.07)平裝	宋・朱熹	300
DC008*	莊子彙注（集釋、集解、內篇補正）	(編輯中)		

書碼	書 名 (書碼有"*"標記者,書封面底已有條碼)	出版年月	著/編/譯者	定價
	研教用書			
BB009	杜甫與六朝詩人	(89.05)平裝	呂正惠	200
BB010*	中國詞學的現代觀	(99.07)平裝	葉嘉瑩	140
	唐宋名家詞賞析(一套四冊,可分售)	四冊平裝	葉嘉瑩	580
BB011*	唐宋名家詞賞析(一)溫、韋、馮、李	(99.05)平裝	葉嘉瑩	140
BB012*	唐宋名家詞賞析(二)晏、歐、秦	(99.07)平裝	葉嘉瑩	140
BB013*	唐宋名家詞賞析(三)柳永、周邦彥	(00.04)平裝	葉嘉瑩	160
BB014*	唐宋名家詞賞析(四)蘇軾	(00.10)平裝	葉嘉瑩	140
BB015	元雜劇中的愛情與社會	(91.11)平裝	張淑香	250
BB025	中國古典小說美學資料匯粹	(91.01)平裝	孫遜、孫菊園	300
BB027	紅樓夢探究	(91.11)平裝	孫遜	250
BB034*	中國文學縱橫論	(97.10)平裝	王　瑤	300
BB035	話本與才子佳人小說之研究	(94.02)平裝	胡萬川	300
BB039*	文學典範的反思	(96.09)平裝	林明德	360
BB041*	沈三白和他的浮生六記	(96.11)平裝	陳毓羆	200
BB045*	與爾同銷萬古愁—中國古典詩詞欣賞	(98.04)平裝	王保珍	150
BB046*	虛實空間的移轉與流動—宋元話本小說的空間探討	(04.02)平裝	金明求	400
BB047*	明遺民的「怨」「群」詩學精神—從覺浪道盛到方以智、錢澄之	(04.04)平裝	謝明陽	300
BB048*	古典小說散論	(04.11)平裝	樂蘅軍	300
BB049*	真假虛實—小說的藝術與現實	(05.05)平裝	胡萬川	420
BB050*	不離情色道真如—《紅樓夢》賈寶玉的情欲與悟道	(05.05)平裝	林景蘇	420
BC002	性靈書簡—古典篇【即將絕版】	(86.10)平裝	李偉泰等編著	150
BC004*	詩詞曲格律淺說	(98.11)平裝	呂正惠	150
BC018*	歷代短篇小說選	(01.07)平裝	陳萬益等編	350

書碼	書 名 (書碼有"*"標記者,書封面底已有條碼)	出版年月	著/編/譯者	定價
BC031	倚紅小詠(王叔岷先生詩集)【絕版缺書】	(92.04)平裝	王叔岷	150
BC042*	古典小說精華選析	(96.07)平裝	孫遜、孫菊園	350
BC046	史記會注考證—附錄〈太史公行年考〉	(00.12)精16開	【日】瀧川龜太郎	700
BC047*	慕廬餘詠(王叔岷先生詩集)	(01.02)平16開	王叔岷	300
BC048*	閩南方言本字與相關問題探索	(03.02)平裝	徐芳敏	300
BC049*	經學通論	(05.08)平裝	葉國良等	550
BC050*	群經概說	(05.08)平裝	葉國良等	350

三十社慶叢刊

ME001*	慧菴存稿一 —慧菴論學集	(04.07)平裝	古清美	420
ME002*	慧菴存稿二 —顧涇陽高景逸思想之比較研究	(04.07)平裝	古清美	400
ME003*	慧菴存稿三 —慧菴詩文集	(04.07)平裝	古清美	320
ME004*	先秦儒道舊義新知錄	(04.08)平裝	何澤恆	400
ME005*	漢族成年禮及其相關問題研究	(04.08)平裝	葉國良等	300
ME006*	義理易學鉤玄	(04.11)平裝	林麗真	250
ME007*	清代臺灣紅學	(04.11)平裝	吳盈靜	450
ME008*	慈航普渡—觀音感應故事敘事模式析論	(04.11)平裝	林淑媛	250

青年學術叢刊

YS001*	以書寫解放自然:臺灣現代自然書寫的探索	(04.11)平裝	吳明益	500
YS002*	戰後臺北的上海記憶與上海經驗	(05.09)平裝	許秦蓁	360
YS003*	戰後臺灣疾病書寫	(04.11)平裝	李欣倫	300

※礙於版面,本書目為簡版,若需完整書目,請洽本社索取。

※團購 10 本以上打八折,單冊九折。書款在壹仟元以上者,郵運費用本社負擔;未滿壹仟元者,請另加郵資 60 元(零購單冊,郵資 40 元)〔本社一律掛號寄書〕。書價若有變動,以匯款日價格為準。

※郵政劃撥帳號 : 10103877 大安出版社